湖北省社会科学界联合会资助出版

宜昌古城文化史略

刘开美 著

学苑出版社

图书在版编目（CIP）数据

宜昌古城文化史略 / 刘开美著. -- 北京：学苑出版社，2021.6
　ISBN 978-7-5077-6196-2

　Ⅰ. ①宜… Ⅱ. ①刘… Ⅲ. ①文化史－宜昌 Ⅳ. ①K296.33

中国版本图书馆CIP数据核字(2021)第122627号

责任编辑：周　鼎
出版发行：学苑出版社
社　　址：北京市丰台区南方庄2号院1号楼
邮政编码：100079
网　　址：www.book001.com
电子信箱：xueyuanpress@163.com
联系电话：010-67601101（营销部）、010-67603091（总编室）
经　　销：全国新华书店
印　刷　厂：英格拉姆印刷(固安)有限公司
开本尺寸：787×1092　1/16
印　　张：28
字　　数：452千字
版　　次：2021年11月第1版
印　　次：2021年11月第1次印刷
定　　价：298.00元

序

20世纪80年代以来，日本、韩国等国家地方学（亦称地域学、地区学）兴起并不断发展。我国在20世纪80年代中后期，随着改革开放以后社会经济的持续发展，全国各地出现了地方文化研究热。此后，地方文化研究不断向纵深发展，20世纪90年代中期以来，在地方历史文化研究的基础上，多学科参与综合研究地方、服务地方发展的地方学开始兴盛起来。进入21世纪，各地地方学研究机构更是呈现蓬勃发展的势头，数量越来越多，在全国的分布范围越来越广。时下地方学发展方兴未艾，已逐渐成为一门显学，地方学和地方文化研究成果越来越丰富。

各地地方学不断发展的成果之一，是2005年9月由内蒙古自治区鄂尔多斯学研究会牵头，和温州学研究会、泉州学研究会、潮州学研究会、扬州学研究会、徽学研究会一起，六家地方学研究机构共同发起创立了一个地方学研究的学术联盟——中国地方学研究联席会。这为地方学、地方文化研究机构和研究者搭建了一个地方学研究信息分享、工作沟通、学术交流与合作的平台，有力地推动了我国地方学研究如雨后春笋般迅猛发展。自2008年11月北京联合大学北京学研究所接替鄂尔多斯学研究会担任中国地方学研究联席会执行主席单位以后，我们注重推进地方学和地方文化的理论研究，同时加强与中国港澳台地区、中日韩地方学研究机构的联系与合作，推进学术研究的地区比较和经验借鉴。

刘开美研究员是一位地方文化与地方学研究领域的资深专家，他曾担任湖北省宜昌市社科联副主席、湖北省社科院宜昌分院副院长、湖北省三峡文化研究会副会长等职，从20世纪80年代中期以来他就着手收集地方文化资料，90年代初开始专题研究地方文化，新世纪初进入地方学研究领域，在地方学和地方文化研究方面颇有建树。我和刘开美研究员结识已有十多年时间了，在合作研讨过程中，他认真负责、诚实守信的品格给我留下深刻印象。北京学研究基地曾两次立项开放课题资助刘开美研究员开展地域文化与地方学研究，他完成的专著《地域文化与地方学研究》，由学苑出版社于2015年10月正式出版发行，这是地方文化与地方学研究领域的一部理论力作。如今，经过十多年的辛勤耕耘、潜心研究，刘开美研究员又完成了另一部地方历史文化研究的实践力作《宜昌古城文化史略》一书。他那执着的学术信念、刻苦的钻研精神和严谨的治学态度，更是跃然纸上。

《宜昌古城文化史略》全书40多万字，附有70多幅图片，全面阐述了宜昌古城的起肇背景、嬗变过程和历史文化。正如作者所言，宜昌古城在历史上地处国家边陲，山险水恶，交通闭塞，"蛮夷"聚居，开化甚缺，不是经济、政治、文化的发展中心，倒是历朝历代贬罚官吏的去所。明代修志以前，这里发生的人和事，除在浩瀚的历史文献中依稀可见之外，没有完整系统的文字可考，加之历史遗留下来的谜团很多，要再现那段漫长的历史脉络，除在历史文献的大海之中捞针之外，就要靠收集民间传说、考察古代遗存、翻阅贬官诗文、挖掘地下"天书"以破解千古之谜。因此，要考究宜昌古城变迁的历史，艰辛程度可想而知。但是，刘开美研究员知难而上，发扬勇啃硬骨头的精神，克服重重困难，翻越文山籍海，领悟变迁脉络，把握全书架构，最终完成全书。

刘开美研究员在《宜昌古城文化史略》一书中对宜昌古城的称谓由来、地理基础、生息地望、城邑起肇、建制沿革、城邑变迁、战事钩沉、帆船文化、诸业老号、民间风俗、名人旧事、风景名胜、古迹寻踪等一一进行了系统全面、深入细致的梳理和考究，最后还附有几篇关于宜昌文化研究与文化产业发展的文章。该书广征博引、解疑释难、独具特色，是宜昌历史文化研究领域具有填补空白性质的成果，具有重要的学术价值，也将为宜昌历史文化的普及传承和文化产业的开发创意提供极其宝贵的资料。

在此，我谨向刘开美研究员表示由衷的敬意和祝贺！谨向一直关心和支持地方学和地方文化研究成果出版，特别是对刘开美研究员《宜昌古城文化史略》一书出版给予大力支持的学苑出版社的各位领导和责任编辑表示由衷的敬意和感谢！

张宝秀

2019年8月于北京

（张宝秀系中国地方学研究联席会执行主席单位负责人，北京联合大学应用文理学院院长、北京学研究所所长，北京市哲学社会科学北京学研究基地主任，博士、教授）

自序

经过十多年的潜心研究,《宜昌古城文化史略》一书终于付梓了。

《宜昌古城文化史略》是我很早以来就打算写的一本书。20世纪90年代初,宜昌市开展"知我宜昌、爱我宜昌、兴我宜昌"的教育活动。受中共宜昌市委宣传部的委托,我主持了"知爱兴"活动教材《三峡·宜昌》的编撰工作。教材编完后,我就萌发了研撰反映宜昌古城文化史略书稿的念想,但随后因为精力不能集中于此而未能动笔。十年后,宜昌市炎黄文化研究会组织编撰《宜昌文化丛书》。受宜昌市委原书记、市炎黄文化研究会会长张忠民同志的委托,我主持了《宜昌历史述要》一书的编撰工作。在此书编撰中,涉及宜昌古城变迁历史方面的内容。完成此书编撰工作后我便从工作岗位上退了下来,于是就选择了地域文化与地方学作为研究方向。这样我便有了着手研撰《宜昌古城文化史略》书稿的机会。尽管从那时起,我在这方面的研撰工作从未间断过,但却仍然不能专一去做这方面的工作,因为还有地方学方面的研究工作要做。在这方面每年除了相关课题研究之外,还要到全国有关城市参加这方面的学术研讨活动。显然,要解决在时间上所存在的矛盾,唯一的方法只能是拖。这样一晃十多年的时间又过去了。直到今天我的夙愿方才实现,《宜昌古城文化史略》书稿终于研撰而成。

《宜昌古城文化史略》是反映宜昌古城变迁历史的首部专著。本书较为全面地阐述了宜昌古城的始建背景、嬗变过程和历史文化。全书40多万字,还有70多幅珍贵的历史图片。全书所述内容限于宜昌古城城邑起肇的背景时段以及城邑兴建至城墙被拆的历史时段,也就是自远古时期、春秋时期至抗战前期(1931年)。在叙述中偶有超出下限时段的内容,主要出于保持叙述完整性的考虑。在研究过程中,我还完成不少与宜昌城市相关的研究课题、学术论文和文化开发创意构想、对策建议等研撰工作。因受本书所述内容的时段限制,不便将其列入书中章节,即便有些研撰内容符合本书的时限要求,但因与书中章节不相吻合,也不便将其列入其中。这些研撰内容或反映了对宜昌城市文化的研究情况，或补充了对宜昌古城文化的研究内容，于是便在其中选择了《中华世纪坛铭文中的宜昌文化元素》《宜昌开埠后的伍家实业》《宜昌抗战中的"三部曲"》《展示三峡文化 繁荣宜昌旅游——宜昌市"三峡文化与旅游"研究报告》《对宜昌市区两大旅游项目建设的构想》等五篇文章，以《文化研究与开发创意》为题，作为附录收入书中。

《宜昌古城文化史略》是考究宜昌古城之谜形成的成果。本书研撰时间长，除以上所述因素之外，还有一个更为重要的原因，这就是资料欠缺、疑点颇多。我曾对长江三峡文化研究有过如此感言："作为华夏祖先聚居之地的长江三峡，资源十分丰富，但是这里在历史上地处国家边陲，山险水恶，交通闭塞，'蛮夷'聚居，开化甚缺，不是经济、政治、文化的发展中心，倒是历朝历代贬罚官吏的去所。明代修志以前，这里发生的人和事，除在浩瀚的历史文献中依稀可见之外，很难有完整系统的文字可考。要再现那段漫长的历史脉络，除在历史文献的大海中捞针之外，就要靠收集民间传说、考察古代遗存、翻阅贬官诗文、挖掘地下'天书'。无疑，这对于三峡文化研究来说是相当艰难的。"[1] 而对于宜昌古城变迁历史研究而言又何尝不是这样呢？再说，对于学术研究活动来说，都"必须先研究事物，而后才能研究过程。必须先知道一个事物是什么，而后才能觉察这个事物所发生的变化"[2]。因此对古城变迁历史研究来说应对艰难无疑是道不小的坎。正因为如此，我在研撰本书时并非是从整体架构创意着手的，而是从具体问题考究入手的。面对历史留下的诸多谜团，我只能通过翻越文山籍海、考究千古之谜，来寻觅破解谜底之方，领悟古城变迁历史过程，把握古城变迁历史研究的整体架构。尽管这条研撰之路艰辛而漫长，但我相信只要持之以恒，最终定会有所发现、有所突破、有所收获。正是在这种信念的支撑下，我方才史论结合，积少成多，构成体系，终成此书。因此可以说本书是长期考究宜昌古城千年之谜所汇集而成的。考究古城之谜既是本书研撰中的难点之所在，更是本书研撰中的特

---

[1] 刘开美：《地域文化与地方学研究》，学苑出版社，2015，第314页。

[2] 恩格斯：《路德维希·费尔巴哈和德国古典哲学的终结》，马克思、恩格斯：《马克思恩格斯选集》（第四卷），人民出版社，2005，第244页。

色之所在。全书考究宜昌古城变迁历史中的大小之谜达30多处，参考文献130多部（篇），所引资料700多处。书中关于宜昌古城的称谓由来、地理基础、起肇时空、嬗变过程、民间风俗、名人风采中的诸多内容，均为独创性考究所形成的成果。尤其是宜昌古城的城邑起肇与南北朝时期梁陈之际建制沿革的考究，为古城变迁历史研究中最有意义的独创。它使宜昌古城最早建成的时间有了较为确切的年代，也使宜昌古城建制沿革的缺失得以弥补。从这个意义上说，这部书无愧是本人对宜昌古城变迁历史研究的贡献。因此《宜昌古城文化史略》的研撰出版填补了宜昌古城变迁历史研究中的空白，对宜昌历史文化研究具有重要的学术价值，为宜昌历史文化的普及传承、宜昌文化产业的开发创意提供了不可或缺的资料。

完成《宜昌古城文化史略》这本书中有些令人难忘的事。张宝秀教授，不顾公务繁忙、事务缠身，拨冗为本书作序，对本书修改提出宝贵建议，为本书公开出版排忧解难。中共宜昌市委宣传部副部长胡智斌同志，中共宜昌市委宣传部副部长、宜昌市社科联主席陈刚同志，在百忙中关心本书研撰，请市社科联工作人员撰写专题报告，向省社科联申请出版经费，并亲自帮助推介本书。湖北省社会科学界联合会，批准本书出版立项，为本书出版提供资金支持。没有他们的关怀、支持和帮助，本书难以顺利出版。在这里，我衷心向他们表示最诚挚的谢意！我在研撰中自始至终得到夫人彭美春女士的精心照顾和热情帮助。没有她的全心支持和无私奉献，本书难以如愿而就。从这个意义上讲，本书是我俩共同努力的结果。因此，在本书付梓之时，我要对她由衷道谢！在出版《宜昌古城文化史略》中，我得到学苑出版社领导的热情支持和鼎力相助，尤其是责任编辑周鼎先生认真负责的审读精神、美术编辑齐丽娟女士儒雅清新的设计构思更是令人钦佩。在此一并深表谢意！

学术研究是科学严谨的事情，马虎随意不得。由于本人学识水平与研撰能力有限，书中难免存有不当之处，敬请读者批评指教。

刘开美

2019年8月21日

目录

引言　　1

第一章　宜昌古城的称谓由来　　5

第二章　宜昌古城的地理基础　　13
一、长江古河道变迁形成宜昌古郭洲坝　　15
二、步阐垒与明清夷陵城在古郭洲坝上　　18

第三章　古城先民的生息地望　　25
一、今宜昌所辖县市远古文化遗址分布　　27
二、宜昌古城先民繁衍生息地望的演变　　33

第四章　宜昌古城的城邑起肇　　45
一、古城起肇缘于楚之西塞向荆门虎牙延伸　　47
二、古城移建缘于楚之西塞向西陵峡口延伸　　49
三、古城移建西陵峡口可能在楚文王十五年　　51

第五章　宜昌古城的建制沿革　　57
一、秦汉时期　　59

二、三国两晋南北朝时期　　　　　　　　60
　　三、隋唐时期　　　　　　　　　　　　　66
　　四、五代十国两宋时期　　　　　　　　　66
　　五、元明清时期　　　　　　　　　　　　68

第六章　宜昌古城的城邑变迁　　　　　71
　　一、夷陵是城不是坟　　　　　　　　　　77
　　二、隔江相望两座城　　　　　　　　　　81
　　三、临江郡在临江坪　　　　　　　　　　88
　　四、明清两朝夷陵城　　　　　　　　　　99

第七章　宜昌古城的战事钩沉　　　　111
　　一、岑彭烧浮桥破西蜀　　　　　　　　114
　　二、刘备败北夷陵之战　　　　　　　　116
　　三、王濬伐吴破索沉江　　　　　　　　117

第八章　宜昌古城的帆船文化　　　　121
　　一、宜昌古城帆船文化概貌　　　　　　123
　　二、古城开埠后帆船文化的特点　　　　130

第九章　宜昌古城的诸业老号　　　　157
　　一、三代经营达盛极的"邓祥和"　　　159
　　二、古城榨坊业的首户"朱大顺"　　　162
　　三、首家华商轮船公司"招商局"　　　165

四、最早铅印的"天主堂印书馆"	167
五、古城最早的国家银行"中行"	169
六、古城最早的纺织工厂"宜人"	172
七、古城机器制造先行者"正顺"	174
八、通惠路上第一楼"峡州饭店"	178
九、古城川帮商行之首"聚兴诚"	181
十、曾为鄂西百货首户的"泰升"	183

第十章 宜昌古城的民间风俗　　187

一、古城趋同巴土习俗	189
二、古城同俗巴土原因	196

第十一章 宜昌古城的名人旧事　　199

一、屈原精神光耀中华	201
二、昭君出塞民族和亲	211
三、欧阳修事业起夷陵	221
四、其他名人风韵古城	234

第十二章 宜昌古城的风景名胜　　259

一、古城西陵形胜	261
二、尔雅文蕴博精	268
三、古洞人文幽雅	272
四、农、渔劳作风俗	281
五、黄牛山滩峻险	285

第十三章　宜昌古城古迹寻踪　　291

　　一、古城治所"府衙门"　　293

　　二、古城古塔"托塔士"　　295

　　三、古城老街"锁堂街"　　298

　　四、古城码头"中水门"　　301

　　五、古城府庙"崇圣祠"　　305

　　六、古城粮市"镇江阁"　　308

　　七、古城沟渠"流向图"　　310

第十四章　宜昌古城考究补遗　　313

　　一、卞和采玉献楚王结缘远安　　315

　　二、甘宁任西陵太守不在宜昌　　317

　　三、墨池书院非郭璞注《尔雅》处　　320

　　四、《原弊》是欧阳修的夷陵之作　　324

　　五、六一书院显露庐山真面目　　327

　　六、城内仅有的教会建筑遗存　　335

附录：文化研究与开发创意　　339

　　一、中华世纪坛铭文中的宜昌文化元素　　341

　　二、宜昌开埠后的伍家实业　　366

　　三、宜昌抗战中的"三部曲"　　384

　　四、展示三峡文化繁荣宜昌旅游　　397

　　五、对宜昌市区两大旅游项目建设的构想　　419

参考文献　　430

引言

阅尽宜昌古城春色的孤山

宜昌后晋[①]成名，地望江淤显影。

建制沿革变幻频，古城曾几衰兴。

往时战事无停，历代群星辉映。

险峻江山明媚景，俗风系于巴民。

这首《西江月·沧桑》是笔者所概述的宜昌古城文化史略。能够阅尽宜昌古城春色的当数孤山。孤山，是位于宜昌古城（今宜昌中心市区）长江对岸山峰的古称，今日称为磨基山。山峰海拔219米，临江壁立峻绝，背脊向后倾斜，隔江

《夷陵州志》中的孤山

---

① 指相对西晋而言的东晋。

视若金字塔,是古城邻近的制高点。

距今3000万—4000万年前的新生代早第三纪,新生代发生强烈的喜马拉雅运动,青藏高原隆起,古地中海消失,长江流域普遍间歇上升。其上升幅度,东部和缓,西部急剧,逐步形成长江流域西高东低的地势,以致原来自北向南流的水系顺势东流。孤山便在这一地质变动中形成。正是那时候,孤山便同流经宜昌古城的长江与生俱有了。只是那时南津关至孤山一带,除西坝和樵湖岭一线两处南北向的岛屿之外,长时间里全是一片江水,也未出现人类。尽管孤山屹立岸边静静与大江厮守,但其中的奥秘却难以说清道明。人类出现后,孤峰立岸的孤山,便经历了宜昌古城的沧桑巨变,阅尽了宜昌古城的人间春色,见证了宜昌古城的历史发展,沉淀了宜昌古城的人文趣事。

孤山之下也曾有过古村。早在20世纪50年代以来,在长江右岸李家河、紫阳河一带发掘出新石器时代的文化遗址。这表明,五六千年前宜昌古城先民就在这片土地上繁衍生息。但因此间尚未形成文字,所以其中的原委也难以让人知晓。进入文明社会后宜昌古城活动的地带不断扩展,与外界的联系也日益频繁。夏商时代古城地带为"古荆州之域",春秋战国时期古城地带为荆楚之地,史称"楚之西塞",那时已经建有城邑,城邑起肇之地就在古城东南向的长江荆门、虎牙两岸一带,只是此间城邑的称谓并不为人知晓。至楚顷襄王二十一年(公元前278年),秦将白起"攻楚,拔郢,烧夷陵",夷陵(宜昌古城)之名才见于史籍。至汉代,古城先民仍然生活在长江西陵峡出口两岸的山地之中。其间,尽管孤山与宜昌古城风雨与共,但其称谓何时所得同样也是一个谜。人们所知道的只是孤山是现今磨基山的最早称谓,因孤峰临江而得名。尽管如此,但毕竟现今的磨基山有了孤山这一人文称谓,并一直延续至明代,明弘治九年(1496年)刻本《夷陵州志》仍将现今"磨基山"称为"孤山"。

随着位于古城东门外正街、北门外正街、樵湖岭、翁家堰一带的六朝墓群的发掘,揭开了先民生活区域开始步入明清夷陵古城地带(今宜昌中心市区)的神秘面纱。这与《东湖县志》关于"今县城旧基传闻经璞相度"的记载相符,说明直至晋代郭璞寓居夷陵注《尔雅》时,今市中心区域仍尚未形成城邑。郭璞称得上是明清夷陵古城（今宜昌中心市区）的奠基者。《湖广通志》载："郭景纯结庐于此，其基尚存，有一井一钟，呼曰郭道。"这说明孤山曾因晋代文学家、训诂学家郭璞在此结庐而得名"郭道山"。相传晋代著名道教学者、炼丹家和医药学家葛洪曾在夷陵孤山炼丹。旧志记载，葛道山相传为葛稚川炼丹之所故名，说明孤山又称"葛道山"，是因葛洪在此炼丹之缘而得名的。这些都是孤山有文字可考的称谓。当然，由孤山改称郭道山和葛道山也有一个过程。如前所述，直至明代的《夷陵州志》仍将现今的磨基山称为孤山。但是至清代，无论是《宜昌府志》，还是《东湖县志》，都称今磨基山为葛道山和郭道山。与晋代郭璞、葛洪同时代的，还有一位曾任宜都郡（宜昌古城）太守的袁崧，又称袁山松。其游览所辖各县时，曾经从孤山斜坡登上山岭，"岭容十许人，四面望诸山，略尽其势"。他游览之后写成《宜都记》，其中记载了孤山览胜的感受："俯临大江，如萦带焉，视舟如凫雁矣。"对此，旧志也有记载。正是"晋代三贤"与孤山结缘，才使得孤山披上了浓厚的人文色彩，以至成为远近文人向往的胜地。

但是其间夷陵（宜昌古城）的治所仍在下牢溪一带的下牢戍。直至唐代贞观九年（635年），治所方才移至步阐垒一带。至此，历史也未曾给后人留下任何关于古城境况的记载。直至北宋欧阳修贬任夷陵县令时，在其《至喜堂记》中有关"州居无城郭，通衢不能容车马，市无百货之列"的景象描述，方才揭开古城境况的面纱。宋、元期间，州县治所又有迁移，至元代方才复移于大江之左，因唐旧基，"明亦因之"，夷陵古城才在今市中心区域稳定下来。明代洪武十二年（1379年）修筑砖墙，形成至今已有600多年历史的明清夷陵古城。此间，又曾流行过一种传说，讲在孤山山底，深埋着一副仙人留下来的金磨子，于是"磨基山"便由此得名，也称"磨子山"，一直流传至今，成为此山与宜昌中心市区结缘的不变称谓。

历史的光阴跨入了晚清时代，尤其是随着开埠，宜昌中心市区便开始大规模地由明清夷陵古城向外拓展，形成了以解放路、二马路一带为标志的近代城市景观。1930年12月夷陵古城城墙被拆除，在其城基上修建了环城东路、环城北路、环城西路（后并入沿江大道）和环城南路等四条环绕古城的街道。从此，夷陵古城消失，市中心区连成一体，发展至今。此间来宜昌的外国人逐年增多。他们一见到隔江相望的磨基山，就仿佛看到埃及的"金字塔"一样，于是其中有人便称磨基山为金山。光绪二十九年（1903年）路过宜昌的美国旅行家盖洛，就曾感叹宜昌对岸那金字塔似的大山十分壮观，使人印象深刻。对此，他还在游记中记叙了一段有关磨基山的传说。说以前磨基山那里住了一些邪恶的精灵，它们为了以往的恩恩怨怨，会越过大河，伤害这座城市，并破坏这里的商业活动。为了镇住这些妖怪，抵消它们的不良影响，富商们联合达官贵人，捐赠了大笔款项，在东山上修建了一座三层寺庙。这个寺庙面对着金字塔似的大山，当恶鬼蹦出来的时候，就会将它们截住并扔回水中。从盖洛的观感和所讲的传说中可以看出，当时来宜昌的外国人对磨基山很感兴趣。到20世纪30年代，《中华现代新地图》中的《宜昌市街图》干脆就将磨基山称为"金字塔"。尽管如此，但无论是"金山"，"金字塔似的大山"，还是"金字塔"等称谓，都没有在宜昌社会流传下来，以至宜昌大多数人，还不了解现今的磨基山曾经还有过如此的称谓。然而，这毕竟是延续至磨基山称谓的孤山，在宜昌近代与人世间的又一次情缘。

作为宜昌古城的标志性自然景观，孤山阅尽宜昌古城春色，因此也留下数不尽的人文趣事。尤其是自"晋代三贤"之后，千古孤山在被不断冠以新的人文称谓的同时，也成为夷陵古城的胜迹。历代文人墨客争相攀缘登顶，领略风光，吟诗作文，积淀起丰厚的文化宝藏。

晚清时在孤山上鸟瞰宜昌古城全景

第一章
宜昌古城的称谓由来

中国古代的冶金术

第一章

第一章　宜昌古城的称谓由来

宜昌市区位于湖北西部，地处长江中上游结合部，渝、鄂、湘三省市交汇地，上控巴蜀，下引荆襄，素以"三峡门户""川鄂咽喉"著称。"此地江山连蜀楚，天钟神秀在西陵。"[①]在长达数千年的发展过程中，宜昌古代城邑留下诸多起肇嬗变的历史记忆与沧桑变迁的生动故事。这里首先要讲的是宜昌古城称谓的由来。

地名是城市的标识。地名的由来与演变，构成城市变迁的元素，是城市变迁历史研究的首选内容。今宜昌市区是历代县、郡、州、府、路、道的治所，曾经使用过西陵、夷陵、宜州、拓州、硖州、峡州、陕州、东湖等诸多称谓。城市称谓变更如此频繁，这其中自有道理，只是笔者不便在此多言。因为笔者这里所要讲的是另外一件事情。我们这个城市还有一个延续至今的称谓叫"宜昌"。"宜昌"这个称谓早在1000多年前就在城市所辖地域中出现了，只是千年之后才成为我们城市的称谓。这其中所隐藏的秘密，正是笔者所要解读的内容。

之所以称"宜昌"，或许有人会认为其成因在于资源丰富、区位独特，是宜于昌盛之地，因而得名。应该说，"宜昌"的称谓中确有宜于昌盛之义。如就宜昌市当今的资源、区位优势而言，如要取名，或许真可以得名"宜昌"。遗憾的是，"宜昌"这一称谓毕竟不是现在才命名的，因此宜于昌盛之义不是就我市现今地域所处优势而言的，也并非是就命名当时的地域优势而言的。因为1000多年前，这里地处边陲，交通闭塞，"蛮夷"聚居，开化甚缺，在统治者眼里实难产生宜于昌盛之感，倒是宜于处罚贬官之地，这里的"贬官文化"不正是由此而萌生的吗？因此，认为"宜昌"这一称谓是因当地宜于昌盛而得名的会使人有牵强附会之感。

---

① 萧际运：《西陵形胜》，载宜昌市档案局档案馆、宜昌市地方志办公室整理编辑《（清同治三年编撰）宜昌府志》，宜昌市档案局，2002，第797页。

长江南岸黄牛岩至中堡岛一隅

那么,"宜昌"到底是因何而得名的呢?经笔者考证,是因"东晋分夷陵(宜昌古称)西境置县"之事而得名的。尽管我们对"分夷陵西境置县"的具体过程难以考究,但对此事实施的背景和意图则是不难考究的。当时的夷陵西境,也就是长江南岸的黄牛岩至黑岩子一带,是西陵峡中的险峻地段。郦道元曾经在《水经注·江水》中自上而下地对这一地带的地形进行过详细描述。书中写道:"江水历峡东,径宜昌县之插灶下,江之左岸,绝岸壁立数百丈,飞鸟所不能栖。有一火烬,插在崖间,望见可长数尺。父老传言,昔洪水之时,人薄舟崖侧,以余烬插之岩侧,至今犹存,故先后相承谓之插灶也。江水又东径流头滩,其水并峻激奔暴,鱼鳖所不能游。行者常苦之,其歌曰:滩头白勃坚相持,倏忽沦没别无期。袁山松曰:自蜀至此,五千余里,下水五日,上水百日也。江水又东径宜昌县北,分夷道佷山所立也。县治江之南岸,北枕大江,与夷陵对界。《宜都记》曰:渡流头滩十里,便得宜昌县也。江水又东径狼尾滩而历人滩。袁山松曰：二滩相去二里。人滩水至峻峭，南岸有青石，夏没冬出，其石嶔崟，数十步中，悉作人面形，或大或小。其分明者，须发皆具，因名曰人滩也。江水又东径黄牛山，下有滩，名曰黄牛滩。南岸重岭叠起，最外高崖间有石色如人负刀牵牛，人黑牛黄，成就分明，既人迹所绝，莫得究焉。此崖既高，加以江湍纡回，虽途径信宿，犹望见此物，故行者谣曰：朝发黄牛，暮宿黄牛，三朝三暮，黄牛如故。言水路纡深，回望如一矣。江水又东径西陵峡，《宜都记》曰：自黄牛滩东入西陵界，至峡口百许里，山水纡曲，而两岸高山重障，非日中夜半，不见日月。"① 郦道元的叙述，生动形象地反映了这一地带山势险峻、河道曲回、水流湍急、礁险漩翻、行如登天的情景。因此，这一带堪称三峡门户，曾是"楚之西塞"，乃兵家必争之地。三国时，吴国陆抗督西陵（宜昌古称）军事时，就曾讲过："西陵、建平，国之蕃表，既处上流，受敌二境。若敌泛舟顺流，星奔电迈，非可恃援他部以救倒县也。此乃社稷安危之机，非徒封疆侵陵小害也。"他还引其父陆逊的话，强调："西陵国之西门，虽云易守，亦复易失。若有不守，非但失一郡，荆州非吴有也。如其有虞，当倾国争之。"② 足见西陵在吴国的分量之重。作为国之边陲，这一带还与"蛮夷"聚居之地毗邻。陆抗认为，如果西陵失守，"则南山群夷皆当扰动，其患不可量也！"③ 所谓"南山群夷"，指的就是这一带地处江南的少数民族。可见，作为都督西陵军事的将领，陆抗是把"外御强对，内怀百蛮"④ 这互为因果的两件事，作为控制西陵这一事关社稷安危的战略要地的心腹之患。陆抗的这些见解反映了历代当权者关注这一地域的原因。正因为如此，历代当权者在重兵把守的同时，还"以长江、峻山限带封域"⑤，作为守国之策。所谓"以长江、峻山限带封域"，意思就是当权者在这一带，是以长江和高山峻岭，作为行政区划标准的。显然，这样

---

① 郦道元：《水经注·江水》，岳麓书社，1995，第501-502页。
② 司马光编纂《资治通鉴》（二），岳麓书社，1990，第18-19页。
③ 司马光编纂《资治通鉴》（二），岳麓书社，1990，第13页。
④ 司马光编纂《资治通鉴》（二），岳麓书社，1990，第19页。
⑤ 司马光编纂《资治通鉴》（二），岳麓书社，1990，第8页。

做便于管制。"王濬楼船下益州，金陵王气黯然收。千寻铁锁沉江底，一片降幡出石头。"①作为偏安东南的晋朝当权者又何尝不懂得这其中的利害关系呢？因此，东晋当权者面对这一情形，自然认为仍按以往建制，由夷陵（今宜昌，三国时吴国改称西陵，至晋朝时复称夷陵）县来管辖这一地区，是很难达到严密管制目的的。于是，便按照"以长江、峻山限带封域"的办法，划江而治，分夷陵所辖长江以南的西境，连同与之交界的夷道（今宜都）、佷山（今长阳）的一部分合起来另置新县。这应该就是"分夷陵西境置县"的背景和意图。

东晋"分夷陵西境置县"后，便将所置新县取名"宜昌"。这便是"宜昌"称谓的由来。但是，应该说明的是，"宜昌"并非是我们城市独有的称谓。这其中有两种情况：一是就今宜昌所辖县（市）的范围而言。有关县（市）在不同历史时期都曾有过"宜昌"这个称谓。具体来说，东晋分夷陵西境置宜昌县后，至南朝时，"梁徙宜昌县于佷山"②，称"宜昌县"；"隋开皇初，改宜昌县置清江"③。而今宜都市所辖长江南岸则由"宜都县"改为"宜昌县"，并延续至唐初，至武德二年（619年）又由"宜昌县"改为"宜都县"④。二是就全国范围而言。别的地域在历史上也曾有过"宜昌"这一称谓。诸如今四川成都市域内，在南朝刘宋时期所置一县，其称谓就叫"宜昌"，直至北周时才废。⑤出现这种情况并不奇怪，相反倒说明"宜昌"这一称谓既不是因人得名，也不是因地得名，而是因事得名。而笔者从东晋"分夷陵西境置县"来考证"宜昌"称谓的由来，正是从因事得名的角度思考的。"分夷陵西境置县"后所置新县的"宜昌"称谓，与当时称谓"夷陵"的古城（今宜昌市区）

---

① 刘禹锡：《西塞山怀古》，转引自萧涤非等编《唐诗鉴赏辞典》，上海辞书出版社，1983，第824页。

② 宜昌市档案局档案馆、宜昌市地方志办公室整理编辑《（清同治三年编撰）宜昌府志》，宜昌市档案局，2002，第124页。

③ 湖北省长阳土家族自治县地方志编纂委员会编纂《长阳县志》，中国城市出版社，1992，第40页。

④ 湖北省枝城市地方志编纂委员会编纂《宜都县志》，湖北人民出版社，1990，第45页。

⑤ 商务印书馆编辑部修订《辞源》（二），商务印书馆，1980，第819页。

第一章 宜昌古城的称谓由来

并不相干。古城称"宜昌",是清代雍正十三年(1735年)升彝陵州为宜昌府时的事,^①这与东晋"分夷陵西境置县"已过上千年之久。这一切,反映了"宜昌"称谓的演变。

从"分夷陵西境置县"的背景与意图中人们不难看出,当权者将所置新县的称谓命名为"宜昌"的用意,是希望分境置县的举措宜于国运昌盛。这就是说,"宜昌"这一称谓带有祈福性的特征,反映了封建统治者期望吉祥的社会心理。这在当时社会是非常普遍的现象。诸如今四川成都市域历史上新置郡县称谓中所体现的祈福性寓意更为明显。南朝宋文帝元嘉十年(1433年),免吴营侨立一新郡,领三县,寄治成都。这新设置的一郡三县的称谓分别是宋宁、欣平、宜昌、永安。^②人们一看便知其寓意都带有祈福的性质,指的是新置郡县会给刘宋带来安宁,会给黎民带来欣喜平静,会宜于国运昌盛,会使百姓永保平安。至南齐后仍置这一郡三县,但因南齐代宋,因此宋宁郡被改为永宁郡,寓意国家永世安宁;而其他三县的称谓依然如故。^③因为这些称谓的寓意同样符合当权者期望吉祥的心理。至于清雍正十三年(1735年)升州为府时,将称谓由"彝陵"改为"宜昌",其祈福心理又何尝不是如此呢!

总之,我们城市的称谓"宜昌",缘于东晋"分夷陵西境置县"这件事,其寓意在于祈福分境置县宜于国运昌盛。从此,宜昌之名便始见于古城的历史。当然,此间"宜昌"并非就是古城(今宜昌市区)的称谓,而是清雍正十三年古城升州为府时,方才称谓"宜昌",并沿袭至今。时过境迁,尽管"宜昌"地名由来与变迁中所蕴含的那些事早已烟消云散,但蕴含由来与变迁往事的"宜昌"称谓却延续至今。只要提起"宜昌"地名中的这些记忆,那早已尘封的故事,便会活灵活现地展示在人们的眼前。"宜昌"地名早已成为蕴含称谓由来与变迁往事的"活化石"。

---

① 湖北省宜昌县志编纂委员会编纂《宜昌县志》,冶金工业出版社,1992,第49页。
② 《二十四史·宋书》(五),中华书局,1997,第1176页。
③ 《二十四史·南齐书》(五),中华书局,1997,第300-309页。

第二章
宜昌古城的地理基础

第二章　宜昌古城的地理基础

宜昌古城是一座历史文化名城。其中，演变至明清时期的夷陵古城，也就是后来的东湖县城，濒临长江，南北向长，东西向短，呈椭圆形。古城的这一地形是由长江古河道变迁所形成的。正是长江古河道的变迁，促使宜昌古郭洲坝的形成，进而由北至南不断延伸；而三国时期步氏父子所筑城垒，及唐代开始迁建并延至明清时期的县、州、府、路治所城邑，都在古郭洲坝上。这一历史变迁展示了宜昌古代城邑形成的具体过程。

一、长江古河道变迁形成宜昌古郭洲坝

在漫长的地质演变中，南津关至磨基山一带，除西坝和樵湖岭一线两处南北向的岛屿外，长时间里全是一片江水。[1]古城先民早期就生活在江水两岸的山地之中，六朝时期，先民生活区域开始进入今市区中心地带，到晋代今市中心区都还尚未形成城邑。唐代贞观九年（635年）治所方才移至步阐垒[2]一带。直至19世纪70年代以前今解放路一带仍是野草丛生的坟场。[3]宜昌古城演变的这一过程，是与长江古河道的变迁相伴随的。宜昌地质矿产研究所高工唐贵智先生《长江三峡地区新构造、地质灾害和第四纪冰川作用与三峡形成图集》中的50-D图，即"南津关附近红层中的地应力场示意图"，就是这一历史的见证。

在唐贵智先生所绘制的图中，实线表示的是以前南津关至磨基山一带长

---

[1] 唐贵智：《长江三峡地区新构造、地质灾害和第四纪冰川作用与三峡形成图集》，湖北科学技术出版社，2001，第39页。

[2] 宜昌市档案局档案馆、宜昌市地方志办公室整理编辑《（清同治三年编撰）宜昌府志》，宜昌市档案局，2002，第131页。

[3] 湖北省宜昌市地名委员会编《湖北省宜昌市地名志》，宜昌市地名普查领导小组，1984，第75页。

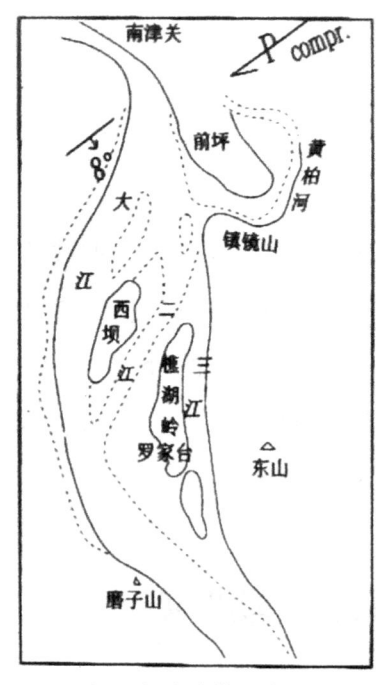

宜昌古城地带示意图

江古河道的情形，是在距今12000年前。[①] 当时东山一线与樵湖岭一线之间是三江，西坝与樵湖岭一线之间是二江，西坝与长江右岸之间是大江。而虚线表示的则是演变后葛洲坝工程兴建前的情形，西坝与长江左岸之间是三江，西坝与葛洲坝之间是二江，西坝与长江右岸之间是大江，只是江面宽了些。图中从实线到虚线的演变过程，反映的正是南津关至磨基山一带长江古河道的变迁过程。从示意图中的实线可以看出，今宜昌市区中心地带，当时全都处在江水之中。也就是说，此间这一地带都处在长江古河道里。随着岁月的流逝，12000年前的南津关至磨基山一带的长江古河道，由于泥沙的淤积，便渐渐开始发生变化。由于江水出峡由东偏南的流向转为南偏西的流向，过西坝后又由南偏西的流向转为南偏东的流向。因此，长江古河道在流至古二江地带时，便率先淤积，也就是说，古二江地带的淤积速度明显要快于西坝处，并且古二江地带淤积的程度决定着西坝处的淤积速度。这一点从唐贵智先生所绘图中可以明显看出。

　　早些年，笔者借房屋开发挖掘地基的机会，对市中心区5处地段进行过实地考察，并对2处地段的情况进行过调查了解。第一处是《三峡日报》社。这里背靠东山，地基挖出的是红土、红岩，未见到沙石。这表明此处不在长江古河道上。第二处是西陵剧场。这里处于原东湖地带。地基中泥土、沙石层界线分明。从地面到沙石层目测不下七八米，沙石层也有2米多。沙石层由沙与很小的卵石构成。沙石层下面是1米左右的沙土层，接着又是沙石层，但此层厚度不到1米，接下底层全是泥土。这表明此处的确在长江古河道的三江地

---

① 《中国城市百科丛书·宜昌市》编辑组编《峡口明珠——宜昌市》，宜昌市政府办公室，1987，第3页。

第二章　宜昌古城的地理基础

带，并且水比较深。由于靠东山近，水流速度相对较缓，因此沙石层中的卵石体积很小，正因为如此，所以当长江上游水流受阻后，这一带便形成东湖。这正是古三江为何较古二江淤积较缓的原因。第三处是旅游广场。这里处于樵湖岭一线的桃花岭地带，地基挖出的全部是黏土，没有沙石层。笔者还经过对地处樵湖岭一线的国泰君安证券珍珠路营业部大楼兴建时地基挖掘情况的了解，得知此处地层全是岩石，未见沙石。可见这一线的确处于长江古河道的岛屿带。第四处是西陵一路与新街交汇的中环广场。这里处于明清夷陵古城即东湖县城中部偏东的地带，地基挖掘不到 3 米，出土的尽是较大的卵石。笔者考察时因无力携带大的石头，只与夫人一人捧了一块较小的卵石带回家中留作纪念。卵石一经水冲洗便十分光滑。这表明此处的确是长江古河道的二江地带，河床较高，水流较急。第五处是市文化局。这里处于解放路与二马路交汇处，属于长江古河道二江地带。地基挖到底全部是沙土，未见卵石。笔者还经过对同处长江古河道二江地带而位于一马路与小南湖交汇处的国泰君安证券珍珠路营业部职工宿舍兴建时地基挖掘情况的了解，得知此处地层沙土厚，且有暗流，为确保地基牢固，采用桩基的方法施工，最深的地桩达 13 米。可见这两处的水都比较深。因此，较第四处相比，这里淤积所需的时间自然会更长些。

尽管以上考察了解的地段有限，但因选址较为典型，因此考察结果比较有代表性，与唐贵智先生所绘图中的情形完全相符。证明樵湖岭一线与西坝之间的长江古河道，也就是当时被称为二江的地带，自北至南是逐渐下降的。而宜昌中心市区以北、樵湖岭以西地带的河床，又较下游地带的河床要高。这样，在长期淤积中这一带便首先露出水面而形成沙洲。这个沙洲，先民称之为古郭洲坝。三国时步氏父子都督宜昌军事时所建城垒，就在古郭洲坝上。随着岁月流逝，古郭洲坝不断向四周扩散，最终使北至镇镜山与黄柏河交汇处、西至西坝对面的今三江左岸、东至磨基山对面的长江左岸连成一片，形成唐贵智先生所绘图中虚线的情形。至此，古郭洲坝随之消失。而今葛洲坝应运而生。在兴建葛洲坝水利枢纽工程时，人们曾在葛洲坝洲头靠二江边，挖出一棵古树，经鉴定距今已有6000多年。这表明，今葛洲坝形成的时间在距今6000多年以前。尽管古郭洲坝已经消失，但在东山和樵湖岭一线以西，以及下游，由于地势高低的差异，而形成了星罗棋布的大小湖泊和堰塘。就樵湖岭一线以西而言，形成有樵湖、南湖以及双堰塘、竹堰塘、翁家堰、琵琶堰和荷花堰等。① 这些湖堰原本都处在长江古河道的二江之中，是在长期淤积过程中，因地势低洼而形成的。现在这些湖堰也都消失了。这本身也是古郭洲坝形成与消失的见证。

正是古郭洲坝形成与消失的过程，反映了唐贵智先生所绘示意图中从实线到虚线的演变过程。而这一演变，也就是宜昌古河道自南津关至磨基山一带的变迁过程。而古今郭洲坝的沉浮过程，则表明古郭洲坝当在今宜昌中心市区以北、樵湖岭一线以西的地带首先出现，从而说明宜昌古郭洲坝的形成，就是长江古河道变迁的结果。

二、步阐垒与明清夷陵城在古郭洲坝上

长江古河道的变迁促使了宜昌古郭洲坝的形成，为其后宜昌古城迁建于此提供了条件。在古郭洲坝上首先筑城的是三国时期的步氏父子。在蜀汉延熙七年（244年），东吴孙权任命步骘都督西陵（今宜昌市区），步骘便在这一带筑城，史称步骘城。而在东吴凤凰元年（272年），步骘的儿子步阐也任西陵都督，步阐又在这一带筑城，史称步阐垒。这与《水经注疏》中的记载正好吻合。在杨守敬、熊会贞所著《水经注疏》中，熊会贞指出："郭洲在东湖县西北三里。非古郭洲也。古郭洲为今东湖县治。""步阐垒亦称步阐故城，即今东湖县治。"② 这就是说远古今宜昌中心市区先后出现过古郭洲坝和郭洲坝（今葛洲坝）。步阐垒在古郭洲坝上，其方位就在东湖县治一带，也就是宜昌

---

① 宜昌市档案局档案馆、宜昌市地方志办公室整理编辑《（清同治三年编撰）宜昌府志》，宜昌市档案局，2002，第27页。

② 转引自杨世灿、熊茂洽：《水经注疏·三峡注补》，湖北人民出版社，1992，第30页。

第二章　宜昌古城的地理基础

明清夷陵古城一带，是唐代贞观九年（635年）夷陵（今宜昌）州、县治所由下牢溪下牢戍移到步阐垒一带所致。从《宜昌府志》到《东湖县治》对此都有记载。宜昌古城地望也因此基本稳定下来，并一直延续到明清时期。这说明《宜昌府志》中的记载也与《水经注疏》中的记载相吻合。这一切表明步阐垒乃至明清夷陵古城和东湖县城的地望都在古郭洲坝上，且所处方位相近。因此，只要能够寻得步氏父子城垒在古郭洲坝上的大致方位，宜昌古城也就是明清夷陵古城和东湖县城的最终地望也就清楚了。事实上，相关历史文献和考古资料所提供的信息，已经为寻找步氏父子城垒在古郭洲坝上的大致方位提供了蛛丝马迹。

（一）历史文献考究

历史文献对寻觅步氏父子城垒的方位提供了三条信息：一是赤矶。《东湖县志》在山川类中载，赤矶在县西北五里步阐筑城之所。[①] 又在舆图类中称赤矶为步阐故城。[②] 赤矶面西坝而负北壇。矶咀插入江底，水势旋折迂回，经至喜亭而会大江。这表明赤矶曾在今宜昌市区三江航道中。"古彝陵八景"中有一景，就称"赤矶钓艇"。赤矶作为参照物对考证步氏父子城垒的方位来说是有价值的。它表明步氏父子城垒在清代东湖县城靠长江三江西坝附近。笔者通过实地考察，发现此处大致在今宜昌市区沿江大道与石字岭路交会处稍上的三江中。说步阐故城在赤矶处尚可考究，但要说步阐故城在赤矶之上则不可能。道理很简单，在今长江三江中的一块礁石上岂能筑起一座军垒呢？然而，往往事出有因，此因与赤溪有关。二是赤溪。《东湖县志》载："赤溪在州北门外三里。明代雷思霈有诗曰：北门三里赤溪流，百里青溪千仞秋。我

[①] 宜昌市档案馆整理编辑《（清同治三年续修）东湖县志·下》，宜昌市档案局，1992，第60页。

[②] 宜昌市档案馆整理编辑《（清同治三年续修）东湖县志·上》，宜昌市档案局，1992，第82页。

欲往来二溪上，青溪骑马赤溪舟。"①在县山川图中标明赤溪自东北至西南流入三江。②这准确地标明了赤溪的方位和与州、县治所间的距离，表明赤溪是州、县城北的天然屏障。据笔者的实地考察，赤溪入长江口的方位大致在今宜昌市区沿江大道18号葛洲坝集团职工宿舍大院处，对岸正是葛电宾馆（原葛洲坝电厂招待所）。朝沿江大道上游方向走20米，是葛洲坝人民法院处，再前行340米，便与石字岭路交会，此路正与镇镜山北麓相对，葛洲坝集团财务有限责任公司、长江勘测规划设计研究院宜昌西江工程技术有限公司等都在这条路上。再朝沿江大道稍往前行，便至古赤矶处。由此可见，赤溪在赤矶下游，彼此相距也不远。弄清赤溪方位与考证步氏父子城垒的方位会有什么关系呢？其间与陆抗平叛步阐有关。三是陆抗平叛步阐。东吴凤凰元年（272年）九月西陵都督步阐降晋，镇军大将军陆抗奉命平叛步阐。陆抗采取"围城打援"的战术，从西、南、北三面对步阐城进行围阻，东面越过樵湖岭一线二级台地，便是东湖、东山，成为这面的天然屏障，因此尚未设围。西面设围即是西坝上的陆抗城，城南北大约在内河（今三江）街以上、向家牌坊至三江桥；东西自外河（大江）至内河。城门东有迎门山（原市九中、今民康药厂一带，与三江左岸的西陵二路相对），西有炮台山（原宜大新村一带），北有杨家山（今三江右岸桥头南侧），三山成三角形，城依山就势而筑土垣，四面天险，把城池的首要部分夹于三山之中，旁有屯甲沱，为屯兵之处。③南面设围据说是在今宜昌中心市区明清夷陵古城即东湖县城中的中书街一带，这里曾发掘出陆抗所筑土城的遗址。北面设围在《三国志·陆抗传》中只写了简短的10个字，即"更筑严围，自赤溪至故市"④。《通鉴》在注中称"故市"

---

① 宜昌市档案馆整理编辑《（清同治三年续修）东湖县志·下》，宜昌市档案局，1992，第74页。

② 宜昌市档案馆整理编辑《（清同治三年续修）东湖县志·上》，宜昌市档案局，1992，第59页。

③ 宜昌市建筑学会编《夷陵地名掌故》，宜昌市地名普查领导小组，1982，第137页。

④ 《二十四史·三国志》（三），中华书局，1997，第1356页。

第二章　宜昌古城的地理基础

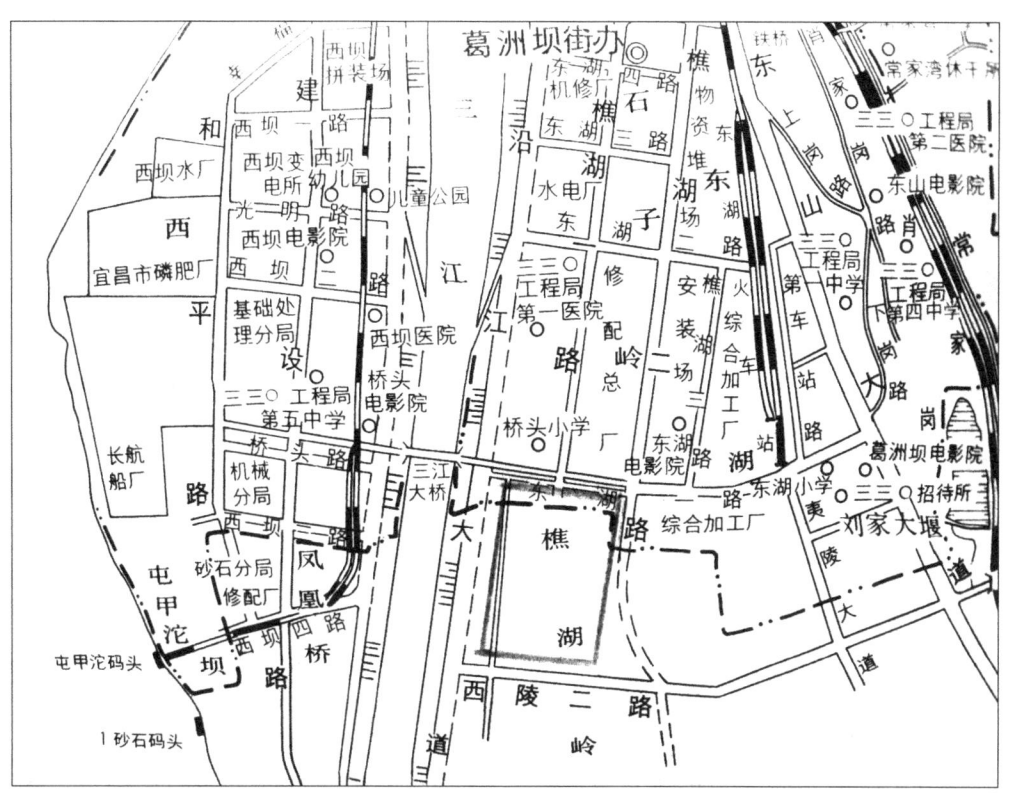

步阐故城在今宜昌市区中的四至范围

为步骘故城，所居成市，而阐别筑城，故曰故市。[①] 这表明步氏父子两城是南北相邻的，都处于赤溪下游，步骘故城在赤溪以南、步阐故城以北。陆抗北面对步阐城设围是经过赤溪进入步骘故城实现的。因为赤溪与赤矶相距不远，而步氏父子两城又都在赤溪附近，因此将赤矶混同赤溪，方才导致把步阐故城误认为在赤矶附近了。

综观以上文献资料可以看出，步阐故城的方位大致应该在樵湖岭一线以西、现市一中（西陵二路）以北至三江大桥以南之间的范围内。而步骘故城则在樵湖岭一线以西、现三江大桥以北至赤溪（入江口在今沿江大道18号处）以南之间的范围内。

---

① 转引自杨世灿、熊茂洽：《水经注疏·三峡注补》，湖北人民出版社，1992，第31页。

（二）考古资料考究

考古资料为寻觅步氏父子城垒方位提供了两条信息。一是环城北路的三国吴墓。[①]《中国文物地图集·湖北分册》载，1970年在宜昌中心市区明清夷陵古城城基环城北路处发掘出三国时期的吴墓。该墓并非一般平民墓葬，规模大，出土文物多，考古价值高，因此被列为湖北省重点文物单位。这表明三国时期今环城北路以北不远的地带即今西陵二路一带有吴人活动。而吴人活动的地带与以上文献考证的步阐故城的方位是相符的。二是步氏父子故城周围的六朝墓群。在宜昌市区发掘出的墓群中有一个现象，就是六朝墓群发掘的比较多，而且分布比较散。20世纪80年代发掘的樵湖岭墓群，面积约2平方千米，曾暴露并清理数十座砖室墓及土坑墓，出土汉代、六朝文物。[②]这表明市区先民自汉代就开始从前坪一带向这一带迁徙，至六朝都在今三江大桥以北不远的地带生活。六朝先民活动的地带与以上文献考证的步阐故城的方位是相符的。说明汉代先民的迁徙为三国吴国步骘在这里筑城提供了方便，而步骘故城的建筑又为六朝先民大量迁徙此地创造了条件。北门外正街、东门外正街和翁家堰（今珍珠路与西陵一路交汇处原宜昌县食品厂以北[③]）的六朝墓群，看似分散，其实有规律可循，这就是都距今西陵二路一带不远。这些六朝墓群的发掘，表明今西陵二路（市一中新校门正对此路）以北地带有人群活动，而活动的地带与以上文献考证的步阐故城的方位是相符的。步阐故城的兴建无疑加快了宜昌市区先民向今市中心区明清夷陵古城迁徙的步伐。从这个意义上讲，樵湖岭以及北门外正街、东门外正街和翁家堰一带六朝墓群的发掘，也为步氏父子故城在这一带的存在提供了佐证。随着晋代郭璞在今宜昌中心市区明清夷陵古城一带寓居，今市中心区明清夷陵古城一带的人烟逐渐兴旺。这一切都为唐代贞观九年州、县移治于今市中心区明清夷陵古

[①] 国家文物局主编《中国文物地图集·湖北分册》（下），西安地图出版社，2002，第206页。
[②] 国家文物局主编《中国文物地图集·湖北分册》（下），西安地图出版社，2002，第206页。
[③] 湖北省宜昌市地名委员会编《湖北省宜昌市地名志》，宜昌市地名普查领导小组，1984，第63页。

城处创造了条件。

　　以上通过对相关历史文献和考古资料所提供信息的考证，明确了步氏父子故城在古郭洲坝上的方位问题，表明步阐垒位于樵湖岭一线以西、今市一中（西陵二路）以北至三江大桥以南之间的范围内。唐代贞观九年（635年）宜昌州、县治所从下牢溪一带移至步阐垒一带，也就是今市中心区夷陵古城地带，掀开了宜昌古城发展史上崭新的一页，标志着宜昌古城（明清夷陵古城和东湖县城）的地望因长江古河道的变迁而最终形成。这一切表明，正是宜昌古河道的变迁才为市中心区先民的繁衍生息造化了这片风水宝地。

第三章

古城先民的生息地望

第三章 古城先民的生息地望

长江流域同黄河流域一样，也是中华民族的发祥地。其中，长江中上游三峡与江汉流域是先民繁衍生息的重要地带，出现有至今约200万年的"巫山人"、约20万年的"长阳人"等原始社会文化遗址，至于"城背溪""大溪""屈家岭""石家河"等新石器时代的文化遗址更是星罗棋布。今宜昌市区及所辖县（市）正处于这一地带。无论是今宜昌市区，还是所辖县（市），古代先民繁衍生息的地望遍布其中，文化遗址十分丰富。

一、今宜昌所辖县市远古文化遗址分布

今宜昌所辖县（市）远古文化遗址分布包括旧石器时代文化遗址和新石器时代文化遗址。

（一）旧石器时代文化遗址

尽管考古在今宜昌市区还没有发现旧石器时代的文化遗址，但在其所辖的秭归、兴山、长阳、宜都、枝江、当阳、远安等县（市）中都发现有此间的文化遗址，且涵盖早、中、晚三个时期。其中具有代表性的有"长阳人"化石洞穴和九道河洞穴及当阳九里岗等文化遗址。由于篇幅所限，这里仅就"长阳人"化石洞穴文化遗址具体加以叙述。

长阳古生物化石洞穴遗址较多，其中大多蕴藏有丰富的古脊椎动物化石。早在清代，就有人在其中发现过古生物化石。清同治年间所纂《长阳县志》中就记载："老鸦岭在邑西南八十里，有土坑，形圆如锅，围数亩余，其底有小眼，如井口，深不可测。一日突陷成巨穴，沿围数丈，裂处有折缝，掘得死物，骨脑如巨兽，身盘穴口二周，其刺骨如猪肋而锐，有四齿，粗如巨指，长三寸，板牙四枚，径半寸，长二寸，入城市之众莫识，……视神物委蛇之

余。深山古洞中，多有此物，舐之粘舌者龙蜕也。"① 由于当时人们对考古学还不了解，老百姓将古脊椎动物化石习惯称为"龙骨"，并把它作为一种特殊中药入酒治病。

"长阳人"化石，发现于长阳土家族自治县距钟家湾西北 1.2 千米的喀斯特溶洞中。1956 年 7 月间，当地群众在钟家湾西北的溶洞内找挖"龙骨"出售。溶洞高 3 米，深 15 米，宽 5 米。挖掘中意外发现一块人的上颌骨化石，附有两枚牙齿。同时，还出土一批动物化石。消息传至湖北省文化主管部门和中国科学院，受到有关领导和专家的高度重视，随即派人进行考古调查，并准备发掘工作。1956 年 8 月，我国著名人类考古学家、中国科学院贾兰坡教授以及黄万波、翟仁杰一行，在省博物馆考古工作者陪同下，来到钟家湾，进行了 21 天的科学考察发掘，获得共生性动物群化石 7 箱，以犀牛、象、鹿最多，这是江南古脊椎动物群的代表，还有熊猫、虎、箭猪以及鱼、牛、羊等动物化石。尤其是，这次发掘又挖出一枚古人类臼齿化石。根据对本次发掘所获材料的研究，贾兰坡教授认为在钟家湾山洞发现的古人类化石，所处地质时代为更新世晚期，属古人阶段。② 这表明，宜昌先民曾生活在这片土地上。于是，这一人类化石便被正式命名为"长阳人"。"长阳人"具有一定的原始性特征，牙齿较大，咬合面有许多皱纹；齿冠短，齿根长，左下第二前臼齿有三个分枝；大齿，隆凸显著，鼻腔底较为平坦。从头部整体来看，"长阳人"的嘴部不太向前突出，腭面凸凹不平，门齿孔和上颌间缝下端的距离很近，与现代人相近。经北京大学考古实验室用铀系法测定，"长阳人"化石距今约 20 万年。③ "长阳人"是今宜昌所辖地域远古时期最早的原始先民，也是我国华南地区最早发现的旧石器中期的人类。贾兰坡教授称该发现"不仅

---

① 龚发达：《历史的尊重——记长阳人化石的发现》，转引自王子君、陈洪、郑子华主编《巴土研究》，长阳民族宗教事务委员会，长阳民族文化研究会，1999，第 95-96 页。

② 龚发达：《历史的尊重——记长阳人化石的发现》，转引自王子君、陈洪、郑子华主编《巴土研究》，长阳民族宗教事务委员会，长阳民族文化研究会，1999，第 98 页。

③ 王家德：《宜昌先民"长阳人"》，转引自刘开美等主编《宜昌历史述要》，湖北人民出版社，2005，第 23-24 页。

给江南动物群增加了新的种属，并为地层的划分提出了新的证据，同时给人类本身的分布与演化也提供了新的资料"。

1956年湖北省人民委员会公布"长阳人"化石洞穴文化遗址为省级文物保护单位。1984年长阳土家族自治县人民政府拨专款加强保护，并竖立四具共生动物塑像，兴建"究古亭"，加修水泥栏杆、阶梯、石凳、石桌等，建成远古人类化石产地公园。

（二）新石器时代文化遗址

宜昌所辖县（市）区的新石器时代文化遗址更为丰富。据考古调查，此间先民居住遗址达140多处。[①]下面就各个时期的代表性文化遗址具体加以叙述。

城背溪文化遗址

城背溪文化遗址，系发现于宜昌宜都城背溪新石器时代早期的长江中游一带考古文化。

1982年宜昌博物馆文物普查队在宜都城背溪调查，发现距今约8500年至7500年前的文化遗址。因该遗址属新的古文化遗存，故命名为"城背溪文化"。宜都城背溪遗址出土陶器的胎内发现有炭化稻谷和稻草的痕迹，说明宜昌栽植水稻的历史可追溯到距今约8000年的新石器时代早期。宜昌发现此间文化遗址40多处，除宜都城背溪外，较有代表性的还有长阳桅杆坪，秭归朝天嘴、柳林溪、玉种地、东门头，夷陵区路家河、三斗坪、伍厢庙、窝棚墩、杨家嘴，宜都花庙堤、枝城北、孙家河，枝江青龙山，当阳朱家湾等。这些文化遗存，基本上都属"城背溪文化"类型。

遗存中出土的石器多为打制，磨制较少，所磨多为刃部，钻孔石器极少；日用陶器器类单一，器形有罐、釜、钵、盘、缸、支座等，多为手制，不太规整，采用泥片贴筑法制作较为普遍，多数陶器外表有纹饰，偏晚阶段的还

---

① 国家文物局主编《中国文物地图集·湖北分册》（下），西安地图出版社，2002，第204-249页。

有彩绘。遗址中普遍发现用于渔猎的工具，兽骨、蚌壳等，尤其是在三峡遗址中，兽骨、鱼骨、蚌壳等极为丰富。可见采集、狩猎、捕鱼是当时人们获取生活物资的主要方式，而农业种植相当落后。此间，农业、采集多由妇女承担，男子主要从事捕鱼、狩猎。社会处于母系氏族社会。人皆聚集而居，除山区仍有极少数居住在洞穴中之外，绝大多数在遗址区内建房居住。①

除宜昌外，湖北、湖南的长江中游一带的此间文化遗址都属于"城背溪文化"类型。这表明，宜昌宜都城背溪遗址是长江中游一带新石器时代早期的考古文化样式。

大溪文化遗址

大溪文化属长江中游西段新石器时代中期的考古文化样式，因首先在重庆巫山大溪发现而得名。宜昌地处长江中游西段两岸地区，是大溪文化的聚集地域。宜昌发现这类遗存较多，较有代表性的为秭归老坟园、白水河、玉种地、袭家大沟、柳林溪、夷陵区中堡岛、杨家湾、白狮湾、黄陵庙、清水滩、伍厢庙、宜都红花套、枝江关庙山、杨家嘴等。

遗址中出土大量石器，多为生产工具，磨制的增多，多有弧刃。陶器的种类和数量大为增加，仍多为手制，采用泥条盘筑法。器物表外大多涂有红色陶衣，部分陶器内表涂成黑色和灰色。不少陶器上描有彩绘图案，部分遗址出土的陶器上刻有各种符号。遗址中发现有成批的墓葬和房屋建筑遗迹。当时人们建屋时，先平整地面，再挖房基，房基四周墙壁普遍采用立柱，立柱底部多有基石，立柱间编扎竹片、竹竿，里外抹泥成墙壁，屋内地面多用红烧土铺垫。室内有灶坑、火塘，有的还有窖藏坑。枝江关庙山清理出一座房址，室内面积约28平方米。宜都红花套清理出一批房址，墙基多用石块砌筑，墙体为经火烧烤的木骨泥墙，房屋布置较规整，置有毛竹檐柱。这种房屋布置形式在宜昌此间诸遗址中多有发现，甚至在今鄂西、三峡乃至湘、鄂、川、黔等地房屋建筑中，也屡见不鲜。此间墓葬一般较为集中，墓地延续时

---

① 杨华：《宜昌的新石器时代》（上），转引自刘开美等主编《宜昌历史述要》，湖北人民出版社，2005，第11-12页。

间较长。有土坑葬和瓮棺（罐）葬。不少墓葬用鱼作殉葬品，有的竟将鱼放在死者口中。男性墓中多以生产工具随葬为主，女性墓中除放置石制工具以外，还有纺轮。到晚期，墓中随葬品出现多寡不均现象，有的没有，多的甚至50多件。

此间稻谷已成为人们的主要食粮，红花套遗址中的稻壳印痕经鉴定为粳稻。而三峡地区、长阳清江流域则主要是旱作物。遗址中发现诸如石斧、石锄、石锛、石铲、石刀等农业生产工具，还发现网坠、骨鱼钩、石矛、骨枪头、石镞等，伴出有较多的鱼骨、兽骨。这在三峡地区更为普遍，说明捕鱼、狩猎仍占一定位置。一些人工饲养的猪、牛、羊、鸡、狗等遗骸的发现，意味着家庭饲养业有了一定发展。不少遗址中发现有纺轮，说明距今6000年以前，宜昌已有原始纺织业出现。①

屈家岭文化遗址

屈家岭文化，属大溪文化之后长江中游一带新石器时代晚期的考古文化样式，因首先在湖北京山屈家岭发现而得名。宜昌地处长江三峡，是屈家岭文化的分布地域。宜昌除五峰、兴山外，其他县（市）区都有发现。秭归苍坪、台丘，夷陵区中堡岛、杨家湾、清水滩，宜都红花套，枝江关庙山，当阳朱家湾、冯山等，是屈家岭文化较重要的遗址地域。

此间陶器以灰陶为主，黑陶次之，红陶和黄陶量少，彩陶器物制作精致，薄似蛋壳，有碗、杯、壶形器、罐等，有的彩陶杯、碗等胎厚仅0.2—0.5毫米。常见日用陶器有圈足碗、缸、鼎、罐、豆、杯、环、釜、三足碟、壶形器、盂形器、甑、器盖等。生产工具有石器、骨器、陶器三大类。石器类，打制石器已很少，磨制石器普遍使用，绝大多数经过精磨，穿孔石器较多，有斧、锛、凿、刀、镰、杵、臼、钻、球、刮削器、敲砸器、网坠、矛、镞等；骨器类，有锥、针、鱼钩等；陶器类，有锉、杵、球、纺轮等。

此间父系家长制产生。男子从事偏重的农业生产与狩猎、捕鱼等；妇女

---

① 杨华：《宜昌的新石器时代》（上），转引自刘开美等主编《宜昌历史述要》，湖北人民出版社，2005，第12-15页。

从事偏轻的农业生产与采集、饲养、家务等。农业和饲养业有一定发展，收获较稳定，三峡地区之外的农作物多为大面积水稻种植，生活来源有了一定保障，使以往狩猎、捕鱼为主的生活有了很大改进。

遗址中发现较多此间的房屋基址，主要有地面台式和干栏式两种建筑形式，适于北方的"半地穴式"房屋极少。红花套遗址发现一批房屋，有3座建筑呈"品"字形，房屋为圆角方形和略呈长条形，居住面积最大的有7平方米，最小的有3平方米。3座房屋互相对应，朝着一个中心。房屋内居住面的中央和门道相对处设一灶坑，坑内和坑近处发现陶罐。品字形屋中最大房内发现一处窖穴。

遗址中墓葬材料较多，中堡岛、杨家湾、官庄坪、关庙山、红花套等遗址中都有发现，清理出墓葬200多座。以杨家湾、关庙山遗址中最为丰富，杨家湾遗址发现50多座，多为单人墓，合葬墓极少；关庙山遗址约2000平方米发掘面积中，清理出瓮棺葬140多座，分布十分密集，几乎一座挨一座。瓮棺葬内一般有两件陶器，不少陶罐底部中心敲凿一小孔，也有在瓮棺盖中央凿一个小孔，棺内多为儿童骨骼。

遗址中还清理出与祭祀相关的器物坑。1993年，中堡岛遗址屈家岭文化层中所清理出的器物坑有23座，分布在约80平方米的范围内，坑口长约180厘米，宽约120厘米，坑深25厘米~80厘米。坑内置有陶器、石器、玉器、骨器等1000多件。①

石家河文化遗址

石家河文化属屈家岭文化之后长江中游广阔地域新石器时代末期的考古文化样式，因首先在湖北天门石家河发现而得名。其地域分布与屈家岭文化基本一样，因此宜昌属于石家河文化圈。宜昌秭归庙坪、旧州河、柳林溪、下尾子，夷陵区下岸溪、白庙、大坪、三斗坪、朱家台，宜都石板巷子、王家渡、茶店子、蒋家桥，当阳季家湖等，是石家河文化较重要的遗址。诸如

---

① 杨华：《宜昌的新石器时代》（下），转引自刘开美等主编《宜昌历史述要》，湖北人民出版社，2005，第16-18页。

白庙、下岸、柳林溪、下尾子、茶店子、石板巷子等遗址中，此间文化遗存叠压在屈家岭文化遗存之上，也有夏文化遗存叠压在其之上。

此间石制生产工具已减少，制作也很粗糙。陶器制作有了很大发展，种类大为增多，制作精细，多用轮制，尤其是快轮制陶技术已非常普遍，可以说，制陶业已由农业生产中独立分化出来，专业化的制陶工人数量大增。以泥质灰、白陶为主。主要器形为鼎、盘、瓠、杯、罐、瓮、缸、器盖、豆、甑、鬶、盉等，受中原龙山文化、二里头早期文化影响明显。遗址中出土较多饮酒用的陶杯，夹炭或羼谷壳的现象也较普遍，还发现不少存放粮食用的窖穴，说明农业有了发展，粮食有所增多。遗址中多有猪、鸡、狗等骨骸，还有陶塑小狗、小鸡等，说明饲养业也有很大发展。

在王家渡、鸡脑河、茶店子、季家湖、白庙子等遗址中发现有房屋基址，面积较前有增大趋势。建筑形式有地面式、干栏式、半地穴式三种。诸如白庙F1（低台式建筑）面积为25平方米，F2（干栏式建筑）面积为5平方米；王家渡F1（半地穴式建筑）面积近7平方米，茶店子（半地穴式建筑）面积约26平方米。茶店子、白庙子等房屋遗迹中有红烧土墙壁倒塌的现象，壁内有夹稻谷壳和植物茎秆情况，还发现有墙壁的筋架痕迹，是鄂西大溪文化"红烧土房屋"的建筑传统。

此间纺织业很普遍，技术也有很大提高。茶店子遗址出土114件陶器中有纺轮23件；鸡脑河遗址出土102件陶器中有纺轮32件；石板巷子遗址出土173件陶器中有纺轮28件；王家渡遗址出土40余件陶器中有纺轮16件。[①]

二、宜昌古城先民繁衍生息地望的演变

宜昌古城先民繁衍生息的地望，就考古调查的情况来看，起于新石器时代，延续至清代。先民生息地望的变化，与宜昌古河道的变迁和宜昌古城的

---

① 杨华：《宜昌的新石器时代》（下），转引自刘开美等主编《宜昌历史述要》，湖北人民出版社，2005，第18-20页。

形成相适应，反映了新石器时代以降，宜昌古城先民繁衍生息地望的演变过程。其变迁的顺序，是沿着西陵峡口长江右岸，经过西陵峡口长江左岸，最后来到明清夷陵古城即清代雍正十三年后的东湖县城，也就是今环城南路、环城东路、环城北路和环城西路（为沿江大道大南门码头至小北门码头一段）"四环街路"内的古城遗址地带。

（一）西陵峡口长江右岸的先民生息地望

如前所述，在漫长的地质演变中，南津关至磨基山一带，除西坝和樵湖岭一线两处南北向的岛屿外，长时间里全是一片江水，包括明清夷陵古城在内的城市中心区域当时也都处在江水之中。古城先民早期就生活在西陵峡口长江右岸的山地之中。在今宜昌市点军区点军乡李家河村王家前湾就有宜昌古城先民居住过。1956年这里被湖北省公布为第一批重点文物保护单位。[①]1957年，中国科学院考古研究所曾对该遗址进行了挖掘[②]，面积约300平方米，文化层厚1.5米左右。采集有石斧、刀、凿、网坠和陶片。陶片以泥质红陶为主，夹砂灰陶次之，纹饰有蓝纹、绳纹、方格纹，器形有罐、釜、支座及纺轮等。属大溪文化。[③]1984年宜昌市文物管理处又在该遗址采集到石器18件。李家河遗址北侧的点军乡紫阳村，位于碑湾临江一带，宜昌古城先民也曾在这一带居住过。1973年、1977年中国科学院考古研究所与宜昌市文化馆，在紫阳河的江口处发现一处古城先民生息遗址，据出土的石器、陶器残片等文物判定，为新石器时代晚期遗址。[④]就是在宜昌河西的磨基山下也曾有过古村。[⑤]20世纪70年代一个春天，曾从事过考古工作并喜爱收集奇石的来层

[①] 宜昌市文化馆：《宜昌市沿革与历史文物》，转引自湖北省宜昌地区文物办公室整理《宜昌地区历史文物资料汇编》，湖北省宜昌地区文物办公室，1979，第84页。

[②] 宜昌市地方志编纂委员会编《宜昌市志》，黄山书社，1999，第1120页。

[③] 国家文物局主编《中国文物地图集·湖北分册》（下），西安地图出版社，2002，第204页。

[④] 宜昌市文化馆：《宜昌市沿革与历史文物》，转引自湖北省宜昌地区文物办公室整理《宜昌地区历史文物资料汇编》，湖北省宜昌地区文物办公室，1979，第84页。

[⑤] 来层林：《磨基山下有古村》，《宜昌社会科学》2001年第2期，第42页。

第三章　古城先民的生息地望

林先生，趁江水水位最低之际，便渡江来到五龙。他在码头上侧的乱石中意外发现一件长约10厘米、宽约5厘米并颇为完整的石斧。到了磨基山下，他又看到许多残缺的石器。当时他有选择地采集了一些。以后每年春天他都去一次，特别是水位最低时，收获更大，不仅采到石斧、石铸，还采到许多陶片、鼎足等。为此，笔者曾约他以《磨基山下有古村》为题，为《宜昌社会科学》写篇文章。文章写好后发表在2001年《宜昌社会科学》第2期上。在文章中，他介绍了所采集到的7件石器和4件陶器。7件石器的样式是：（1）长条形，体厚，弧顶，弧刃，4面磨光，刃有使用痕，长12.5厘米、宽5厘米、厚3厘米；（2）平面梯形，弧顶，弧刃，刃口一面打制，一面保持自然石皮，长12.5厘米、刃宽8厘米；（3）平面梯形，弧形，两面打制，两面磨光，残长13厘米；（4）长条形，弧刃，两面打制，两面磨光，残长9.5厘米；（5）长条形，两面保持石皮，两侧磨光，无刃，两头均为原石弧形，保留石皮，长18厘米、宽8厘米、厚8厘米；（6）椭圆形，扁平原石，边缘有使用痕，长13厘米、宽9厘米、厚3厘米；（7）梳形，保留石皮，一边厚一边薄，较薄的三边沿均有使用痕，长12厘米、宽7厘米，一边厚5厘米，一边薄2厘米。4件陶器，均为夹砂红陶控制的支座。分两式：一式，小端圆形，实心，向一侧略弯，表面有条纹，残高10厘米；二式，小端椭圆形，实心，一侧有条纹，另一侧捺有15个指尖窝，残高10厘米。这些器物经考古工作者鉴定，与中堡岛出土的早期文物一样，同属大溪文化一、二期遗存。来层林先生认为，磨基山下这处新石器时代遗址，因江水的长期冲刷，只有大约800米长、400米宽的沙滩，没有发掘条件了。根据这些情况，他认为磨基山下的原始先民，应该是今宜昌市区最早的居民。以上西陵峡口长江右岸先民生息遗址的发现，表明早在新石器时代，宜昌古城先民就在这片土地上繁衍生息。

随着时光推移，宜昌古城先民在西陵峡口长江右岸一带被发掘的古墓群增加，分布地扩大。其中比较有代表性的是望洲坪墓群、古坟咀墓群、下河墓群、范家湖墓群、碑湾墓群等，涉及的年代为战国、汉代、六朝、宋代和明代。望洲坪墓群，位于点军区点军乡十里红村清静庵及卷桥河、牛渡溪一带。1975年建在这一带的宜昌市第二砖瓦厂，在做砖取土时发现了这一遗址。当时在地表上有大量的战国时期与汉代的砖瓦残片，还发现两个窖穴，出土文物有汉代陶罐、新莽货币（大布黄千、货布）及青铜饼一块，重16公斤，铁渣20多公斤。说明这一带可能是古代冶炼作坊遗址。1977年1月15日又在卷桥河东75米、地下四五米处，发现已被碳化的古树3棵。① 在这一带的望洲坪有一汉代古墓群，面积约5000平方米。曾暴露出十多座砖室墓。地表散布几何纹墓砖。② 古坟咀墓群和下河墓群，均位于点军乡李家河村。古坟咀墓群年代为汉代、六朝时期，面积约1平方千米，曾暴露出31座卷顶砖室墓，地表散布几何纹墓砖，采集有东汉陶罐、六朝青瓷片等。下河墓群年代为六朝、宋代时期，面积约500平方米，曾出土4座砖室墓，地表散布几何纹、素面砖。采集有六朝青瓷四系罐、宋代双凤铜镜等。③ 范家湖墓群，位于点军乡范家湖村，年代为六朝、明代时期，面积约1.5万平方米，曾暴露出7座六朝砖室墓，其中1座带甬道墓室长5.2米、宽2.25米、高2.28米，出土有青瓷虎子、罐、碗等。墓地还保存有明代进士雷思沛等人墓葬。④ 碑湾墓群，位于点军乡紫阳村碑湾，年代为明代时期，面积约1000平方米。墓地有中书舍人王璲墓，原保存有较高封土堆和神道，神道两侧立有石人、马、羊等，现仅存石羊。大墓周围保存有较多平民墓。曾采集有墓志、买地券和铜镜等。⑤ 这些墓群的发现，表明古城先民在西陵峡口长江右岸一带繁衍生息的年代不断延续，地望也不断向周边拓展。

（二）西陵峡口长江左岸的先民生息地望

根据考古调查的情况，宜昌古城先民从周代便开始在西陵峡口长江左岸

---

① 宜昌市文化馆：《宜昌市沿革与历史文物》，转引自湖北省宜昌地区文物办公室整理《宜昌地区历史文物资料汇编》，湖北省宜昌地区文物办公室，1979，第84页。
② 国家文物局主编《中国文物地图集·湖北分册》（下），西安地图出版社，2002，第206页。
③ 国家文物局主编《中国文物地图集·湖北分册》（下），西安地图出版社，2002，第206页。
④ 国家文物局主编《中国文物地图集·湖北分册》（下），西安地图出版社，2002，第206页。
⑤ 国家文物局主编《中国文物地图集·湖北分册》（下），西安地图出版社，2002，第206页。

第三章　古城先民的生息地望

繁衍生息。而周代文化遗存最多的地望，便集中在西陵峡口的三游洞至黄柏河出口处一带。考古发现在三游洞的山坡上，周代文化遗存相当丰富，文化堆积厚达1米多。在20世纪80年代初，宜昌市文物管理处在西陵峡口长江左岸下牢溪口右岸的屋场坝就发现周代文化遗址，面积1000多平方米。1983年10月，在这里试掘时，出土了西、东周时期的陶片、纺轮、铜箭镞及大量红烧土等文物。① 黄柏河出口处一带前坪村与隔河东望的后坪村一级台地，面积大，范围广。其西北与南津关、三游洞的低山岗岭相连，西南与葛洲坝、西坝相望。在此地带考古人员曾多次挖掘出东周时期的遗址。1981年5月宜昌市文物管理处和湖北省博物馆，在紧靠葛洲坝工程局浇筑二分局的后坪村朱家岗，清理发掘出3座战国墓葬。墓葬形制都是砂岩竖穴木椁墓。每座墓棺椁上都填有厚约0.1米的白膏泥，白膏泥上均填褐黄色沙质五花土，夹杂有大量鹅卵石。随葬器物有仿铜、陶礼器，铜兵器两大类，共31件。其中，陶器23件，主要是鼎、簋、壶，陶质为泥质夹粗砂灰白陶；铜器8件，有剑、戈、矛、斧。专家从墓葬形制到器物组合比较，认定3座墓葬都是楚墓，涵盖战国早、中、晚三个时期。② 如果说后坪发现的是尚为少量的墓葬遗址，那么前坪所发现的则是成片的民居遗址。遗址由宜昌市博物馆于2001年9月—11月，在前坪村襄樊铁路分局金利集团的施工现场所发掘，为东周时期民居遗址，面积约15000平方米。发掘中发现有此间的建筑遗迹，出土有板瓦和筒瓦等建筑材料。遗址地层中出土了鬲、壶、罐等生活用具。遗址范围内还发现一处战国时期的冶铁遗存，当时冶铁后所弃废铁矿渣随处可见。③ 这一发现在以往前坪地带考古中是很少有的。这是目前为止所发现的宜昌市区进入文明社会后规模最大的文化遗址。由此看来，宜昌此间的夷陵古城很可能就在前坪一

---

① 宜昌市地方志编纂委员会编《宜昌市志》，黄山书社，1999，第1120页。
② 宜昌市文物管理处、湖北省博物馆：《宜昌市前、后坪古墓1981年发掘简报》，转引自国家文物局三峡工程文物保护领导小组湖北工作站编《三峡考古之发现》，湖北科学技术出版社，1998，第375-377页。
③ 李德明、郑明强：《宜昌发现东周时期古遗址——古夷陵城很可能在前坪一带》，《三峡商报》2001年9月28日。

带，只是此时城邑的称谓不为人知。

　　在前坪至葛洲坝一带也发掘出一批战国时期的墓葬。1971年3月—1972年3月，湖北省博物馆工作人员在这一带发掘出43座墓葬，有6座为战国墓葬，主要属战国末期，很可能是秦占夷陵后的秦墓。其中，4座在前坪，2座在葛洲坝。墓葬形制简单，墓坑都不大，前坪墓为长方形竖穴岩坑，葛洲坝墓为长方形竖穴土坑。每座墓都有随葬器物，数量不多。最少1件（前坪1号墓），最多有10多件（前坪23号墓）。铜器较多，其次是陶器、铁器和玉器饰品。6座战国墓中的铜器共10种29件，分别为鼎、壶、剑、镜、带钩、环各2件，盘、矛、印章各1件，镞1束14件；陶器共8种14件，分别为鼎3件，簋、钫、罐、盘各2件，鐎壶、勺、陶饰各1件；铁器共2种2件，分别为臿、剑各1件；玉器及其他共3种5件，分别为玉璜、石璧各1件，水晶饰3件。依据挖掘出土的文物，专家分析认为前坪墓1仅出土铜剑1件，但形式与长沙识字岭329号墓的1式剑相同，年代可能稍早。前坪墓27的陶器组合是鼎、簋、钫，未见陶盒。簋一般见于战国早、中期，但同出土的钫却多见于战国晚期。由此专家将该墓暂定为战国中期偏后的墓葬。而葛洲坝墓1、前坪墓23的铜鼎和前坪墓39的铜剑、镞，与长沙战国晚期所出非常相似。葛洲坝墓1和前坪墓23的铜壶，与长沙烈士公园2号墓（战国晚期）相同。与前坪墓23相类似的铁剑和石璧，在长沙也是战国末期出现的。特别是前坪墓23中出土的铜印，印文"䫅"与秦"相邦义戟"铭文的"䫅"字相似，应是秦代通行的字体。秦昭王二十九年（公元前278年）秦将白起攻占夷陵，这里始属秦，由此推定前坪墓23和葛洲坝墓1均为秦墓。葛洲坝墓2与葛洲坝墓1形制同，年代也应相近。这一切表明，除前坪墓1为战国早期、前坪墓27为战国中期偏晚之外，前坪墓23和39以及葛洲坝墓1和2，都是战国晚期的秦墓。专家认为前坪墓23尤其值得注意，因为此墓出土1件柳叶形铜矛，矛身为"巴式剑"式，上有"手心纹"，显系巴文化遗物。这种巴矛所以会在此出现，专家推测有两种可能：一是秦灭巴后，物主巴人东迁携带来此，死后埋入墓中；二是秦人灭巴的战利品，获得者秦人攻略夷陵时携来，死后埋入墓

第三章 古城先民的生息地望

中。从同出的随葬器物分析,特别是那件富有秦篆书体的铜印,专家以为后一种可能性较大,也就是此墓系参与灭巴伐楚的秦军墓,墓主还可能是个中下级军官。[1]

以上这些地带一系列墓葬与民居遗址的发现,表明宜昌古城先民的生息地望自周代便开始伸展到西陵峡口长江左岸,至战国晚期则触及葛洲坝一带。这在反映先民生息地望伸展时代的同时,也清晰展示了先民生息地望的演变轨迹和发展规模,说明宜昌古城先民自西陵峡口长江右岸向左岸伸展的速度之快、规模之大、范围之广,都是以往不可比拟的。考古中的这些发现,与实际中的记载是一致的。《东湖县志》记载:"东湖旧彝陵地,据长江上游,西通巴蜀,为楚北咽喉。周秦以来,无朝不被兵革。"[2]在三游洞对岸的牛扎坪一带也有周代遗物发现。这表明,为应付战事,早在周代时古城先民就同时出现在西陵峡口长江两岸。这其中的缘由笔者在其后的文字中会涉及,这里就不多言了。这里要说的是,无论是考古调查的实地发掘,还是史籍中的相关记载,都说明宜昌古城先民自周代便开始繁衍生息在西陵峡口长江左岸。

宜昌古城先民生息地望自周代伸展至西陵峡口长江左岸后,在汉代以前的世代延续中,活动范围仍在峡口至葛洲坝一带的狭长范围之中。西陵峡口长江左岸的古军垒遗址与前、后坪一带汉墓群的发掘,便充分地说明了这一点。西陵峡口长江左岸的古军垒,位于下牢溪入长江口右岸二级台地的宜昌市峡口风景名胜区三游洞后山,约初建于东汉晚期,延用于六朝。临江的东墙曾被冲毁,约在南宋时做过修葺。军垒平面为方形,南北长10米多,东西宽9米多,面积约100平方米。军垒上半部已毁,其基座与墙体残高1.5—2.3米,系用几何纹、绳纹及素面青砖垒砌外壁,其间夹泥夯垒而成。1984年宜昌市文物管理处在清理发掘中,出土文物有汉至周代箭镞,另有一块东汉纪

---

[1] 湖北省博物馆:《宜昌前坪战国两汉墓》,转引自国家文物局三峡工程文物保护领导小组湖北工作站编《三峡考古之发现》,湖北科学技术出版社,1998,第382-388页。

[2] 宜昌市档案馆整理编辑《(清同治三年续修)东湖县志·上》,宜昌市档案局,1992,第17页。

年砖，阳刻铭文为"延光四年"（125年）。①这是与对岸牛扎坪古军垒相峙的军事防御设施。牛扎坪军垒保存有南西北三面墙体，面积约600平方米，均为不规则青石垒筑，残高6米左右，西面筑有石级可上。军垒顶部发现有烽火台台基遗迹。军垒四周和顶部采集有铜镞、青瓷片及砖、瓦当等。②西陵峡口长江左岸古军垒遗址的发现，反映了周代之后宜昌古城先民在此地带的活动。而前、后坪汉墓群的发现，则集中反映了此间古城先民在西陵峡口长江左岸繁衍生息的地望演变和规模状况。前、后坪汉墓群，位于今宜昌市区北部偏东的二、三级台地上。这里面临长江，距江东岸500多米，黄柏河流经墓群东面和西面注入长江，形成一个不大的冲积平原，环绕着墓群的小丘谭家包、胡家岗、云盘岗一带。这里墓葬星罗棋布，数以千计，除少数战国、六朝墓葬之外，大多为两汉墓葬。③湖北省博物馆、长江流域第二期文物考古工作人员训练班、宜昌地区文物工作队及宜昌市文物管理处等单位的考古人员，分别于1971年3月—1972年3月、1973年9月、1978年7月和1981年5月，对宜昌市前、后坪及葛洲坝一带的古墓葬进行了发掘。共挖掘墓葬81座，面积达2.5万平方米，④出土陶、铜、铁、玉等器物和钱币4160件。其中，两汉时期的墓葬就达72座，出土陶、铜、铁、玉等器物2101件、钱币1968枚，墓群地望集中在前坪与黄柏河、长江交汇地带。⑤这4次古墓发掘中，以湖北省博物馆工作人员于1971年3月—1972年3月的发掘规模最大。此次共发掘墓葬43座，除6座战国古墓之外，剩下的37座都是两汉墓葬，30座为西汉墓，7座为东汉墓。30座西汉墓，有28座在前坪，2座在葛洲坝；7座东汉墓都在前坪。就墓葬形制而言，西汉墓是一批中小型墓，墓形为竖穴岩坑（或土

---

① 宜昌市地方志编纂委员会编《宜昌市志》，黄山书社，1999，第1120页。
② 国家文物局主编《中国文物地图集·湖北分册》（下），西安地图出版社，2002，第205页。
③ 宜昌市文化馆：《宜昌市沿革与历史文物》，转引自湖北省宜昌地区文物办公室整理《宜昌地区历史文物资料汇编》，湖北省宜昌地区文物办公室，1979，第84页。
④ 冯万林主编《宜昌文化志》，湖北人民出版社，2009，第434页。
⑤ 国家文物局三峡工程文物保护领导小组湖北工作站编《三峡考古之发现》，湖北科学技术出版社，1998，第361-432页。

坑），诸墓间有带墓道与不带墓道之分，有方形与长方形之别，有墓道的墓一般都有排水设施；而东汉墓除 1 座为岩坑竖穴墓之外，其余 6 座都是砖室墓。无论西汉墓，还是东汉墓在清理中都有被破坏的墓葬，只是东汉墓遭破坏的程度更严重些，以致影响到材料的完整性。就随葬器物而言，西汉墓中的随葬器物有铜器 20 多种 105 件，包括鼎、壶、钫、剑、镜、带钩、印章等；陶器 13 种、205 件，包括鼎、盒、壶、钫、罐、仓、灶等，基本上是明器，制作质量差，火候低，有褐、灰两种，大部分有彩绘，只是多已脱落，容器皆轮制，除有彩绘和弦纹外，皆素面，仓、灶和动物模器等大多为模制；铁器 6 种 15 件，包括凿、斧、剑、削、铁条、铁片等；银器皆为扣器，共有 12 件；玉器 5 种 14 件，包括玉璧、剑琫、碎玉片、石研、石片等；钱币 5 种 1111 枚（块），包括铜半两、铁半两、铜五铢、金"郢爰"、"麟趾"金等。从出土文物分析，专家认为 30 座西汉墓有 28 座为西汉前期墓，仅 2 座为西汉后期墓。东汉墓中的随葬器物有陶器 24 种 67 件，包括鼎、壶、灶、仓及动物模型，主要是泥质灰陶和泥质褐陶，素面，少数器面有绳纹、方格纹、弦文和划纹，釉陶也有一些；铜器 7 种 9 件及钱币 807 枚，包括釜、盆、刀、手镯、印、带钩、环等器物及五铢钱、大布黄千、大泉五十等；铁器有刀、削各 2 件；其他器物有银手镯、银指环、玻璃耳珰、玻璃珠、琥珀珠、素珠枚等 6 种 64 件（枚）。从出土文物分析，专家认为 7 座东汉墓有 6 座为东汉前期墓，仅 1 座为东汉后期墓。①在上文所述 2001 年 9—11 月，在前坪村襄樊铁路分局金利集团施工现场，所发掘出的东周民居遗址地层中，也曾发掘出 3 座古墓葬，出土文物 20 多件，其中有罐、甑、圈、狗、羊、马等陶器，铜钱币及铁刀。②从其中 2 号墓的墓砖上模印有"元嘉元年六月十日"的纪念铭文来看，也属东汉后期墓葬。这里值得一提的是，在 1971 年 3 月—1972 年 3 月发掘的 37 座两汉墓中，有 2 座西汉墓发掘于葛洲坝，为小型长方形竖穴坑墓，出土铜蒜头壶、

---

① 湖北省博物馆：《宜昌前坪战国两汉墓》，转引自国家文物局三峡工程文物保护领导小组湖北工作站编《三峡考古之发现》，湖北科学技术出版社，1998，第 384-414 页。

② 冯万林主编《宜昌文化志》，湖北人民出版社，2009，第 419 页。

釜、鼎、勺、戟刺、带钩、镜、印等器物，在铜戟刺銎端有一阴刻篆体"枳"字，铜印也阴铸着"倭"字。①这一切表明，两汉时期宜昌古城先民在西陵峡口长江左岸的生息地望，仍分布在峡口至前、后坪的狭长地带，但与长江、黄柏河相邻的前坪一带成为古城先民生息地望的聚集区，此间先民生息地望继续向葛洲坝一带伸展。这孕育着先民的活动新的中心转移在即，从而给古城变迁以更为深刻的影响。

（三）渐入明清夷陵古城的先民生息地望

尽管自周代始宜昌古城先民的生息地望就由西陵峡口长江右岸，伸展至左岸，葛洲坝一带自战国时期还出现过人迹，但总的来说直至汉代，先民生息的地望主要还处在江岸的山地之中。直至20世纪80年代樵湖岭六朝墓群的发掘，方才表明此间先民生息的地望开始进入明清夷陵古城地带。②樵湖岭六朝墓群，位于宜昌中心市区东门外正街原建筑一工区、玻璃厂、红卫兵小学、市计量所，北门外正街的市一中，以及樵湖岭、翁家堰一带，面积约2平方千米。至1984年，这一带曾暴露并清理数十座砖石墓和土坑墓。出土有汉代鸟兽规矩纹铜镜、"尚方"铜镜、陶罐；六朝陶罐、钵、仓、灶、猪、狗、鸭、鸡，瓷博山炉、碗、虎子、四耳罐、盘口壶、铜镜等。③其中1970年3月在宜昌市一中出土的六朝早期人面青瓷灯，通高34厘米，分三层，下层有人面像，双手外伸托着中层盘，上层的颈部有附加堆纹，造型优美，瓷质良好，曾被上调国家文物局，在北京故宫博物院陈列展出。④六朝时期所发掘墓葬距离明清夷陵古城最近的要数环城北路三国吴墓。此墓1970年被发掘，为前、后室砖室墓。墓室总长7.12米，由甬道、前室、过道、后室组成。前室平面近方形，长3.2米，宽2.8米，高2.16米，叠涩攒尖顶；过道长0.8米，宽0.65

---

① 国家文物局主编《中国文物地图集·湖北分册》（下），西安地图出版社，2002，第205页。
② 宜昌市地方志编纂委员会编《宜昌市志》，黄山书社，1999，第1120页。
③ 国家文物局主编《中国文物地图集·湖北分册》（下），西安地图出版社，2002，第206页。
④ 宜昌市文化馆：《宜昌市沿革与历史文物》，转引自湖北省宜昌地区文物办公室整理《宜昌地区历史文物资料汇编》，湖北省宜昌地区文物办公室，1979，第85页。

第三章　古城先民的生息地望

米，单卷顶；后室平面长方形，长2.81米，宽1.13米，高1.16米，券顶。前室置双棺，后室置单棺。出土青瓷器有人顶灯、碗、双系小罐、唾盂、虎子、盆、磨坊、仓、灶、羊舍、猪舍、狗舍、鸡舍等，陶器有罐、小钵、井、鹅圈、鸭圈、猪圈、牛等，铜器有镜、笄及剪轮"五铢""大泉五百""大泉当千"等铜钱。① 樵湖岭墓群、环城北路吴墓等六朝古墓的发现，对宜昌古城先民生息地望的变迁具有重大意义。联想到1971年3月—1972年3月湖北省博物馆在葛洲坝所发掘的1座六朝墓葬，出土有青瓷四系罐、𤭢壶、碗和铜镜等文物，② 以及1991年宜昌博物馆所发掘的8座汉、魏晋、六朝砖室墓，③ 就不难看出，固然六朝时期前坪到葛洲坝一带仍旧是宜昌古城先民的生息地望，但是早在汉代时生活在峡口到葛洲坝一带的先民就进入樵湖岭地带，而至六朝时期，先民则大量进入从樵湖岭翁家堰乃至北门外正街、东门外正街一带的广阔地域。

这一切与《东湖县志》关于"今县城旧基传闻经璞相度"④ 的记载是相符的。因为这一记载表明，直至晋代郭璞寓居夷陵时，今宜昌中心市区还尚未形成城邑。郭璞是明清夷陵古城的奠基者。而当时夷陵州、县的治所仍在下牢溪一带的下牢戍，直至唐代贞观九年（635年）治所方才移至步阐垒一带。至此历史未能给人们留下任何有关夷陵古城景况的记载。直到北宋欧阳修贬任夷陵县令时，方才揭开夷陵古城的面纱。欧阳修在其《至喜堂记》中叙述了初至夷陵时，对这里山水风光、县容市况、民俗风情和州、县中兴的观感，使人们得知宋代的夷陵古城，仍还是"州居无城郭，通衢不能容车马，市无百货之列"⑤ 的景象。宋元期间，州、县治所又有迁移，但时间不长，复移中

---

① 国家文物局主编《中国文物地图集·湖北分册》（下），西安地图出版社，2002，第206页。
② 国家文物局主编《中国文物地图集·湖北分册》（下），西安地图出版社，2002，第205页。
③ 冯万林主编《宜昌文化志》，湖北人民出版社，2009，第418页。
④ 宜昌市档案馆整理编辑《（清同治三年续修）东湖县志·下》，宜昌市档案局，1992，第163-164页。
⑤ 宜昌市档案局档案馆、宜昌市地方志办公室整理编辑《（清同治三年编撰）宜昌府志》，宜昌市档案局，2002，第952页。

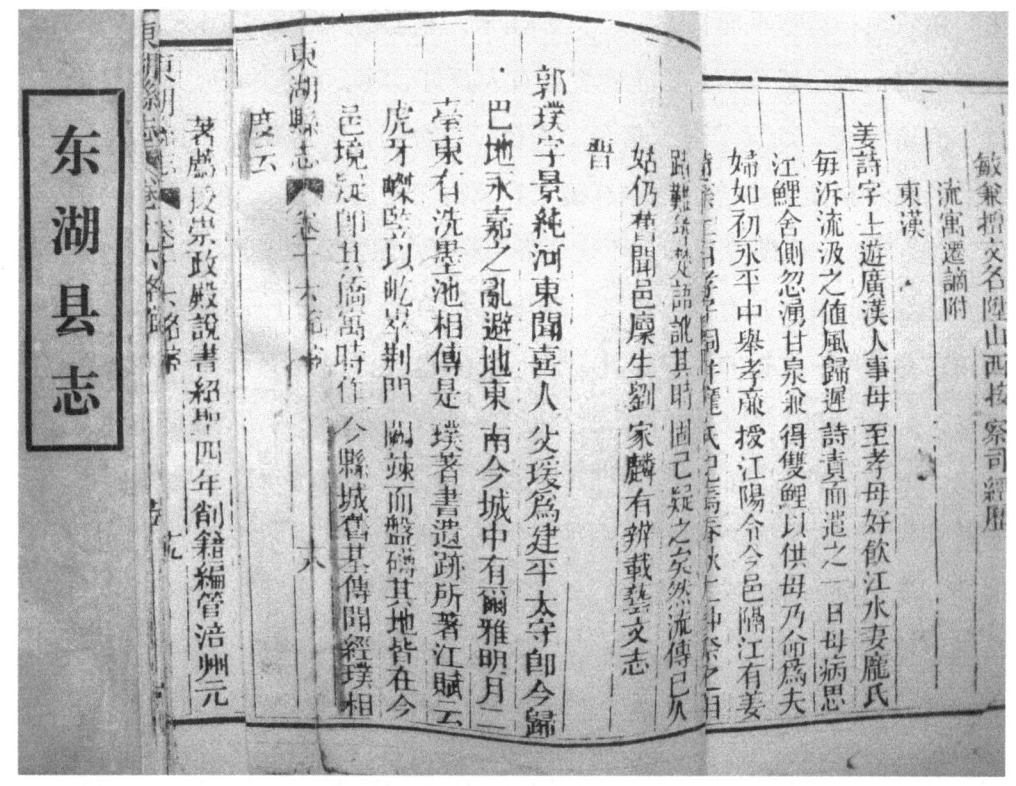

《东湖县志》有关郭璞相度古城记载

仍"因唐旧基",且"明亦因之",致使夷陵古城在今宜昌中心市区一带得以固定下来。明代洪武十二年（1379年）修筑砖墙,形成至今已有600多年历史的明清夷陵古城。20世纪60年代位于东门外的宋墓群[1]与70年代位于窑湾万年村天鹅堡山坡的东山明墓群的发掘,[2]以及《湖北省宜昌市地名志》关于直至19世纪70年代以前今解放路一带仍是野草丛生的坟场的记载,[3]也都说明了这一点。

这一切表明,自明代砖砌夷陵古城的形成,宜昌先民的生息地望便稳固地处于今中心市区这一地带。

---

[1] 宜昌市文化馆:《宜昌市沿革与历史文物》,转引自湖北省宜昌地区文物办公室整理《宜昌地区历史文物资料汇编》,湖北省宜昌地区文物办公室,1979,第85页。
[2] 宜昌市地方志编纂委员会编《宜昌市志》,黄山书社,1999,第1121页。
[3] 湖北省宜昌市地名委员会编《湖北省宜昌市地名志》,宜昌市地名普查领导小组,1984,第75页。

第四章
宜昌古城的城邑起肇

第四章　宜昌古城的城邑起肇

宜昌古城上控巴蜀、下引荆襄的区位特征，使其作为"三峡门户""川鄂咽喉"的战略地位显著。正是这一地缘特征的凸显，方才促使历史上的诸多战事在这一地带发生，构成古代宜昌由自然聚落到军塞城垒转变的主要因素。因此，研究宜昌古城的起肇嬗变离不开战事。正因为如此，笔者方才在考究宜昌古城何时、何地建城之谜过程中，透过文山籍海终于觅得蛛丝马迹，把握到宜昌古城起肇的奥秘，破解到宜昌古城起肇于春秋时期，地处今宜昌中心市区东南向荆门、虎牙江关的谜底。

一、古城起肇缘于楚之西塞向荆门虎牙延伸

沮漳河流域是楚文化的发祥地。《史记·楚世家》中记载："昔我先王熊绎辟在荆山。"①而"荆山"正是沮漳河流域的发源地。今宜昌远安、当阳、枝江等地都处于沮漳河流域一带。楚史专家张正明先生在其《楚史》中讲，"沮漳河流域是江汉平原的西大门，楚人正是经由这座西大门而纵横出没于江汉平原之上的。"②显然，最早的"楚之西塞"就在沮漳河流域。但随着楚罗战事的出现，便促使楚之西塞向荆门虎牙一带延伸。春秋时期，楚武王四十二年（公元前699年），屈瑕率军征伐罗国。罗国曾是夏商时代芈部落穴熊的分支，和荆楚同祖。约殷高宗武丁时，芈族诸部落遭殷征伐，罗便随楚由罗山（河南罗山县）迁避甘肃正宁县。后被周朝讨伐，又随楚迁居至今湖北南漳、宜城两县之间。当时罗国地处楚国东南部，相距约40千米，故址在今蛮河（古睢水）中游以南。楚国此次征战，出于为北征扫清障碍。为尽早攻克罗国都城，屈瑕督部不惜队列错乱，尽快渡越鄢水（今蛮河），过河后楚军已不成

---

① 《二十四史·史记》（一），中华书局，1997，第1705页。
② 张正明：《楚史》，湖北教育出版社，1995，第62页。

《东湖县志》中的荆门山图

列。行近罗都时,楚军正面遭罗军迎击,背面受卢军偷袭,致使迅即溃败。狂逃中屈瑕自缢,其将则自囚。楚军伐罗未果,武王便一改以往只图远略、不恤近患的作风,实行稳步推进,在巩固腹地基础上开拓边疆,终于于楚武王五十年(公元前691年)一举灭掉罗国。①罗国被灭后,其遗民被迁至今宜昌枝江,从此楚国势力南扩至长江一带。至于罗国遗民再度被迁至湖南汨罗、楚国势力向湖南扩展之事则是后话。

此次楚军伐罗之事,虽未发生在宜昌古城地带,但因此所出现的后事则对宜昌古城影响重大。因为随着罗国遗民迁至枝江,楚之西塞相应由沮漳河流域,推进到地处长江天险的荆门虎牙一带。对此,明弘治九年刻本《夷陵州志》中载:"楚西塞"处在长江两岸的荆门虎牙二山,"以其东西相塞,故曰西塞。"②这样,楚武王五十年(公元前691年),便在荆门虎牙一带建起城垒。

---

① 张正明:《楚史》,湖北教育出版,1995,第76-78页。
② 宜昌市地方志办公室、宜昌市夷陵区委史志办公室整理校勘《(明弘治九年刻本)夷陵州志》,《夷陵州志》整理校勘委员会,2008,第96页。

而虎牙滩处所建之城，就是其后被称为"夷陵"的古垒。由此可见，春秋时期宜昌古城起肇缘于楚之西塞向荆门虎牙一带延伸，而楚武王五十年（前691年），虎牙滩所建而后称为"夷陵城"与荆门山所建、称为"荆门城"的两座城，就是今宜昌市区最早的城垒。换句话说，春秋时期宜昌古城的起肇之地，就在今宜昌中心市区东南向的荆门虎牙一带，至2019年已有2710年的历史。

二、古城移建缘于楚之西塞向西陵峡口延伸

"楚之西塞"延伸至荆门虎牙一带之后，并没有就此停顿下来，而是随着楚国疆土不断向西扩张而继续推进。继荆门虎牙之后，楚之西塞的延伸地带便是西陵峡口长江两岸。

如前所述，早在12000年前，西陵峡口长江两岸从南津关到磨基山一带

《东湖县志》中的西陵峡口图

为长江古河道，宜昌古城地望曾处于一片江水之中。随着岁月流逝，南津关至磨基山一带的长江古河道，由于泥沙淤积，便渐渐开始发生变化。自北向南地势逐渐降低的古二江地带，在长期淤积中首先露出水面而形成被先民称为古郭洲坝的沙洲，并不断向四周扩散，最终使北至镇镜山与黄柏河交汇处、西至西坝对面的今三江左岸、东至磨基山对面的长江左岸连成一片，以致促使宜昌古城地带（今宜昌中心市区）的最终形成。

　　正因为如此，处于长江左岸的古城地带直至六朝时期仍还处于荒芜的淤泥之中而了无人烟。相比之下，长江右岸却是宜昌古城先民活动的中心地带。据说那时在磨基山下就曾有过古村。20世纪50年代以来，在河西李家河、紫阳河一带发掘出新石器时代文化遗址，这表明五六千年前，宜昌古城先民就在西陵峡口长江右岸这片土地上繁衍生息。由此可见，先民的生活轨迹应该是从长江右岸到长江左岸，从长江西陵峡口到明清时期的夷陵古城。经考古发现，宜昌古城先民生活地带从西陵峡口长江右岸，开始向西陵峡口长江左岸延伸的年代为西周。此间两岸尚未建有城垒。直至"楚之西塞"延伸到西陵峡口长江两岸之后，这里方才出现城垒。由于宜昌古城远古时期处于"西陵"中心地带，这一带自古以来就称"西陵"。因此，西陵峡口长江右岸的城垒，自然就沿袭了"西陵"这一称谓。而位于西陵峡口长江左岸的城垒，因此地西北有夷山，所以得名"夷陵"。这一切，表明西陵峡口长江两岸西陵、夷陵隔江相望的两座城垒的出现，是"楚之西塞"向这一带推进的结果。国家文物局主编《中国文物地图集·湖北分册》对此表示赞同。随着虎牙滩城垒移至西陵峡口长江左岸一带之后，原虎牙滩城垒在历史记载中便销声匿迹。而荆门城垒却仍延续下来，直至晋初王濬率军下益州灭东吴时方才被拔掉。

　　前面已述，2001年9月—11月，宜昌市博物馆在位于西陵峡口长江左岸的前坪村发掘出东周时期的民居遗址，面积约15000平方米。发现有此间的建筑遗迹，出土有板瓦和筒瓦等建筑材料。遗址地层中出土了鬲、壶、罐等生活用具。遗址范围内还发现一处战国时期的冶铁遗存，当时冶铁后所弃废铁矿渣随处可见。这是到目前为止在宜昌古城地带所发现的东周时期规模最大的文化遗址。应该说，这一发现与"楚之西塞"延伸到西陵峡口长江两岸后所出现的情形正相吻合，只是"楚之西塞"延伸到西陵峡口的年代却仍旧是个谜。

三、古城移建西陵峡口可能在楚文王十五年

为明确春秋时期宜昌古城随楚之西塞由荆门虎牙向西延伸而移建至西陵峡口的年代，笔者又进行了更为深入的考究。

考究中笔者首先入手的是巴楚战事。当初楚人经沮漳河流域进入江汉平原西部时，"只有楚蛮和巴人的散部错居杂处"①。随着楚人的不断扩张，以往相安无事的巴楚关系便日益紧张起来。因此几百年间巴楚数相攻伐，史籍中对此多有记载，其中使楚国记忆犹新的战事有三次。一是楚文王十四年（公元前676年）秋，巴军趁楚国内难之机，袭击楚国权县的治所那处。权县是权国为楚熊通灭后所设，是中国古代最早所设之县，对中国历史影响深远。其故地在今宜昌当阳市东南，与楚国相距150千米，公族为子姓，是商代中期以后南迁的殷人。权国被灭，置县管辖，任尹管理。此次与楚军为敌的是聚居清江流域而散居江汉平原的五姓巴人。当时楚国君臣轻视巴人，疏于防范，以致酿成大祸。由于事出突然，权县尹官阎敖无备弃守，只身泅水逃命，使得巴军长驱北上，一度进逼郢都南门。对此，楚文王大怒，将阎敖处死。由此便激起阎敖族人愤怒，而与巴军合谋反叛。次年春，文王亲率楚军伐巴，虽在今荆州江陵到宜昌枝江一带的津地大败，但终因其军势盛，而击退巴军。二是楚惠王十二年（公元前477年），巴军趁楚国忙于东部吴、越战事之机，围攻楚国鄾邑。是年三月，楚令尹公孙宁、寝尹吴由于、箴尹薳固率师迎巴，击退巴军。对此，惠王封公孙宁于析邑。②三是楚肃王四年（公元前377年），巴蜀联军由长江转乌江，经郁水到清江，突破楚军在清江上的防线，打

---

① 张正明：《楚史》，湖北教育出版，1995，第44页。
② 张正明：《楚史》，湖北教育出版，1995，第89、259页。

出长江，攻占楚国西部重镇兹方，威逼楚都郢城。面对突袭失去兹方的楚军，很快从震惊中镇定下来，迅速调集优势武力展开反击，终于在兹方附近打败巴蜀联军。巴蜀联军被迫撤军，蜀军先撤，巴军断后，回到各自本土。其后，为防范巴蜀军队再度长驱直入，楚肃王在入楚必经之路设下扞关，地望就在当年廪君在今宜昌长阳夷城所置关卡处。① 此外，还有一次楚国内部的战事也与巴有关联，这就是成王三十八年（公元前634年）灭夔。本来夔是楚的别封之国。始君为熊渠次子熊挚，故址在今湖北秭归县，土著是巴人。夔子已经巴化，而且认为楚国歧视夔国的先君，于是拒不祭祀祝融和鬻熊。当楚国使者前去责问夔子时，夔子竟说："我先王熊挚有疾，鬼神弗赦，而自窜于夔，吾是以失楚，又何祀焉？"这表示自外于楚国了。楚国不能容忍夔子公然闹分裂、搞独立，便决定予以严惩。是年秋引兵灭夔，夔子被押解到郢都，从此夔国不复存在。② 楚国势力也就抵达夔地。

正因为"昔巴楚数相攻伐"，因此彼此间便"籍险置关，以相防捍"。③ 对于楚国来说，楚之西塞就是在这样的背景之下出现的。如前所述，楚之西塞是个历史的概念，并非是一成不变的，而是随楚国疆土不断向西扩张而逐渐延伸的。这表明，楚之西塞向西延伸有个发展过程。其间，楚之西塞从沮漳河流域逐渐向西推移，经历了荆门虎牙、西陵峡口到建平秭归等地带。对此，郦道元在《水经注》中称秭归处的楚之西塞为"弱关"，明确讲"弱关在建平秭归界"。④ 随着楚宣王九年（公元前361年）以前占据巴黔中，楚威王期间（公元前339年—公元前329年）占领巴国重镇枳，继而攻下阳关，夺取巴都江州，楚国便吞并了川东巴国的南半部，于是原来巴、楚两国交兵时的关隘壁垒便随之消除。⑤ 这样，地处川东鄂西的楚之西塞也就不复存在了。

从发展过程可以看出，楚之西塞从沮漳河流域逐渐向西推移，经历了荆

---

① 管维良：《巴族史》，天地出版社，1996，第57-59页。
② 张正明：《楚史》，湖北教育出版，1995，第108-109页。
③ 郦道元：《水经注》，岳麓书社，1995，第498页。
④ 郦道元：《水经注》，岳麓书社，1995，第498页。
⑤ 管维良：《巴族史》，天地出版社，1996，第94-96页。

第四章　宜昌古城的城邑起肇

门虎牙、西陵峡口、秭归弱关以及最后消除四大节点。这四大节点与楚国同罗国、巴国和楚夔之间所发生的五次战事中不无关系。显然，在这五次战事中，楚武王五十年（前691年）楚罗战事、楚成王三十八年（前634年）楚夔战事和楚肃王四年（公元前377年）楚与巴蜀联军战事，同楚之西塞由沮漳河流域向荆门虎牙推进，进而由西陵峡口向秭归弱关推进，以至楚之西塞最终消除是相互对应的。正是楚武王五十年（前691年）楚罗战事之后，楚之西塞才由沮漳河流域向荆门虎牙推进；正是楚成王三十八年（公元前634年）楚夔战事之后，楚之西塞就由西陵峡口向秭归弱关推进；正是楚肃王四年（前377年）楚与巴蜀联军战事之后，激起楚对巴的征伐，以致吞并川东巴国的南半部，最终导致楚之西塞随之消除。

其实，楚文王十四年（前676年）楚巴战事，同楚之西塞由荆门虎牙向西陵峡口推进也是相互对应的。这就是说，正是楚巴战事之后楚文王十五年（前675年），楚之西塞便由荆门虎牙向西陵峡口推进。这其中的道理，可以从三个方面来理解。一是尽管楚人久处平原不爱山地，面对楚国北、东、南大片冲积平原，长期奉行进攻方略，而对西部巴蜀一向不感兴趣，始终奉行战略防守。但是为求无后顾之忧，楚人仍设巴郡，筑捍关。[①] 因此面对前676年秋巴军的趁难而入，楚国自然不会熟视无睹，定会在次年也就是前675年结束战事后加强防范。这样将楚之西塞由荆门虎牙向西陵峡口推进便是顺理成章的事。二是以上所述楚巴、楚夔四次战事，所经历的时间分别处于春秋初期、春秋末期和战国前期。楚之西塞由荆门虎牙向西陵峡口推进的年代，显然不会发生在战国前期也就是公元前377年的楚与巴蜀联军战事之后。因为这次战事最后导致楚国吞并了川东巴国南半部，致使楚之西塞随之消除。同样，楚之西塞由荆门虎牙向西陵峡口推进的年代也不会发生在春秋末期也就是公元前477年的楚巴战事之后。因为如果是这样的话，那么荆门虎牙作为楚之西塞的时间势必较长，以致虎牙滩城垒就会同荆门山城垒一样，在历史上留下

---

① 张正明：《楚史》，湖北教育出版社，1995，第304-305页。

深刻印象。事实却不然，虎牙滩城垒在历史上的印象远没有荆门山城垒那样清晰。造成这种现象的原因只有一种解释，这就是虎牙滩城垒在这一带所存留的时间太短促。这样留下的印象太模糊，很难形成历史记忆。而楚之西塞由荆门虎牙向西陵峡口推进的年代，发生在春秋初期即公元前675年的楚巴战事之后，也就是距离公元前691年楚罗战事之后，楚之西塞由沮漳河流域向荆门虎牙推进的时间仅16年。按这种解释便一切都顺理成章了。三是既然楚成王三十八年（公元前634年）楚夔战事后，楚之西塞至春秋初期就已经推进到了秭归弱关，却说楚之西塞至春秋末期也就是公元前477年的楚巴战事之后方才由荆门虎牙推进到西陵峡口自然就不能成立了。而楚成王三十八年（公元前634年）楚夔战事后，楚之西塞在春秋初期推进到秭归弱关的同时，也就推进到了西陵峡口这倒是可能的。只是这样既不符合楚国的风格，又在逻辑上有诸多不顺理成章的疑惑。至于楚惠王十二年（前477年）的楚巴战事，显然与楚之西塞西进之事并无关联。

从以上考究可以看出，春秋时期宜昌古城随楚之西塞由荆门虎牙向西延伸而移建至西陵峡口的年代，可能就在楚文王十五年（前675年）。当然在这个问题上也有不同见解，诸如张正明先生就认为西陵在今湖北宜昌市北，也就是西陵峡口长江右岸；而夷陵却在今湖北宜昌市东、江陵县西，也就是长江左岸虎牙滩一带；并认为这里有楚先王墓的圣地，前278年秦将白起所烧夷陵就发生在这里。① 其实这种认识有失偏颇。因为宜昌市区西陵峡口长江左岸前坪的考古发现，就为否定这一判断提供了佐证。如前所述，1971年3月—1972年3月，湖北省博物馆工作人员在前坪至葛洲坝一带发掘出43座墓葬，其中有6座为战国墓葬，4座在前坪，2座在葛洲坝。依据对出土文物的分析，专家基于秦昭王二十九年（前278年）秦将白起攻占夷陵，这里始属秦，而推定除前坪墓1为战国早期、前坪墓27为战国中期偏晚之外，前坪墓23和39以及葛洲坝墓1和2，很可能都是战国晚期、秦占夷陵后的秦墓。尤其是前坪

---

① 张正明：《楚史》，湖北教育出版社，1995，第320页。

第四章　宜昌古城的城邑起肇

墓 23 出土 1 件柳叶形铜矛，矛身为"巴式剑"式，上有"手心纹"，显系巴文化遗物。这种巴矛所以会在此出现，专家推测有两种可能：一是秦灭巴后，物主巴人东迁携带来此，死后埋入墓中；二是秦人灭巴的战利品，获得者秦人攻略夷陵时携来，死后埋入墓中。鉴于该墓同出随葬器物中还有件铜印，印文"䙡"与秦"相邦义戟"铭文的"䙡"字相似，应是秦代通行的篆书字体。因此专家认为后一种可能性较大，也就是说此墓系参与灭巴伐楚的秦军墓，墓主还可能是个中下级军官。显然，这一考古发现表明，公元前 278 年秦将白起火烧夷陵之事，发生在西陵峡口长江左岸，并不在虎牙滩长江左岸。由此可见，楚之西塞由荆门虎牙向西陵峡口推进的史实是不容置疑的。

总而言之，通过以上考究可以看出春秋时期宜昌古城起肇缘于楚之西塞向荆门虎牙一带延伸。楚武王五十年（前 691 年），虎牙滩所建、而后称为"夷陵城"与荆门山所建、称为"荆门城"的两座城，是宜昌古城最早的城垒。这就是说，春秋时期宜昌古城的起肇之地，就在今宜昌市区东南向的荆门虎牙一带，至 2019 年已有 2710 年的历史。而春秋时期宜昌古城移建则缘于楚之西塞向西陵峡口延伸。这表明西陵峡口长江两岸西陵、夷陵隔江相望两座城垒的出现，是"楚之西塞"向这一地带推进的结果。随着虎牙滩城垒移至西陵峡口长江左岸一带之后，原虎牙滩城垒在历史记载中便销声匿迹。荆门山城垒却仍延续下来，直至晋初王濬率军下益州灭东吴时方才被拔。至于春秋时期宜昌古城移建西陵峡口的年代可能在楚文王十五年（前 675 年）。

第五章
宜昌古城的建制沿革

第五章　宜昌古城的建制沿革

宜昌古城在历史发展中经历过史前时期。在原始社会新石器时代中期大溪文化时期，古城先民就开始在这片土地上繁衍生息。这一带曾经是远古时期西陵部落分布的中心地域。①夏商时期为古"荆州之域"，春秋战国为楚地，史称"楚之西塞"②，此间宜昌已建有城垒。楚顷襄王二十一年（前278年）秦将白起"攻楚，拔郢，烧夷陵"③，夷陵（宜昌古城，今宜昌市区）之名始见于史，使宜昌有文字可考的历史至2019年达2297年。如果将楚之西塞确立时间加上，就要在此基础上再增加400多年。从古城起肇到明清夷陵古城城墙被拆，历时2621年。其间建制沿革多变，构成宜昌古城沧桑中的一幅幅风俗画卷。

一、秦汉时期

秦朝是历史上对宜昌古城建制沿革产生重要影响的朝代。在宜昌古城建制沿革演变中，经历了由自然聚落经军塞城垒、治所城邑到过载码头、商埠都市的变迁周期。正因为宜昌古城变迁周期的如此更替，才使得古城建制沿革演变呈现出多样性。而在形成宜昌变迁周期的发展中，曾发生过四大事件，成为影响古城建制沿革演变的节点。这就是，春秋时期楚之西塞由沮漳河流域向荆门虎牙延伸，战国时期秦将白起火烧夷陵，晚清时期川盐济楚以及光绪时期宜昌开埠。在这四大事件中，春秋时期楚之西塞由沮漳河流域向荆门虎牙延伸，引起了宜昌古城的起肇。从此，宜昌进入了城市发展的历史时期。

---

① 曾继全：《黄帝正妃西陵之女嫘祖考析》，转引自鲁谆等主编《中华民族之母嫘祖》，中国三峡出版社，1995，第4-43页。

② 宜昌市地方志办公室 宜昌市夷陵区委史志办公室整理校勘《（明弘治九年刻本）夷陵州志》，《夷陵州志》整理校勘委员会，2008，第1、96页。

③ 《二十四史·史记》（一），中华书局，1997，第2331页。

关于宜昌古城起肇的考究已在此前章节进行过叙述。晚清时期川盐济楚与宜昌开埠，使古城进入了过载码头与商埠都市的阶段，从而深化了宜昌城市发展的功能，使古城在城市变迁史中进入了一个新的周期。这在其后第八章《宜昌古城的帆船文化》中会具体展开。

至于战国时期秦将白起火烧夷陵，则是改变了宜昌古城发展的地位。道理很简单，秦军占领夷陵（宜昌古城）后，就"以此地属南郡"[①]，并随即在夷陵置县，派南郡都尉进驻夷陵负责管治。秦在宜昌设县，这不仅使古城在城市变迁史中首次成为所辖地域的政治中心，而且对古城其后的发展影响深远，以至到两汉时期宜昌古城的建制仍承袭秦制。[②]

因此，如果说春秋时期古城起肇是宜昌由自然聚落到军塞城垒转变的标志，晚清时期川盐济楚是宜昌由治所城邑到过载码头转变的标志，那么战国时期秦县夷陵则是宜昌由军塞城垒到治所城邑转变的标志。正是这一转变，开启了宜昌古城建制沿革演变新的华章。

二、三国两晋南北朝时期

三国两晋南北朝是宜昌古城建制沿革演变中最为频繁的时期，其中又以南北朝时期中的梁陈之际尤甚。为此，待叙述三国两晋宋齐时期古城建制沿革之后，有必要就梁陈之际的古城建制沿革情况着重加以阐述。

（一）三国两晋宋齐时期

东汉末年曹操北定中原后，于建安十三年（208年）七月南征，占据荆州后，当即"分枝江以西立临江郡"[③]。宜昌古城首次设郡的历史由此诞生。从

[①] 乐史：《太平寰宇记》，中华书局，2007，第2860页。
[②] 潘新藻：《湖北省建制沿革》，湖北人民出版社，1987，第182-183页。
[③] 宜昌市档案局档案馆、宜昌市地方志办公室整理编辑《（清同治三年编撰）宜昌府志》，宜昌市档案局，2002，第121页。

第五章　宜昌古城的建制沿革

此，宜昌便脱离南郡管辖而行使郡的管理职能。这是宜昌古城建制沿革演变中的里程碑。赤壁之战后，刘备占据荆州，改临江郡为宜都郡，领四县，[①] 使向朗督秭归、夷道（今宜都）、巫山、夷陵（宜昌古城）四县的军民事务。[②] 实行郡领县的体制，这在宜昌古城建制沿革演变中也属首次。它表明宜昌设郡后不仅管辖权限提高，而且管辖范围扩大。蜀吴夷陵之战后，宜昌为孙权所占。吴黄武元年（222年）改夷陵为西陵（皆为宜昌古城称谓）。郡领县的体制不但未变，而且其后又分宜都郡立建平郡总统于荆州。[③] 宜都郡除领西陵、夷道两县外，还将佷山（今长阳）改属宜都郡，而原领秭归、巫山二县则改属建平郡，并将巫山县改置为巫县。吴永安三年（260年）再分秭归北界立兴山县，属建平郡。这一切反映东吴加大了对这一地带控制的力度。

三国归晋后，宜都郡郡治西陵复改为夷陵，宜都郡领夷陵、夷道、佷山三县。东晋时分夷陵西境（长江南岸黄牛岩到黑岩子一带）置宜昌县，宜昌成为宜都郡所领之县。[④] 这里要强调的是，此宜昌与今宜昌并非一回事，具体情况在此前章节《宜昌古城的称谓由来》中已做说明。

至南朝宋、齐时期，古城建制仍承袭晋制，"并为宜都郡理"。具体来说，南朝刘宋建立时置宜都郡，属荆州，领夷陵、佷山、夷道、宜昌四县，治所在江北夷陵（今宜昌市区），宋武帝刘裕永初二年（421年）郡治移至江南夷道（今宜都）；南朝萧齐时也置宜都郡，属荆州，领夷道、夷陵、佷山、宜昌四县，郡治仍在江南夷道。

---

① 宜昌市档案馆整理编辑《（清同治三年续修）东湖县志·上》，宜昌市档案局，1992，第38页。
② 宜昌市档案局档案馆、宜昌市地方志办公室整理编辑《（清同治三年编撰）宜昌府志》，宜昌市档案局，2002，第125页。
③ 宜昌市档案馆整理编辑《（清同治三年续修）东湖县志·上》，宜昌市档案局，1992，第38-39页。
④ 潘新藻：《湖北省建制沿革》，湖北人民出版社，1987，第241-281页。

（二）南北朝梁陈时期

南北朝梁陈之际，政权交错，更替无常，领属多变，郡县复置，称谓屡改，而历代正史中又缺乏此间地志，致使宜昌古城地带在历史演变中留下诸多疑惑，成为长期以来古城历史文化研究中难以说清道明的谜团。尽管此间宜昌古城地带处于纷乱之秋，但是宜昌由郡制升为州制，却是古城建制发展中的重要节点，对其后影响深远。通过对此间历史演变的多番考究，最终使其中的诸多疑惑得以破解，此间古城建制沿革中的谜底被揭示出来。

1. 此间与古城地带相属的南北朝代。梁陈之际尽管所历时间不长，但所历朝代却不少，并呈南北分治之状。其中南朝包括梁朝、后梁和陈朝，北朝包括北魏及其分裂而成的东魏、西魏，和由东、西魏所改建而成的北齐、北周，以及由北周所改立的隋朝。[1]尽管如此，但此间所更替的南北朝代与宜昌古城地带经历相关且存在行政隶属关系的，却仅有梁、后梁、陈朝与西魏、北周和隋朝。具体来说，梁朝代齐后，宜昌古城由"夷陵"改为"宜州"，[2]一直属梁之辖地，即便侯景之乱大半州郡失于魏、齐时也是如此。554年11月当萧詧引西魏兵攻打江陵时，西魏便在攻陷江陵、灭亡建都于江陵的梁元帝后，就占领了宜昌古城地带，并改宜州为拓州。[3]而萧詧被西魏封为梁王，并于556年称帝江陵建立后梁后，其所受封的300里土地之西也触及宜昌古城地带。557年宇文觉登天子位改西魏为北周时，古城宜昌称谓又由拓州改为硖州。[4]557年陈霸先取代梁朝建立陈朝后，宜昌古城地带（时称硖州）一度成为陈朝与北周的边塞。唐代诗人杜甫上数五代的先人杜叔毗，就是在这种情势下，在古城宜昌当了十年之久的硖州刺史。[5]后宜昌古城被陈朝占领，于是硖

---

[1] 张传玺、杨济安：《中国古代史教学参考地图集》，北京大学出版社，1982，第28页。
[2] 乐史：《太平寰宇记》，中华书局，2007，第2860页。
[3] 乐史：《太平寰宇记》，中华书局，2007，第2860页。
[4] 乐史：《太平寰宇记》，中华书局，2007，第2861页。
[5] 刘保康：《杜甫与夷陵》，转引自刘开美等主编《宜昌历史述要》，湖北人民出版社，2005，第161页。

第五章　宜昌古城的建制沿革

南朝梁今湖北地带建制沿革图

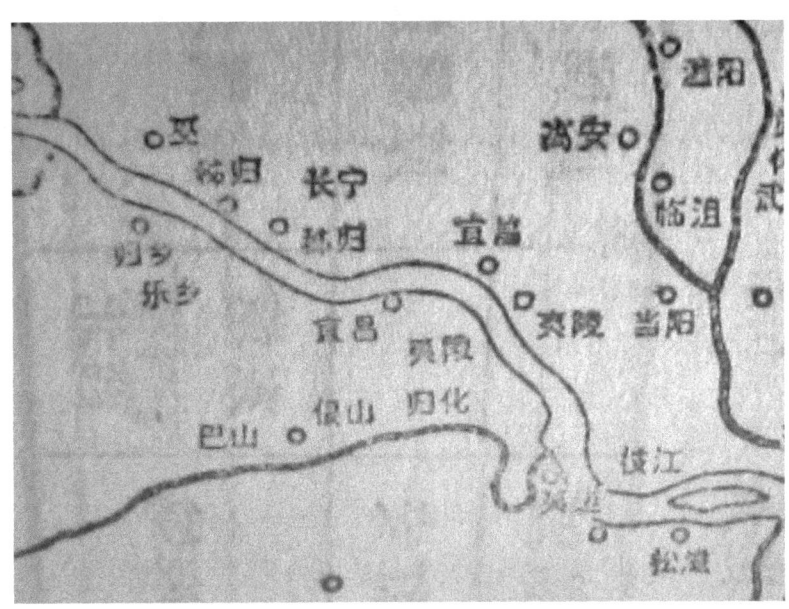

南朝梁今宜昌地带建制沿革图

州西迁而州治夷陵成为陈朝的军事重镇。①589年陈朝被隋朝所灭，于是宜昌古城便属隋朝所管辖。

2.此间宜昌古城建制沿革的复杂性。在明确梁陈之际与宜昌古城地带经历相关且存在行政隶属关系的南北所更替的朝代之后，笔者对此间古城所历相关朝代的建制沿革情况逐一进行了梳理。从而廓清了宜昌古城建制沿革的复杂性。具体来说，这种复杂性表现在四个方面：

（1）此间诸朝代都同时置有宜都郡。梁陈之际宜昌古城地带同时被西魏、后梁、陈朝三国所分辖。这三国都置有宜都郡，换句话说此间在宜昌古城地带同时存在三个宜都郡。西魏改梁朝宜州为拓州，在江南佷山县及与陈朝所分割的江北夷陵县境地带置有宜都郡；后梁之荆州在江北宜昌置有宜都郡；陈之荆州在江南夷道也置有宜都郡，后改属陈之南荆州。

（2）此间有的朝代同置两个宜都郡。北周取代西魏后，在宜昌古城地带同时置有两个宜都郡，一是硖州宜都郡，一是江州宜都郡。前者是改拓州置硖州后沿袭后梁在江北宜昌境所置，后者是承袭西魏在江南佷山境所置。

（3）此间所置宜都郡郡治多有不同。梁朝所置宜都郡郡治先在江北夷陵，后在江南巴山，即以往的佷山，在今长阳以西；后梁所置宜都郡郡治在江北宜昌县境；陈朝所置宜都郡郡治在江南夷道；西魏所置宜都郡郡治在江南佷山，在今长阳以南；北周所置硖州宜都郡郡治先在江北夷陵，今宜昌市区，后移至江北夷陵城西的石鼻城。

（4）此间所置宜都郡多有县同地异。梁、后梁、陈朝及西魏、北周等朝代所置宜都郡所领县中多有夷陵、巴山、夷道、宜昌等名称。但地望却不尽相同。

3.此间古城地带诸朝代的建制沿革。随着这些复杂性的廓清，诸多谜团也就烟消云散，而梁陈之际宜昌古城地带所历相关朝代的建制沿革情况便清晰起来，具体来讲：

---

① 乐史：《太平寰宇记》，中华书局，2007，第2861页。

第五章　宜昌古城的建制沿革

（1）梁朝、后梁的建制沿革。梁朝曾两度在宜昌古城地带设置过宜州。梁天监十七年（518年）置宜州，"以旧宜都为州之名"，州治在江北夷陵（今宜昌市区），统宜都、巴东、建平三郡。其中，宜都郡郡治也在江北夷陵，领夷陵、夷道、佷山、宜昌四县。于大同九年（543年），宜都郡复属荆州。梁大宝元年（550年），重置宜州，州治仍在江北夷陵，领一郡四县，即宜都郡及巴山、夷陵、夷道、宜昌县。郡治在巴山县，即以往的佷山县，为萧绎所改，在今长阳以西。夷道在江南，即今宜都；宜昌亦在江南，即东晋分夷陵西境所置之县，在今长阳以西。此间，梁朝曾在古城南三十里曹操所置临江城处，置过临江郡及县；也曾在西陵峡口筑过二城，名曰七胜城。

后梁仍在宜昌古城地带置宜州，州治始在江南巴山，今长阳以西，后移至与江南宜昌相对的江北宜昌，领一郡三县，即宜都郡及夷道、夷陵、巴山三县。郡治在江北宜昌，却隶属于后梁荆州。夷陵在江北，夷道由江南夷道移至江北宜昌县境，巴山也由江南巴山移至江北宜昌县境。

（2）陈朝的建制沿革。陈朝建立后于天嘉元年（560年）置宜都郡，隶属陈之荆州，天嘉二年（561年）改属陈之南荆州，郡治均在江南夷道，领夷道、宜都、夷陵、宜昌四县。夷道在江南，宜都在江南原汉时夷道县城东一里处，夷陵为陈与西魏分割江北夷陵县境所置，也在江南，宜昌为析江南陈之夷道所置。此间，陈太建二年（570年）进攻后梁江陵，攻下周兵在江南荆门所筑安蜀城后，将南荆州所置信州治所移至此城，随即江北夷陵成为陈之重镇。

（3）西魏、北周的建制沿革。西魏恭帝拓拔廓元年（554年），改梁朝宜州为拓州，"盖取开拓之意"，州治在江北夷陵，在江南原佷山县（今长阳以南）及江北夷陵县境地带置宜都郡，领夷道、巴山、归化、夷陵四县。夷道在江南陈之夷道边界处，巴山在今长阳以南，归化和夷陵均在陈之夷道边界处。

北周取代西魏后，"武帝以州扼三峡之口复改为峡州"（只是宋代乐史所叙述的替代拓州之州的称谓，不应为带"山"旁的"峡州"，而应为带"石"旁

"硖州",相关情况后叙),治所在江北夷陵,后移至石鼻城,地望在江北夷陵城西北。北周硖州沿袭后梁于江北宜昌县境置宜都郡,统夷陵县,在江北,今宜昌市区。又置江州,承袭西魏于佷山置宜都郡,统巴山县,在今长阳以南。北周曾置过安蜀城,在江南荆门处;也曾置过临州,在江北虎牙滩上游的临江坪处。

三、隋唐时期

隋朝统一全国之初,宜昌古城沿袭陈朝及北周信州改置硖州,领夷陵(在江北)、夷道、秭归(改长宁县入)、乐乡(巴东,开皇十八年改名)、新浦(建始分置)、远安(开皇三年来属)六县。① 大业五年(609年),罢州置郡,硖州被改置为夷陵郡,领夷陵、夷道、远安三县。

唐代武德四年(621年)平萧铣,夷陵郡被改置为硖州,所领之县与隋代相同。贞观八年(634年)废东松州,以宜都、长阳、巴山三县来属,其年省夷道入宜都,九年自下牢镇移治"步阐垒"。天宝元年(742年)又改硖州为夷陵郡,乾元元年(758年)复改夷陵郡为硖州。②

四、五代十国两宋时期

到五代十国时期,宜昌古城地带处于十国纷争的地带。起初隶属十国中最早称帝者王建所建前蜀管辖,后唐灭前蜀后又为高季兴所建荆南所辖。③ 此间仍置硖州,所领之县除夷陵、宜都、远安之外,④ 还包括秭归⑤ 和今五峰土家

---

① 潘新藻:《湖北省建制沿革》,湖北人民出版社,1987,第618页。
② 乐史:《太平寰宇记》,中华书局,2007,第2861页。
③ 白寿彝总主编《中国通史·五代辽宋夏金时期[上]》(第七卷),上海人民出版社,1999,第186页。
④ 《二十四史·旧五代史》(十三),中华书局,1997,第2012页。
⑤ 湖北省秭归县地方志编纂委员会编纂《秭归县志》,中国大百科全书出版社,1991,第46页。

第五章　宜昌古城的建制沿革

族自治县地带。①

宋代在宜昌古城设置州制，称谓由偏旁从石的"硤"州，改为偏旁从山的"峡"州。从此，自北周、经隋唐至五代十国时期，古城州制所延续的偏旁从石的"硤州"称谓，到宋代便寿终正寝，取而代之的则是偏旁从山的"峡州"称谓。具体来说，《隋书·地理志》称北周所置之州为"硤州"②，就是说州名偏旁从石而不从山。南宋诗人陆游在其《入蜀记》中记载："峡州在唐为硤州，后改峡。"③这表明在唐代时宜昌古城州制称谓仍为偏旁从石的"硤州"。《宋史·地理志》记载："峡州，峡字旧从石，今从山。"④这表明在宋代以前的五代十国时期宜昌古城州制称谓还沿袭着偏旁从石的"硤州"。由此可见，自北周、经隋唐至五代十国时期，宜昌古城州名一直称偏旁从石的"硤州"，直到宋代方才改为偏旁从山的"峡州"。正因为如此，生活在宋代的乐史，便在其《太平寰宇记》中记述宜昌古城自北周至唐代建制时，按宋代的称谓习惯将偏旁从石的"硤州"表述为了从山的"峡州"。其结果给此间州制称谓造成混乱，且影响至今。因此应该改过来。

五代十国时，宜昌古城州制就有印文"陕州"的称谓，到宋代后这一印文称谓被沿袭下来。于是州名"峡州"与州印文"陕州"就成了不同写法的两个字，后来才将印文"陕"也改成了"峡"。陆游在《入蜀记》中也记载了这件事。文中写道："元丰中，郎官何洵直建言：'陕与陕相乱，请改铸印文从山。'事下少府监，而监丞欧阳发言：'湖北之陕州从阜从夾，夾从两人；陕西之陕州，从阜从夾，夾从两入。偏旁不同，本不相乱，恐四方谓少府监官皆不识字。'当时朝士之议皆是发，而卒洵直言改铸云。"⑤原来当时湖北"陕州"与陕西"陕州"，州名字形相近，为避混淆，经研究就将湖北"陕州"的

---

① 湖北省五峰土家族自治县地方志编纂委员会编纂《五峰县志》，中国城市出版社，1994，第33页。
② 《二十四史·隋书》（七），中华书局，1997，第889页。
③ 陆游：《入蜀记》，转引自符号主编《宜昌文化揽粹》，湖北人民出版社，2005年，第286页。
④ 《二十四史·宋书》（十四），中华书局，1997，第2195页。
⑤ 陆游：《入蜀记》，转引自符号主编《宜昌文化揽粹》，湖北人民出版社，2005，第286页。

印文，改为了偏旁从山的"峡州"。此事便是印文"陕州"改为"峡州"的由来。此间"峡州"置一郡四县，郡为夷陵郡，四县包括夷陵、宜都、长杨（今长阳）、远安。①

五、元明清时期

　　元代是宜昌建制沿革中的一个重要节点。元至元十七年（1280年）宜昌由州跨越府而升为路，称"峡州路"，隶属荆湖北道，领夷陵、宜都、长阳、远安四县。②

　　明代建立前，宜昌古城就成为其统治的区域。明太祖朱元璋在统一战争、扫平群雄中，首灭陈友谅、占领鄂诸境的甲辰年（元至正二十四年，公元1364年），便设立了湖广行中书省。③宜昌便改峡州路置峡州府，同年九月又降为州，直隶湖广行省。洪武九年（1376年）四月，改峡州为夷陵州，以州治夷陵县省入来属，领长阳、宜都、远安三县。④

　　到清代，宜昌仍沿袭明代建制，置夷陵州，领长阳、宜都、远安三县。顺治六年（1649年）因避忌讳改"夷"为"彝"，称"彝陵州"。雍正十三年（1735年）升彝陵州为府，称"宜昌府"，领二州五县，隶属荆宜施道。"二州"为归州、鹤峰；"五县"为东湖、长阳、兴山、巴东、长乐（今五峰）。其中，"归州"在明代洪武九年时就被废州置秭归县，属夷陵州，后复为归州，以秭归县省入领兴山、巴东。清雍正七年改直隶归州，领长阳、兴山、巴东、恩施、容美等十九土司，隶属荆州府，雍正十三年九月归州裁去直隶，隶属宜昌府；"鹤峰州"本容美土司田氏地，明初隶属荆州府，清雍正十三年改土归流，以其地为鹤峰州，隶属宜昌府；"东湖县"为明代的附郭之邑，也就是

---

　　①《二十四史·宋史》（十四），中华书局，1997，第2195页。
　　②《二十四史·元史》（十八），中华书局，1997，第1418页。
　　③白寿彝总主编《中国通史·明时期[上]》（第九卷），上海人民出版社，1999年，第189-190页。
　　④《二十四史·明史》（十九），中华书局，1997，第1082页。

第五章　宜昌古城的建制沿革

被省入夷陵州的州治夷陵县，清雍正十三年升州为府时又将之改置成县，为府治；"长乐县"本五峰土司地，明代隶属荆州府，清雍正十三年以其地为长乐县，隶属宜昌府。[①]从此宜昌古城建制又进入一个新的节点。随着1840年鸦片战争爆发，宜昌也告别了古代发展的时代，步入了近代发展的历史时代。光绪二年（1876年）宜昌开埠，辟城南为宜昌商埠。光绪三十年（1904年），析荆宜施道为施鹤道，鹤峰州被升为鹤峰直隶厅，设同知、无属县，隶属施鹤道。于是，宜昌府改领归州与东湖、长阳、兴山、巴东、长乐五县，隶属荆宜道。[②]这一切标志着宜昌古城建制处于近代发展格局的孕育之中。

[①] 宜昌市档案局档案馆、宜昌市地方志办公室整理编辑《（清同治三年编撰）宜昌府志》，宜昌市档案局，2002，第122-123页。

[②] 潘新藻：《湖北省建制沿革》，湖北人民出版社，1987，第903-904页。

第六章 宜昌古城的城邑变迁

第六章　宜昌古城的城邑变迁

如前所述，宜昌处于远古时期西陵部落的中心地带。在新石器时代，古城先民就繁衍生息在这片土地上了。从考古挖掘所获先民生息遗址中的信息，不难看出宜昌古城地带此间就已经出现有聚落。当然，城垒的出现应该是春秋初期的事情。尽管自周代先民生息的地望就出现在西陵峡口长江两岸，但宜昌古城的起肇却并非在此地，而在今中心市区东南向的荆门虎牙一带。随后虎牙一侧的城垒移至西陵峡口长江左岸的下牢溪一带。战国时秦将白起所烧夷陵就在这里。而荆门一侧的城邑仍延续下来，直至晋初王濬率军下益州灭吴时方才被拔掉。当时西陵峡口不止一座城，而是有隔江相望的两座城。这其中的来龙去脉待随后再加说明。

自秦将白起火烧夷陵以后，秦汉两朝曾在今宜昌中心市区以东建有夷陵县城，但具体城址未见于史，故难以祥考。[①] 为弄清其祥笔者对此进行了考究，认为秦朝在宜昌古城设县地望选择的主要动因应该是出于一种战略上的考量，这就是战事防御方面的问题。从古城地带历史上所发生的诸多战事来看，其中有一种带规律性的现象，就是当着防御来自长江上游方向的战事时，就会选择在西陵峡口或者峡口以上的险要地带设防，比如三国时的东吴在设防晋将王濬进攻所选择的地带，就在峡口以上今秭归县与夷陵区交界的险峻地段；当着防御来自长江下游方向的战事时，就会选择在荆门虎牙这一险要地带设防，比如东汉初年西蜀公孙述抵御汉将岑彭进攻所选择的设防地带就在这里。正是基于这种现象，因此笔者认为，当着秦国占据夷陵（宜昌古城）之后，为巩固夷陵上游的后方基地，其设防地带自然会选择在今宜昌中心市区以东的荆门虎牙一带。为此，秦国将所建新县城的城址由下牢溪的下牢戍，移建至今宜昌中心市区以东的荆门虎牙地带，是完全可以理解的。正是基于

---

① 宜昌市文化馆：《宜昌市沿革与历史文物》，转引自湖北省宜昌地区文物办公室整理《宜昌地区历史文物资料汇编》，湖北省宜昌地区文物办公室，1979，第84页。

这种考虑，笔者便在史籍中寻找蛛丝马迹，终于在相关史志中寻得佐证。《宜昌地区简志》中载，"荆门山上合下开，酷似大门，又称'仙人桥'，与北岸的虎牙山遥遥相对，气势雄伟，秦时曾在山顶筑城，曰'荆门城'"①。《宜昌县志》中对此也有同样记载。②尽管这些记载都缺乏应有的出处，但秦国曾在荆门山上筑城的记载，与宜昌古城以往战事防御的规律显然是吻合的。因此秦朝曾在今宜昌中心市区以东所建夷陵县城的具体地望应该就在荆门山上。③但秦朝在中国历史上是个命数甚短的皇朝。西汉建立后承接秦制，因此在一段时间里夷陵古城仍保留在荆门山上是完全可能的。但当西汉政权稳固后，夷陵古城还是迁建到了西陵峡口长江左岸的下牢溪一带。对此，笔者在相关史籍中寻得佐证。宋代乐史在其《太平寰宇记》中载，汉代时的夷陵县治在今宜昌中心市区西北，即西陵峡口长江左岸的夷山一带，历史上称之为"夷山故城"。④

三国时期，宜昌是曹操、刘备、孙权争夺的重要地带。此间宜昌所筑城垒较多。据有关古籍记载，三国时有"刘封城"，在今宜昌中心市区西北20里的三游洞顶，为蜀汉章武初（221年）蜀将刘封镇守宜都郡时所筑。在三游洞顶曾发现大量汉代砖瓦残片及少量箭镞。"步骘城"，为东吴赤乌七年（244年）孙权任命步骘为西陵都督时所筑。"步阐垒"，为东吴凤凰元年（272年）步阐任西陵都督时所筑。如前所述，步氏父子所筑城垒都在古郭洲坝上。"陆抗城"，在西坝，东吴凤凰至天玺年间（272年—276年）陆抗任东吴大都督时，步阐降晋，抗奉命讨伐步时所筑。⑤三国时期，还有曹操于建安十三年

---

① 宜昌地区地方志编委会编《宜昌地区简志》，宜昌地区地方志编委会，1986，第309页。
② 湖北省宜昌县志编纂委员会编纂《宜昌县志》，冶金工业出版社，1992，第814页。
③ 刘开美：《宜昌荆门相关地名考》，转引自王新主编《寻访荆门山》，三峡电子音像出版社，2016，第195-197页。
④ 乐史：《太平寰宇记》，中华书局，2007，第2862页。
⑤ 宜昌市文化馆：《宜昌市沿革与历史文物》，转引自湖北省宜昌地区文物办公室整理《宜昌地区历史文物资料汇编》，湖北省宜昌地区文物办公室，1979，第84页。

（208年）"分枝江以西立临江郡"①所建的"临江城"，其地望在今宜昌中心市区东南30里的临江坪，这其中的缘由也待随后再加说明。如前所述，南北朝时期，梁元帝（552年—554年）命护军将军陆法和在西陵峡口筑二城，名"七胜城"。陈宣帝征江陵，北周在西陵峡口下游南岸筑一垒以备陈，名"安蜀城"。北周时移硖州州治至"石鼻城"。这里仅就安蜀城的地望加以叙述。

如前所述，安蜀城为南北朝时期北周江陵总管陆腾为防御陈朝将领章昭达进攻，而在夷陵（宜昌古城）地带所筑城垒，寓意保障蜀地安稳。同时，还在江上横引大索，编苇为桥，以度军粮。而陈将章昭达则命军士为长戟，施楼船上，仰割其索。索断粮绝后，再派兵攻城，最后打败北周。这就是此间发生在夷陵古城地带的安蜀城之战。但史籍中对安蜀城的地望却有不同记载。《二十四史·陈书》中载，"周兵又于峡下南岸筑垒，名曰安蜀城"②；而《二十四史·南史》中却载，"周又于峡口南岸筑垒，名安蜀城"③。由于两史中"峡下"与"峡口"之间的一字之差，结果造成千百年来夷陵安蜀城地望应在西陵峡口南岸还是应在西陵峡口下游南岸荆门山的疑惑。其实，历史上的夷陵安蜀城，其地望应该在荆门山上。这可以从两个方面来考究。首先就史籍中所载安蜀城地望的史实来说。《陈书》上的记载要早于《南史》，并且《陈书》中对此还有一段注释。其中写道："周兵又于峡下南岸筑垒［峡下］南史作［峡口］，通鑑同。按通鑑胡注云：峡口，西陵峡口也。"④这表明，无论是《南史》还是《通鉴》，都因对《陈书》中的"峡下"理解为"西陵峡口"，因此在记述安蜀城所处地望时，将"峡下"改为了"峡口"。显然，这种更改是想当然所为。只要对宜昌古城地带情况有所了解的人就不难看出，"峡口"是不能等同于"峡下"的。因为"峡口"指的地望在"西陵峡口"，而"峡下"指的地望则在西陵峡口的下面。这是两个全然不同的方位概念。从这个层面

---

① 宜昌市档案局档案馆、宜昌市地方志办公室整理编辑《（清同治三年编撰）宜昌府志》，宜昌市档案局，2002，第121页。
② 《二十四史·陈书》（六），中华书局，1997，第184页。
③ 《二十四史·南史》（八），中华书局，1997，第1620页。
④ 《二十四史·陈书》（六），中华书局，1997，第185页。

上说，无论是《南史》还是《通鉴》，对《陈书》中"峡下"的更改是不合逻辑的。其次就《陈书》中所载安蜀城的真实地望来说。既然《陈书》所载"峡下"地望并非西陵峡口而是在西陵峡口之下的南岸地带，那么这一地带又会在何处呢？这一地带应该在荆门山上。《周书》中载，北周天和初年信州蛮、蜒据江峡反叛，时任信州总管的陆腾奉诏讨伐。随后涪陵郡守阻兵为难，陆腾又奉诏伐之。经过如此讨伐，便使得巴蜀悉定。于是天和四年（569年）陆腾便被迁任江陵总管，率兵抵御陈军。① 此间，处于江陵的陆腾为确保后周安全，方构筑了安蜀城垒。试问处于江陵地带的陆腾，为了防止陈将章昭达溯江而上进攻北周所构筑的城垒，会选择在西陵峡口南岸吗？如果是这样，那岂不是要放陈军过天险江关荆门虎牙，去攻打位于长江左岸临江坪处的临江城（魏武帝曹操所筑，北周在此置临州）② 和位于长江左岸西陵峡口处的夷陵城吗？显然他不会这样选择。既然如此，那他又会选择在哪个地带呢？显然只会选择在位于西陵峡口之下南岸处的荆门山上。因为这里曾是"楚之西塞"，也是此间的北周门户；加之处于长江上游的北周，防御来自长江下游陈军进攻时，在荆门虎牙这一险要地带设防，是合乎规律的唯一的最佳的选择。本来《陈书》中所言"周兵又于峡下南岸筑垒"的安蜀城地望已经讲得非常清楚了，只是因为后来的注家在不熟悉夷陵（宜昌古城）地带景况的情形下，凭着想当然而将《陈书》中的"峡下"改成了"峡口"，结果不但没有起到去伪存真的效果，而且在此问题上扰得史地界千百年来不得安宁。基于以上所述，在安蜀城地望的记载上，《二十四史·陈书》是确切的，而《二十四史·南史》却是有误的。因此，南北朝时期北周江陵总管陆腾在夷陵（宜昌古城）地带所筑安蜀城的地望应该在荆门山上。③

---

① 《二十四史·周书》（七），中华书局，1997，第472页。
② 宜昌市地方志办公室、宜昌市夷陵区委史志办公室整理校勘《（明弘治九年刻本）夷陵州志》，《夷陵州志》整理校勘委员会，2008，第96页。
③ 刘开美：《宜昌荆门相关地名考》，转引自王新主编《寻访荆门山》，三峡电子音像出版社，2016，第197-199页。

隋初在西陵峡口下牢戍建硖州城，①后改为夷陵州城。唐代贞观九年（635年）于步阐垒附近筑硖州城。北宋时改为峡州城。南宋初期峡州城被迁于江南紫阳山旁，建炎中（1127年—1130年）又迁于距今宜昌中心市区40里处的石鼻山处的石鼻城，绍兴中（1131年—1162年）仍移至江左唐城旧址，到端平中（1234年—1236年）迁至西坝原陆抗城旧址。

元朝时峡州城再度由西坝原陆抗城旧址迁回江左唐城旧址，明清两朝相袭。②这样起肇于唐而经宋、元的明清夷陵古城便稳定至近代。随着开埠，宜昌古城便开始大规模向城外拓展，以致形成以解放路、二马路一带为标志的近代都市景观。民国十九年（1930年）十二月宜昌古城城墙被拆除，在其城基上修建了四条环绕古城的街道。从此，宜昌古城消失，宜昌市区连成一体，发展至今。

从以上叙述可以看出，自秦代设置县制后，宜昌历代战事频繁，官府治所迁徙不断，致使古代宜昌城邑甚多。这一切，反映了古城宜昌的变迁状况。下面，仅就其中影响较大的几个问题具体加以阐述。

一、夷陵是城不是坟

作为宜昌市区的古称，夷陵得名之由缘于二说：一是《汉书·地理志》所载"夷山在西北"③，因此得名；一是旧志所载"水自此夷，山自此陵"④，因此得名。楚顷襄王二十一年（前278年）秦将白起火烧夷陵，夷陵之名便始见于史。

秦将白起烧夷陵之事，在《战国策》《史记》《资治通鉴》等史籍中均有

---

① 潘新藻：《湖北省建制沿革》，湖北人民出版社，1987，第566页。
② 宜昌市文化馆：《宜昌市沿革与历史文物》，转引自湖北省宜昌地区文物办公室整理《宜昌地区历史文物资料汇编》，湖北省宜昌地区文物办公室，1979，第84页。
③ 《二十四史·汉书》（二），中华书局，1997，第1567页。
④ 宜昌市档案馆整理编辑《（清同治三年续修）东湖县志·下》，宜昌市档案局，1992，第39页。

记载。但是，注家对此事中所讲"夷陵"的理解却不尽相同。也就是说，对《史记·楚世家》中"二十一年秦将白起遂拔我郢烧先王墓夷陵"之语产生歧义。在对这段文字中的"夷陵"进行注释时，刘宋裴骃在《史记集解》中引徐广曰："年表云拔郢，烧夷陵。"唐代张守节在《史记正义》中引括地志云："峡州夷陵县是也。在荆州西。"二位注者都把"夷陵"作为地名来理解。但是唐代司马贞在《史记索隐》中则认为"夷陵，陵名，后为县，属南郡。"也就是说，白起所烧"夷陵"，不是城邑，而是陵墓。中华书局在编辑《史记》时，将以上文字断句为："二十一年，秦将白起遂拔我郢，烧先王墓夷陵。"将"夷陵"作为"先王墓"的同义并列词，在二者之间未用顿号断开。[1]这说明中华书局的编辑者对这段文字的理解是倾向于《史记索隐》作者看法的。历史上也曾有人对秦将白起所烧"夷陵"到底是城邑还是陵墓这个问题做过辨析。清人吴省钦就曾写过《白起烧彝陵辨》的文章，试图对此进行辨析。[2]然而在现代出版的《辞源》中，仍然认为"夷陵"是："春秋楚先王墓地。楚顷襄王二十一年，秦将白起攻败楚军，烧夷陵，即此。""后为县名。"[3]这就是说，"夷陵"作为陵墓被烧在前，作为县邑地名在后。显然这仍是承袭《史记索隐》的观点。同样，楚史专家张正明在其《楚史》中，也认为夷陵是楚先王墓的圣地。[4]于是，夷陵是城还是坟这个问题就成为宜昌古城变迁史上的千古之谜。

既然如此，那么辨析"夷陵"到底是陵名还是地名的问题，就对确定宜昌古城始见于史的准确年代关系重大。因此，要研究宜昌古城变迁的历史，就不能回避这个问题。其实，在我国古代无论是冠以"陵"字称谓的地名，还是冠以"陵"字称谓的帝王墓名都不少。但并未因此而产生歧义。为什么偏偏"夷陵"这个称谓在历史上就会使人产生如此之大的歧义呢？关键在于

---

[1]《二十四史·史记》（一），中华书局，1997，第1735页。
[2] 宜昌市档案局档案馆、宜昌市地方志办公室整理编辑《（清同治三年编撰）宜昌府志》，宜昌市档案局，2002，第993页。
[3]《辞源》（一），商务印书馆，1979，第714页。
[4] 张正明：《楚史》，湖北教育出版，1995，第320页。

在《史记·楚世家》中"夷陵"这个称谓是与"先王墓"并列在一起的。因此，要弄清"夷陵"是陵名还是地名的问题，就要从辨析"夷陵"与"先王墓"是否是一回事的问题入手。笔者通过考究，认为"夷陵"与"先王墓"并非是一回事。

大家知道，战国时期今宜昌市区并不是楚国先王之墓的所在地。当时，这里地处边陲，是"楚之西塞"，并非是楚国的政治中心，因此不具备充当楚国先王之墓所在地的条件。事实上，直至今日在这里的地下考古调查或挖掘中都从未发现过类似的墓葬。如前所述，20世纪70年代考古工作者在今宜昌市区北郊的长江左岸黄柏河流注地区的前坪、葛洲坝一带发掘出43座战国、两汉墓，其中战国墓仅6座，主要是战国末期，很可能是秦占此地后的秦墓。而楚国先王之墓所在地又并非称为"夷陵"。当时，楚国的政治中心是郢。公元前278年秦将白起伐楚所拔之郢，就在今荆州市江陵正北的纪南城。这里显然具备充当楚国先王之墓的条件，同时，在考古中发掘出战国时期数以千计的中、小型楚墓。①但在这里却从未有过关于"夷陵"这一先为陵名后为地名称谓的记载。值得注意的是，战国时期的王墓并不称"陵"。《辞源》在解释"陵"作为帝王坟墓字义时，引《水经注·渭水》曰："秦名天子冢曰山，汉曰陵"②。这就是说，在汉代以前还没有称帝王之墓为"陵"的情况。而"夷陵"这一称谓在《战国策》中却已经有了记载。在《战国策》(卷六)《顷襄王二十年》中这样写道："顷襄王二十年，秦白起拔楚西陵，或拔鄢、郢、夷陵，烧先王之墓。"③《战国策》虽为汉刘向所编，但该书是战国时期各国游说之士的策谋和言论的汇编，也有一些关于历史人物的史事记录，均属战国时期的作品。显然，其书中所列"夷陵"，指的是城邑，而不可能是先王之墓。因为文中是把"夷陵"与相关城邑放在一起的，并且是把拔夷陵与烧先王之墓分为不同的事件记叙的。在《史记》中司马迁不止一次地记载了此事。除以上

---

① 高应勤：《楚文化考古论文集》，武汉大学出版社，1992，第27页。
② 《辞源》（四），商务印书馆，1979，第3278页。
③ 《国语·战国策》，岳麓书社，1988，第57页。

所述《史记·楚世家》记载的"二十一年秦将白起遂拔我郢烧先王墓夷陵"和《史记·六国年表》记载的"秦拔我郢，烧夷陵"①之外，在《史记·白起传》中同样记载了白起"攻楚拔郢，烧夷陵"这件事。②同时，在《史记·蔡泽传》中也记载了白起率师与楚战，"一战举鄢郢以烧夷陵"③这件事。尤其是在《史记·平原君列传》中，毛遂对楚王曰：白起兴师与楚战，"一战而举鄢郢，再战而烧夷陵，三战而辱王之先人。"④显然，司马迁是把拔城、烧城和辱先人作为三类事件记叙的。对此，北宋司马光也是信而不疑的，同样在《资治通鉴》中多处记载了此事。由此可见，秦将白起所烧"夷陵"是城名而不是陵名，"烧夷陵"与"烧先王墓"完全不是一回事。因此，以上所引《史记·楚世家》中的那段文字应该断句为："二十一年，秦将白起遂拔我郢，烧先王墓、夷陵。"

不仅"烧夷陵"指的是烧城邑，与"烧先王墓"不是一回事，而且烧夷陵中的"夷陵"指的就是宜昌古城。对此，北魏郦道元在《水经注》中做了极其明确的叙述。郦氏写道：在孤山上（今宜昌市区对岸的磨基山）"北对夷陵县之故城。城南临大江，秦令白起伐楚，三战而烧夷陵者也。应劭曰：夷山在西北，盖因山以名县也。王莽改曰居利。吴黄武元年，更名西陵也。后复曰夷陵。"⑤同时，旧志也指出："夷陵名始于国策，其地扼荆蜀之要"，"周秦以来无朝不被兵革"。"自周末白起入楚，彝陵始见于史。"⑥对宜昌古城所称夷陵始见于史的时间及其被烧的背景都做了明确记载。尤其是旧志和《宜昌地区简志》中都记载有白起洞："白起洞位于赤溪上侧，相传秦将白起领兵攻楚时，兵过夷陵，曾在此洞驻军。清人诗曰：'古洞连天赤，应悲秦灭楚。杜

---

① 《二十四史·史记》（一），中华书局，1997，第742页。
② 《二十四史·史记》（一），中华书局，1997，第2331页。
③ 《二十四史·史记》（一），中华书局，1997，第2423页。
④ 《二十四史·史记》（一），中华书局，1997，第2367页。
⑤ 郦道元：《水经注·江水》（卷三十四），岳麓书社，1995，第502页。
⑥ 宜昌市档案馆整理编辑《（清同治三年续修）东湖县志·上》，宜昌市档案局，1992，第11、17、35页。

邮终伏剑，齿冷武安君。'"① 这反映秦将白起兵入夷陵还有遗迹可寻。只是此洞遗址在兴建葛洲坝工程后淹没到黄柏河水底，但作为秦将白起兵入夷陵的见证则是不可磨灭的。

总而言之，通过以上辨析可以看出，秦将白起所烧的"夷陵"，就是宜昌古城。② 公元前278年"夷陵"地名始见于史，表明宜昌古城见之于史的历史至2019年已达2297年之久。

二、隔江相望两座城

要说宜昌古城称"西陵""夷陵"，这件事在本地居民中知道的人应该不会太少；但要说"西陵""夷陵"曾是宜昌市区隔江相望的两座城，这件事在本地居民中知道的人应该不会太多。而"西陵""夷陵"曾是宜昌市区隔江相望的两座城，的确是历史上的事实。只是因为时间远久，文献、考古和传说资料都比较少，因此给人们留下不少疑惑，诸如"西陵""夷陵"作为隔江相望的两座城，"何故而建""何时而建""处何方位""孰先而建""因何得名""是何结局"等问题，就是其中的谜。下面便就这些问题具体加以解读。

（一）"西陵""夷陵"两城史实

"西陵""夷陵"曾是宜昌市区隔江相望的两座城，历史上确有其事。在司马迁《史记·楚世家》中记载："二十年，秦将白起拔我西陵。二十一年，秦将白起遂拔我郢，烧先王墓、夷陵。"③ 讲的就是楚顷襄王二十年，也就是公

---

① 宜昌地区地方志编委会编《宜昌地区简志》，宜昌地区地方志编委会，1986，第310页。
② 当完成夷陵地名考究后，在看到宋代乐史《太平寰宇记》时，笔者发现其对此早有明确记载。他在记述"峡州"时写道，"峡州，夷陵郡，今理夷陵县。春秋及战国时并为楚地"，"秦将白起攻楚，烧夷陵，即其地"（见2007年中华书局出版的《太平寰宇记》第2860页）。古代著名地名学者的记述无疑对笔者研究的观点提供了有力论据，但研究成果业已成文，不便将其引入文中，特在此作以说明。
③ 《二十四史·史记》（一），中华书局，1997，第1735页。

元前279年，秦国将领白起拔掉楚国西陵城。第二年，也就是公元前278年秦国将领白起又拔掉了楚国郢都，烧掉了楚国先王的坟墓和夷陵城邑。由国家文物局主编、西安地图出版社于2002年12月出版的《中国文物地图集·湖北分册》(上)中，在战国时期的地图里就将"西陵""夷陵"分别标注在今宜昌市区的长江两岸。① 这表明长期以来史学界对"西陵""夷陵"曾是宜昌市区隔江相望的两座城是明确的。

但这里需要说明的是，在宋代裴骃《史记集解》、唐代张守节《史记正义》中，对《史记·楚世家》中"秦将白起拔我西陵"的"西陵"，都作有注解，《史记集解》引徐广曰："属江夏。"讲"西陵"属"江夏"郡管；《史记正义》则引括地志云："西陵故城在黄州黄山西二里。"② 两注都说"西陵"故城在江夏郡（黄州亦属江夏郡）而不在宜昌。对此，宜昌市炎黄文化研究会

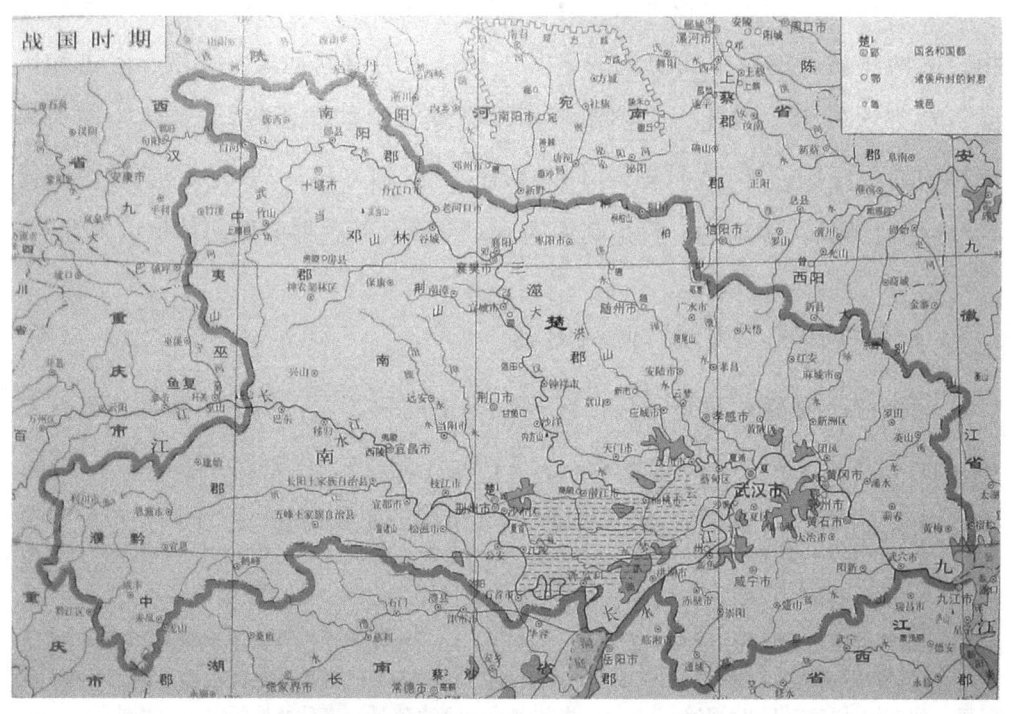

战国时期宜昌隔江相望的西陵、夷陵城图

---

① 国家文物局主编《中国文物地图集·湖北分册》(下)，西安地图出版社，2002，第41页。
② 《二十四史·史记》(一)，中华书局，1997，第1735页。

第六章　宜昌古城的城邑变迁

嫘祖文化研究专家曾继全先生，生前曾到黄州进行了实地考察，并写下《鄂东南行西陵考》。从实地考察的情况表明，黄州西二里从古至今为长江水域，从光绪十年成书的《黄州府志》查明，黄州先民早在《黄州府志》（卷一）《西陵辩》中，就对黄州西陵，为西阳误刻，做出了明确论断。诸多史学家对此已作更正。为此，曾先生引证翦伯赞主编的《中国史纲要》、沈起炜编著的《中国历史大事年表》、张习凡和田钰主编的《中国历史大事编年》，说明当年白起所拔西陵就在今宜昌市区；而谭其骧主编的《中国历史地图集》、台湾中华学术院和中国文化大学中国历史地图编纂委员会编辑的《中国历史地图》对此都做了相应的标注。[①]

这一切表明，"西陵""夷陵"曾是宜昌市区隔江相望的两座城这一史实是可信的。

（二）"西陵""夷陵"两城缘由

既是如此，那么历史上何故会在宜昌隔江相望的地带，兴建"西陵""夷陵"两座城呢？经考究，在宜昌隔江相望地带兴建"西陵""夷陵"两座城，原因在于这里曾经是"楚之西塞"。这就是说，"西陵""夷陵"两座城在宜昌市区隔江相望的地带兴建，是出于守护楚国西部疆界的需要。既然当时宜昌地处楚国西部边塞，要在这里筑城戍边，自然不能只在长江一边有城，必须在长江两岸都有城。这是冷兵器时代人们把守咽喉之地的思维方式的反映，并非是当时仅有的事情，在宜昌后来的历史上也曾有过类似的现象，西陵峡口两岸发现的古军垒就是一例。

但是如前所述，"楚之西塞"是个历史的概念，并非是一成不变的，这就是说，宜昌中心市区并非始终处于"楚之西塞"的区位。作为楚国的"西塞"，有个形成与发展的过程，它是随着楚国疆土不断向西扩张而逐渐延伸的。众所周知，沮漳河流域是楚文化的发祥地。《史记·楚世家》中记载："昔

[①] 曾继全：《黄帝正妃西陵之女嫘祖考析》，转引自鲁淳等主编《中华民族之母嫘祖》。中国三峡出版社，1995，第6页。

我先王熊绎辟在荆山。"而"荆山"正是沮漳河流域的发源地。今远安、当阳、枝江等地都处于沮漳河流域一带。张正明先生在《楚史》中讲："沮漳河流域是江汉平原的西大门，楚人正是经由这座西大门而纵横出没于江汉平原之上的。"显然，最早的"楚之西塞"就在沮漳河流域。而当时楚人经沮漳河流域进入江汉平原西部时，"只有楚蛮和巴人的散部错居杂处"。这说明，此间楚人的触角还未伸到今宜昌中心市区。当时宜昌中心市区仍处于巴人活动的地域之中。随着楚人的不断扩张，以往相安无事的巴楚关系便日益紧张起来。所以在《水经注·江水》中就有"昔巴楚数相攻伐，籍险置关，以相防捍"的记载。其间，"楚之西塞"从沮漳河流域逐渐向西推移，经历了荆门虎牙、西陵峡口到秭归弱关等地带。对此，相关史籍均有记载，地处西陵峡口的"楚之西塞"且不说，仅就地处荆门虎牙和秭归弱关的"楚之西塞"而言，明弘治九年刻本《夷陵州志》在说明荆门虎牙处的"楚西塞"时写道：处在长江两岸的荆门虎牙二山，"以其东西相塞，故曰西塞"；郦道元在《水经注》中称秭归处的"楚之西塞"为"弱关"，明确讲"弱关在建平秭归界"。随着楚宣王九年（公元前361年）以前占据巴黔中，楚威王期间（公元前339年—公元前329年）占领巴国重镇枳，继而攻下阳关，夺取巴都江州，楚国便吞并了川东巴国的南半部，此后原来巴楚两国交兵时的关隘壁垒便随之消除。这样，地处川东鄂西的"楚之西塞"也就不复存在了。

如前所述，楚人将楚之西塞从沮漳河流域向西推进到荆门虎牙缘于楚国同罗国之间发生的战事。楚国此次征战未果，其后武王一改以往只图远略、不恤近患的作风，实行稳步推进，在巩固腹地基础上开拓边疆，终于楚武王五十年（公元前691年）一举灭掉罗国。罗国被灭后，其遗民被迁至今宜昌枝江，从此楚国势力南扩至长江一带，楚之西塞也相应由沮漳河流域，推进到地处长江天险的荆门虎牙一带。于是，楚武王五十年（公元前691年），便在荆门虎牙一带建起了城邑。这表明，春秋时期宜昌古城起肇缘于楚之西塞由沮漳河流域向荆门虎牙一带延伸。随着楚之西塞由荆门虎牙向西陵峡口长江两岸推进，"西陵""夷陵"两座城邑也就在峡口两岸出现。其时间上述《宜昌古城的城邑起肇》已经考究了，可能在楚文王十五年（公元前675年）。通过这番考证，"西陵""夷陵"隔江相望两座城何时何故兴建的谜底也就得以破解。

（三）"西陵""夷陵"两城状况

讲到这里，人们不禁会问，作为隔江相望的两座城，"西陵""夷陵"到底孰先孰后兴建的呢？为何"西陵"处于长江右岸，而"夷陵"则处于长江左岸呢？它们又因何故而得名的呢？要明了这些问题，还得从宜昌中心市区长江古河道的变迁谈起。

在上述《宜昌古城的地理形成》中，笔者已经就宜昌中心市区长江古河道变迁的问题进行了阐述，说明今宜昌中心市区的地望在历史上是因长江古河道长期淤积而形成的。正因为如此，所以今宜昌中心市区直至六朝时期仍处于荒芜的淤泥之中，而长江左岸的人烟之地，直至汉代还处在峡口山地之中。相比之下，长江右岸却是宜昌古城先民活动的中心地带。由此可见，宜昌古城先民生活的轨迹应该是从长江右岸到长江左岸，从长江西陵峡口到今宜昌中心市区。加之，宜昌远古时期是西陵部落的中心地带，自古以来这里就称"西陵"。因此，当这里出现城邑后，自然"西陵"的称谓便沿袭下来。这应该就是"西陵"为何处于长江右岸而又先成为城邑的道理所在。至于"夷陵"，自然晚于"西陵"。"夷陵"的出现，应该主要是宜昌古城先民从长江右岸迁徙而来的结果。"夷陵"称谓缘由在于其所处长江左岸的地形特征，也就是"夷陵"西北有夷山，因此得名。

（四）"西陵""夷陵"两城结局

通过以上叙述，作为隔江相望的两座城，"西陵""夷陵""何故而建""何时而建""处何方位""孰先而建""因何得名"等问题均已明了。剩下来要叙述的就是"西陵""夷陵"两座城的结局问题。

史籍中对"西陵""夷陵"两座城结局的记载不少。首先，关于秦将白起拔"西陵"的记载，除以上所引《史记·楚世家》中的记载外，《战国策·秦策四》（卷六）和《史记·六国年表》中也有类似记载。《史记·楚世家》中载"二十年，秦将白起拔我西陵"①；《战国策·秦策四》（卷六）中载"顷襄王二十年，秦白起拔楚西陵，或拔鄢"②；《史记·六国年表》中载"二十年，秦拔鄢、西陵。"③其次，关于秦将白起烧"夷陵"的记载，除以上所引《史记·楚世家》中的记载外，《战国策·秦策四》（卷六）与《史记·六国年表》《史记·白起列传》《史记·蔡泽列传》和《史记·平原君列传》中也有类似的记载。《史记·楚世家》中载"二十一年，秦将白起遂拔我郢，烧先王墓、夷陵"④；《战国策·秦策四》（卷六）中载"顷襄王二十年，秦白起拔楚西陵，或拔鄢、郢、夷陵，烧先王之墓"⑤；《史记·六国年表》中载"二十一年，秦拔我郢，烧夷陵，王亡走陈"⑥。《史记·白起列传》中载秦昭王二十九年白起"攻楚，拔郢，烧夷陵"⑦；《史记·蔡泽列传》中载白起率师与楚战，"一战举鄢郢以烧夷陵"⑧；《史记·平原君列传》中载毛遂对楚王曰：白起兴师与楚战，"一战而举鄢郢，再战而烧夷陵，三战而辱王之先人。"⑨在这些记载中，楚顷襄王二十一年与秦昭王二十九年，指的都是公元前278年。

以上这些记载说明了一个不争的历史事实，这就是"西陵"在公元前279年被秦将白起所拔；而"夷陵"则在第二年（前278年）又被秦将白起所烧。这就是作为曾是隔江相望两座城的"西陵""夷陵"最终的结局。既是如此，那么"西陵""夷陵"被秦将白起先拔后烧又是何种原因造成的呢？

---

① 《二十四史·史记》（一），中华书局，1997，第1735页。
② 杨冬主编《中华典籍精荟·史部·战国策》，远方出版社，1998，第307页。
③ 《二十四史·史记》（一），中华书局，1997，第742页。
④ 《二十四史·史记》（一），中华书局，1997，第1735页。
⑤ 杨冬主编《中华典籍精荟·史部·战国策》，远方出版社，1998，第307页。
⑥ 《二十四史·史记》（一），中华书局，1997，第742页。
⑦ 《二十四史·史记》（一），中华书局，1997，第2331页。
⑧ 《二十四史·史记》（一），中华书局，1997，第2422-2423页。
⑨ 《二十四史·史记》（一），中华书局，1997，第2367页。

第六章　宜昌古城的城邑变迁

在《史记·白起列传》中有明确的记载，讲秦昭王二十八年（前279年）"白起攻楚，拔鄢、邓五城。"① 在这被拔的五城中就包括"西陵"在内。鄢、邓两城在今襄樊、宜城一带，都在长江左岸，而"西陵"则在长江右岸。在这年拔五城的征战中先拔处于长江左岸的"夷陵"，岂不是与攻伐鄢、邓等城来说更便利吗？而为何却要先拔处于长江右岸的"西陵"呢？这或许与秦将白起指挥征战的方法有关。

在《战国策》中有篇白起谈用兵之道的文章，这就是《战国策》（卷三十三）中的《中山》。其中讲到他在攻伐楚国时，所以敢于"引兵深入，多倍城邑"，原因就在于"掠于郊野以足军食"②。就是说白起率军攻打楚国，敢于长驱而入，攻占很多城邑，所采取的就是"掠于郊野以足军食"的以战养战的方法。正是基于如此，所以在公元前279年进攻楚国时，面对连拔鄢、邓五城所需时间长、军粮多的情况，白起在对城邑攻略的选择上，自然把利于"掠于郊野以足军食"作为重要因素来考虑。而根据以上关于"西陵""夷陵"所处地域状况的分析，面对隔江相望的"西陵""夷陵"两座城，白起暂且先撇下就近的不毛之地"夷陵"不打，而去先打对岸相对富庶的"西陵"，是可以理解的。应该说，这在一定层面上反映了秦将白起先拔"西陵"、后烧"夷陵"的缘由。

总而言之，以上通过对隔江相望的"西陵""夷陵"两座城相关问题的解读，笔者明确了"西陵""夷陵"曾是宜昌市区隔江相望两座城，是由"楚之西塞"的区位特征决定的；两城同处西陵峡口两岸，可能在楚文王十五年（前675年）；"西陵"处于西陵峡口长江右岸，"夷陵"处西陵峡口长江左岸；"西陵"早于"夷陵"而建；"西陵"沿袭远古宜昌称谓而得名，"夷陵"则因西北有夷山而得名。"西陵""夷陵"两座城的结局均毁于秦军，秦将白起所以先拔"西陵"、后烧"夷陵"，或许出于"掠于郊野以足军食"的以战养战的考虑。

---

① 《二十四史·史记》（一），中华书局，1997，第2331页。
② 杨冬主编《中华典籍精荟·史部·战国策》，远方出版社，1998，第547页。

三、临江郡在临江坪

宜昌最早的郡称"临江郡",是东汉末年于建安十三年(208年)由曹操设置的,其郡治就在今宜昌市伍家岗区伍家乡共联村的"临江坪"。但历史上对此却多存疑惑,笔者经多方考究方才破解谜底。

(一)古城首置郡制过程

宜昌地处长江中上游结合部,上控巴蜀,下引荆襄,是"三峡门户",为历代兵家必争之地,"周秦以来无朝不被兵革"。三国时期宜昌"扼荆、蜀之要"的地位,又一次凸显出来。当时,夷陵(宜昌古称)属南郡,为荆州刘表管辖。作为荆、益两州的结合部,夷陵东连荆州,西通巴、蜀。"荆州北据汉、沔,利尽南海,东连吴会,西通巴、蜀,此用武之国",而"益州险塞,沃野千里,天府之土。""若跨有荆、益,保其岩阻,抚和戎、越,结好孙权,

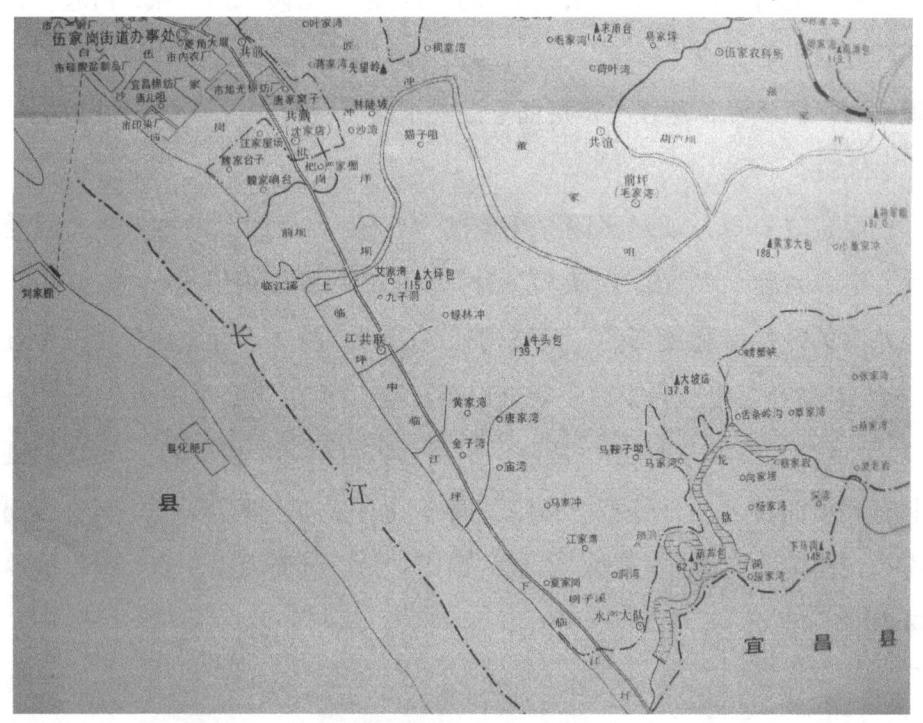

宜昌最早郡治临江坪地望图

第六章　宜昌古城的城邑变迁

内修政治，外观时变，则霸业可成。"①建安十二年（207年）刘备实现了与诸葛亮的隆中对，分析了天下鼎立之势，确立了跨有荆益、谋求霸业、振兴汉室的战略。同样，占据江东的孙权也明确了"南荆之地，山川形便，诚国之西势"的方略，认为"图之之计，宜先取黄祖（刘表在夏口的守将——引者注）"，"一破祖军，鼓行而西，据楚关，大势弥广，即可渐规巴、蜀矣。"②这里的"楚关"，正是史称"楚之西塞"的夷陵。而此时基本结束中原割据局面的曹操，也开始谋划南征，攻樊城，擒刘备；下荆州，灭刘表；越长江，并孙权，以完成统一全国的霸业。于是，夷陵便在这样的背景下成为曹操、刘备、孙权争夺的重要地带。

建安十三年七月，曹操南击刘表。此时刘表病卒，其子琮为嗣。九月，操至新野，琮遂举州降。时刘备屯樊，琮不敢告。备久之乃觉，但时曹操已在宛，刘备大惊，速将其众去。随即曹操将精骑急追之，发动了当阳之战。在当阳之战中失败的刘备，采用前来相会的鲁肃之计，"进住鄂县之樊口"③。这样，曹操便占据荆州。曹操占据荆州后，当即就"分枝江以西立临江郡"④。曹操收降刘表之子刘琮、击败刘备、占据荆州的当年，便挥戈江东，发动了赤壁之战。但在孙、刘联军的配合下，曹军大败。于是，曹操便留下征南将军曹仁、横野将军徐晃守江陵，折冲将军乐进守襄阳，自己引军北还。而周瑜、程普将数万众，与曹仁隔江未战。此间，吴将甘宁请先径进取夷陵，即得其城，因入守之。曹仁则遣兵围甘宁，宁困急，求救于周瑜。瑜从之，大破仁兵于夷陵。接着，瑜乃渡江，屯北岸，与仁相距。建安十四年（209年）周瑜攻曹仁岁余，所杀伤甚众，致使曹仁委城而走。于是，孙权便要刘备领荆州牧，立营于油口，改名为公安。但刘备以周瑜所给地少，不足以容其众，乃自诣京见孙权，求都督荆州。鲁肃劝孙权以荆州借刘备，与共拒曹操，权

---

① 司马光编纂《资治通鉴》（一），岳麓书社，1990，第759页。
② 司马光编纂《资治通鉴》（一），岳麓书社，1990，第760页。
③ 司马光编纂《资治通鉴》（一），岳麓书社，1990，第764页。
④ 宜昌市档案局档案馆、宜昌市地方志办公室整理编辑《（清同治三年编撰）宜昌府志》，宜昌市档案局，2002，第121页。

从之。①显然，刘备借荆州的真实用意，在于以荆州为依托，进而伺机占据益州，实现隆中对"跨有荆、益"的战略。借荆州后必占据治所在夷陵的临江郡，从而使地处荆、益之要的夷陵的战略地位凸显。这一切，为刘备立足荆州、进取益州、形成三国鼎立之势，起到促进作用。夷陵之战后，宜昌又为孙权所占。吴黄武元年（222年）改夷陵为西陵（均为宜昌古称），郡领县的体制没变，还分宜都郡立建平郡。

（二）古城首置郡治疑惑

以上便是宜昌古城首置郡制到增置郡领县制以及郡之称谓由"临江郡"到"宜都郡"的演变过程。那么，宜昌古城首置之郡其治所又在何处呢？在明代天顺年间由李贤等修编的《一统志》中有这样的记载，临江郡在夷陵州南三十里。《宜昌府志》讲，"今邑临江铺，在城南三十里，犹沿旧称，与《一统志》所载适合"。就是说，当时宜昌府所辖的东湖县临江铺，就在城南三十里的地方，至今还沿袭着以往的旧称，这与明代《一统志》上的记载是相符的。关于这一切，在人们所能见到的旧志中都是无可争辩的，正如《宜昌府志》所言，这些是"必非无据"的。②其实，《宜昌府志》在"临江郡"也就是后来的"宜都郡"的郡治问题上，更倾向于在夷道（今宜都）。因为随后专门会讲到这个问题，所以这里就暂不展开了。这里着重要讲的是"临江铺"的地望问题。对此，《宜昌府志》有明确记载，讲"临江铺"在东湖县（宜昌故称）德智乡，距城南三十里，东连"九溪铺"，南连"高升铺"，西抵大江，北抵"青草铺"。③20世纪80年代宜昌市地名委员会编纂出版的《湖北省宜昌市地名志》中对此进一步做了说明，讲这一带是临江平地，因此就称为"临江坪"，有上、中、下临江坪之分，属伍家公社共联大队管辖，大队部在上

---

① 司马光编纂《资治通鉴》（一），岳麓书社，1990，第764-770页。
② 宜昌市档案局档案馆、宜昌市地方志办公室整理编辑《（清同治三年编撰）宜昌府志》，宜昌市档案局，2002，第92页。
③ 宜昌市档案局档案馆、宜昌市地方志办公室整理编辑《（清同治三年编撰）宜昌府志》，宜昌市档案局，2002，第64-65页。

临江坪。① 也就是说"临江坪"在今伍家岗区伍家乡共联村。明弘治九年刻本《夷陵州志》在记载魏武帝筑"临江城"的同时，还讲在这里，梁置临江郡及县，北周置临州，随州郡俱废。② 总之，以上所述表明，宜昌首设之郡"临江郡"的郡治就在今伍家岗区伍家乡共联村的临江坪。

尽管"临江郡"的郡治在临江坪"必非无据"，但还是有另外一种说法，认为"临江城当在今宜都境"③，理由有二：一是前五代《梁书》《周书》《南史》，皆无地理志，故所置郡县史多无考，也就是仍对"临江郡"郡治在"临江铺"表示质疑；二是郦道元《水经注·江水》载：江水"又东南过夷道县北，夷水从佷山县南，东北注之。夷道县，汉武帝伐西南夷，路由此出，故曰夷道也。""魏武分南郡置临江郡，刘备改曰宜都，郡治在县东四百步故城，吴丞相陆逊所筑也，为二江之汇也。"④ 为偏重此观点，《宜昌府志》还提供了两条例证：一是"《吴志》：虞忠为宜都太守，晋征吴忠与夷道监陆景及景弟中夏督京，坚守不下，城溃被害，则郡守治所在夷道之证也"。二是"案《宋书·州郡志》，宜都太守领四县：夷道、佷山、宜昌、夷陵。凡县名先书者郡所治也，此宋时郡守治夷道之证。"⑤ 这表明，关于"临江郡"及其改称后的"宜都郡"的郡治地望，旧志上有在夷陵的"临江铺"和夷道的"陆城"两种说法。《宜昌府志》虽认为前者"必非无据"，但却更倾向于后者；而《东湖县志》则更倾向于前者，却不能否定后者，因而主张"两存于此，以俟博识。"⑥ 于是，这两种见解就这样长期并存而疑惑不解。

---

① 湖北省宜昌市地名委员会编《湖北省宜昌市地名志》，宜昌市地名普查领导小组，1984，第178页。

② 宜昌市地方志办公室、宜昌市夷陵区委史志办公室整理校勘《（明弘治九年刻本）夷陵州志》，《夷陵州志》整理校勘委员会，2008，第96页。

③ 宜昌市档案局档案馆、宜昌市地方志办公室整理编辑《（清同治三年编撰）宜昌府志》，宜昌市档案局，2002，第92页。

④ 郦道元：《水经注·江水》（卷三十四），岳麓书社，1995，第503页。

⑤ 宜昌市档案局档案馆、宜昌市地方志办公室整理编辑《（清同治三年编撰）宜昌府志》，宜昌市档案局，2002，第130页。

⑥ 宜昌市档案馆整理编辑《（清同治三年续修）东湖县志·上》，宜昌市档案局，1992，第102-103页。

（三）古城首置郡治考究

经过较为深入的考究，笔者认为"临江郡"及其改称后的"宜都郡"的郡治地望，应该在夷陵而不应在夷道，其中，"临江郡"的郡治在夷陵的"临江铺"，即今宜昌市伍家岗区伍家乡共联村的"临江坪"。至于《宜昌府志》倾向于在夷道即今宜都"陆城"的两条理由和两条例证，笔者认为，固然无地理志对考证郡县史多有不便，但并非就是无证可考。似乎《水经注》中的记载为"临江城当在今宜都境"的判断提供了理由，其实正是这一记载却为否定这一判断提供了证据。的确《宜昌府志》中关于宜都太守虞忠的例证，来自《吴书》中的注释，但此注释却是失实的；即便有的县名先书者就是郡之治所，但仍不能说县名先书者就一定是郡之治所。这表明，这两条理由和两条例证，都不能为"临江城当在今宜都境"的判断提供证明。下面笔者就对此具体加以说明。

在以上两条理由和两条例证中，最关键的在于《水经注》的记载这条理由。因为它明确地讲，魏武分南郡所置"临江郡"与刘备改称"宜都郡"，其郡治都在夷道"县东四百步"，为"吴丞相陆逊所筑"的"故城"，其方位处于"二江之汇"，即清江与长江交汇的"陆城"。正是因为这一记载，便造成了即使有明代《一统志》中关于"临江郡在夷陵州南三十里"的明确记载，却仍对"临江郡"以至"宜都郡"郡治在夷陵的史实产生疑惑。显然，要破解这一疑惑，就要对《水经注》中的这一记载进行考证辨析。但是《水经注》中的这一记载，材料来源于何处实难考证。这便是长期以来一直影响疑惑破解的症结所在。要突破这一障碍，就必须改变研究思路，将《水经注》中的这一记载，与当时历史演变的实际情况，以及相关文史资料，结合起来进行分析比较，研究辨析。结果终于理出了合乎逻辑的线索，形成了笔者的一己之说。

如前所述，夷陵之所以成为曹操、刘备、孙权争夺的重要地带，是由他们均存"跨有荆、益"的战略思想决定的。因此，思考他们设郡的意图，研

第六章　宜昌古城的城邑变迁

究所设郡治的地望，就不能脱离这个大的历史背景。否则仅从资料到资料，而资料本身又不完整，那么就很难说明问题，势必造成公说公有理、婆说婆有理的结果。

首先，面对"跨有荆、益"的战略背景，曹操是心中有数的。南征中，当刘表崩、刘琮降、刘备败，垂手而得荆州后，他便布下了一粒棋子，这就是分南郡枝江以西置"临江郡"，随后方才挥戈江东，发动赤壁之战。这一举动本身就深刻反映了曹操要在吞并孙权之后便入益州收刘璋的战略意图。既是如此，那"临江郡"郡治为何不设在"荆、益之要"的夷陵，而要设在夷道呢？退一步说，即便要设在夷道，又为何不设在长江以北的夷道，而要设在长江以南的夷道呢？显然，《水经注》中的这一记载，作为肯定"临江城当在今宜都境"判断的证据，是难以站住脚的。事实上，此间的曹操并没有跨过长江。据《资治通鉴》记载，当阳之战后，曹操便向江陵进军，继而又自江陵率军顺江东下，发动了赤壁之战。① 但还未来得及渡过江去，结果就兵败退到南郡，以致最终引军北还。从这个意义上讲，《水经注》中的这一记载，倒是成为否定"临江城当在今宜都境"判断的证据。道理很简单，假如《水经注》中的这一记载成立，那么就与曹操设"临江郡"的意图和曹操并未跨过长江的史实相悖；假如《水经注》中的这一记载不成立，那么就不能成为"临江城当在今宜都境"判断的理由。

其次，面对"跨有荆、益"的战略背景，刘备更是成竹在胸。他"按图索骥"，与孙权联手，取得赤壁之战的胜利，继而占据荆州，成功实现"跨有荆、益"的第一步。随即就以荆州为依托，改"临江郡"为"宜都郡"，以张飞为宜都太守，使向朗督秭归、夷道、巫山、夷陵四县军民事，迅速控制荆州与益州之间的中间地带，进而亲自率军而上，伺机夺取益州，完成霸业。试想在这样的态势下，刘备会将"宜都郡"的郡治不放在"荆、益之要"的夷陵而放在长江以南的夷道吗？有人会说，刘备不将郡治放在夷道，那为什

---

① 司马光编纂《资治通鉴》（一），岳麓书社，1990，第 763-766 页。

么要将所置之郡改称"宜都"呢？这完全是牵强附会。固然刘备将所置之郡改称"宜都"，"宜都"之名便始见于史，但这与今宜都地域却并不相干。今宜都地域称谓"宜都"，那是南北朝时陈朝天嘉元年（560年）的事情，其间相距352年。再说，刘备将"宜都郡"的郡治放到夷陵，在旧志中也不是一点佐证也没有。在《宜昌府志》中就有关于"张飞擂鼓台"的记载，讲"在三游洞顶，土人传飞守郡日督兵于此，今故垒犹存"①。显然，此间的"宜都郡"郡治已从"临江郡"郡治的临江坪移到下牢溪一带。

最后，面对"跨有荆、益"的战略背景，孙权同样是头脑清醒。最能说明问题的是"陆逊智取荆州"之事，对此《资治通鉴》有详细记载。早在刘备占据荆州之初，周瑜、甘宁等数劝孙权取蜀。但因刘备设阻，孙权不得已才召瑜还。到刘备已经取得益州后，孙权又令中司马诸葛瑾到刘备那里去请求归还荆州诸郡，但刘备不答应。于是孙权就置长沙、零陵、桂阳三郡长吏前去接管，结果又被关羽全都赶走。最后，孙权就派吕蒙督兵来取三郡。刘备则自蜀亲至公安，遣关羽争三郡。但此时听到曹操将攻汉中，刘备惧失益州，便求和于孙权。孙刘遂分荆州，以湘水为界，长沙、江夏、桂阳以东属权；南郡、零陵、武陵以西属备。②这样，双方争执才被搁置。应该说，当时刘备所借荆州，仅为江陵南郡，并不是刘备占有的荆州都是孙权借给的。现在既分荆州，按理说借荆州的问题也算解决了。因为赤壁之战后的荆州，并非仍像刘表时的一统天下，为曹、刘、孙一方独占，而是被三方共占。曹操占据襄樊一带，孙权占据夏口一带，刘备则占据江陵及其西南诸郡。这说明，赤壁之战后的荆州处于三方纷争之中。但是，争荆州的实质在于争益州。能否占据益州，关键又在于是否占据夷陵。曹虽占据襄樊，为进取孙、刘提供了依托，但并不能从夷陵取道益州，而只能通过汉中进取益州。后来汉中又为刘备所占，于是曹取益州的通道遭到阻塞。孙权将江陵南郡借给刘备后，

---

① 宜昌市档案局档案馆、宜昌市地方志办公室整理编辑《（清同治三年编撰）宜昌府志》，宜昌市档案局，2002，第92页。

② 司马光编纂《资治通鉴》（一），岳麓书社，1990，第783-784页。

第六章　宜昌古城的城邑变迁

同样也使自己进取益州的通道受阻。对此，孙权始终耿耿于怀。刘备借据江陵南郡后，便与夷陵连成一片，进取益州捷足先登。从这个意义上讲，争夺荆州实质又在于争夺夷陵。现在孙、刘虽分荆州，以湘水以东属权，来缓解借据江陵南郡的矛盾，但在孙权看来，问题的实质并未解决，他是想要重新占据江陵南郡，进而占据夷陵，以打通益州通道。因此，孙权并不以此为满足，他要等机会夺占刘备的全份荆州。① 建安二十四年（219年）七月，关羽北上攻樊。孙权利用这个机会，以吕蒙病笃为由，屡檄召蒙还，并以不出名的陆逊取而代之，屯陆口。在陆逊的麻痹下，羽意大安，无复所嫌，稍撤兵以赴樊。随即，孙权令吕蒙偷袭荆州，并占领夷陵至秭归，以陆逊领宜都太守，屯夷陵，守峡口。关羽自知孤穷，乃西保麦城，当年十二月于章乡被孙军擒而斩。孙权取得刘备所占荆州后，复以刘璋为益州牧，驻秭归。② 孙权跨有荆、益的意图昭然若揭。从"陆逊智取荆州"之事可以看出，孙权对"荆、益"也是志在必得的。夷陵之战后，孙权在黄武元年便改夷陵为西陵，不改郡领县的体制，日后还分宜都郡立建平郡，加大对这一地带的控制力度。试想在这样的情况下，孙权还会将"宜都郡"的郡治不放在"楚关"夷陵而放在长江以南的夷道吗？事实上，旧志对宜都太守陆逊驻守夷陵之事同样也有记载。《东湖县志》在"山川志"中介绍"西陵山"时写道："西陵山在社林铺，县西北十五里，蜀江之险始此。方舆览胜载，吴陆逊守峡备蜀即此。"③

总之，联系"跨有荆、益"的战略背景，将历史演变的情况与文献资料的记载，结合起来分析比较，就不难看出"临江郡"及其改称后的"宜都郡"的郡治地望，应该在夷陵而不应在夷道。而《水经注》中的这一记载，不仅不能为"临江城当在今宜都境"的判断提供理由，反倒为否定这一判断提供了证据。其实，就《水经注》中的这一记载本身而言，也是存在纰漏的。《水

---

① 白寿彝总主编《中国通史·三国两晋南北朝时期》（第五卷），上海人民出版社，1999，第145页。

② 司马光编纂《资治通鉴》（一），岳麓书社，1990，第792-797页。

③ 宜昌市档案馆整理编辑《（清同治三年续修）东湖县志·上》，宜昌市档案局，1992，第40页。

经注》这一记载中的"陆城"资料,固然为"临江城"在长江以南夷道的判断提供了佐证,但也暴露了这一佐证本身的"硬伤"。因为在《夷陵州志》中明确记载,"陆城"是三国时吴陆逊据蜀于此所筑。①这表明,曹操的"临江郡"和刘备的"宜都郡"郡治在前,而陆逊所筑的"陆城"在后。称在后的"陆城"为在前的"临江郡""宜都郡"郡治的"故城",显然是不合适的。当然,可能有人会说,《水经注》中所说"故城"是相对郦道元作注时所讲的夷道城而言的,而并不是相对曹操的"临江郡"和刘备的"宜都郡"郡治而言的。果真如此,那么这个"故城",就与"临江郡""宜都郡"郡治之间没有任何必然联系了,因此就不能为"临江城当在今宜都境"的判断提供证据了,《水经注》中的这一记载的价值也就不存在了。

对《宜昌府志》为"临江城当在今宜都境"判断所提供的两条例证的考究,同样可按这一思路展开。的确,在《宋书·州郡志》中,有"宜都太守领四县:夷道、佷山、宜昌、夷陵"的记载,并且有的县名先书者确实就是郡之治所。但仅以"县名先书者"作为刘宋时郡守治夷道的证据,则是片面的,因为这与事实不符。《宋书·州郡志》中,在记载"宜都太守领四县"的同时,还记载了两条重要信息:一是刘宋朝代"宜都郡",与曹操"临江郡"、刘备和孙权"宜都郡",都是一脉相承的。有了这一记载,研究"宜都郡"郡治的地望,就不会出现歧义。只要弄清刘宋时"宜都郡"郡治的地望,曹操"临江郡"、刘备和孙权"宜都郡"郡治的地望,也就迎刃而解了。二是刘宋朝代"宜都郡"郡治,"去州水三百五十里,无陆"②。当时的"宜都郡"属"荆州"管辖,"宜都郡"郡治,距"荆州"州治水路为三百五十里,没有陆路。据此,只要将其与"夷陵"和"夷道"同州治间的距离加以比较,"宜都郡"郡治到底是"夷陵"还是"夷道"便一目了然。《明史》中有夷陵同荆州间距的记

---

① 宜昌市地方志办公室、宜昌市夷陵区委史志办公室整理校勘《(明弘治九年刻本)夷陵州志》,《夷陵州志》整理校勘委员会,2008,第23页。

② 《二十四史·宋书·州郡志》(五),中华书局,1997,第1120页。

第六章　宜昌古城的城邑变迁

载，讲"夷陵州治夷陵县"，"东距府三百四十里"[①]。当时的"夷陵州"属"荆州府"管辖，夷陵州的州治夷陵县距荆州府三百四十里；而《夷陵州志》中有宜都（夷道改称）同夷陵间距的记载，讲"宜都北至夷陵州界五十里，自县治西北至本州九十里"[②]。当时的"宜都"属"夷陵州"管辖，宜都至夷陵州界五十里，宜都县治至夷陵州治九十里。通过比较，不难看出"夷陵州"州治夷陵县与荆州间距，同"宜都郡"郡治与荆州间距基本相等。而宜都也就是"夷道"的县治与荆州间距，则同"宜都郡"郡治与荆州间距相差九十里。这充分说明，刘宋时期的"宜都郡"郡治在"夷陵"，而不在"夷道"也就是明代的"宜都"。当然，"夷陵州"州治夷陵县与荆州间距，同"宜都郡"郡治与荆州间距，其间相差十里路程。这是因夷陵县治迁徙造成的。在刘宋时夷陵县治仍在下牢溪一带，而到明代夷陵县治则在今宜昌中心市区，即清代东湖县治。这其中的水路里程大致就在十里左右。[③]

至于《宜昌府志》中关于宜都太守虞忠的例证，看似难以置疑，但考证中，把所查"虞忠传记"与"王濬下益州"史实相结合，辨析难度也就化解了。《三国志·吴书·虞翻传》中提到虞忠，在注释中引《会稽典录》对其生

---

① 《二十四史·明史·地理志》（十九），中华书局，1997，第1082页。
② 宜昌市地方志办公室、宜昌市夷陵区委史志办公室整理校勘《（明弘治九年刻本）夷陵州志》，《夷陵州志》整理校勘委员会，2008，第5页。
③ 当完成对《宜昌府志》以《宋书·州郡志》中夷道处宜都郡所领四县之首作为临江郡在今宜都例证的考究后，笔者在对宜昌古城的建制沿革演变状况进行梳理时，发现南朝刘宋在始建中设有宜都郡，属荆州，领夷陵、佷山、夷道、宜昌四县，治所在江北夷陵（今宜昌市区），宋武帝刘裕永初二年（421年）将郡治移至江南夷道（今宜都）（见本书第五章宜昌古城的建制沿革·三国两晋宋齐时期）。这一发现与文中的考究结合起来思考，可以看出《宋书·州郡志》中所设宜都郡是刘宋始建时之事，此间郡治在江北夷陵（今宜昌市区），郡治移至江南夷道（今宜都）则是其后之事，而《宋书·州郡志》将夷道列入宜都郡所领四县之首，是按刘宋将宜都郡治夷陵移至夷道之后的情况记载的。然而《宋书·州郡志》中关于刘宋"宜都郡"，与曹操"临江郡"、刘备和孙权"宜都郡"间的一脉相承关系，以及刘宋"宜都郡"郡治与荆州间的水路距离等方面的记载，则是按刘宋始建治所在江北夷陵（今宜昌市区）的宜都郡时的情况记载的。因此《宜昌府志》以《宋书·州郡志》中夷道处宜都郡所领四县之首作为临江郡在今宜都的例证是不能成立的。无疑南朝刘宋建制沿革演变史料对笔者研究的观点提供了有力论据，但因研究成果业已成文，不便将其引入文中，特在此做以说明。

平事迹做了介绍,其中讲虞忠任宜都太守时,"晋征吴,忠与夷道监陆晏、晏弟中夏督景坚守不下,城溃被害"①的记载。这说明《宜昌府志》中关于虞忠的例证,尽管在人物姓名上有某些出入,但基本内容则与《吴书》中这一注释相符。但是《晋书·王濬传》中对此也有记载,且记载更为详细,讲"太康元年正月,濬发自成都"。"二月庚申,克吴西陵,获其镇南将军留宪、征南将军成據、宜都太守虞忠。壬戌,克荆门、夷道二城,获监军陆晏。乙丑,克乐乡,获水军督陆景。"②记载中克城的时间由"庚申"到"壬戌"再到"乙丑",先后顺序一目了然。另外,注释对此记载还做了两点说明:一是引《武纪》讲"成據"应作"成璩";二是引《武纪》讲"获"应作"杀"。③对此,《宜昌府志》在"虞忠传"中也有记载,讲"虞忠代王歧为宜都太守","王濬伐吴克西陵,忠与镇南将军留宪、征南将军成璩、西陵监郑广皆坚守不降,城破被执,死之。"④通过对以上资料的比较,我们不难看出宜都太守虞忠的确是守郡治西陵(夷陵改称)时牺牲的,而不是守夷道时牺牲的。《宜昌府志》中为肯定"临江城当在今宜都境"的判断所提供的有关宜都太守虞忠的例证,与其在"虞忠传"中的记载是相悖的。当然,此相悖是《三国志·吴书》中有关虞忠注释与《晋书·王濬传》中相关记载间相悖的反映。显然,《晋书·王濬传》中有关虞忠为守西陵而牺牲的记载是属实的,为宜都郡郡治在西陵也就是夷陵提供了证据。相反,《三国志·吴书》中有关虞忠的注释则是失实的,不能作为宜都郡郡治在夷道的证据。因此,《宜昌府志》以《三国志·吴书》中有关虞忠的注释作为"临江城当在今宜都境"的例证,是不能成立的。

总而言之,以上对《宜昌府志》为"临江城当在今宜都境"的判断提供的两条理由和两条例证的考究,说明曹操首置"临江郡"、刘备改置"宜都

---

① 《二十四史·三国志·吴书》(三),中华书局,1997,第1327页。
② 《二十四史·晋书·王濬传》(四),中华书局,1997,第1209页。
③ 《二十四史·晋书·王濬传》(四),中华书局,1997,第1221页。
④ 宜昌市档案局档案馆、宜昌市地方志办公室整理编辑《(清同治三年编撰)宜昌府志》,宜昌市档案局,2002,第559页。

郡"、孙权承置"宜都郡",其郡治都在夷陵,而不在夷道,[①]其中,曹操所置"临江郡"郡治在夷陵县"临江铺",即今宜昌市伍家岗区伍家乡共联村的临江坪。

四、明清两朝夷陵城

夷陵是座历史文化名城,经笔者考究的历史,至2019年已达2710年。为此,北京中华世纪坛青铜甬道铭文,在记载自远古至公元20世纪中华民族的历史中,就有夷陵古城。明代洪武十二年(1379年),夷陵古城由土垒城邑改建为砖砌城邑,将宜昌城邑建设推向了巅峰,开启了明清两朝夷陵城邑的崭新面貌。此间城址稳定、城池扩大、城质坚固。因此,明清夷陵古城成为宜昌古代城邑成熟的标志。

明清夷陵古城不大,占地1200亩左右。呈椭圆形,南北向长,有3里多;东西向短,仅1里多。城内有40多条街巷。古城民宅多为明清建筑风格。城内政治中心坐落在大十字路街(今献福路),商贸中心集中在锁堂街、鼓楼街、二架牌坊、南门外正街、北门外正街和东门外正街。这里地处城门口,是城乡物资交流的重要场所,生意特别兴隆。城内街道狭窄,城外荒凉,沿江多为吊脚楼。河街是商行、货栈交易市场。坡上商贾交易,河下木船停泊。这一切展示了边陲府县的古风和"过载码头"的帆韵。这里仅就古城城池修砌、街巷肌理与街景旧事等情况着重加以叙述。

[①] 当完成宜昌首郡治所地望考究后,在看到宋代乐史《太平寰宇记》时,笔者发现其对此早有明确记载。他在记述"峡州"时写道,"峡州,夷陵郡,今理夷陵县。春秋及战国时并为楚地","秦以此地属南郡,二汉因之。魏操平荆州,于此置临江郡。《吴录》云'蜀昭烈皇帝立宜都郡于西陵',即夷陵也"(见2007年中华书局出版的《太平寰宇记》第2860页)。古代著名地名学者的记载无疑对笔者研究的观点提供了有力论据,只是研究成果业已成文,不便将其引入文中,特在此作以说明。

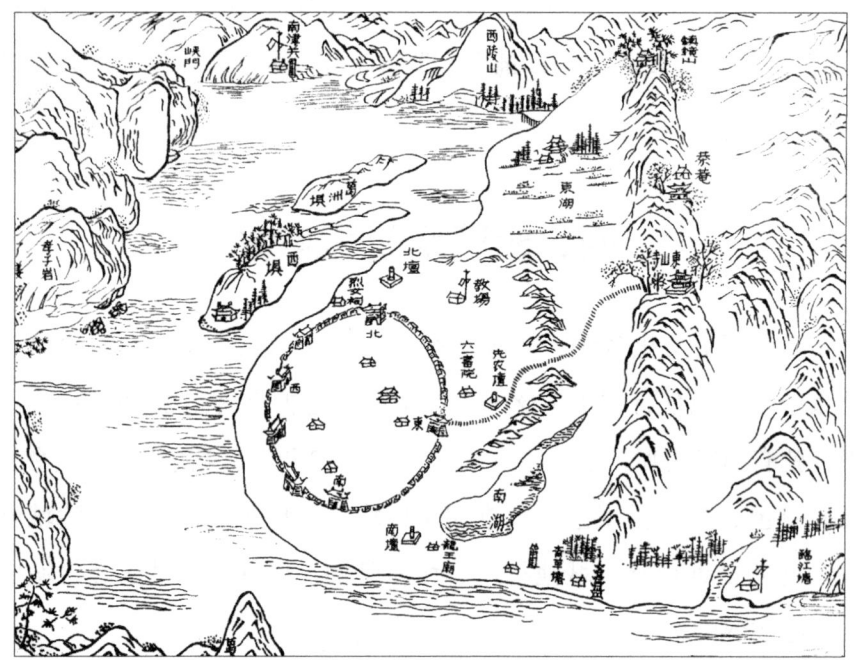

明清夷陵古城方位图

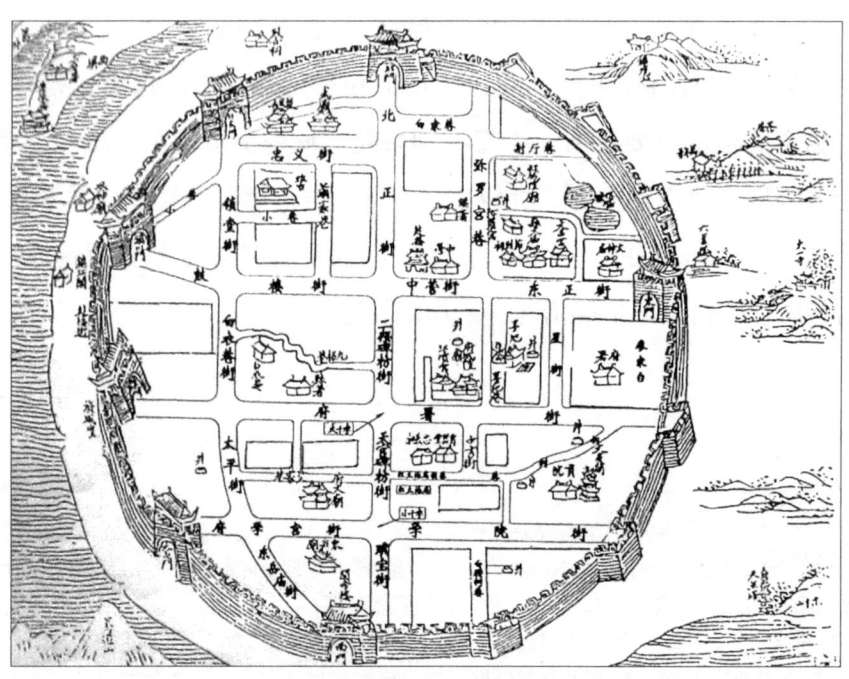

明清夷陵古城街道图

第六章　宜昌古城的城邑变迁

（一）古城城池修砌

明代夷陵古城城墙，是由守御千户所许胜、知州吴冲霄以及绅士易思、陈永福等率众，在唐代夷陵旧城的基础上修成的。城垣高二丈二尺，周围八百六十三丈，城墙垛口三千九百零三垛。城墙东南北三面挖有城濠，壕沟阔四丈五尺，深二丈，壕内引溪水灌之。西面城墙濒临大江，借江险护城。城筑八门，正东有东湖门，东北有小东门，正南有南藩门，西南有文昌门，正西有西上门，西北之西有西塞门，正北有北望门，西北之北有北左门。明成化四年（1468年），知州周正、千户常昰在原城墙的基础上增高加厚。完工后城墙高五丈，城外砌石，横直勾连，彼此相制。城墙内筑土为卧羊城，下绕以围，堪容走马。至明代弘治年间，古城的城门就已经由原八门，减为七门，名称也都变更，正东东湖门，改称东门；正南南藩门，改称大南门；西南文昌门，改称小南门；正西西上门，改称中水门；西北之西西塞门，改称镇川门；西北之北北左门，改称小北门；正北北望门，改称大北门。原东北小东门，因阴阳风水先生称不吉利，遂闭其门，且为台以镇之，称威风台。崇祯十七年（1644年）甲申三月八日，张献忠自荆入彝，聚城19天，城内建筑遭焚。

到清代，夷陵古城又多次重修。清顺治十三年（1656年）拨专款，委任彝陵左营游击张琦修葺，城垣方有启闭。次年，总镇张大元及知州孔斯和捐赀重修。自康熙朝代始，历代都对古城进行过重修，《宜昌府志》中有记载的就多达8次。康熙三年（1664年），淫雨弥月，城邑遭毁。为此，知州鲍孜于康熙六年对城邑组织了修缮。雍正五年（1727年），连下大雨，城邑倒塌160丈。知州何广廷奉文发帑兴修。乾隆二十四年（1759年），城垛陆续倒塌210丈，城墙、垛口均倒塌41丈多。知县蔡本棆祥请帑银进行了重修。时隔两年又倒塌城垛64丈多，城墙3段10丈多，小北门一座城楼也倒塌了。知县林有席又祥请帑银进行了修缮，事后还做了记文。道光二十六年（1846年），东门城楼毁坏，前任知府陈熙晋进行了重修，事后还建有碑记。咸丰二年（1852

年），南门城楼损坏，时任中丞、前任县令严树森进行了增修，也建有碑记。咸丰十年（1860年）夏，长江发大水，城垣被淹，东门内被毁5丈多，小南门外被毁6丈多。前任署令刘浚通过劝捐对城邑进行了修复。夷陵古城最后一次大的修缮活动，是同治元年（1862年）。本次修缮是在前任署知府唐协和的倡导下进行的，并建有碑亭。①此后由于年久失修，夷陵古城便日趋衰败。

（二）古城街巷肌理

如前所述，明清夷陵古城不大，城内有40多条街巷。城内街道都很狭窄，闹市区之外的街巷很污秽，低则水窟，高则土山，人走拥挤，车行冲撞，紊乱不堪。城外较为荒凉，沿江一带多为坐河朝坡的吊脚楼。

城内街巷肌理"两直两横"。与长江平行的街巷称"直"，一条直街自大北门至南门后街，东为白家巷，西为报恩寺街，通小北门外，再东为射厅巷，通弥罗宫，过鼓楼街，西为九拐巷，通白衣庵街，再过大十字，至天官牌，西有小巷通艾家巷，出南正前街，东有小巷通红土地庙巷，通学院后墙，抵城濠，再下至小十字东，为学院街内，南走有白蜡树巷北走有桐树巷，又西为府学宫街，通小南门；另一直街自小北门至大南门，东有萧家巷，通忠义街，西有小巷抵城墙，即锁堂街出水处，再东为九拐巷通北正街，出天官牌坊，再下至街口，东为府学宫街，西为小南门。与长江垂直的街巷称"横"，一条横街自东门至镇川门，北有火神庙，旁小巷通双堰塘，南为星街，再北为弥罗宫巷，通县城隍庙，再南为墨池巷，通府城隍庙街，再过鼓楼，北首为忠义街，通武庙，再下，南为白衣庵街，北为锁堂街；另一条横街自府署前至中水门，北为星街，再北为墨池巷，通东正街，南为桐树巷，通学院街，巷中有小巷通龙王堂，再北为半头巷，再南为中书巷，通红土地庙横巷，再过大十字街，至县署前，南为艾家巷，通天官牌坊，再下，北为白衣庵街，南为太平街。古城内外四面街道贯通。东门外有四贤街，连接六一书院，与

---

① 宜昌市档案局档案馆、宜昌市地方志办公室整理编辑《（清同治三年编撰）宜昌府志》，宜昌市档案局，2002，第132-133页。

北道贯通；西门外有河街，上至小北门，下至小南门；南门外有奎楼街，连接茶亭；北门外有长街，石子岭。

城中地下排水沟道密布。随着城中街道纵横如织，城内地下排水沟道也相应密布。古城内有五大沟道，即板桥溪、水神庙、流水沟、中水门和文昌门。各街也有小沟，都汇集到大沟之中，再注入长江之中。就大沟走向来说，汇入板桥溪（小北门）入江的有四处：一是自县学至板桥溪，明水绕县学前横过，转弥罗宫巷，走县城隍庙前。一水归双堰塘，也由县城隍庙山墙外汇合东门之水，过镇署后，向西北，又汇北门之水，走报恩寺，转出小北门外板桥溪入江。二是自府辕至板桥溪，府辕及星街，以墨池前门为界，上截明水，朝县学下，截至墨池书院后巷内新沟，北流汇弥罗宫。其中台街小沟也汇弥罗宫，一起流经城隍庙，出小北门，板桥溪入江。三是自正川门至小北门，正川门街北大沟，经东至鼓楼，下转北，会中营镇辕西小北门入江。四是自北正街至小北门，北正街东，上截水经鼓楼，下转东汇弥罗宫巷，出小北门入江。汇入水神庙、流水沟、中水门、文昌门入江的各有一处：汇入水神庙入江的自锁堂街至水神庙，至锁堂街上下街水，汇城墙巷中阳沟，归城外水神庙入江；汇入流水沟入江的自镇川门至流水沟，镇川门南大沟，接北正街西，上截沟水，走北衣庵街，穿民房，经镇江阁，出流水沟入江；汇入中水门入江的自北正街至中水门，北正街东西下截及府城隍街，上下四旁之水，具汇大十字，出中水门入江；汇入文昌门入江的自天官牌坊至文昌门、天官牌坊，中书学院，分府东岳等街，及南正街上下截水，俱汇小十字大沟，穿城出文昌门外入江。①

（三）古城街景旧事

作为古城内外联系的枢纽，宜昌城门与城内街道相连，与城外码头贯通。在数百年沧桑岁月中，曾展现过一幅幅繁华市景，留下了一件件陈年旧事，

---

① 宜昌市档案局档案馆、宜昌市地方志办公室整理编辑《（清同治三年编撰）宜昌府志》，宜昌市档案局，2002，第108-109页。

沉淀起一串串历史记忆。透过宜昌城门内外的街景旧事，古城的过去便鲜活生动起来。

1. 东门内外街景旧事。东门所对应的城内外街道是东正街和东门外正街。尽管这里是古城东北、东南方向对外交流的重要陆运关口，也是古城商贸交流的地带，清代城外三大街市"东门市"就在这一带，但明清时期这一带相对来说还比较荒凉。明嘉靖年间东门内双堰塘旁建有七县公馆，清同治初年公馆破废。① 东正街以西与镇川门内正街相连，街上建有鼓楼，是为"鼓楼街"。清代鼓楼街右首建有中营署②。东门内外曾建有古城中重要的教育文化设施。明代在东正街北侧有州学，建有大成殿、东西庑、戟门、棂星门、神厨、神库、明伦堂、博文、约礼、存诚和馔堂等设施。历朝对州学多有修葺，明末兵毁。州学之西建有应奎坊和弥罗宫。弥罗宫内设有道正司。③ 到清代州学改址，创建文庙，是为县学，历朝也多有修葺。县学宫后面建有尊经阁、敬一亭等文化设施④；县学宫左侧节孝祠后建有文昌宫，清咸丰八年重修，于殿宇建魁星楼，并将节孝祠移建至学宫右侧；文昌宫前建有节烈祠；县学宫北建有县城隍庙，明洪武初建，历代修建，清顺治十四年重建⑤。明弘治七年知州陈宣在东门外正街一带修建射圃亭，亭内匾曰"观德"，外门匾曰"射圃"。朔望日，率诸生习射时，观者众如环堵。⑥ 县学宫东侧有火神庙，明代州判秦

---

① 宜昌市史志办、夷陵区史志办、西陵区地志办校勘整理《（清同治三年续修）东湖县志》，宜昌市委党史（地方志）办公室，2012，第118、125页。

② 宜昌市档案局档案馆、宜昌市地方志办公室整理编辑《（清同治三年编撰）宜昌府志》，宜昌市档案局，2002，第143页。

③ 宜昌市地方志办公室、宜昌市夷陵区委史志办公室整理校勘《（明弘治九年刻本）夷陵州志》，《夷陵州志》整理校勘委员会，2008，第23、33、37-40、77页。

④ 宜昌市史志办、夷陵区史志办、西陵区地志办校勘整理《（清同治三年续修）东湖县志》，宜昌市委党史（地方志）办公室，2012，第101、104页。

⑤ 宜昌市档案局档案馆、宜昌市地方志办公室整理编辑《（清同治三年编撰）宜昌府志》，宜昌市档案局，2002，第152-153页。

⑥ 宜昌市地方志办公室、宜昌市夷陵区委史志办公室整理校勘《（明弘治九年刻本）夷陵州志》，《夷陵州志》整理校勘委员会，2008，第41页。

第六章　宜昌古城的城邑变迁

云建,清雍正七年知州何广廷倡捐重修。① 明代东门外正街一带建有四贤堂、六一书院和五圣宫等祀堂。四贤堂在东门外,与城门相对,祭祀的是欧阳修、苏轼、苏辙和黄庭坚;六一书院距东门外一里路,旁边有先农坛祠,明嘉靖四十四年知州李一迪建,祭祀的是欧阳修,因欧阳公晚年自号"六一居士",故称六一书院。五圣宫也在东门对面,祭祀的是关帝、张桓侯、杨泗将军、旗纛神和马王。②

2. 大北门内外街景旧事。大北门所对应的城内外街道是北正街、北门外正街和土街头。这里曾是古城商贸的繁华地带。清代古城内外八大街市中的"北门内大街市"和"北门土街市"就在这一带。③ 三江沿岸紫云宫以下,自伍永盛店铺、赵家巷、社坛口、鄢家巷、张家巷、西霞寺、张家巷至板桥,码头林立。④ 明洪武初年建有递运所,置官称天使,大顺年间重建,弘治六年增修。⑤ 清代在北正街东侧建有总镇都督署。⑥ 这里社学尤为发展。大北门内建有城北社学,其东就是东正街的州学;大北门外建有中北社学,北门外社稷坛旁建有上北社学,北门外递运所前建有河西社学。这一带还建有一些文化设施。明代大北门内有毓秀坊,外有钟秀坊。⑦ 清代立有三朝恩命坊。⑧ 大北门外

---

① 宜昌市档案局档案馆、宜昌市地方志办公室整理编辑《(清同治三年编撰)宜昌府志》,宜昌市档案局,2002,第153页。

② 宜昌市史志办、夷陵区史志办、西陵区地志办校勘整理《(清同治三年续修)东湖县志》,宜昌市委党史(地方志)办公室,2012,第127-129页。

③ 宜昌市史志办、夷陵区史志办、西陵区地志办校勘整理《(清同治三年续修)东湖县志》,宜昌市委党史(地方志)办公室,2012,第118页。

④ 宜昌市政协文史委编《宜昌市文史资料》(第13辑),宜昌市政协文史委,1992,第209页。

⑤ 宜昌市地方志办公室、宜昌市夷陵区委史志办公室整理校勘《(明弘治九年刻本)夷陵州志》,《夷陵州志》整理校勘委员会,2008,第33页。

⑥ 宜昌市档案局档案馆、宜昌市地方志办公室整理编辑《(清同治三年编撰)宜昌府志》,宜昌市档案局,2002,第143页。

⑦ 宜昌市地方志办公室、宜昌市夷陵区委史志办公室整理校勘《(明弘治九年刻本)夷陵州志》,《夷陵州志》整理校勘委员会,2008,第24、42页。

⑧ 宜昌市史志办、夷陵区史志办、西陵区地志办校勘整理《(清同治三年续修)东湖县志》,宜昌市委党史(地方志)办公室,2012,第119页。

还建有演武亭、烈女庙和郡厉坛。明弘治六年知州陈宣以其逼近民间将郡厉坛移至三里店。①

3. 小北门内外街景旧事。小北门与大北门内正街相通，小北门外靠江边建有码头，以起卸土产、山货为大宗。沿河街为商贸经营街市。小北门内文化设施较为集中。其中有报恩寺，为唐景福年间所建，明成化初年重建。寺正殿后面有观音阁也称圆通宝阁，为明弘治三年僧宗海募缘所建。报恩寺内设有僧正司。明代在小北门内建有关帝庙。庙中有手笔竹，相传为关公遗迹，明弘治六年知州陈宣曾为题刻传世。②清康熙八年总镇刘芳标重修，雍正三年奉旨追封三代公爵，设位后殿，有司并祀，同治初年改为武庙。③清代小北门内有培元堂，为众善士集资所设，专司善事。明代在小北门外还建有烈女祠，嘉靖年间知州杨言和万历年间知州吴从哲重修④。

4. 镇川门内外街景旧事。镇川门所对应的城内街道是镇川门内正街。这一带是古城经济、军事、文化重地。清代古城内外八大街市的"西门内大街""鼓楼街市"和"镇川门河街市"，都集中在这一带。镇川门内店铺林立，镇川门外商贸红火。清代镇川门外河街设有川盐总局。⑤镇川门靠江边建有码头。镇川门正码头为古城中的官埠水码头，以起卸瓷器、草纸为大宗；镇江阁为粮食专运码头。镇江阁坐西朝东，背靠大江，面向古城镇川门南侧，康熙三十八年为湘帮所建。同治七年，在镇江阁右隔壁扩建一栋砖木结构、硬山顶式的房屋，成立粮食行公所，并在门额上嵌有一方"粮食行公所"的镌

---

① 宜昌市地方志办公室、宜昌市夷陵区委史志办公室整理校勘《（明弘治九年刻本）夷陵州志》，《夷陵州志》整理校勘委员会，2008，第46、92、94页。

② 宜昌市地方志办公室、宜昌市夷陵区委史志办公室整理校勘《（明弘治九年刻本）夷陵州志》，《夷陵州志》整理校勘委员会，2008，第33、74、89-90页。

③ 宜昌市档案局档案馆、宜昌市地方志办公室整理编辑《（清同治三年编撰）宜昌府志》，宜昌市档案局，2002，第151页。

④ 宜昌市史志办、夷陵区史志办、西陵区地志办校勘整理《（清同治三年续修）东湖县志》，宜昌市委党史（地方志）办公室，2012，第127页。

⑤ 宜昌市史志办、夷陵区史志办、西陵区地志办校勘整理《（清同治三年续修）东湖县志》，宜昌市委党史（地方志）办公室，2012，第118、122页。

刻石匾。在镇川门内正街,旧有峡州卫,明洪武九年改为守御千户所,正统七年正千户常铭重建厅堂廨宇。靠东门内建有军器局。镇川门外建有至喜亭、文魁坊和西北社学。① 至喜亭为宋州守朱庆基所建,欧阳修有记,历久遂废。清乾隆二十六年,知县林有席在西坝黄陵庙旧楼题至喜亭额。在镇川门外河街建有水神庙,乾隆二十二年毁于火,后复修;还建有镇江王阁,康熙年间重修。② 镇川门内正街千户所公馆内设有城西社学,千户所东建有登云坊。镇川门内忠义街有天妃庙,亦称天后宫,为清乾隆二十六年福建会馆所建;内正街东太平街白衣庵前立有大廷尉坊,③ 清光绪二十一年基督教在太平街建有教堂。④ 镇川门内正街千户所后面有锁堂街。锁堂街是宜昌古城最为古老的街道,是古城商业金融繁荣之处,人文底蕴十分丰厚。这里曾建有"尔雅台"和"明月台"。⑤

5. 中水门内外街景旧事。中水门所对应的城内街道是中水门内正街。这里是古城的政治中心,经济、文化繁荣发达。明代州治在中水门内正街,为洪武十年知州吴冲宵所建,正统七年知州耿辉重修。州府正厅后面为知州廨,东面为判官廨,西面为吏目廨,州府吏员原都散居在外,弘治四年知州赵文在州府正厅东畔空地增建吏舍,所缺部分于弘治六年由知州陈宣完成。⑥ 清雍正十三年改府置县,府治移至大十字街东侧的少保张忠孝旧宅,乾隆三年改建,原州治改为县署。清代古城内外八大街市的"中水门内市""大十

---

① 宜昌市地方志办公室、宜昌市夷陵区委史志办公室整理校勘《(明弘治九年刻本)夷陵州志》,《夷陵州志》整理校勘委员会,2008,第34、42、46、57页。
② 宜昌市史志办、夷陵区史志办、西陵区地志办校勘整理《(清同治三年续修)东湖县志》,宜昌市委党史(地方志)办公室,2012,第129页。
③ 宜昌市地方志办公室、宜昌市夷陵区委史志办公室整理校勘《(明弘治九年刻本)夷陵州志》,《夷陵州志》整理校勘委员会2008,第24、42、119页。
④ 宜昌市政协文史委编《宜昌市文史资料》(第1辑),宜昌市政协文史委,1988,第156页。
⑤ 宜昌市地方志办公室、宜昌市夷陵区委史志办公室整理校勘《(明弘治九年刻本)夷陵州志》,《夷陵州志》整理校勘委员会,2008,第58页。
⑥ 宜昌市地方志办公室、宜昌市夷陵区委史志办公室整理校勘《(明弘治九年刻本)夷陵州志》,《夷陵州志》整理校勘委员会,2008,第32-33页。

字街市"和"中水门河街市",都集中在这一带。① 明代州治之东二百五十步有广济仓,为洪武初年所建。这一带还建有预备仓,明成化年间知州鲍恩增建,弘治六年知州陈宣多方积蓄稻谷,仓仓充满,又新造仓廒一座,以积余谷。守御千户所的预备仓也建在州治东侧。这里还有养济院和惠民药局。养济院为弘治四年知州赵文、判官彭展建;惠民药局为明天顺六年知州李芳所建。② 清代在县署内还建有常平仓。③ 中水门外靠江边建有中水门码头。中水门为古城中的官埠水码头,是古城的过江渡口,川江木船也在此起货卸货,以后年间以搬运煤炭为主,江边常停煤船。早在州治之东百许步就建有城东社学。在中水门内设有医学,州治之东百五十步还设有阴阳学,都为明洪武年间所建,④ 至清初皆废,咸丰十年重设。清康熙年间知州宗思圣在星街创建墨池书院,历代重修。⑤ 清光绪四年基督教英国苏格兰长老会派员在墨池书院东侧大十字街旁建有"福音堂"。⑥ 明代州治前建有宣化坊,大十字街东有夺锦坊和四牌坊。四牌坊为明成化八年知州刘瑛所建,弘治七年知州陈宣重建,扁其四面,曰"尚书""都宪""黄门""绣衣",所立之人皆郡之显宦。⑦ 清代大十字街东南正后街立有天官封宠坊;大十字上街立有圣世逸民坊。⑧ 明代州治

---

① 宜昌市史志办、夷陵区史志办、西陵区地志办校勘整理《(清同治三年续修)东湖县志》,宜昌市委党史(地方志)办公室,2012,第115、118页。

② 宜昌市地方志办公室、宜昌市夷陵区委史志办公室整理校勘《(明弘治九年刻本)夷陵州志》,《夷陵州志》整理校勘委员会,2008,第33、61页。

③ 宜昌市史志办、夷陵区史志办、西陵区地志办校勘整理《(清同治三年续修)东湖县志》,宜昌市委党史(地方志)办公室,2012,第116页。

④ 宜昌市地方志办公室、宜昌市夷陵区委史志办公室整理校勘《(明弘治九年刻本)夷陵州志》,《夷陵州志》整理校勘委员会,2008,第33、42页。

⑤ 宜昌市史志办、夷陵区史志办、西陵区地志办校勘整理《(清同治三年续修)东湖县志》,宜昌市委党史(地方志)办公室,2012,第121、104页。

⑥ 宜昌市政协文史委编《宜昌市文史资料》(第1辑),宜昌市政协文史委,1988,第153页。

⑦ 宜昌市地方志办公室、宜昌市夷陵区委史志办公室整理校勘《(明弘治九年刻本)夷陵州志》,《夷陵州志》整理校勘委员会,2008,第24页。

⑧ 宜昌市史志办、夷陵区史志办、西陵区地志办校勘整理《(清同治三年续修)东湖县志》,宜昌市委党史(地方志)办公室,2012,第119页。

前有申明亭和旌善亭，皆为明天顺六年知州李芳所建①。明代州治后建有楚塞楼。楚塞楼前有绛雪堂。绛雪堂为宋州守朱庆基所建，因欧阳修"风回绛雪尊前舞"诗句得名，清康熙年间重建，乾隆二十七年知县林有席补种红梨一株。明代在州厅之东建有至喜堂，为宋州守朱庆基因欧阳修所建，欧阳修有记，天顺六十年知州李芳移建于东山，弘治六年知州陈宣重建于儒学仪门之东，与四贤祠并尊。楚塞楼后建有来丰亭，为民间彰显宋州守朱庆基政绩所建。明代州治东百步许有江渎庙，为洪武初年祭祀江神所建，清顺治年间毁于火，总镇张大元、知州孔斯和重修。清代在江渎庙东侧建有府城隍庙②。

6.小南门内外街景旧事。小南门所对应的城内街道是小南门内正街，小南门外靠江边建有码头，为古城中的官埠水码头，以起卸竹木料为大宗。沿河街为商贸经营街市。清代小南门内小十字街有火药局、育婴堂。明代在这一带还建有贡院和文昌阁等文化设施。清乾隆初年在文昌门内旧察院署地基处新建起府文庙。清府文庙也就是明代州学的故址，在南门外，明洪武初年改建于东门内正街，明末遭兵毁，清乾隆初年迁建于此。③

7.大南门内外街景旧事。大南门所对应的城内街道是大南门内正街，大南门外是南门后街，大南门外靠江边建有码头，主要起卸杂货。沿河街为商贸经营街市。明代在大南门内正街东侧设有布政分司和按察分司。布政分司为洪武初年建，正统年间判官黄旭重建；按察分司为正统年间知州耿辉建，弘治六年知州陈宣新之。④清乾隆二年在大南门内建有通判署。⑤在布政分司右

---

① 宜昌市地方志办公室、宜昌市夷陵区委史志办公室整理校勘《（明弘治九年刻本）夷陵州志》，《夷陵州志》整理校勘委员会，2008，第34页。

② 宜昌市史志办、夷陵区史志办、西陵区地志办校勘整理《（清同治三年续修）东湖县志》，宜昌市委党史（地方志）办公室，2012，第109、127页。

③ 宜昌市档案局档案馆、宜昌市地方志办公室整理编辑《（清同治三年编撰）宜昌府志》，宜昌市档案局，2002，第136页。

④ 宜昌市地方志办公室、宜昌市夷陵区委史志办公室整理校勘《（明弘治九年刻本）夷陵州志》，《夷陵州志》整理校勘委员会，2008，第32页。

⑤ 宜昌市史志办、夷陵区史志办、西陵区地志办校勘整理《（清同治三年续修）东湖县志》，宜昌市委党史（地方志）办公室，2012，第116页。

侧建有观光坊和中书坊。观光坊为弘治六年知州陈宣修盖；中书坊为知州赵文成始建、陈宣完成。大南门外也曾建有及第坊。明洪熙初年，大南门外建有凤栖水驿，到成化年间重建，弘治六年邓顺重修时又新建一座驻节坊。大南门外还建有广福桥，为明代知州刘瑛所造，[①]清代在桥边临江处建有魁星楼。明代在大南门内正街建有东岳庙，这是古城一座重要的文化设施，清康熙三十六年总镇王世臣、知州李广重修。[②]古城城南社学也建在这一带。明代大南门外建有汉景帝庙，因蜀汉昭烈帝刘备征吴，奉汉景帝神主驻跸于此，故立庙祀之。宋代欧阳修贬令夷陵时曾在此求雨祭文。大南门外还有山川坛[③]。清乾隆十六年知府阿尔布在这里建有龙王庙，龙王庙右侧有昭忠祠。[④]这一带还有邱公书院，旧祀荆州知府邱天英，清同治初年改建为龙王庙。宜昌古城七座城门中最富文化底蕴的城门楼，就是大南门城楼上的关帝楼。"关帝功业在天地，德泽在生民，况宜与荆州最近，侧身南望，此楼固圣帝之精神所注也"。"登斯楼也，可懔然于圣帝忠义之心，即可以激发吾民忠义之气"。因此清雍正六年（1728年）之夏在大南门城楼上始建了此楼，咸丰元年（1851年）又进行了重建。[⑤]在古城沧桑岁月中大南门关帝楼沉淀了诸多人文记忆，构成古城历史文化的重要内容。

[①] 宜昌市地方志办公室、宜昌市夷陵区委史志办公室整理校勘《(明弘治九年刻本) 夷陵州志》，《夷陵州志》整理校勘委员会，2008，第24、33、72页。

[②] 宜昌市史志办、夷陵区史志办、西陵区地志办校勘整理《(清同治三年续修) 东湖县志》，宜昌市委党史（地方志）办公室，2012，第109、129页。

[③] 宜昌市地方志办公室、宜昌市夷陵区委史志办公室整理校勘《(明弘治九年刻本) 夷陵州志》，《夷陵州志》整理校勘委员会，2008，第42、91、94页。

[④] 宜昌市档案局档案馆、宜昌市地方志办公室整理编辑《(清同治三年编撰) 宜昌府志》，宜昌市档案局，2002，第152-153页。

[⑤] 宜昌市史志办、夷陵区史志办、西陵区地志办校勘整理《(清同治三年续修) 东湖县志》，宜昌市委党史（地方志）办公室，2012，第104、446页。

第七章
宜昌古城的战事钩沉

第七章　宜昌古城的战事钩沉

宜昌古城的区位特征，使其上控巴蜀、下引荆襄的战略地位显著，以致成为"三峡门户""川鄂咽喉"。历史上这里曾经发生过诸多战事，仅史籍中有记载的就多达数十次。① 其中三国时期就发生过10次。这就是建安十三年（208年）的孙将甘宁攻夷陵之战与曹将曹仁围夷陵之战；建安二十四年（219年）的孙将吕蒙、陆逊克公安南郡后攻宜都郡之战；蜀章武元年（221年）的蜀吴夷陵之战；吴赤乌十三年（250年）的魏荆州刺史攻吴西陵之战；魏嘉平三年（251年）的荆州刺史王基袭吴步协于西陵之战；吴永安七年（264年）的魏将胡烈攻吴西陵之战；吴凤凰元年（272年）的吴陆抗平定步阐叛乱之战；晋咸宁四年（278年）的晋将杜预袭吴西陵之战与晋太康元年（280年）晋将王濬克吴西陵之战。② 正是这一地缘特征的凸显，方才构成宜昌古代城邑起肇与变迁的主要因素。诸如上述所言宜昌春秋时期最早城垒出现在荆门虎牙江关，宜昌楚之西塞由荆门虎牙延伸至西陵峡口而隔江出现西陵夷陵两座城垒，以及三国乃至南北朝时期宜昌古城城邑多样化现象的出现，都是这方面最典型而又最富特色的案例。尤其是作为一个地处边陲而又贫瘠的山野小邑，居然因为拥有这一显著的地缘特征，竟不止一次地导演出影响国家统一进程的幕幕战事活剧。以下所要叙述的正是这其中的几个意义非同寻常的古代战例。

---

① 宜昌市史志办、夷陵区史志办、西陵区地志办校勘整理《（清同治三年续修）东湖县志》，宜昌市委党史（地方志）办公室，2012，第207-217页。

② 宜昌市档案局档案馆、宜昌市地方志办公室整理编辑《（清同治三年编撰）宜昌府志》，宜昌市档案局，2002，第500-503页。

一、岑彭烧浮桥破西蜀

宜昌古城地处长江三峡西陵峡口，其门户在荆门虎牙一带。东汉光武帝征伐西蜀割据势力公孙述的战役就发生在这里。

征伐西蜀是东汉初年一统中国的重要战役，其通道就在长江三峡。因此这次荆门虎牙之战，便成为汉军伐蜀的关键之役。此战得胜，汉军就能自宜昌古城经三峡向西挺进，直捣成都。为阻止汉军西进，蜀军便在荆门虎牙一带抓紧水陆设防。建武九年（公元33年），公孙述遣任满、田戎、程汜，将数万人乘枋箄下江关，据荆门虎牙。横江水起浮桥、斗楼，立攒柱绝水道，结营山上，以拒汉兵。面对西蜀水陆工事，东汉将领岑彭经过近两年相峙，到建武十一年闰三月所率六万多水陆进攻，阵势就绪。于是，岑彭以浮桥为突破口，择勇士千余名，由鲁奇率领，借东南风之势，乘舟舰直冲浮桥，用火攻破桥。顿时桥上守兵大乱，汉军勇士趁机登桥，追杀蜀兵。接着，大火烧至两岸，两岸汉军发起攻击。蜀军全线溃退，汉军乘胜追击。在先头部队进逼成都时，岑彭不幸被刺身亡，大司马吴汉奉诏自夷陵进三峡、入巴郡，接替岑彭指挥各路汉军围攻成都。攻下成都后，公孙氏被吴汉尽灭。

岑彭烧浮桥破西蜀不仅为汉军打通伐蜀通道，而且战时西蜀所架浮桥，还是万里长江上的第一桥。当然，学界对何为长江第一桥的问题也有不同见解。诸如王建辉、易学金主编的《中国文化知识精华》在"古代两座'长江大桥'"条目中，介绍元末明初（1369年）长江三峡瞿塘峡口铁索桥和宋初开宝七年（974年）南唐国都金陵（今南京市）之西浮桥之后，认为宋初长江浮桥"可能是最早的长江大桥"。①该书自1989年至2004年1月，共出过4个版本，印刷18次，总印数为249300册，是一部发行量较大的工具书。关于最早长江大桥的见解，从第1版时就已如此认定。这说明这种看法影响的时间已经不短；影响的范围已是不窄。尤其是在白寿彝总主编的《中国通史》中，陈

---

① 王建辉、易学金主编《中国文化知识精华》，湖北人民出版社，2004，第648-649页。

第七章　宜昌古城的战事钩沉

振在其主编的《中国通史·五代辽宋夏金》里引《续资治通鉴长编》卷15也认为，宋初开宝七年（974年），宋军进攻南唐都城金陵所建浮桥，"是历史上第一座长江浮桥"①。其影响自然更甚。但这却是一个误解。史籍中所载还有比此见解早近千年的长江大桥。这就是东汉建武九年（公元33年）西蜀建在宜昌古城荆门虎牙江关上的浮桥。

荆门虎牙二山，夹江相对，雄踞峡口，虎牙险滩，横流湍急，是入峡江关。近代诗人易顺鼎诗曰："自昔称西塞，荆门对虎牙。山形原护楚，江势渐迷巴。怪石临滩正，崩崖压树斜。承平浑失险，吊古一长嗟。"这正是对荆门虎牙江关的真实写照。正因为这里曾是楚之西塞，无朝不被兵革。从东汉初年到隋朝初年，宜昌古城地带曾在长江架过4座索桥，其中两座就在荆门虎牙江关，除上面所讲的东汉建武九年（公元33年）西蜀割据势力首领公孙述所架浮桥之外，还有陈太建二年（570年）北周、后梁军队为阻止陈军追击入川由陆腾所架的凌空索桥。②而晋初（279年）吴主孙皓为阻止西晋王濬令吾彦所架的索桥和隋开皇九年（589年）陈朝吕仲肃为阻止隋军杨素所架的索桥，前者在秭归县与夷陵区的交界处，后者则在西陵峡口处。③

从宜昌古城地带所架4座长江大桥的年代看，它们都比宋初长江浮桥所架年代要早，尤其是东汉建武九年（公元33年）在荆门虎牙江关上所架长江浮桥，要比宋初长江浮桥早943年。因此，我们说东汉初年宜昌古城荆门虎牙二山之间近千米的长江江面所架浮桥当是最早的长江大桥，也就是说，东汉初年荆门虎牙江关上的浮桥，是我国万里长江上的第一桥。笔者这一考证纠正了长江第一桥在宋初金陵的见解，得到国家桥梁管理部门的首肯。

---

① 白寿彝总主编《中国通史·五代辽宋夏金时期》（第七卷），上海人民出版社，1999，第724-725页。

② 杨君主编《西塞烽火》，北京燕山出版社，1993，第47页。

③ 《二十四史·隋书》（七），中华书局，1997，第1283页。

二、刘备败北夷陵之战

三国时期章武元年（221年）蜀吴之间爆发夷陵之战。夷陵之战的发生，是蜀吴双方长期争夺荆州的结果。这在《临江郡在临江坪》中已经进行过具体阐述，说明了为实现"跨有荆、益"战略目标，在长期争夺荆州过程中，孙权伺机偷袭荆州，占领夷陵、秭归，擒斩关羽等情况。对于这种情形的出现，显然刘备是不能容忍的。为了夺回荆州，他打着替关羽报仇的旗号，向东吴发动了夷陵之战。

章武元年七月，刘备率诸军伐吴，占据巫峡、秭归。次年正月，备军还秭归，将军吴班、陈式水军屯夷陵，夹江东西岸。二月，刘备自秭归率诸将进军，缘山截岭，于夷道猇亭驻营。自佷山，通武陵，遣侍中马良安慰五溪蛮夷，咸相率响应。镇北将军黄权督江北诸军，与吴军相拒于夷陵道。① 面对蜀汉大兵压境，孙权命陆逊为大都督、假节，督朱然、潘璋、宋谦、韩当、徐盛、鲜于丹、孙桓等五万人拒之。此时，刘备长驱直入，以巫峡、建平连围至夷陵界，立数十屯。而陆逊则诱敌深入，以逸待劳。相持数月，吴军伺机以火攻拔之。一尔势成，通率诸军同时俱攻，斩张南、冯习及胡王沙摩柯等首，破其四十余营。备将杜路、刘宁等穷逼请降。备升马鞍山，陈兵自绕。逊督促诸军四面蹙之，土崩瓦解，死者万数。备因夜遁，驿人自担烧铙铠断后，仅得入白帝城。其舟船器械，水步军资，一时略尽，尸骸漂流，塞江而下。② 于是，陆逊收兵还巫。这样，蜀吴夷陵之战便以吴胜蜀败而告结束。

关于夷陵之战这一古代著名战役，以往人们的眼光大多放在以少胜多的问题上。其实，夷陵之战的影响是多层面的。它同赤壁之战一样，是一次对三国发展进程具有重大影响的战役。如果说赤壁之战后三国鼎立已是"大势所趋"的话，那么夷陵之战后三国鼎立便是"好景不长"。因为三国鼎立的条件是吴蜀联合。这在诸葛亮与刘备的隆中对中早已讲得非常清楚。诸葛亮

---

① 《二十四史·三国志》（三），中华书局，1997，第890页。
② 《二十四史·三国志》（三），中华书局，1997，第1346-1347页。

第七章　宜昌古城的战事钩沉

说："今曹操已拥百万之众，挟天子而令诸侯，此诚不可与争锋。孙权据有江东，已历三世，国险而民附，贤能为之用，此可为援而不可图也。"①对此东吴鲁肃宁愿劝孙权"以荆州借刘备，与共拒曹操"，表现出深远的战略眼光。当刘备将击孙权之时，蜀汉群臣谏者甚众，其中赵云说："国贼曹操，非孙权也。若先灭魏，则权自服。今操身虽毙，子丕篡盗，当因众心，早图关中，居河、渭上流以讨凶逆，关东义士必裹粮策马以迎王师。不应置魏，先与吴战。兵势一交，不得卒解，非策之上也。"②但是孙、刘为争夺荆州，居然不顾联合拒曹以图生存的大局，损害了三国鼎立的政治基础。夷陵之战后，虽吴蜀重新言和，但格局发生了变化。蜀汉失去荆州依托，北伐中原只能取道汉中方向，而荆州通道受阻。这就影响了吴蜀联合抗魏力量的整合。夷陵之战后蜀汉元气大伤，加之地域所限，实力单薄，与魏抗衡力不从心。尽管诸葛亮、姜维多次北伐，但都未能成功，诸葛亮也病死五丈原。面对吴蜀无力与曹抗衡的态势，曹魏对吴蜀虽不能速胜，但胜算却是已定，只是时间问题。于是，鼎立在经过一个相对稳定的短暂时期之后，曹魏及其取代者便对吴蜀采取攻势，分而治之，先取蜀汉，再定东吴，结果缩短了三国鼎立的时间，加速了三国归晋的进程。这正是夷陵之战对三国发展进程的影响之所在。③

三、王濬伐吴破索沉江

晋太康元年（280年）晋将王濬克吴西陵之战也非一般战事，是发生在宜昌古城地带而事关三国归晋进程的重要战役。

这年正月，王濬发自成都，率巴东监军、广元将军唐彬攻吴丹阳，克之。吴人于江碛要害之处，并以铁锁横截之，又作铁锥长丈余，暗置江中，以逆

---

① 司马光编纂《资治通鉴》（一），岳麓书社，1990，第759页。
② 司马光编纂《资治通鉴》（一），岳麓书社，1990，第804页。
③ 对于夷陵之战的"夷"字，今不少辞书仍沿用"彝"字。这是需要澄清的。本来夷陵之战应该是"夷"字，只是到了清代，犯忌讳，便将"夷"改为了"彝"。作为特定时代所改用的"彝"字，在特定语言环境中沿用是应该的。但在一般语言环境下，就不应再用"彝"字，而应用"夷"字。

《晋书》中王濬伐吴记载

距船。濬乃作大筏数十，亦方百余步，缚草为人，被甲持杖，令善水者以筏先行，筏遇铁锥，锥辄著筏去。又作火炬，长十余丈，大数十围，灌以麻油，在船前，遇锁，然炬烧之，须臾，融液断绝，于是船无所碍。二月庚申，克吴西陵。壬戌，克荆门、夷道二城。①《宜昌府志》记载王濬伐吴尅西陵时，代理宜都太守的虞忠与镇南将军留宪、征南将军成璩、西陵监郑广皆坚守不降，城破被执，死之。②唐代诗人刘禹锡在其《西塞山怀古》一诗中对此事进行了评述："王濬楼船下益州，金陵王气黯然收。千寻铁索沉江底，一片降幡出石

---

① 《二十四史·晋书·王濬传》（四），中华书局，1997，第1209页。
② 宜昌市档案局档案馆、宜昌市地方志办公室整理编辑《（清同治三年编撰）宜昌府志》，宜昌市档案局，2002，第559页。

第七章　宜昌古城的战事钩沉

头。"经过这次战役，王濬冲破了东吴的西部防线，顺江而下，势如破竹，直捣建业，东吴灭亡。由此可见，此次战役成为三国归晋的标志，对三国发展进程产生决定性的影响，在中国古代战争史中具有重要地位。

或许是因为刘禹锡的这首《西塞山怀古》，使得人们对"铁锁断江"的地点诸说不一。有的认为此地在今湖北大冶县东，因为这里正处西塞山下；有的认为此地在今宜昌的荆门虎牙之处，因为这里曾是"楚之西塞"。笔者在《长江第一桥》[①]中也曾采用此说。其实这些都是误解。因为《晋书》在王濬传中早已记载了此次战役的经过。从中可以看出，王濬军破"铁锁断江"一事发生在克丹阳（秭归县境）与克西陵（宜昌古城）之间的这段时空中，这明白无误地表明"铁锁断江"的地点是在与今夷陵区（时为西陵境内）邻近的秭归江段。因为《宜昌府志》记载"铁锁断江"为时任建平（治秭归）太守的吾彦所为。[②] 当然，"铁锁断江"的地点在秭归江段，也同样是在宜昌古城地带的范围内，这一带是西陵峡中有名的江碛滩险之处。

[①] 刘开美：《长江第一桥》，转引自刘开美等主编《宜昌历史述要》，湖北人民出版社，2005，第103页。

[②] 宜昌市档案局档案馆、宜昌市地方志办公室整理编辑《（清同治三年编撰）宜昌府志》，宜昌市档案局，2002，第559页。

第八章
宜昌古城的帆船文化

第八章　宜昌古城的帆船文化

在宜昌古城山川形胜中，显现了三峡险峻、出峡平缓与山为城枕、环带绕邑的区位特征。正是这一奇特的区位优势，决定了宜昌古城在历史上不仅是兵家必争之地，而且是楚蜀的过载码头。这表明帆船文化在宜昌古城的沧桑变迁中发挥着重要的驱动作用。这一切促进了晚清宜昌的经济繁荣，也推动了川鄂之间的物资交流。而光绪二年（1876年）中英《烟台条约》的签订，标志着西方列强对中国的经济渗透进一步向内地纵深发展。宜昌在《烟台条约》中被列为通商口岸，从此古城帆船文化进入新的时代，古城沧桑变迁也随之进入商埠都市节点。

一、宜昌古城帆船文化概貌

宜昌古城地处长江中上游接合部、渝鄂湘三地交汇处，上控巴蜀、下引荆襄，以"三峡门户""川鄂咽喉"著称，曾为历代县、郡、州、府、路、道的治所，人们很早就通过舟楫往来。历史上这一带所发生的战事不胜枚举，在一定程度上反映了当时古城地带的泊船规模。古城开始成为长江交通运输线上的重要舟船停泊地，则是在东汉之初岑彭进攻公孙述之时。尽管帆船文化在宜昌古城发端较早，但因此地环望皆山，地瘠民贫，商贸发展有限，因此帆船文化并不发达。随着隋唐时期长江流域经济往来频繁，宜昌古城开始成为过往商船的泊地。"北斗三更席，西江万里船。"唐代诗人杜甫在夷陵（宜昌古称）下牢津所写《春夜峡州田侍御津亭宴得筵字》中的诗句，就反映了当时古城帆船文化的状况。其间泊船之地正在下牢溪一带。

（一）古城帆船文化首度繁荣

进入北宋时期，由于荆南水路的开辟，为四川等地物资下江北运提供了

清末民初三游洞江面泊船状况

方便。于是进出宜昌古城的船只、货物明显增多，从而促进了水运的发展，出现了古城帆船文化的首度繁荣。其间，通过古城的主要货种有布匹、药材、百货和罗绢等丝织品。[1]至南宋，随着政治中心南迁，川地循江东下的物资运输量日渐增多。古城帆船文化日形兴旺。南宋诗人范成大在其《峡州至喜亭》中写道："断崖卧水口，连冈抱城楼。下有吴蜀客，樯竿立沧州。雨后涨江急，黄浊如潮沟。时见出峡船，饶鼓噪中流。"[2]反映了宜昌古城帆船文化兴旺的景象。只是此间的古城港口仍带有寄泊的特征罢了。元朝建立后，对水运发展极为重视。于至元十五年（1278年）设立川蜀水驿，自叙州（今四川宜宾市）直抵荆南府。到明代，这种驿运制度更加完备。为了方便舟船进出，还对峡

---

[1] 乔铎主编《宜昌港史》，武汉出版社，1990，第13-14页。
[2] 宜昌市史志办、夷陵区史志办、西陵区地志办校勘整理《（清同治三年续修）东湖县志》，宜昌市委党史（地方志）办公室，2012，第292页。

第八章　宜昌古城的帆船文化

区水道进行了治理。明成化十六年（1480年），四川参政吴彦华开辟了宜渝航道间的水运纤道。天启四年（1624年），湖广按察使乔拱璧召集民工整修新滩，进一步保证了航道畅通。元明时期通过宜昌港的官物主要是漕粮和木材。明永乐四年（1406年）仅湖广一地为采木征发的民工就达10万余人，万历中（1573年—1620年）的一次采木之役费银竟高达930余万两。足见采木数量之多，运木规模之大。除此而外，当时由四川通过宜昌古城下运的商贸物资主要有生漆、青麻、牛羊皮、箱皮、牛胶、山蚕丝以及川盐、茶叶和其他土特产品等。[1]这一切对木船运输和商业的进一步发展提供了有利条件，使古城转口运输日渐兴旺。直至明末清初，随着农业生产的发展，四川成为商品粮基地，川江主要支流都在粮食和棉、糖、盐产区，汇流而下，促进了商品交流的活跃，致使宜昌古城水运进一步发展，尤其粮食运销在宜昌古城地位最为突出。[2]为适应水运发展的需要，航道整治和水运设施建设此间得到加强。清乾隆初，为运送云南铜矿，在宜宾以上疏凿险滩，开通金沙江航路1300千米。在长江中游，由于洞庭湖流域的开发，长沙成为四大米市之一。这样，便拓展了长江中上游的经济联系。康熙五年（1666年），归州知州邱天英在叱滩设救生船，开始了归州境内最早的救生护航活动。之后，又将救生船增设于石门、上八斗、下八斗以及泄滩、新滩、黄牛滩和崆岭滩等处。乾隆六年（1741年），为对船舶航行提供方便，长江上游各州府均奉谕在本境内航道极险处的两岸插立标记。嘉庆、道光年间，湖北汉阳商人李本忠先后治理三峡河段的牛口滩、泄滩、黑石滩等险滩48处，修筑纤道29处。归州地方官也于道光元年（1821年）开始，对峡江两岸的纤道进行了较大规模的整治[3]，从而对长江上游宜渝航道上的水运事业起到促进作用。这一切，都为宜昌水运的发展提供了有利条件，使宜昌转口运输的地位得以确立。宜昌港口泊船的重心也逐渐下移至今沿江一带。自清顺治以来，四川土产山货均循宜昌古城运

---

[1] 乔铎主编《宜昌港史》，武汉出版社，1990，第16-17页。
[2] 许涤新等主编《中国资本主义发展史》（第一卷），人民出版社，2005，第277页。
[3] 乔铎主编《宜昌港史》，武汉出版社，1990，第19页。

出，而苏广杂货、海产、棉花也从宜昌古城运进。顺治年间，运盐155万担。雍正五年（1727年），铜运量由200万斤增加到600万斤。从乾隆三年（1738年）起，铜运量定为400万斤。乾隆五十年（1785年）经宜昌古城运往湖北、福建、台湾各地的川粮达122万担。总之，此间所运物资种类和数量都超过以往任何时期。主要货种有粮、盐、滇铜、木材、山货土产等。①《镇江阁记》中的"舟船云集"②的记载，正是此时宜昌帆船文化的真实写照。

（二）古城帆船文化再度繁荣

咸丰时的川盐济楚，促成了宜昌古城帆船文化的再度繁荣。按照清制，湖北行销淮盐，销量每年在50万引（每引为600斤），其中宜昌一府四县供销3700引，宜昌实销1300引。加之川盐在湖北私销在内，正常时期通过宜昌水运的淮盐与川盐大约为600余吨。③这对宜昌水运的影响不大。咸丰三年（1853年）三月，太平天国定都南京，同年湖北武昌一度被太平军占领。至此，淮盐进入湖北的通道被堵，以致"片引不至"。咸丰三年七月，为解决燃眉之急，湖北总督张亮基奏请借销川引，以济民食。这样，川盐便开始大规模经宜昌下运荆楚地区。尽管淮盐运楚的通道不久便被打通，但是由于川盐色味俱佳，已有取代淮盐之势。同治二年（1863年），虽然两湖地区确定每年行销淮盐16万引，但仍仅为淮盐受阻时川盐运量的27.4%。④同治六年湖广总督谭廷襄奏请清廷，将宜昌盐局改为总局。尽管随后恢复淮盐引地，但是并未影响川盐下运。这样便保持了两湖、江浙与四川间的物资交流，使宜昌的水运量维持在一定的水平。由于川盐大量下运，并在宜昌转口，带来了宜昌帆船文化的短暂繁荣。木船成批结帮停泊在宜昌江边，从上河街一直排到二马路河坡，桅樯林立，鳞次栉比。在此揽载的民船数以千计，船工船民常

---

① 萧身材主编《宜昌市交通志》，宜昌市交通志编委会，1992，第97页。
② 宜昌市政协文史委编《宜昌市文史资料》（第9辑），宜昌市政协文史委，1992，第125页。
③ 乔铎主编《宜昌港史》，武汉出版社，1990，第26页。
④ 乔铎主编《宜昌港史》，武汉出版社，1990，第27页。

在万人以上。"日有千人拱手,夜有万盏明灯。"正是当时宜昌帆船文化繁荣的景象。①川江盐运的繁荣,也极大地促进了宜昌古城商业贸易的发展。从鄂西北山区陆运来的山杂、毛皮、油脂、大米、煤、盐、糖、烟叶、烟土、水果等,除在宜昌销售外,多数在此转口运往下游。而由下游船只运来的日用百货、瓷铁器、大米、布匹,除在古城集散由陆路运销各县镇外,绝大部分由此换船运往上游。于是沿江河街成为商行货栈的交易市场。每逢枯水季节,小摊小贩还在沿江沙坝经营"河肆"。当时,古城内的鼓楼街、锁堂街一带成为商贸中心,以布匹、杂货、广货等行业规模最大。②就这样,宜昌古城便冠以"过载码头"头衔。至开埠前夕,古城人口为1.3万余人,全城工商业规模不大,有棉业、钱业、过载堆栈各8家,另有船行2家、杂货行7家、榨坊4家、旅栈9家。③

(三)古城开埠后的帆船文化

古城的区位优势使西方列强意识到,控制了宜昌,便可打通长江水道,进入四川,进而掠夺四川乃至广大西南地区,以及青海、西藏、甘肃、陕西南部的财富。因此,英国侵略者以"马嘉理事件"为借口,迫使清政府签订了《烟台条约》,辟宜昌为商埠。于是宜昌古城帆船文化进入了开埠期。

就在中英《烟台条约》签订的第二年正月,湖北巡抚翁同爵便派荆宜施道孙家谷,会同英国领事馆京华陀办理开埠事宜。2月16日,宜昌关署正式成立。宜昌海关参照汉口江汉关的章程开办,并于4月1日正式成立。宜昌关署设在府城南门外的江滨,占用汉景帝庙,距县治仅一里。④由于宜昌海关地位十分重要,因此海关税务司之职一直由列强控制的海关总税务司直接委派,其爵位也比较高。首任关署税务司迪克·托马斯,就是从天津海关税务司

---

① 乔铎主编《宜昌港史》,武汉出版社,1990,第26-28页。
② 乔铎主编《宜昌港史》,武汉出版社,1990,第28-29页。
③ 乔铎主编《宜昌港史》,武汉出版社,1990,第29页。
④ 宜昌市政协编《宜昌百年大事记》,中国三峡出版社,1994,第27-28页。

职位调任的,他从宜昌海关离任后,又被调任上海海关税务司。光绪三十三年(1907年)宜昌海关税务司梅尔士,就是一位具有"四品衔、双龙二等第三宝星"爵位的英国高级官员。① 中国政府对宜昌海关也很重视。从光绪三年到宣统三年(1877年—1911年),宜昌海关监督,一直由清政府钦命,首任宜昌海关监督由荆宜施道孙家谷兼任。民国初期(1912年—1928年),宜昌海关监督也由中央政府任命。民国二年(1913年)元月四日,时任临时大总统的袁世凯就"任命刘道仁为宜昌关监督"②。民国十七年(1928年)六月二十日南京国民政府"任命李翙东为宜昌关监督兼任外交部宜昌外事交涉员"③。自光绪三年至三十年(1877年—1904年)的27年间,重庆海关仅设置代理官员,其业务接受宜昌海关指导。荆沙海关涉外事务自光绪三年至民国十四年(1877年—1925年)十月止,其间48年由宜昌海关监督兼管。④ 宜昌海关成立后,西方列强便先后在古城设立领事馆,为其进行政治讹诈、经济掠夺、文化渗透提供前沿指挥所。光绪三年(1877年)英国首先在停泊宜昌古城江面的军舰上设立领事馆,后来便在桃花岭修建了6栋办公楼。光绪二十八年(1902年)、民国三年(1914年),德国、日本先后在桃花岭设立领事馆。美、法等国虽未在宜昌古城设立领事馆,但其在宜昌的事务,均由其驻汉领事馆办理,有时交英国驻宜领事馆代理。⑤ 随即列强的租界、洋行便在宜昌拔地而起。自光绪四年(1878年)英国立德乐在宜昌拟定租界内开设第一家洋行,⑥ 到光绪二十六年(1900年),西方列强在宜洋行已达17家之多。⑦ 光绪三年(1877年),在宜经商具有法人代表资格的外籍商人仅70人,至民国十四年(1925年),已有英、美、法、德、日、印度、意大利等13个国家的26个商

---

① 宜昌海关简志编纂组编《宜昌海关简志》,宜昌海关简志编纂组,1988,第8页。
② 宜昌海关简志编纂组编《宜昌海关简志》,宜昌海关简志编纂组,1988,第77页。
③ 宜昌市政协编《宜昌百年大事记》,中国三峡出版社,1994,第182页。
④ 宜昌海关简志编纂组编《宜昌海关简志》,宜昌海关简志编纂组,1988,第1-2页。
⑤ 宜昌市政协文史委编《宜昌市文史资料》(第12辑),宜昌市政协文史委,1991,第35页。
⑥ 宜昌市政协文史委编《宜昌市文史资料》(第12辑),宜昌市政协文史委,1991,第36页。
⑦ 宜昌市政协编《宜昌百年大事记》,中国三峡出版社,1994,第54页。

第八章　宜昌古城的帆船文化

开埠后德国在宜所设领事馆

行和具有法人代表资格的外籍在宜商人235人。[①]在19世纪90年代以前,宜昌海关是深入中国内地最远的海关,是西方列强进入四川和整个西南的桥头堡。在光绪八年(1882年)到十七年(1891年)的10年中宜昌海关的总进口值为19371731关平两;出口值为18677826关平两。[②]宜昌海关的进口商品主要是工业品,包括棉布、棉纱、煤油、烟草、染料、五金、食糖、鱼蚧、玻璃、肥皂、医药、仪器、枪支弹药等;而出口商品则主要是农产品,包括猪鬃、牛羊皮、药材、植物油、生漆、茶、棉花、生丝、真菌等。转口贸易主要是粮

---

① 宜昌海关简志编纂组编《宜昌海关简志》,宜昌海关简志编纂组,1988,第32页。
② 宜昌市政协文史委编《宜昌市文史资料》(第8辑),宜昌市政协文史委,1987,第19页。

食、食盐、鸦片，其中鸦片占了大宗。①从光绪三年（1877年）到宣统三年（1911年）宜昌海关共收关税9170345关平两，平均每年为262010关平两。②自光绪三年（1877年）至民国三十四年（1945年）的68年间，英国、俄国、德国、荷兰、丹麦、法国、挪威、日本、美国、瑞士、意大利、西班牙、爪哇、印度、新加坡、香港和菲律宾等18个国家和地区，都与宜昌口岸直接进行过进出口贸易。由于鸦片贸易兴隆，宜昌口岸对国内各口岸的覆盖面除长江流域9省外，还包括东南沿海地带。③这一切，向世人昭示，伴随着宜昌开埠，西方列强军舰、商船的侵入，宜昌古城的帆船文化便开始涂上半殖民地、半封建的油彩。

二、古城开埠后帆船文化的特点

边陲府县辟商埠，十里江岸帆樯竖。鸦片贸易呈虚景，古城添装汉奸如。

开埠后的宜昌古城帆船文化呈现出诸多特点，这就是水运方式步入近代化，鸦片贸易呈现大宗化，经济帮口凸显多元化，商埠城市逐渐西式化。这一切构成开埠后宜昌古城帆船文化的历史画卷。

（一）水运方式步入近代化

1.开埠前列强虎视古城水运。水运方式步入近代化，是古城开埠帆船文化形式上的特点。随着开埠，西方列强侵入宜昌，古城水运便开始由传统方式向近代方式转变。早在19世纪中叶，西方列强就开始对宜昌古城虎视眈眈。咸丰十一年（1861年）英国海军中将贺布经上海抵达汉口，声称要到上游一带考察，并于当年3月14日率武官随员"开火轮二只，溯流西上"。湖广总

---

① 章开沅等主编《湖北通史》（晚清卷），华中师范大学出版社，1999，第128页。
② 史元杰：《宜昌海关》，转引自刘开美等主编《宜昌历史述要》，湖北人民出版社，2005，第251页。
③ 宜昌海关简志编纂组编《宜昌海关简志》，宜昌海关简志编纂组，1988，第35页。

第八章　宜昌古城的帆船文化

督官文饬令宜昌各属"沿途照料"。同年,英国"远征队"由少校萨利勒和船长布克思通率领,乘木船抵达宜昌,随后又溯江上至夔府(重庆奉节县),收集长江水文情报。同治二年(1863年)夏,美国地质学家彭柏莱来中国出洞庭湖经宜昌西上考察地质,赴秭归香溪一带勘察煤矿资源,并将此地命名为"归州煤田"。同治八年(1869年)上海洋商总会派商董到宜昌调查商务情况。同年,英国海军人员抵达宜昌,测量自宜昌至奉节的长江三峡航道,了解航道中各段的水文情况。在对宜昌古城及其上游资源、航道、水文进行窥探的基础上,同治十一年(1872年)上海英国商会便一再胁迫清政府准将长江中上游宜昌至重庆的航线对外开放。宜昌开埠前二年的同治十三年,英、美、法三国商人联手,在宜昌雇佣木船69只,装载洋货首次闯入川江。[①]

2. 开埠后列强华商争开航线。宜昌开埠后的第二年,英商立德乐便雇佣中国领江员王定邦引水驾驶"夷陵"号轮船进入宜昌港。这是进入宜昌港口的第一艘轮船。随后,立德乐便在宜昌开设了立德洋行,经营舶来品。同年,清政府的轮船招商局也跻身宜昌,在宜昌设立分局,其"江平"号开通了汉口至宜昌的客货营运航班。这是宜昌港埠第一艘正式航线的商轮。[②]随即,英商太古洋行的"沙市""吉安"号与怡和洋行的"昌和""江和"号于光绪六年(1880年)相继投入汉宜客货运输航班。次年,英商太古洋行在宜昌滨江路设置营业机构。[③]于是,汉口至宜昌的轮船航班就这样开通了。光绪九年(1883年)宜昌港埠全年轮船运载汉口至宜昌的旅客达到2281人次[④],至光绪十七年(1891年)便达到12367人次[⑤],不到十年增长近5倍。

相对而言,汉宜轮运的开通较为容易,而川江轮运的开通则较为困难。光绪九年(1883年)英商立德乐乘木船进入川江,一路详细勘察川江航道,

---

① 宜昌市政协编《宜昌百年大事记》,中国三峡出版社,1994,第15、17、22、25页。
② 宜昌市政协编《宜昌百年大事记》,中国三峡出版社,1994,第29页。
③ 宜昌市政协编《宜昌百年大事记》,中国三峡出版社,1994,第31-32页。
④ 宜昌市政协编《宜昌百年大事记》,中国三峡出版社,1994,第33-34页。
⑤ 宜昌市政协编《宜昌百年大事记》,中国三峡出版社,1994,第42页。

写成《经过扬子江三峡游记》一书①，认为轮船只需马力大、吃水浅，在川江轮运是可行的。随后，法国人谢瓦利埃也对长江上游自宜昌至屏山段的航道进行了测量，并绘成64幅图②，为外轮行驶川江提供依据。光绪十年二月立德乐设计建造能行驶川江的"固陵"号轮船，抵达宜昌并准备入川。光绪十三年长江上游轮船股份有限公司派立德乐在宜昌设立航运办事机构。由于四川绅士和民众特别是依靠木船为生的广大船工的反对而未能实施。后经磋商，于光绪十五年由清政府出银12万两赎买该船，转交招商局改行汉宜航线。中日《马关条约》签订后，立德乐又仿效行驶川江的柏木船型，建造了一艘长55英尺、载重10吨的木壳小汽轮"利川"号，于光绪二十四年（1898年）二月十五日雇员驾驶，由宜昌溯江西上，进入三峡后多次靠纤夫拉滩上驶，终于闯过新滩、兴隆滩等处危险，于3月9日抵达重庆，获得探航成功。③光绪二十六年（1900年）立德乐又建造了一艘长180英尺、载重150吨的轮船"肇通"号，蒲兰田任船长，由上海驶至宜昌。当年5月16日又由宜昌西上，经过泄滩时绞断钢缆2条，途中浪沉小船2只，历经9天，于5月24日抵达重庆。④这是外国铁壳商轮第一次由宜入川。立德乐虽然三次进行川江探航，但是都未达到经营航运的目的。在这期间，英国政府也以保护侨商为名，建造浅水炮舰"山鸡""山莺"号，驶抵宜昌，闯过三峡，进至重庆，但是也未能实现商轮通航。就在立德乐第三次探航川江当年的12月27日，德国人所造"瑞生"号也由宜昌入川，船上还载有中外旅客34人。时至三峡江水枯落，行船危险。但是德国籍船长强令航行。上午11时行至崆岭二珠触礁沉没，船长及部分乘客遇难。至此，航业界视川江为险途，裹足不前，以致川江航行近十年归于沉寂。⑤

直至光绪二十八年（1902年）法国人成立了东方轮船公司，企图独霸川

---

① 宜昌市政协编《宜昌百年大事记》，中国三峡出版社，1994，第34页。
② 宜昌市政协编《宜昌百年大事记》，中国三峡出版社，1994，第48页。
③ 宜昌市政协编《宜昌百年大事记》，中国三峡出版社，1994，第34-48页。
④ 乔铎主编《宜昌港史》，武汉出版社，1990，第36-37页。
⑤ 宜昌市政协编《宜昌百年大事记》，中国三峡出版社，1994，第53页。

第八章　宜昌古城的帆船文化

江。四川绅士、民众深恐航权丧失，在川督赵尔巽的支持下，于光绪三十四年（1908年）成立了"川江行轮有限公司"，聘请蒲兰田为顾问，建造了"蜀通"号轮。宣统元年（1909年），任蒲兰田为船长，陈兴发为领江，于10月19日由宜昌上驶，同月27日到达重庆。次年2月开始，"蜀通"轮行驶于宜渝之间，每月往返2次。①这是航行川江的第一艘华商轮船，也是宜渝线上最早实现商业营运的第一艘商轮。从此，川江上的轮运航线正式开通。

　　随着汉宜、宜渝轮运的开通，宜昌古城帆船文化进入了近代轮运新时期。到古城开辟航运业务的轮船公司不断增加，其中，太古、怡和、日清、捷江等公司先后在宜昌修建码头、堆栈和仓库，开辟客货运输、仓储和水火保险等业务。沿江一带各公司的码头、泊位鳞次栉比，绵延十余里。从此，每年成百上千艘次的中外轮船出入于宜昌港埠。民国八年（1919年）以前每年都在数百艘次；以后则每年都在上千艘次。其中，民国九年最多，达4067艘次。②据统计，自光绪二十六年（1900年）至民国二十二年（1933年），进出宜昌港埠的中外轮船共计50880艘次，其中中国轮船为18045艘次，仅占总艘次的35.47%。③开埠后宜昌古城轮运的殖民性不言而喻。

　　3.古城开埠传统水运"夕阳红"。宜昌古城水运方式向近代轮运的转变，并非意味着以往传统方式的结束。固然，随着轮船运输的发展，木船运输萎缩，进而被取而代之，是必然的趋势。但是，开埠后的古城轮船运输的发展却是与木船运输密不可分的。因此，开埠后古城传统水运方式不但没有萎缩，反而乘势而上，出现了驳船、挂旗船和厘金船竞相发展的局面，形成了传统水运"夕阳红"的景象。

　　江水出峡由东偏南的流向转为南偏西的流向，过西坝后又由南偏西的流向转为南偏东的流向。因此，市区江岸线都是滩宽水浅。宜昌开埠后，抵达港埠的轮船无法泊岸起卸。并且，宜昌港埠转口过载量大，出川的客货须在

---

①　乔铎主编《宜昌港史》，武汉出版社，1990，第34页。
②　宜昌市政协编《宜昌百年大事记》，中国三峡出版社，1994，第120页。
③　宜昌市政协编《宜昌百年大事记》，中国三峡出版社，1994，第53-221页。

清光绪年间今陶珠路至一马路江段

这里转乘轮船下驶；汉申轮载的客货也须在这里转载木船或能航行川江的轮船上行。这样，轮船抵宜，只得在江心抛锚作业，上装下卸，全靠划驳。至于设趸船上下客货，那是20世纪20年代以后的事，况且能直接停靠轮船的码头，直至新中国成立前也仅有一座。当时，即使上下都是木船行驶，以往也早已刻石立碑，"川船至宜不下行，湘船至宜不上驶，川湘上下船只在宜互相换载"。于是，驳船业便在宜昌港埠应运而生。

宜昌古城开埠后招商局轮船行驶汉宜航线。时有划工何有元，以自己的大木划接揽驳运业务，往来于轮岸之间接客送货。随着英商太古、怡和、日商大阪等洋行加入宜昌航运，驳运作业开始繁忙。何有元便添造数只货驳，并报海关批准，成立了"宜昌公兴驳船公司"，专为轮运货物装卸服务。这是开埠后宜昌古城驳船业成立的第一家公司。为提高装卸效率，公兴公司还创制了平板平仓的宜式木驳，形成一套宜昌独有的驾驶方法。至民国初年该公司已拥有驳船80余只，总载重量为4000余吨，日均港作货物进出量可达1000吨左右。30年代公司按货物装卸区域划分为四个码头，拥有水手、职工

第八章　宜昌古城的帆船文化

达150多人。①继公兴驳船公司之后，民国初年宜昌太古洋行职员吴竹君也出资办起"联益驳船公司"，打破了公兴公司垄断宜昌驳运的一统天下。20世纪30年代后，宜昌驳船业继续发展。民国二十一年（1932年）原在宜昌城内经营棺材铺的何广玉，见驳船业有利可图，意欲染指，结果在船帮之争中偃旗息鼓。而不少轮运公司却随后开始办起驳运业务。其间，新兴起的民生公司和由法商改为华商经营的强华公司先后在宜昌设立分支机构，开展轮运业务的同时，自造驳船自办驳运。于是，宜昌驳运便出现了驳运公司专营与轮船公司自办并举的局面。这一切，使开埠后的宜昌传统水运方式在方兴未艾的轮运新时期以新的形式继续得以发展。

同样，宜昌开埠后挂旗船的出现，也是近代轮船运输依赖于传统木船运输的产物。开埠后古城在相当长时间里未能开通宜渝轮运。一度宜昌海关特许航行在宜渝之间的中国木船，为列强运货，但是不久便停止了。光绪十六年（1890年），英国迫使清政府签订了中英《烟台条约续增条款》，规定"英商自宜昌至重庆往来运货，或雇华船，或自备华式之船，均听其便"。于是，从光绪十六年（1890年）重庆开埠到辛亥革命（1911年）的20余年间，列强掠夺我国西南物资，大都是利用中国的木船来从事运输的。往来于宜渝之间的木船一经租用，便享有轮船在其他口岸和水域营运的同等权利，除关税之外，沿途不须交纳"厘金税"。这种水运木船以悬挂列强的旗帜为标记，因此时称"挂旗船"。

就在中英《烟台条约续增条款》签订的第二年（1891年）5月12日英商立德乐第一个雇起华船，装载黄丝、白蜡由重庆出口；同月25日，又装火油、海带由宜驶渝。②这是宜渝间进出口的第一只挂旗船。从此，德、法、日等国商人竞相雇佣华船从事宜渝航线上的货运。即使宜渝航线的轮运开通后，行轮初期由于轮船吨位小，运货数量有限，进出川货物仍多用木船上下转运。这样，挂旗船便在开埠后的宜昌兴盛起来。光绪十七年（1891年）宜渝间

---

① 宜昌市政协文史委编《宜昌市文史资料》（第11辑），宜昌市政协文史委，1990，第93-94页。
② 宜昌市政协编《宜昌百年大事记》，中国三峡出版社，1994，第38页。

往来的挂旗船仅为607只次，①船型有麻阳、鳅船、扒窝、五板、辰驳子、脚船、麻雀尾7种。②至光绪三十四年（1908年）则上升为2567只次，增长3.2倍。这18年间往来宜渝间的挂旗船共计40363只次，载货1089703吨。光绪二十五年（1899年）往来宜渝航线的挂旗船最多，达2908只次，载货100586吨。③正因为挂旗船的兴盛，便促使传统水运方式在开埠后的宜昌得到进一步发展。但是，随着宜渝航线轮运往来的增多，挂旗船逐渐减少。直至民国十四年（1925年）宜渝航线轮船由宣统元年（1909年）的1艘次196吨，增至1171艘次4.42万吨；木船则由2339只次7.4万吨，降至1只次20吨。④从此，来至宜昌的木船便从川江转向湘江和附近水域从事短途货物运输，行驶宜渝航线的挂旗船宣告终结。

宜昌古城开埠后传统水运方式仍呈上升趋势，最能说明问题的还是厘金船的发展。古城开埠后行驶在川江上的木船中，大量是华商经营的不挂旗的厘金船。因其仅向厘金局交纳厘金，而不受海关的约束，所以称为"厘金船"。本来，挂旗船和厘金船均可承揽各类货物。但是与挂旗船相比，厘金船在货运中具有较多的优势。四川以至西南出口大宗的土货诸如盐、煤、鸦片、杂货和湖北出口入川数量最大的棉花、棉布，都是由厘金船专运或主运，汉宜轮为防失火而不愿运载的煤油，也多在武汉交厘金船承运。厘金船所载货物可以沿途买卖，而挂旗船则必须到通商口岸才能出售。加之，厘金船较挂旗船运费便宜。于是，在开埠后的宜昌古城传统水运方式中厘金船占了主体。宜渝航线每年往来的厘金船大致在万只次以上。光绪十八年（1892年）宜渝间往来的厘金船12000只次，是同年挂旗船1879只次的6.39倍。至光绪三十二年（1906年）宜渝间往来的厘金船15166只次，是同年挂旗船2600只次的5.83倍。在14年间厘金船增长26.38%。其中，光绪三十年（1904年）

---

① 宜昌市政协编《宜昌百年大事记》，中国三峡出版社，1994，第38页。
② 宜昌市政协编《宜昌百年大事记》，中国三峡出版社，1994，第42页。
③ 宜昌地区水运志编纂委员会编《宜昌地区水运志》，人民交通出版社，1994，第279页。
④ 萧身材主编《宜昌市交通志》，宜昌市交通志编委会，1992，第98页。

宜渝间往来的厘金船数量最大,达20436只次,载货32.28万吨,下水11013只次,载货16.52万吨;上水9423只次,载货15.75万吨,是同年挂旗船及其载货量的7.60倍和3.74倍。[①] 据光绪十九年(1893年)宜昌海关统计,行驶川江航线厘金船的船户、纤夫不下20万人。[②]

驳船业的兴起,挂旗船的出现,厘金船的发展,促使宜昌开埠后传统水运方式,无论是种类还是规模均呈扩展上升的势头。至光绪三十二年(1906年)往来宜渝间的木船达到17766只次,较光绪十八年(1892年)增长28%。正因为如此,致使宜昌城从豆芽湾(葛洲坝靠大江)、紫云宫(三江桥)到八标(十三码头)的十里江岸,桅杆林立,连樯接舶,一片帆海。开埠后宜昌帆船文化的景况,如此形象地展示在世人面前。

(二)鸦片贸易呈现大宗化

鸦片贸易呈现大宗化,是古城开埠帆船文化内在上的特点。它标志着,伴随着开埠,大宗的鸦片贸易使宜昌古城堕入畸形发展的深渊。

1. 鸦片贸易的集散地。17世纪末中国便开始种植鸦片。至近代,宜昌府的巴东、兴山、归州、长阳、长乐、鹤峰;施南府的恩施、宣恩、来凤、咸丰、利川、建始,以及西南云贵川诸省,都种有鸦片。时北方有热河、陕甘,西南有云贵川,皆为鸦片种植大省,面积尤广。道光十六年(1836年)9月礼部侍郎朱嶟上奏:"即为云南一隅,种者漫山遍野,总共不下数千箱。"宜昌、施南两府所种鸦片尚不能满足附近地区及宜昌的需要。鸦片下销要靠云贵川。时云贵川鸦片运销外省有三条渠道:一是出陕西运销黄河流域;二是出广西运销珠江流域;三是出三峡运销长江流域。宜昌地处云贵川三省鸦片运销外省三条渠道之冠。川烟外运下销唯一的通道是三峡,云贵烟外运经过四川集中下销也须到宜昌转运。因此,宜昌古城便成为鸦片集散地。

鸦片战争后,自《南京条约》至《烟台条约》的签订,鸦片贸易由在通

---

① 乔铎主编《宜昌港史》,武汉出版社,1990,第46-47页。
② 宜昌市政协编《宜昌百年大事记》,中国三峡出版社,1994,第44页。

商口岸的局部开禁转为全部开禁。西方列强趁机而入，纷纷到中国内地开设洋行，在掠夺资源、推销洋货的同时，大肆进行鸦片贸易。英商怡和洋行此间便在上海开设分行，宜昌开埠后，又到古城开设分行，借助长江黄金水道把贩卖鸦片的魔爪由沿海进一步伸向沿江。怡和洋行的老板亚丁，本来就是道光时代在广州贩卖鸦片的大王。道光十四年（1834年）怡和就拥有11只走私大船，一次可运载800箱鸦片。道光十九年（1839年）林则徐到广州禁烟。为对抗禁烟，就是这个亚丁，作为代表，受广州英烟贩的委托，回伦敦请求英国女王武装走私鸦片。当时长江流通鸦片有两条线，上水将在上海未销完的洋烟直航入川，下水则将西南土烟贩运下销。云贵川的土烟，尤其是滇产"南土"，质量上乘，可与孟加拉国的"公班土"比美，而且价格又比洋烟要低。土烟下销，即使是在上海也会有市场。这样，鸦片贸易在开埠后的宜昌古城便畸形发展起来。

  2. 鸦片贸易几度迭起。由于宜昌成为鸦片的主要集散市场，因此清政府在古城开埠前夕便开始在此实行烟土征税。同治九年（1870年）2月，户部奏定《洋药、川土、南土抽收税厘章程》，决定在宜昌平善坝设总卡，沙市、老河口设分卡抽收，并准许在古城开设4家洋药、南土行。① 从此，鸦片贸易便开始公开买卖。时云贵川的烟土在重庆每担要交落地税4.8关平两；由厘金船运到宜昌后每担还要交厘金34.7关平两；经过第一个鸦片关每担又要再交落地税1440文。② 为逃避沉重的烟税，几乎所有川土都是私运的。为振兴宜昌鸦片贸易，光绪九年（1883年）宜昌鸦片厘金局依照汉口现行的办法，对每担土烟征税15关平两，仅为洋药进口税的一半。这样，当年鸦片出口便由头年的3.12担猛升到754.04担。然而，次年厘卡又将烟税恢复原状，结果这年鸦片出口又降到160.11担。自光绪十一年（1885年）至十六年（1890年）通过宜昌常关的土烟几乎等于零。光绪十五年（1889年）宜昌鸦片厘金局称这年只收到烟税8600关平两。大量烟土继续从陆路运到沙市，而从宜昌关出口的

---

① 乔铎主编《宜昌港史》，武汉出版社，1990，第49页。
② 宜昌市政协文史委编《宜昌市文史资料》（第8辑），宜昌市政协文史委，1987，第17页。

第八章　宜昌古城的帆船文化

仅 6.2 担。① 这是宜昌古城开埠后鸦片走私猖獗，鸦片转口贸易萧条的时期。

自光绪十七年（1891 年）至三十二年（1906 年）是宜昌古城开埠后鸦片贸易兴盛的时期。光绪十六年（1890 年）秋，湖广总督张之洞便在宜昌设立"鸦片厘金征收总局"，另在巴东野三关设立分局，由宜昌 5 家私商土税号代征烟土税。② 次年 6 月清政府规定凡云贵川康四省外运的烟土一律运至宜昌进行交接，烟土在内地交落地税 4.8 关平两；在重庆装船时交出口税 20 关平两；在宜昌卸船时再交过境税 40 关平两之后，在全国范围便可免收一切杂税。这一新税制的出台，受到烟商的拥护，随之宜昌鸦片贸易额迅速增长。是年 10 月 19 日以前从宜昌出口的烟土仅 5.87 担，至 10 月底便增加 36.21 担，11 月又增加 131.17 担，12 月再增加 225.14 担，不到 3 个月便上升 392.52 担，是光绪十年（1884 年）以来近 8 年出口总量的 2 倍多。③ 此后五六年里，宜昌厘卡收税 49 万关平两上下，"大率皆系土药，他货只一万余金"。自光绪二十六年（1900 年）至二十八年（1902 年），烟税达到 1826344 关平两，是前五六年的 3.7 倍，占同期税收 1900935 关平两的 96.1%。光绪二十九年（1903 年）在宜昌成立了鄂、湘、赣、皖四省土膏税捐总局；光绪三十一年又增加了苏、闽、桂、粤四省，改为八省土膏税捐总局。光绪三十二年在八省之外再增加直隶、鲁、豫、晋、川、滇、黔、浙、陕、甘十省，改为土药统税，规定每担净土宜昌关收税 52 关平两，八省统捐加抽膏捐 52 关平两，此外再加收经费 11 两。实行后宜昌鸦片转口贸易额进一步增长。自光绪二十九年（1903 年）至三十二年（1906 年）宜昌转口鸦片 9.19 万担，收到烟税 2024216 关平两，占同期宜昌税收总额 2185763 的 92.61%，年均烟税达 506054 关平两。④ 这表明鸦片已经成为开埠后宜昌转口贸易的大宗商品。正如宜昌海关署税务司李约德在光绪十八年（1891 年）十二月三十一日的《宜昌十年报告》中指出的："如

---

① 宜昌市政协文史委编《宜昌市文史资料》（第 8 辑），宜昌市政协文史委，1987，第 13-14 页。
② 乔铎主编《宜昌港史》，武汉出版社，1990，第 49 页。
③ 宜昌市政协文史委编《宜昌市文史资料》（第 8 辑），宜昌市政协文史委，1987，第 14-15 页。
④ 史元杰：《近代宜昌鸦片贸易》，转引自刘开美等主编《宜昌历史述要》，湖北人民出版社，2005，第 254-255 页。

果宜昌失去土药的税收，该港的财政收入将会减少到一个很小的数目。"①

开埠后宜昌鸦片贸易经过辛亥革命前后短暂沉寂之后，又步入发展的高潮。土药统税的施行，导致全国各地鸦片泛滥，引起朝野关注。光绪三十二年（1906年）清政府迫于压力，弹劾了在宜昌督办土膏统捐的大臣柯逢时。同年11月30日颁布禁烟章程，定期十年禁绝鸦片。光绪三十四年清政府决定从光绪三十五年起全国实行禁烟，并将宜昌关征收鸦片税之责交给八省土膏税捐总局。光绪三十五年撤销八省土膏税捐总局。至此，宜昌鸦片转口贸易中断。辛亥革命后，北洋政府迫于社会舆论的压力，一度公开禁止鸦片贸易。初时禁令尚严，宜昌土税号均关闭。②

鸦片贸易的沉寂，并非意味着鸦片买卖的绝迹，只不过是鸦片的公开交易转入私下交易罢了。于是，鸦片走私在宜昌又猖獗起来。尤其是军阀割据，川、滇军阀为筹集银饷，在割据的地盘大量种植鸦片，派人护送到外省销售，更为鸦片走私推波助澜。其间，鸦片走私的方式五花八门，种类繁多。一是"绿划子"带土。时运送邮件的邮船是绿色的，称为"绿划子"，沿途不受关卡检查，由重庆沿江而下的涪陵、丰都、忠县、万县、云阳等地，到宜昌的绿划子有五六十只，每天有三四只至六七只到宜昌。于是，有背景、路子熟的绿划子在送邮件的过程中私带烟土至宜。一般都带有旧制称数百两的烟土，也有带数千两的。二是"飞划子"接漂放流。宜昌驻军中下级军官雇佣水性好、滩险熟的水手，驾驶轻便的木船，趁轮船进港前，在平善坝水域，迎船上驶，称"飞划子"，把船上投放江面的整箱烟土捞上划子，称"接漂"；或冒险直迎船身，以钓竿抓住船栏杆，靠拢船身，接下烟土，放流而去。③三是客商与船员勾结走私烟土。通过船工在机舱、煤堆、工具箱、货物中暗藏鸦片，或在进入关卡前通过"飞划子"接漂放流，或经过宜昌下销。四是外国

---

① 宜昌市政协文史委编《宜昌市文史资料》（第8辑），宜昌市政协文史委，1987，第45页。
② 史元杰：《近代宜昌鸦片贸易》，转引自刘开美等主编《宜昌历史述要》，湖北人民出版社，2005，第255页。
③ 宜昌市政协文史委编《宜昌市文史资料》（第1辑），宜昌市政协文史委，1982，第126页。

第八章　宜昌古城的帆船文化

商人利用兵舰掩护偷运鸦片。当时法国的"万佛"小轮，就每月至少两次往返汉宜渝之间，专营云、川烟土。① 诸多鸦片走私方式中最厉害的是烟商与军阀勾结，采取武装保运的方式，大肆走私烟土。吴佩孚宜昌烧烟土就是其中一例。民国十年（1921年）浙帮烟商从四川贩下烟土，经过宜昌，与王占元十八旅赵荣华的部队洽妥，由赵部派兵护送。时宜昌海关的英国人也想从中敲诈烟商，未遂，便向当时亲自带兵援宜击退川军后驻扎在东山昭忠祠的吴佩孚告发。吴迫于无奈，故作姿态，当即派员前往，查获大批烟土，将小火轮扣于南津关，并于次日亲临宜昌江边监督焚烧走私鸦片，堵住这起兵商勾结走私烟土的丑闻。其实，当时由四川贩运烟土经宜下销时，以军队护送出川过境的事屡见不鲜。

民国九年、十年间（1920年—1921年）宜昌两次发生兵变，全城商户被遭抢劫，致使商场一蹶不振。宜昌商会会长韩慎之为刺激宜昌市场复苏，于民国十一年（1922年）秋，专程赴河南郑州拜见吴佩孚，请求开禁鸦片，公开征税，活跃商场，以济军饷。吴虽然垂涎这大笔财源，但不敢公然冒天下之大不韪，打破禁例。于是韩便援清末旧例，不设征税机关，由商帮出面开设税号，代办鸦片税。所有云贵川出川烟土，在宜昌收税后，贴上军警督察处"查讫"的标签，便可运销各地通行无阻。吴佩孚对此欣然同意，准予照办。于是韩慎之邀集商帮会商，决定由商会组成"济宜公司"，办理烟土税。其税款按月上缴军警督察处，转解督军府。② 规定每担烟土收税银200元，由宜昌船运至沙市加收150元，运至汉口加收250元。这样，鸦片又在宜昌开禁而公开买卖起来。当年土税号就达10家③，后来增至18家。④ 公开销售的烟土，绝大部分是用轮船从四川运来的。轮船到宜昌后先停泊在西坝，烟商报到后，

---

① 乔铎主编《宜昌港史》，武汉出版社，1990，第51页。
② 宜昌市政协文史委编《宜昌市文史资料》（第2辑），宜昌市政协文史委，1984，第116-117页。
③ 史元杰：《近代宜昌鸦片贸易》，转引自刘开美等主编《宜昌历史述要》，湖北人民出版社，2005，第256页。
④ 宜昌市政协文史委编《宜昌市文史资料》（第1辑），宜昌市政协文史委，1982，第127页。

由军队保护,将烟土起到税号,然后轮船再进关。烟土是成箱装运的。每艘轮船装运三五百箱,有时装达千箱。每箱烟土为二担,每担为旧制称一千两。税后贴上用黄表纸印的税票,表示官货。一时间,宜昌又成为云贵川鸦片行销内地的主要孔道。其间,尽管社会舆论严厉谴责,但是当局再三改头换面,掩人耳目,致使鸦片贸易有增无减,各省烟商云集于此,使宜昌再次成为全国最大的贩烟中心之一,有"吗啡城"之称。每年收到烟土税1000多万银圆,随着烟土价格上涨,税率也不断提高,最多年份征税达3000多万银圆。①这标志着开埠后的宜昌鸦片贸易达到了巅峰,被称为是宜昌古城的"黄金时代"。

3. 鸦片刺激畸形消费。规模巨大的鸦片贸易,过度刺激着宜昌古城消费的畸形发展。城中除土税号兼售土膏外,大街小巷,烟馆林立,多达百余家。青楼堂班、公娼私妓应时而生,多达数百众,在湖北仅次于武汉。著名的大烟馆有东诚信、西诚信、南诚信、北诚信和鼎诚等,以南诚信最为高级。南诚信位于安福里口,楼上楼下,有二三十盏烟灯,近30条烟枪,是上流社会流连之所。大门的门帘上缀有"雅宝"两个斗大的字,撩开门帘就是柜房,悬挂着两块玻璃相嵌的条匾,上联是"闻香下马",下联是"知味停车"。从侧门走进敞厅,抬眼望去,一字连铺,榻无虚席:有妓女打泡者,侧卧抽吸者;有细啖糖果者,闭目养神者;有盘膝阔论者,洽谈交易者;……茶房冲茶水递毛巾,穿梭其间,光怪陆离,不一而足。凡是官厅门路,应酬交往,无不以烟土为媒介。真可谓拍板于吞云吐雾之际,成交于乌烟瘴气之中!时酒楼、妓院集中在陶珠路、浙江路、北门外正街口。下等妓女部分集中在富裕街一带,称为"老三条街";部分集中在力行一、二、三街一带,称为"新三条街"。每逢傍晚,灯红酒绿,饮酒划拳,陪酒清唱,声达户外,通宵达旦。②这一切形象生动地反映了宜昌开埠后鸦片贸易"黄金时代"的病态特征及其

---

① 宜昌市政协文史委编《宜昌市文史资料》(第1辑),宜昌市政协文史委,1982,第128-129页。

② 宜昌市政协文史委编《宜昌市文史资料》(第2辑),宜昌市政协文史委,1984,第119-120页。

鼓噪起的虚假与畸形的"繁荣"景象。

民国十六年（1927年）南京国民政府成立后又提出禁烟。先后在宜昌设立湖北禁烟总局和清理两湖特税事务处，实行"寓禁于征"的政策，撤销税号，对烟土征收重税。尽管如此，贩卖烟土、吸食鸦片的现象依然如故。然而，随着民国十九年（1930年）"清理两湖特税事务处"移设汉口，宜昌鸦片贸易日落千丈，宜昌商埠税收顿减大半。于是，各轮船公司及外埠大商号，纷纷抽走资本，迁徙他埠。从此，宜昌转口贸易一蹶不振。到抗战全面爆发前，宜昌全年贸易总额便由20世纪初居长江12大商埠第四位，跌至最后一位。[1]开埠后的"黄金时代"再也一去不复返了。直至新中国成立前夕，宜昌古城仍是一座百业凋敝的消费城市。

（三）经济帮口凸显多元化

经济帮口凸显多元化，是古城开埠帆船文化主体上的特点。随着开埠，宜昌作为商品集散地的城市功能凸显，水上运输、码头装卸、古城商业成为主流经济。而与之相适应，封建式的水运船帮、码头力帮和商业行帮，构成支撑城市主流经济的群体。

1. 水运船帮。"船帮"，起源于明代的运粮"漕船"。当时，湖北，包括湖南的岳州，就有漕船1012艘，每艘配备军丁10人。各地卫所按漕运量的大小、漕运船的多少，定编若干船帮，作为漕运的基层组织。于是，"船帮"便由官办而产生。至于长江中游最早出现民间船帮，则是清代乾隆年间的事。据《东湖县志》记载：此间"渝州每岁下楚地大米10万石计，而百货贩运均非船莫及，大都由湖北地区专航川江的宜昌、荆沙、汉阳、武昌四大帮承运"。至道光年间，随着川盐东运数量增大，形成专运的"盐船帮"，于是，民间船帮便遍及长江水系。组成民间船帮，一般是依乡籍、航区或者专运货种而定的。船帮都有各自的帮庙，信奉各自的"神爷"，挂有各自的旗号

---

[1] 宜昌市政协文史委编《宜昌市文史资料》（第9辑），宜昌市政协文史委，1988，第80页。

标志，设有各自的会馆，设有船行，招揽货源，多数还辟有泊船码头，有的还有货栈。帮头称会首，都由有某种政治背景的头面人物担任。正因为如此，所以民间船帮都带有浓厚的乡土观念和封建宗族关系，呈现出排他性的显著特征。① 这一切，对维护各自船帮的利益起到重要作用。当然，相应地诸船帮间的争斗也是不言而喻的。

开埠后，宜昌水运承传道光以来的旧制，在众多帮口中，呈现着川、鄂、湘三足鼎立之势。其中，川鄂船帮更为势众，帮中有帮，有"川楚八帮"之称。先说水运川帮。清道光年间，川帮就在市区西坝建有帮庙，称"川主宫"，尊李冰为川主。武昌首义后，川盐由官运改为官督商运，于是川帮也就分成运盐的盐帮和运鸦片的土帮。在宜昌古城的三星路建有"四川同乡会"，但仍尊祀"川主"。川帮原兴地在四川，以川东沿长江各县船户居多，内分长寿、涪陵、丰都、忠州、万县、云阳、开县等小帮，主要运输货物有盐、糖、毛烟、鸦片、大米、百货等。再说水运楚帮。楚帮，因湖北古为楚地而得名。清光绪七年（1881年），四川下河六帮中，就有归州帮和宜（昌）庙（河）帮。民国时期，又分为归（秭归）兴（山）巴（东）和荆（州）宜（昌）两大帮。归兴巴帮，再分为巴东、庙帮、短旗和宜昌四个小帮，而荆宜帮则分为汉阳、荆州、董市三个小帮。前者主要在宜昌至鄂西以及川东一带转运土产和洋货，主要货种有茶、漆、桐油、棉、布、纱、日杂百货等；后者则主要从沙市、董市、枝江一带装运大米、棉花、土布到宜昌，回船时则装运日杂百货。至于水运湘帮，又称湖南帮，原兴地在洞庭湖和九江一带。清光绪五年（1879年），在宜昌建有湘邑宾馆，供奉"镇江王爷"。起初，湘帮与川帮同泊在西坝水域。至民国初年，因争货源，两帮发生械斗，尽管湘帮打赢，但因川帮状告胜诉，终使湘帮只得由西坝下移镇江阁。随后便在奎星阁建起"禹王宫"。湘帮水运限于宜昌下游，是从九江、津市、沛县等地往宜昌运货，货种主要有瓷器、湘米、棉花等。②

---

① 宜昌地区水运志编纂委员会编《宜昌地区水运志》，人民交通出版社，1994，第188-190页。
② 萧身材主编《宜昌市交通志》，宜昌市交通志编委会，1992，第94页。

第八章　宜昌古城的帆船文化

2.码头力帮。为了适应物资运输的需要，宜昌很早就在古城四周设关，并在城门八处建有码头。在"四关八码头"中，临沿长江的五处都是水运码头。随着水运规模的扩大，码头数量也不断增加，至开埠前，水运码头增到18处。从北门外三江沿岸的紫云宫下数，伍永盛店铺、赵家巷、社坛口、鄢家巷、张家巷等处，都是土坡沙岸的季节性码头，每年洪水季节可靠木船，枯水季节河床干涸时便停用。西坝临大江处有西霞寺码头。张家巷以下的板桥、小北门、镇川门、镇江阁、西卡、中水门、拐角头、小南门、大南门，以及奎星楼、驿站等处，都是石阶码头。板桥、西卡处是渡船码头，无搬运业务；拐角头是挑水码头，搬运业务也很少；小北门大码头以起卸土产、山货为大宗；镇川门正码头以起卸瓷器、草纸为大宗；镇江阁是粮食专运码头；中水门码头以搬运煤炭为主要业务；小南门码头以起卸竹木料为大宗；大南门码头主要起卸杂货；奎星楼和驿站则都是综合性码头。①

开埠后，随着轮船运输的发展，宜昌古城沿江逐渐向下伸展至天官桥，所建码头，上与木船码头相接，下到万寿桥一带江岸，岸线长达三四千米，连同木船码头在内，岸线已达5000米。新建码头20多座，沿长江往下的招商局、二马路、大阪洋行、日清公司、隆茂洋行、邮局、聚福洋行、普济医院、一马路、一马路下、大碑巷、内地会、三北公司、三北台子、川江公司、验关房和盐局处，都建有码头，多数都是石砌梯坎，少数仍是土坡沙岸。其中，一、二马路口兼作渡江码头，邮局、海关、医院、验关房和盐局为专业码头，其他均为轮船客货码头。宣统元年（1909年）修建川汉铁路时筑院囤存器材而被称为下铁路坝的瓦沟子江边，也是一处良好的轮船泊位。至民国时期，在盐局以下郊区，美孚、亚西亚、德士古等煤油公司，又分别建起了专用码头。其中，美孚和亚西亚码头，全部用石条修砌而成，可直接停泊油轮，是洋码头中的最佳者。20世纪20年代后期，美孚码头下段又建起一座滑

---

① 宜昌市政协文史委编《宜昌市文史资料》（第13辑），宜昌市政协文史委，1992，第209页。

清末民初一、二马路间的洋码头

坡码头，专为轮船烧煤服务。① 到全面抗战前夕，宜昌港口码头又有很大变化，中国航业建有8座码头，其中五龙上溪、五龙下溪各有3座码头，还有大公路码头和下铁路坝码头。码头长度一般为100—120米，都配有趸船。② 到民国三十七年（1948年）民生公司还在瓦沟子江边兴建缆车码头，③ 直至1953年方才建成。

宜昌开埠后的装卸码头同样是帮口林立。至20世纪40年代末，宜昌古城的码头力帮有北门的顺治力行，镇川门的江西帮，杨泗庙的天门帮、箩筐帮，太古、怡和的汉阳帮，三北的黄孝帮，盐局的襄阳帮，江心装卸的武穴帮，

---

① 宜昌市政协文史委编《宜昌市文史资料》（第13辑），宜昌市政协文史委，1992，第210-211页。
② 乔铎主编《宜昌港史》，武汉出版社，1990，第53页。
③ 宜昌市政协文史委编《宜昌市文史资料》（第13辑），宜昌市政协文史委，1992，第211页。

第八章　宜昌古城的帆船文化

西坝的川帮，以及大码头、中水门、小南门、大南门、洋码头的郭家和滑坡煤码头的李家等"本地帮"，号称"九帮三十六码头"。宜昌古城最早的码头力帮当数顺治力行，建于清代顺治年间。力人来源于市内闲散居民和近郊农民。成立之初，顺治力行以北门商业区为根据地，业务范围逐渐扩大。但随着其他码头力帮的兴起，顺治力行活动地盘逐渐缩小，至民国时期，已缩至紫云宫到张家巷一带。30年代，顺治力行力人仅有四五十人。抗战胜利后在城东北一带从事旱地搬运，收益尚可维持，直至解放。较顺治力行稍后的是江西帮，随后的则是天门帮和箩筐帮等码头力帮。明代末年，江西移民陆续来宜定居。除少数经营金银首饰和药材生意外，多数靠在长江挑水卖谋生。清代康乾时期，江西籍民工在修复宜昌城垣时很出力，得到地方官吏的信任。于是，小北门至镇川门一带的挑水码头被划归他们管辖。他们除挑水外，还从事本码头的杂货搬运业务。从此，江西帮便世代聚集于此，直至民国时期，成为"四关八码头"中的一大力帮。江西帮在业务中常与顺治力行发生纠纷，以至矛盾尖锐，公堂相见，最终顺治力行败诉而退至北门一带。于是，与镇川门比邻的杨泗庙码头便让给原籍天门的力人管辖，专门从事本码头的粮食搬运业务。于是，天门帮应运而生。因其搬运工具为背篓又称为背篓帮。该帮以彭、张、李三姓为主，擅长背背篓，世代相传。民国时期，又有陈、余、吴、董、王数姓之人加入，从此成为多姓氏的码头力帮。杨泗庙是宜昌古城的河米码头。清代康熙年间兴修镇江阁，建有粮食公所，长江水运粮食在此交易。湘、川船运来宜粮食一经交易，便由天门帮搬运。随着粮食交易量的扩大，单靠背篓搬运已无法承受，于是便雇请江南或近郊的农民搬运。因其搬运工具为箩筐，故被称为"箩筐帮"。从此，两帮占据杨泗庙和大码头，相互协作，共同从事宜昌河米码头的搬运。抗战胜利后，箩筐帮大为兴盛，而背篓帮则势力锐减，力人只剩四五十人。[①]

开埠后，随着洋码头的兴建，宜昌古城新的力帮不断涌现。其中，最先

---

① 宜昌市政协文史委编《宜昌市文史资料》（第13辑），宜昌市政协文史委，1992，第211-214页。

成立的是郭家码头。帮主郭家典，人称郭老黑，是宜昌本地人。汉宜轮班开通后，他便组织一批闲散劳力，为招商局搬运货物。接着出现的是汉阳帮。正当太古、怡和洋行到宜昌开辟业务之际，汉阳人陈永华，人称陈老六，便带着一批本乡人，来宜为太古、怡和公司搬运货物。从此，郭家码头包揽华商，汉阳帮则包揽外商，成为开埠后在洋码头势均力敌、平分秋色的两大力帮。陈家在和光里内建住宅，下传至第二代；而郭家则在日新里等处建有住宅，下传至第四代，时称"上陈下郭"。陈家业务范围在二马路至强华里沿江一带。建帮之初，这里曾是洋码头搬运业务最为繁忙的地段。抗战开始后，郭家因华商轮船公司发展而兴盛，陈家则因外轮公司相继收业而衰败。到抗战胜利后已是郭家码头的一统天下。

20世纪20年代前后，在洋码头又先后出现了武穴帮、黄孝帮和襄阳帮等码头力帮。武穴帮由武穴人陈耀峰、陈炳记创建，包揽轮船江心的装卸业务。抗战开始后，蕲春人李明山带人随军政部迁建委员会来宜，加入武穴帮，从事撤迁抢运业务。黄孝帮由孝感人祝允友创建，在三北轮埠公司码头从事搬运业务。30年代后，力人增至百人以上，业务囊括三北以下专业码头之外的各处码头，业务由祝允友的族侄祝昆山管理，直至宜昌解放。襄阳帮由襄阳、南阳人组成，因力人以襄阳人居多而得名。30年代后襄阳帮的头人是张云卿。他们是在大公桥附近的盐局码头从事搬运业务，专运川盐和淮盐。①

3.商业行帮。凭借着长江黄金水道和川鄂咽喉的地理条件，宜昌古城的商业很早以来就相当发达。城中的盐税号、土税号、钱庄等集中在锁堂街；绸缎、布匹、杂货、百货、药材、酱园等店铺，集中在鼓楼街、二架牌坊、南门外正街、北门外正街和东门外正街。粮食、土布、瓷器和其他行户以上河街、下河街处居多。至开埠前宜昌全城"有商户1300余户"②。开埠后，宜

---

① 宜昌市政协文史委编《宜昌市文史资料》（第13辑），宜昌市政协文史委，1992，第214-215页。

② 中共宜昌市委统战部、党史办编《中国资本主义工商业社会主义改造·湖北宜昌市卷》，武汉出版社，1990，第2页。

第八章　宜昌古城的帆船文化

昌商业区逐渐扩大。通惠路（解放路）、二马路、南门外正街一带逐渐成为新的商业中心。其时，绸缎布匹、土布集中在鼓楼街、二架牌坊、通惠路；百货集中在北正街、二架牌坊、二马路、通惠路一带；杂货、海味集中在南门外正街、招商局路（滨江路）、北门外正街、东门外正街；银行钱庄集中在通惠路、二马路；轮船业集中在招商局路（滨江路）。于是，古城内外的新老商业区连成一遍。① 至全面抗战前的民国二十五年（1936年），宜昌市区商业已达73个行业2032户，"居沙市之上，直接重（庆）、夔（府），为上游第一巨埠，商务向称繁盛"，与汉口、沙市并称为鄂省三大商业中心。1949年前夕，宜昌古城约计65个行业2182户。其中，行栈21个行业362户，店铺40个行业1787户，公司4个行业33户。资金较大的有绸布、百货、土布、油商、杂货、瓷铁等6个行业431户。②

宜昌古城开埠后的商业仍靠帮口经营。全城商业行帮有四川帮、江西帮、浙江帮、湖南帮、安徽帮、汉阳帮、咸宁帮、山陕帮、黄孝帮、广东帮以及扬州帮、施南帮和宜昌本地帮，统称宜昌商场十三帮。在这十三帮中除后三帮外，都在古城建有会馆。宜昌商会成立前，凡商界重大事项，均由十三帮会首集会商议而定。

四川帮会馆在川主宫（原西坝峡江造纸厂所在地），该帮资金较为雄厚，主要经营川盐、毛菸、烟土、杂货等，后期经营大米、红白糖的运销业务。较大的商号有广生同盐税号、汇丰公毛菸号、明诚等几家烟土店。江西帮会馆在豫章书院（原东门口西陵百货大楼附近），主要经营药材、银楼、棉纱等业务，较大的商号有德茂隆药材号、余和顺银楼、宝兴裕字号等。浙江帮会馆在浙江会馆（原浙江路），主要经营金店、五金电料等，较大的商号有丹凤金店、顺泰五金号等。湖南帮会馆在禹王宫（乐善堂街），主要经营棉花、棉絮、米粮等，较大的商号有邓祥和花号、徐泰和酱园米庄。安徽帮会馆在太

---

① 宜昌市政协文史委编《宜昌市文史资料》（第1辑），宜昌市政协文史委，1982，第64-65页。
② 中共宜昌市委统战部、党史办编《中国资本主义工商业社会主义改造·湖北宜昌市卷》，武汉出版社，1990，第2页。

平会馆，故又称太平帮（原西陵一路煤炭商店所在地），主要经营绸缎、匹头、榨坊等，较大的商号有振丰绸缎号、敦大榨坊等。汉阳帮会馆在晴川书院（西陵一路的新街口右上首对面），主要经营瓷器、百货、匹头、棉纱、海味杂货等业务。较大的商号有喻广盛瓷器号、惠和百货号、裕丰昌匹头号、万昌隆杂货号等。咸宁帮，又称武帮，会馆在鄂城书院（新街中段），主要经营百货、杂货等，较大商号有怡丰百货店。山陕帮会馆在北五省会馆（原培心路体委附近），经营皮货、当铺等，较大商号有福盛皮货号、济生当铺等。黄孝帮会馆在帝主宫（原献福路市人行办事处附近），经营海味杂货、布匹等，较大商号有刘义记海味号。广东帮会馆在广东会馆（原解放路副食日夜商店后），经营杂货、酒楼等，有广合利大酒楼。

扬州帮、施南帮和本地帮都未设会馆，但都是宜昌商场十三帮中的重要成员。扬州帮，苏州商人也包括其内，经营糕点、理发等业务，有的还开妓院。施南帮经营生漆、烟土、山货等，有济生土税公司。本地帮更是经营业务广，各行业都有。较大的商号有王日新酱园、益元正盐号、鼎丰厚绸缎号、吉利祥海味号、朱大顺榨坊等。①

正是经济帮口中的这诸多帮系的共同经营，方使开埠后的宜昌经济得以发展。

（四）商埠都市逐渐西式化

商埠都市逐渐西式化，是古城开埠帆船文化形象上的特点。随着开埠，具有异国风格的建筑群在宜昌拔地而起。从此，宜昌这座千年古城，在世人面前展示出近代商埠都市的西式风采。

早在明代洪武十二年（1379年），宜昌古城就在唐代夷陵旧城的基础上修砌了城墙。自明成化四年（1468年）至清同治元年（1862年），又多次进行修葺乃至重修。开埠前古城一直保持着古色古香的风味，展示着"过载码

---

① 宜昌市政协文史委编《宜昌市文史资料》（第1辑），宜昌市政协文史委，1982，第66-68页。

第八章 宜昌古城的帆船文化

头"的帆韵。开埠后，西方列强纷至沓来，竞相设领事馆，辟租界地，开洋行，建码头，设货栈；建教堂，办学校，开医院。列强渗透的同时，华商实业和地方经济也挤在夹缝中图生存求发展。这一切带来了宜昌转口贸易的兴旺。工商贸易的繁荣和社会事业的发展。于是，物流、人流在宜昌迅速膨胀，城市规模随之拓展，宜昌城市格局和风格也跟着改变。

1.商埠都市建设起步期。民国初年，宜昌古城商埠都市建设进入了起步时期。为适应港口经济发展的需要，开埠之初古城开始向南门外沿江一带延伸。这里当时是宜昌港口的主要港区，临近古城南门，进城上街都很方便。因此，开埠后的宜昌海关便建在这一带，英国领事馆迁至桃花岭前也建在这附近。于是，列强与华商也先后在这一带开商行、设货栈，在江边建码头。光绪四年（1878年）招商局在南门外正街至二马路一带设立分局，开通汉宜航线。随后，光绪二十四年（1898年）太古、隆茂洋行，宣统三年（1911年）怡和洋行也先后在此设行修栈建码头。天长日久，这一带便形成一条街道，始称招商局路，后因街临滨江，便改称滨江路，成为商行转口贸易的中心。随着商行和码头的不断增多，商埠区的范围也不断向下延伸，至民国元年（1912年）亚细亚公司在陈家台（万寿桥）设立码头倾销煤油，古城大南门以下沿江商埠便远及万寿桥江岸一带，长达十多里。转口贸易的发展对城市商业的拉动，使古城南门外一带繁荣起来，成为古城与新埠连接的枢纽。于是，周围的街巷里弄应运而生。至民国二年（1913年），除滨江路外，先后形成浙江路、南门后路、南门外正街、福绥横路等街道，以及安福里、和平里、美华里、邮局巷等里巷。南门的东侧也形成木桥街、肖家巷等街巷。此间，二马路也基本形成，康庄路、致祥路也形成小路。至光绪二十六年（1900年）宜昌古城一跃成为长江航线上最重要的转运商埠和湖北三大商业城市之一，城市人口已经由开埠前夕的1.3万余人增到3.4万余人。"昔日萧条之迹，不数年即泯然无有矣"。[①] 清朝末年曾经拟修川汉铁路。作为川汉铁路宜

[①] 宜昌市政协文史委编《宜昌市文史资料》（第9辑），宜昌市政协文史委，1988，第77页。

万段的总工程师詹天佑两次来宜主持修路事宜。结果历经数年铁路未能修成，然而保路运动却成为辛亥革命的导火索。总之，这期间宜昌古城在城市布局、功能结构、城市建筑方式和城市面貌诸方面初步具备商埠都市的特征。当然，其间城市规划尚偏重路网划分，且仅限于列强领事馆区经济生活及文化设施分布相关的区域。

  2. 商埠都市建设发展期。民国三年（1914年）宜昌古城商埠都市建设步入了发展时期。这年，湖北省署派谢氏官员来宜昌调查开商埠事宜。随后便成立了宜昌商埠工程局，金鼎任局长。同年2月10日宜昌商埠测绘处开工，聘请英国人编制"拟修宜昌商埠规划"。经过地形勘测，规划在古城大南门、通惠门外东南2千米以内4.65平方千米，修20条道路。其中纵向干道8条，横向道路12条。凡与古城连通的道路都与古城门连接。道路红线宽均在20米内。形成通惠路、公园路（中山路）、陶珠路、二马路、一马路、云集路、福绥路、怀远路、滨江路一片商业区。各路之间划致祥里、美华里、源发里、新源里、安福里、青云里、平安里、清泰里、平和里、梅安里、培元里、同春里、中宪里、强华里等为住宅区。①还规划出铁路的走线和车站的位置。规划建设仿照上海、汉口的城建格局进行。这是开埠来宜昌第一个见诸文字图线的城市规划。尽管尚属粗线条的，内容上也还有诸多缺陷，但是已将宜昌沿江带状城市的规划结构勾勒出来，基本符合宜昌港口城市的发展趋势。随后正是遵循这一规划着手宜昌城市建设的。当年始筑近代马路通惠路和一马路、二马路等道路，宽17米，为砖渣泥结路面。至民国八年（1919年）又先后修筑了三马路后改称陶珠路、中山路、怀远路今红星路、隆中路、福绥路、云集路（今云集路中段）等道路，均为泥结路面。②同时还陆续修建了光前街、富裕街、培心里、强华里等街巷，街巷宽4—6米，为条石、碎石、煤渣、素

---

  ① 宜昌市政协编《宜昌百年大事记》，中国三峡出版社，1994，第87页。
  ② 宜昌市城乡建设志编纂委员会编《宜昌市城乡建设志》，宜昌市城乡建设志编纂委员会，2009，第144页。

第八章　宜昌古城的帆船文化

土路面。① 这些道路、街巷的修建，在改善宜昌港埠客货疏运、繁荣市区工商贸易的同时，也留下了诸多具有文化底蕴的地名掌故。

新埠区内有座桃花岭，原本是座荒岭。开埠后，随着商埠区逐渐向古城南郊发展，这里便开始显现活力。当时有位姓周的商人在山岭东侧栽下一片从外地引进的水蜜桃树。春天一到，桃花盛开，遍岭飘香。行至山间小道的人们，见此美景，便都赞叹不已。就这样，桃花岭之名便不胫而走。西方列强看中了这块风水宝地。民国三年（1914年）左右，英国教会首先在岭上开办了华英中学。接着，德国领事府从招商局街迁至岭的北部。英国领事馆也从怀远路迁至桃花岭。美国教会在德国领事府的西侧开办了美华中学（亦称美华书院）。② 在紧靠桃花岭一侧的云集路一带（今中国民生银行宜昌分行至培心路），外侨、洋行设立球会，为洋行阔老、外国水兵提供游乐场所；修建清唱茶园"广寒宫""怡园"，成为富商豪绅的娱乐之处。③ 自从列强的政治、文化设施设置在这里，昔日的那片桃林便悄然消失。第一次世界大战后，德国领事府为日本接管。因此，抗战时期尽管沦陷后的宜昌城内建筑所剩无几，但是桃花岭一带的各项建筑却较完整地保存下来，为开埠后的宜昌古城留下了历史见证。

福绥路是宜昌商埠局成立后于民国六年（1917年）修建的。这条路所称"福绥"二字，源于《诗经》。《小雅·鸳鸯》中有"福禄绥之"。称"福绥"是期望富裕安康。这条路与湖堤街、仁寿路、同春里等10条街巷相通。当时英国领事馆的球场、英美烟草公司、苏格兰哀欧拿女子中学，均建在这一带。20世纪20年代，轮船上的几个厨师，在这里开办了"味馥香番菜馆"，光顾的主要是附近的洋人和私人买办。民生公司在这里办有"民生"旅社。到30年代，宜昌邮局便由邮局巷旁迁至这里的新址（今福绥路邮政支局）办公。

---

① 宜昌市地方志编纂委员会编《宜昌市志》，黄山书社，1999，第262页。
② 宜昌市建筑学会编《夷陵地名掌故》，宜昌市地名普查领导小组，1982，第93页。
③ 湖北省宜昌市地名委员会编《湖北省宜昌市地名志》，宜昌市地名普查领导小组，1984，第74页。

"厚康"钱庄老板朱鉴卿在原市总工会和中宪里之间盖有两栋西式建筑,其中一栋墙上刻有"紫气东来"四个字。足见福绥路的发展与商贸密切相关。①

如今的解放路,地处古城东南,与环城南路和环城东路相汇。这一带原是一片野草丛生的荒凉坟场。因为与古城和新埠上下联结,所以在民国三年(1914年)以前就形成道路。宜昌开埠局成立当年便建成近代道路,始称通惠路。其名出于《左传·闵公二年》中的"通商惠工"。孔颖达疏曰:"通商,通商贩之路,令货利往来也;惠工,加恩惠于百工,赏其利器用也"。因此,在修路开商埠的情况下,称"通惠",有发展商业、繁荣贸易之意。民国三十四年(1945年)后改称"中正路",宜昌新中国成立后遂称"解放路"。通惠路的开通,使古城与新埠连成一片。随即,这里各类店铺鳞次栉比,商旅居民络绎不绝。民国十三年四层楼房的"峡州饭店"(原市亨得利照像器材公司)又在这里落成,成为当时宿娼、赌博的中心。这条街上修建的楼房还有"丹凤"银楼(原市工商银行三峡分行云集支行海鸥分理处)、"天昌"茶叶号、永耀电灯公司营业部等。商埠局在这几幢楼房旁设有菜市场。"留光""精华""千秋"三家照像馆以及"中美文化餐厅"(今市群艺馆处)也都设在这条街。②还有各种小店铺不胜枚举。这样,通惠路便成为宜昌古城最为繁华的商埠区。

商埠都市建设促使宜昌古城内的市场随之向外发展,商业贸易进一步繁荣,至民国十一年(1922年)古城人口已达111309人③,较光绪二十六年(1900年)增长2.27倍。

3.商埠都市建设完善期。民国十六年(1927年)南京国民政府成立后,宜昌古城商埠都市建设进入了较为完善的时期。民国十七年4月宜昌建设委员会成立。随即着手组织编制了宜昌城市概貌及铁路规划图。这是宜昌第二个有图可查的城市规划。该规划在反映当时城市概貌的同时,在古城东面和南

---

① 宜昌市建筑学会编《夷陵地名掌故》,宜昌市地名普查领导小组,1982,第84页。
② 宜昌市建筑学会编《夷陵地名掌故》,宜昌市地名普查领导小组,1982,第69页。
③ 宜昌市地方志编纂委员会编《宜昌市志》,黄山书社,1999,第132页。

第八章　宜昌古城的帆船文化

面规划了若干道路，规划范围北至今西陵二路，南至大公桥，东至今夷陵路。铁路是这个规划的主要内容，包括铁路走线、火车站位置以及用地范围等。①民国十九年（1930年）十二月，拆除古城城墙，在其基础上修建了环城东路、环城北路、环城西路（后并入沿江大道）和环城南路等四条环绕古城的道路，宽7—12米，为泥结路面。次年又修通大公路（一马路至天官桥溪口），建成大公桥（今已成涵洞），并填南湖修建了康庄路。此外，还修建了新河街（后改名复兴路，为今沿江大道大公桥至港务局一段），并向东延伸至下铁路坝（今胜利一路、市中心医院一带）。民国二十三年（1934年），汉宜公路通车。②次年春又在古城东郊上铁路坝处建成飞机场。③从此结束了宜昌单一水路通外的历史。此间，宜昌城市近代建筑林立。民国初年，宜昌商会在二马路东口修建了广货店，其旁边有西餐馆。二马路、平和里口是鸿彰西服店和成彰绸缎店。今二马路与解放路联结的中国联通有限公司宜昌分公司解放路合作营业厅处，建有芦敏记药房，隔壁是永兴隆川绸店。今农行三峡分行二马路分理处至英皇餐饮娱乐公司之间，有德国人孔宁修建的9栋三层楼房，一楼开设有永康广货店等。今中国太平洋保险公司宜昌中心支公司处是老宝成银楼，抗战后改为天成银楼。二马路与乐善堂街交汇处是法国天主教堂。现存教堂是民国二十二年（1933年）旧堂拆除后重建的。二马路与朱家一巷口下处是聚兴城银行，对面是日商的大阪堆栈，上隔壁是"交通"银行。原"满意楼"处有"德明"旅馆，当时，"德明"是与城内"神州"、"远东"齐名的饭店。现市工商银行云集支行处有"中国"银行。原宜昌地区纺织站处有"交通"旅馆。可以说，二马路这一带的西式建筑无论式样还是规模，在当时宜昌城内都称得上首屈一指。即使是如今，仍风韵犹存。这期间，诸如电灯、电话、电报、邮轮等现代设施先后在宜昌开通，人力车营运规模不断扩大，

---

① 宜昌市城乡建设志编纂委员会编《宜昌市城乡建设志》，宜昌市城乡建设志编纂委员会，2009，第68页。
② 宜昌市地方志编纂委员会编《宜昌市志》，黄山书社，1999，第262页。
③ 宜昌市政协编《宜昌百年大事记》，中国三峡出版社，1994，第227页。

新闻、教育、文化、卫生事业也日益健全完善。宜昌商埠都市的特征更加显著。与此同时，宜昌手工业也达到最为繁盛的时期。至民国二十六年（1937年）全市已有染织、卷烟、鞋作等手工行业19种，业主279户，从业人员1354人，年产值198万元。至全面抗战前，宜昌已成为在湖北仅次于武汉的第二大城市，形成了南北约5千米，东西约半千米，大小街道260多条的商埠区，人口仍保持在10万人以上。民国二十六年为105917人。[①]民国二十二年（1933年）上海寰球图书出版社社长李鸿球来宜昌考察，第二天"购得街市图一纸，雇人力车游览全市，旧城内街巷狭小，住户不多。小南门外为商埠，马路纵横，洋楼栉比，足与汉皋相若"。这里的"汉皋"指汉口。意思是宜昌商埠都市的西式建筑鳞次栉比，足以同汉口相比拟。这是开埠后宜昌商埠都市建设最为辉煌的时期。

宜昌沦陷后，不但商埠都市建设中断，而且整个城市遭到前所未有的惨重破坏。"破坏之甚，为全国冠"。抗战胜利后，曾一度因兴建"三峡大水闸"，拟将宜昌建成市域面积1750平方千米、可容纳300万人口的现代国际都市。但因内战爆发终成泡影。这样，直至1949年，留给宜昌人民的仅是一座破乱萧条的城市。然而，宜昌人民从此站起来了，告别了开埠后带着半封建半殖民地色彩的帆船文化，意气风发地扬起了新时代的风帆。

[①] 宜昌市政协编《宜昌百年大事记》，中国三峡出版社，1994，第245页。

第九章 宜昌古城的诸业老号

第九章　宜昌古城的诸业老号

如前所述，自古以来宜昌古城就是商品集散之地，曾冠以"过载码头"之称。随着开埠，这一城市功能显得更为突出。正因为如此，水上运输、码头装卸、工商贸易诸实业，成为古城经济的主流。而与之相适应的民族实业也应运而生，逐渐演变出诸多老字号。这里所叙述的仅是其中的十大老号。

一、三代经营达盛极的"邓祥和"

民国二十五年（1936年）编纂的《宜昌县志初稿》，刊登了一幅"宜昌市区形势略图"。图中标有"光华油栈"[①]在复兴路的方位。此油栈的创始者，便是宜昌古城的老字号"邓祥和"。

早在咸丰二年（1852年），一位十二三岁、名叫邓笃发的湖南少年，为谋生计，来到宜昌，做起了贩运棉花的生意。他能吃苦，脚板勤，生意渐渐有些起色，于是便在西坝开起了"邓祥和"棉花商号。邓笃发为人正派，守信用，肯帮人。因此人缘广，买、卖客户都很信任他。年复一年，他的生意越做越活，还以小批量自行运至汉口销售。这样，邓祥和花号便由小到大，逐步建立起来。邓笃发的独子邓德夫，自成年就随其学习经营。因勤劳朴实，爱学肯钻，邓德夫很快就精通业务，成为邓笃发的得力帮手。经过数十年经营，到清末民初，邓笃发便将自己的家业传给了他。

邓德夫继承父业后，正值第一次世界大战爆发。他着力把握这次民族经济趁机而上的机遇，使自己的家业快速发展。当时，武昌一纱、裕华、震寰等纱厂先后建立，武汉棉花吞吐量随之扩大。而湖北荆州的江陵、石首、监利、松滋、公安、潜江，以及宜昌的宜都、枝江、当阳等棉花主产区，此间

---

① 宜昌县志局编《宜昌县志初稿》，宜昌县志局，1936。

的棉花产量急剧增加。面对棉花业务大发展的良机，邓德夫总结家父兴业的经验，把信誉作为立于商界不败之地的根本，在棉花业务中收购公平、供货保质、付款及时。在购进棉花时注意价格合理，使卖方乐于送货上门；皮棉收进后先将籽杂清净、反复翻晒好后再打包，不让顾主吃亏上当；对购货款项坚持按期结账，绝不误期。经营中他注重信息，大凡市场行情、同业动态、商业价格、运输状况诸多事务，都能做到心中有数。这样，邓祥和的经营业务便蒸蒸日上，数年间所拥有的财产就达白银10万两左右，邓德夫成为古城的著名富商，在商界享有盛誉。平时邓德夫看问题深透准确，做事情果断机敏，人们称他"邓猴子"，居当年西坝"三猴"之首。民国十五年（1926年）邓祥和花号迁至城内南正街营业，西坝原址作为棉花货栈和打包之地。此间业务进一步发展，连连赢利丰厚。民国十九年（1930年）一年他赚20万银圆。

此间，已经发家致富的邓德夫开始讲究排场、购置房地产。民国十八年（1929年）89岁的邓笃发去世，丧仪办得特别隆重。出丧前三天，前来吊唁的宾客川流不息，一天到晚不停地开流水席，一般都是老九碗海参鱿鱼席。席尽离去时还给每人8尺白竹布以资纪念。这样的丧仪轰动全城，以致络绎不绝的吊唁盛况空前。出殡当天，送葬者达数百人，沿途还有多处亲友所设路祭。民国二十年（1931年），邓德夫开始着手购置房地产。他花3万多银圆，买下二马路靠江边的一栋绸缎铺，又买下大南门正街一栋房屋，连买带建花去银圆5万多元，他还用1万多银圆买下大公路一栋门面，开"祥和荣记"，专为收购棉花之用。此外，在大南门、鼓楼街、星沙里、北正街多处他都买下房屋。除卖屋之外，他还购进2000多石课的田产。如此铺张而转产从一个层面也反映了邓祥和经营的红火。

在培植家业根基的同时，邓德夫进一步扩大业务规模。买下大南门正街房屋之后，他大兴土木，打出来"光华火油公司""邓祥和老花厂"和"祥和荣记花号"三大招牌。各室安有电灯，业务室装有电话。花厂购进一座木夹打包机，改进棉花包装，日产30件左右，每件180斤。在本城打包外运的同

第九章　宜昌古城的诸业老号

时,还派员驻沙市购棉打包运至沪汉,年销量达两三千担。邓祥和"河溶"商标棉花质量有保证,深受厂家欢迎。运至沪汉后,再买回棉纱批发销售。到棉花淡季时,便把木耳、桐油等土特产运至上海等地销售。因此邓祥和的业务十分顺利,职工总数达100多人,其中选花女工就达50人。此间成为邓德夫业务经营最兴盛的时期。

正在此时,邓德夫家庭出现一场危机。此后,邓家三股分家,邓德夫被朋友接到忠县,次子邓椿萱去万县安家,长子邓耀南留在宜昌。从此,邓耀南便以自己分得的一份资金,在大公路办起了"祥和荣记花号"。接着,他又与人合资经营"光华火油公司",成为城里与美孚、亚细亚、德士古并列的四大火油公司之一。正因为如此,所以《宜昌县志初稿》便将"光华油栈"在复兴路上的方位标到了"宜昌市区形势略图"中。民国二十四年(1935年)邓德夫因病去世,邓耀南独自挑起了经营祖业的重担。

卢沟桥事变后,邓耀南分批入川。当时内迁重庆的棉纺织厂不少,顿时纱锭增至十万多锭。邓耀南把握时机,成为抢运棉花的先行者。他在收购公安、枝江、宜都等地棉花,组织民夫挑到三斗坪,用木船运到万县、重庆等地销售的同时,还组织人从襄阳、樊城、松滋、津市等地收购花、纱,运回四川销售,再由四川成都、金堂、什邡等地购买毛烟,又由内江、富顺等地运销糖、盐到襄阳、樊城、松滋、津市等地。数年下来,业务迅速扩大,资金雄厚起来。其间,邓祥和已有同慎、福星、永畅、东升、江安、谦溢、源通、泰和、吉祥、祥云、聚茂、华圣、益安、广达、德安、庆大、鼎兴、美丰、荣华、昌久等20家分号。这些分号资金充足,分开经营核算。随着形势发展,邓耀南将"邓祥和"的经营重点逐步转到重庆。在重庆金融市场上,他有时还做些黄金、证券业务,以图保值。鼎盛时期他所拥有的美金公债就达18万多元。日本投降后,邓耀南携家迁回宜昌。当年正值"邓祥和"老花号开业93年,他特邀宜昌城里商界著名的实业家张剑秋为自己作一中堂,以资纪念。张剑秋称"百年根基欠七载,势如松树已参天",赞誉独掌门庭后的

邓耀南，经营已达登峰造极的程度。①宜昌著名棉花商号"邓祥和"的第三代掌门人邓耀南，也成为宜昌城里实业界的明星

民国三十六年，邓耀南又将全家迁到重庆。此间正遇币制改革，他手中的18万多元美金公债，转眼间变成一堆废纸。1949年9月2日，重庆发生特大火灾，又使他的全部货物和在沙湾的"良厦"住宅一时间化为灰烬。从此，百年老号一蹶不振，随之谢世。

二、古城榨坊业的首户"朱大顺"

旧时，宜昌古城内外有14家榨坊，其中11家都属太平帮，有"洪盛昌"，业主为曹耀卿，经理为陈寿卿；"恒昌"，业主为林锡臣；"同泰"，三人合股经办，经理为崔直生；"陈敦大"，业主为朱家姨；"敦大顺"，业主为朱家姨子，后改为恒丰隆；"同盛"，陈家合股经办；"陈裕丰"，业主陈舜卿；"恒和"，业主为陈寿卿；"德厚荣"，上海纱厂在宜设立，经理为王吉堂；"怡兴"，经理陈仙乔；"祥太亨"，业主为项凤亭。②这11家榨坊大都沿长江江岸排列，在北门外的鄢家巷、杨家巷、肖龙巷、社坛口、土街头至园坛佬一带。当时古城的榨坊几乎是太平帮的一统天下。然而其间宜昌乃至鄂西的榨坊首户却并非在太平帮，而是在本帮三记"朱大顺"之中。

据"朱大顺"的晚辈朱锦陶回忆，"朱大顺"为其曾祖父朱芬于清同治九年（1870年）所创。朱芬原籍江西，清同治年间逃荒流落到宜昌古城，开始帮人舂米，做加工米的生意。当他有点积蓄后便在古城南门外正街的魁星楼旁建起了一幢小屋，办起了舂米作坊。同治九年又制作了一部木榨，以芝麻为原料，做起了榨油生意。这样，朱大顺榨坊的经营生涯便从此开始。到光绪初年，朱芬的长子朱言祥接过父业，正式挂出"朱大顺榨坊"的招牌，采取后厂前店的方式进行榨业经营。朱言祥虚心向当时技术较好的太平帮同行

---

① 宜昌市政协文史委编《宜昌市文史资料》（第10辑），宜昌市政协文史委，1989，第57-70页。
② 宜昌市政协文史委编《宜昌市文史资料》（第9辑），宜昌市政协文史委，1988，第142页。

学习，扩大了生产规模，除加工麻油外，还开始加工皮油和梓油。到光绪末年，朱言祥又将家业传给了长子朱继慧。稍后，朱继慧的三子朱茂林再从家父手中接过家业。这样，朱大顺榨坊便由朱芬创业至朱茂林执掌经历了四代。此时，朱大顺的房屋纵深已达七重屋，临南门外正街（今沿江大道），傍魁星楼水巷（今陶珠路），后抵乐善堂街（今自立路）。生产规模已达4张碓、9部木榨，店员和工人达100多人。此间，朱芬的另两个儿子见榨业有利可图，也先后开起了榨坊。家住北门外土街头的朱芬第三子朱言瑞，其长子朱伯传将所开榨坊取名为"恒记朱大顺"，朱芬的第四子朱言慎的次子，也就是朱锦陶的父亲朱恭卿，将民国六年所开榨坊，取名为"慎记朱大顺"，于是魁星楼旁的老榨坊也就更名为"阳记朱大顺"。这样，阳记、恒记、慎记并存，共创"朱大顺"榨业品牌。当时榨坊规模大小以拥有碓的多少为标准。民国十年（1921年）左右宜昌古城的14家榨坊中，有4张碓的除阳记朱大顺外，还有洪盛昌、德厚荣两家，有3张碓的也有3家，剩下的都只有2张碓。此间全行业从业人员约1000多人。可见与业内相比，此间的朱大顺还处在领先水平。[1]

清末民初以来，宜昌古城周围生产乌桕，俗称木籽。城里各榨坊都以乌桕为原料，将其内、外层加工为梓油和皮油，少量在本地销售，而大部分则销到外地。因为皮油利润大、销路好，因此成为朱大顺榨坊中的当家产品。入冬到开春是皮油加工的最佳时节。其他时间主要生产麻油。民国十年前后，三记"朱大顺"每年共加工皮油约48万斤，梓油约37万斤，麻油仅2万多斤。[2] 这其中的一半产量是阳记朱大顺加工的。正当"朱大顺"蒸蒸日上之时，民国九、十两年，宜昌发生两次兵变，恒记财产在兵变中遭损，加之其新的传人不善经营，于是便停业了。阳记和慎记却展示出另一番景象。民国十六年（1927年），与阳记仅一家之隔的洪盛昌榨坊，因经营不善要拍卖家产。于

---

[1] 宜昌市政协文史委编《宜昌市文史资料》（第9辑），宜昌市政协文史委，1988，第141-143页。

[2] 宜昌市政协文史委编《宜昌市文史资料》（第9辑），宜昌市政协文史委，1988，第141-144页。

是阳记当即买下洪盛昌的房屋和榨具,将两家榨坊连成一体,使门面窄狭的问题得以解决。这样,阳记便拥有8张碓、18部榨、200多名工人、20多万元资金,一跃成为宜昌乃至鄂西榨坊中的首户。①与此同时,慎记在次年也买下连屋带榨具的恒昌榨坊,拥有5张碓、12部榨,分上下两处生产经营。至此,朱大顺榨坊的皮油和梓油产量大增。仅阳记每年就生产皮油25万斤、梓油17多万斤、菜油20多万斤、麻油30多万斤。民国二十年(1931年)宜昌永耀电厂迁至一马路后,阳记安装电动碾子以代替碓子,功效大大提高,仅麻油年产就达五六十万斤。慎记距电厂较远,不能借助电力生产,但因有晒场,方便桐油生产,每年可生产桐油2万斤,最多达3万多斤。生产经营中,朱大顺重信息、讲质量、顾信誉,因此榨坊生产的皮油、梓油和食用油,不仅产量多而且销量在宜昌也独占鳌头。仅阳记全年的食油销售量就达四五十万斤。榨坊的发展还促进了业务的拓展。当榨坊用电后,阳记在榨坊对面开了一家"祥大"机器米厂,配有两部打米机,每日加工米100多担,成为当时宜昌唯一的粮油加工厂。同时阳记还走出去,在董市开了一家"信记"榨坊,开展棉籽榨油;在沙市开了一家"慧记"油店,既卖油又设庄,使之成为朱大顺在江汉平原的信息站;通过宜昌太平帮在武汉"荆油公栈"中的代理人将产品打入武汉,进而发展到长江下游。②这一切推动了朱大顺榨坊的发展,提升了其在同业中的地位,使之发展达到全盛时期。

  全面抗战后,朱大顺的经营开始举步维艰。尽管此时接手慎记的朱锦陶年轻气盛,奋力拼搏,但终究未能遏制厄运。随着宜昌沦陷,慎记朱大顺的历史便告结束。战后阳记朱大顺虽仍然东山再起,但其规模早已不及当年。到1952年,历经三朝四代长达80多年的朱大顺榨坊的历史全部结束。

---

  ① 宜昌市政协文史委编《宜昌市文史资料》(第9辑),宜昌市政协文史委,1988,第144-145页。
  ② 宜昌市政协文史委编《宜昌市文史资料》(第9辑),宜昌市政协文史委,1988,第145-148页。

三、首家华商轮船公司"招商局"

同治十一年（1872年）成立的清廷轮船招商局，于光绪四年（1878年），也就是宜昌海关成立后的第二年，便在宜昌设立分局，成为开埠后宜昌首家华商轮船公司。

起初，招商局宜昌分局的办公楼建在南门外正街至二马路一带，并在江边修了石砌双阶码头。时间长了，这里便形成一条街道，被称为招商局路，后因街临滨江，就改称为滨江路。光绪十年（1884年）中法战争爆发，招商总局将局产移交旗昌洋行代管。于是，宜昌分局也一度转让代管。这年8月，美国人鲁塞尔从汉口派员来宜，在招商局原址改办旗昌宜昌分行，挂起美国的星条旗。直至第二年6月，也就是中法战争结束签约后的次月，招商局才恢复自己的管理权而重开业务。随后，招商局宜昌分局便开始修建仓库货栈，大力发展转口运输和仓储业务。八年中修建五座仓库：光绪十三年（1887年）在码头附近沿江地带修建2座仓库，其中招商A栈仓库可容棉纱400件，招商B栈仓库可容棉纱2000件；光绪十七年（1891年）修建招商E栈，仓库可容棉纱1200件；光绪二十一年（1895年）修建招商C、D两栈，仓库可容棉纱分别为2000件和1100件。[①]

在港口运输中，招商局宜昌分局在汉宜线上，继"江平"轮船在宜港埠率先开通汉宜客货营运航班后，又投入"江通""江孚""江源"等轮船轮换行驶于宜汉线。光绪十六年（1890年）二月清政府买下"固陵"轮及其在宜码头、仓库，均交由招商局宜昌分局使用。光绪十九年（1893年）又投入"快利"号轮航行宜汉线。至此，在宜汉航运中，招商局宜昌分局挤入航业四大家。此间，宜昌上游的川江轮运航线尚未开通。为奠定轮运入川，招商局宜昌分局雇佣挂旗船营运。至宣统元年（1909年），"川江航轮有限公司"的"蜀通"轮终于打通川江航线。次年开始营运，其上下水客货运输业务，便交

---

① 宜昌市政协文史委编《宜昌市文史资料》（第13辑），宜昌市政协文史委，1992，第196-197页。

由招商局重庆分局和宜昌分局全权代理。这样招商局宜昌分局的川江轮运业务从此开始。①

20世纪20年代,招商局宜昌分局营运业务的触角开始向沿江下段延伸。此间,重新组建的川江公司再度倒闭。其在城外柏树街(大公路)的办公室和两间堆栈,都移交给分局,其堆栈被命名为招商新栈。此前分局在滨江路的5座仓库,依地段不同分为招商南栈(包括A、B、C三座仓库)和招商北栈(包括D、E两座仓库)。自民国成立以来,分局的栈埠业务就例交招商渝报关行全权代理。因此南、北两栈早已交由招商渝报关行承租。现有招商新栈,则由公兴驳船公司承租。其间分局宜汉线的货运量逐年有所上升。相反,川江航线虽已开通,而分局于民国十一年(1922年)又购进"江庆"轮,三年后还从一家倒闭的英商那里购进"隆茂"汽轮(改名"峨眉"),先后都投入宜渝营运,但因航线滩多水险,加之外轮公司排挤和民生公司崛起,致使分局川江轮运相对宜汉轮运,运量不稳定、业务不景气。全面抗战中,分局全力投入西迁运输之中,主要担负宜汉线抢运任务,也有部分大型货轮纷纷载货上行。在日军进攻宜昌之际,分局奉命撤销,将大型轮船转移入川。②

抗战结束,招商局宜昌分局恢复,暂在原怡和洋行办公楼处办公,宜汉、宜渝客货轮运业务随即开通。民国三十六年,分局利用沿江下段原川江公司货栈旁的空地重建办公楼。迁址后,分局对机构进行调整,对航班也进行充实。民国三十六年十二月十六日,招商局成立75周年不久,便改名为"国营招商局股份有限公司",于是分局也相应改为"国营招商局股份有限公司宜昌分公司"。此间,分公司的船舶大增,运力不断提高。但随着国民党军事上的接连失败,分公司便于民国三十八年四月二十五日结束业务。随着1949年7月16日宜昌解放,招商局宜昌分公司被宜昌市人民政府接管。从此,宜昌港务局应运而生。

---

① 宜昌市政协文史委编《宜昌市文史资料》(第13辑),宜昌市政协文史委,1992,第197页。
② 宜昌市政协文史委编《宜昌市文史资料》(第13辑),宜昌市政协文史委,1992,第199-200页。

第九章　宜昌古城的诸业老号

四、最早铅印的"天主堂印书馆"

宜昌古城刻字业务由来已久。除刻公私图章之外，也从事木板雕刻印刷。自清末民初以来，古城雕刻印刷逐步淘汰，而石印方应运而生。① 但此间古城的印刷业并不发达，至民国初年只有3家，20世纪20年代初有6家，到北伐战争前也才9家。位于璞宝街的"会新石印馆"，学院街的"明新石印馆"，东门正街的"南璞石印馆"，以及大十字街（今献福路）的"求是石印馆"等是此间城中知名的石印馆。② 至于古城街市上铅字印刷业的出现，那是20年代后期的事了。位于古城南门后街、由刘世荣刘世华兄弟创办的"文华刻字印刷所"，是宜昌城里从刻字店发展为铅字印刷业的首户。到30年代，古城从事铅字印刷的知名业主还有位于南正街的"萧文美刻字店"，学院街专员公署（原市公安局）旁的"张东璧刻字印刷馆"，以及星沙里的"蔚华轩刻字印刷店"。③ 纵观宜昌古城印刷业的发展历史，"天主堂印书馆"应该是古城最早的铅字印刷机构，馆址就在宜昌河西十里红天主堂。其部分房舍仍存在至今。

同治十二年（1873年），宜昌最早的教会基地由江苏籍神父黄廷彰修建。光绪九年（1883年），位于乐善堂街的新教堂和主教府建成。光绪十五年（1889年），祁栋梁主教上任后，便在下铁路坝（今中心医院一带）购地，准备修建男女修道院、孤儿院和医院。光绪十七年（1891年），"宜昌教案"发生，乐善堂街、滨江路的圣心堂被烧毁。次年，祁栋梁主教在乐善堂街和滨江路重建教堂和住宅，又在宜昌河西十里红修建天主堂，用作男修院。光绪二十四年（1898年），又在下铁路坝修建爱德堂（修女院，俗称圣母堂）、孤儿院、医院和男修院。光绪二十九年（1903年），男修院落成，十里红天主教堂的修士迁来。之后，在十里红天主堂内又设置了印书馆和新民学校。这样，最早的铅字印刷机构——"天主堂印书馆"，早在光绪二十九年之后就在古城

---

① 宜昌市政协文史委编《宜昌市文史资料》（第9辑），宜昌市政协文史委，1988，第59页。
② 宜昌市政协文史委编《宜昌市文史资料》（第9辑），宜昌市政协文史委，1988，第55-57页。
③ 宜昌市政协文史委编《宜昌市文史资料》（第9辑），宜昌市政协文史委，1988，第60-61页。

位于河西的天主堂印书馆

河西诞生了。

　　据印刷业内老人胡居馨回忆，印书馆配备了必需的各种型号的中外铅字和印刷机器。这在当时的宜昌属于独一无二的铅印厂家。到民国九年（1920年），印书馆设备相当完备：印刷机器有对开平台机，牛皮纸四开平台机，2号圆盘机、3号圆盘机；装订机有对开切纸（切书）机、四开切纸机以及德、法制造的铁丝订书机各一台，烫金机、木制划线架、镀铜器各一套，打眼、装订机各一台；排版和铅字置件有齐备的1—6号宋体汉文铅字和多种拉丁文、英文字体，大小型铅字均有备用；书边、平线、点线、曲线及手托等均系铜制品。起初各种铅字是向上海徐家汇土山湾印书馆购置的，因久用耗损，急于全部更新，便改向产品较好的上海商务印书馆购换。机器设备及资金，开始从外国募捐而来，后来教会也有所补偿。本来印书馆的印刷机均附带电动部件，因馆内无电力设备，运转仍靠人力。①

---

① 宜昌市政协文史委编《宜昌市文史资料》（第9辑），宜昌市政协文史委，1988，第58页。

印书馆开始的负责人由比利时神父文在兹担任。他家里是搞印刷的，所以他对业务很熟悉。民国六年（1917年）六月九日，文在兹在十里红天主堂山背后小河中，因营救落水学生溺亡，于是印书馆便由中国神父李奥颐接替。但不久仍由比利时人调换。印书馆的固定工人虽只有十多个，但馆内的杂活，乃至检字、排版、机印、精装制作等业务，都以半工半读的形式，由新民学校的学生承担。每年还对馆内学艺学生的印刷业务进行考核。这不仅解了印书馆工人缺乏之急，而且促成有的学生日后从事印刷职业，就读新民学校的胡居馨就是其中的一例。

印书馆很长时间不对外营业，只印宜昌教区内的宜昌、荆州、施南（今恩施）县镇天主教所设中小学、医院、诊所等所需的印件，以及教会的中外文书籍，到后来才少量接待外来业务。①

宜昌沦陷时，印书馆的全部设备都被日寇占有。直到抗战胜利后，才又由比利时人冯德隆部分收回，在乐善堂街天主堂旁开机几年。1949年，机器、铅字都由《宜昌日报》接收。

五、古城最早的国家银行"中行"

位于宜昌城外二马路与福绥路交会处（今工商银行二马路支行处），曾有一幢建于民国十三年（1924年）的金融大楼，这就是古城最早的国家银行中国银行宜昌办事处办公楼。

中国银行前身是成立于清光绪三十一年（1905年）的户部银行，光绪三十四年（1908年）改名为大清银行。于宣统二年（1910年）二月，在宜昌设立分号，行址在南门外正街，隶属于大清银行汉口分行管辖，负责人为张庆甫。大清银行是我国首家国家银行，因此大清银行宜昌分号也是宜昌首家国家银行。随着宣统三年（1911年）十月辛亥革命的爆发，大清银行停业。

---

① 宜昌市政协文史委编《宜昌市文史资料》（第9辑），宜昌市政协文史委，1988，第58-59页。

于民国元年（1912年）改组为中国银行，总行仍设在北京。随即中国银行宜昌分号于民国三年（1914年）在原址改组成立，隶属中行汉口分行管辖，负责人为胡振遴，全行有会计、出纳、助员、收税员、练习生等职员9人。民国八年（1919年）四月中行宜昌分号改称宜昌支行，行长为张惟馨，业务拥有发行纸币、代理国库专权、并经营存款、放款、汇兑、募集公债等。不料，第二年11月29日晚宜昌城里发生兵变，中行宜昌支行库存现洋被劫一空，行屋器具全遭焚毁。但危难之际，支行长张惟馨分派行员将库存本卷悉数皆毁，并极力交涉将现款借出以便日后收回，因而保全甚多，受到北京总行通函嘉奖。次年6月4日晚宜昌城里再次突发兵变，中行宜昌支行公私物件俱被焚掠一空，只得暂行停业止汇，改为收税处。好在民国十二年（1923年），川盐云集宜昌转口各地销售，盐税征收均为中行宜昌收税处代收，致使业务一度十分活跃，发展很快。次年中行宜昌收税处便在二马路自置地皮，修建欧式二层新厦，为二马路71号。民国十五年（1926年）新厦落成营业，称谓改为中国银行宜昌办事处，简称中行宜办。①

  作为国家金融机构，旧时宜昌除中行宜办之外，先后还有中央银行宜昌分行、交通银行宜昌办事处、中国农民银行宜昌办事处、中央信托局宜昌办事处、邮政储金汇业局宜昌业务和宜昌中央合作金库等。但中行宜办在宜昌金融业务中却举足轻重。尽管这些金融机构都有各自的业务职能，尤其是放款业务，除邮政储金汇业局宜昌业务和宜昌中央合作金库之外，各行都有开展。但存款业务以中行宜办和交行宜办为多，公债募集业务也主要在中央银行宜昌分行和中行宜办。特别是在发行货币和代理国库业务方面，中行宜办更是独占鳌头。本来发行是中央银行的独占业务，但国民政府为满足战争需要，将货币发行权扩大到中行和交行，致使货币发行失控。在宜三家纸币发行银行中，中行宜办发行数量最多，约为220万元。在国库业务代理方面，虽然中央银行宜昌分行、中行宜办、交行宜办、农行宜办均有开展，但是中行

---

① 宜昌市政协文史委编《宜昌市文史资料》（第17辑），宜昌市政协文史委，1996，第234页。

第九章　宜昌古城的诸业老号

中国银行宜昌办事处办公楼

宜办开展最多，各税年收入约70万元。①

在长达30多年的金融经营中，中行宜办也是经历坎坷，仅就称谓的不断变更，就反映了这一点。民国十五年（1926年）二月，刚改称谓的中行宜昌办事处，次年又遇不测。这年三月，国民革命军攻克武汉，成立国民政府，决定集中现金。于是，中行汉口分行现金和钞票被封存提用，以致停业，改为汇兑处。而宜昌行也相继停业，于是称谓又改为"驻宜中国银行沪券汇兑处"，隶属上海分行驻汉沪券汇兑处管辖。民国二十一年（1932年）一月汉口分行恢复营业。第二年，宜昌中行也才恢复"中国银行宜昌办事处"称谓。此间中行宜办，在放宽限制的情况下，资金融通较前活跃，营业量为宜昌诸行之冠。至民国二十六年（1937年）底，中行宜办的存款余额达50多万元，

---

① 宜昌市政协文史委编《宜昌市文史资料》（第17辑），宜昌市政协文史委，1996，第234页。

放款约80多万元。宜昌沦陷后,中行宜办撤至四川万县。抗战胜利后又回到宜昌,在原址复业。民国三十六年(1947年),中央银行缩编,宜昌分行被拆,银行部分业务由中行宜办接手。民国三十八年(1949年)三月,宜昌临近解放,市场萧条,业务清淡,中行宜办有关人员被调至汉口分行,剩下人员除留守宜昌之外,都撤至四川。①综观数十年间宜昌中行六易其名的过程,足见其中变故之多,经历不凡,记忆难磨。

六、古城最早的纺织工厂"宜人"

在北门外正街与得胜街的交汇处,曾坐落过宜昌古城最早的纺织工厂,这就是"宜人组织机坊"。

这家纺织厂的创建者黎荫三,学名发槐,生于同治九年(1870年)农历十月,是宜昌县三斗坪人,家住杨家湾。他出身书香门第,祖父、父亲和他都是秀才,三代戴顶一时间在峡江传为佳话。他是清朝最后一届秀才,科举废除后,为谋前程,与邑人张协丞,于光绪二十九年(1903年)东渡日本求学。他们起初学制革,后来改学纺织。远在异国他乡的黎荫三为解思乡之情,在东京浅草公园给家里照了一张相。儒雅的父亲黎春圃在端详儿子照片之际,一首四言涌上心头:"娇娇独立,远在瀛东,庭闱拜别,隐系吾衷,勖尔努力,功崇惟志,机关运动,组织为工。"②他便将诗题于相框背后,以勉励儿子勤奋学习、报效国家。两年后他与张协丞回国,在宜昌古城定居,并创办了"宜人组织机坊"。其中的"组织"和"机坊",是"纺织"和"机器"的旧称。纺织厂所以称"宜人",除强调此厂为宜昌人所办之外,还兼有引典杜甫"疏快颇宜人",以寓意创办此厂"适宜人的心意"。

黎荫三创办此厂是对古城纺织行业的创新。此前,宜昌织家机布的机杼,

---

① 宜昌市政协文史委编《宜昌市文史资料》(第17辑),宜昌市政协文史委,1996,第234-235页。

② 宜昌市政协文史委编《宜昌市文史资料》(第9辑),宜昌市政协文史委,1988,第34页。

第九章　宜昌古城的诸业老号

不仅是木质织布机，而且要一手扳扣，一手喂梭，效率很低，织一匹布得花几天的时间。当时这种传统纺织工具，在宜昌使用仍很普遍。黎荫三率先冲破这种家庭手工作坊式的小生产束缚，摒弃传统机杼，使纺织业转入社会化的大生产。因此，回国时，黎荫三引进了两台以蒸汽机为动力的铁制织布机和数台铁木结构、自动穿梭的脚踏织布机，还从日本聘请宫崎兼太郎等3位技师，负责机器的安装、调试和管理事务。新的织布机投入生产后，织布数量较传统旧机翻番，织布质量也是传统纺织所不能比拟的。这一切对于宜昌纺织业来说无疑是个创举，填补了古城市场依赖洋布进口的空白。但是开工不到两年，宫崎兼太郎就病逝了。黎荫三、张协丞为厚葬这位与之共同奋斗的日本友人，亲书募捐文启，广而集资。"岁癸卯，偕同邑张君协丞留学日本，习机械纺织。归国后，组织工厂，随办蒸汽机关，全部特聘日本技师宫崎兼太郎经理其事。讵料在此年余，偶染重症，舁入医院诊视，不几日病终于斯。当与协丞君筹商安葬外，并特作启广募，建树丰碑。余资寄日安家，以襄善举云。"[1]寥寥数语，募因清晰，募用明确，情真意切，感染力强，得到社会广泛支持。因此，宫崎兼太郎下葬后，便为其建立了纪念碑。

宜人组织机坊开办之初，生产所用的厂房是租用的北门外救生局房屋。但因厂房经不住蒸汽机长时间运转所带来的震动，于是他们就将厂址迁到了南正街圣公会址。因厂房仍不合要求，黎荫三便将蒸汽机和两台铁制织布机转卖给了四川的同学。后来厂址又迁到了白衣庵。开办时黎荫三以每股500串钱，集资约50多股。他利用这些资金添置设备，请城内李正顺机器厂仿造从日本带来的铁木结构织布机。到民国九年（1920年），全厂拥有仿日制造的自动穿梭织布机近30台，并设有染坊、踹坊等布匹加工作坊，不仅能纺织和印染对子布、印花布，还能织两尺二寸宽的细白布、条花布和格子花布等所谓"洋布"。因此，宜人组织机坊生产的各种花色品种的布很畅销，购布者络绎不绝，经常有顾客站在机台旁等布下机。那时宜昌古城城墙尚在，宜人组

---

[1] 宜昌市政协文史委编《宜昌市文史资料》（第9辑），宜昌市政协文史委，1988，第36页。

织机坊穿扣、浆纱、晒纱都在城墙上操作。这年宜昌城发生兵变，驻宜北洋军在城中大肆烧杀抢掠，商界受损惨重。兵变后工厂再次搬迁到了鼓楼街福昌元纸货铺隔壁，继续经营生产。此间，全厂日产布七八十匹，每匹布3丈2尺长，每匹布按时价两串钱计算，日产值达一百五六十串，合银圆三四十元。可以说这一时期宜人组织机坊的发展处于兴盛时期。对此，黎荫三曾在厂坊大门旁写下一副对联："天地一锤炉，陶熔四百兆国民，炼出坚强性质；乾坤两机杼，组织数千万方里，制成锦绣河山。"① 以此表达机坊的发展志向。但是到20年代后期，日货倾销内地，"洋布"充斥市场，宜人组织机坊因资金短缺失去竞争力，终于民国十七年（1928年）被迫停办。黎荫三在经营织布业的后期，就在城内设馆执教。民国二十九年（1940年）九月，便病逝在三斗坪故宅。黎荫三生前著有《东游琐记》和《怡陶诗草》，但均已散失。

  黎荫三引进铁木结构自动穿梭织布机，创新了古城纺织生产方式。这其中所培养的60多名工人作为种子，将所掌握的新技术传至四面八方，致使宜昌城里以及周边农村纷纷采用，这对古城纺织业的发展无疑是极大的推动，以致20世纪二三十年代上至秭归、巴东、万县，下至枝江、宜都、松滋，使用新式布机者，如雨后春笋，遍地皆是。30年代宜昌纺织同行之冠的高万顺织布厂的业主高宏坤就是宜人组织机坊的股东，他在厂坊学徒后在宜昌北门口创业。到抗战时布机达70多台。② 这表明，作为古城最早的纺织工厂，宜人组织机坊从创建到停业虽仅23年，但其对宜昌古城纺织业的影响却是深远的。

七、古城机器制造先行者"正顺"

  宜昌城在1950年代之初曾经有家"公私合营新华机器制造厂"，是由13家同业工厂合并而成的。其中一家为宜昌机器制造业的先行者，这就是"正顺机器翻砂厂"。

---

① 宜昌市政协文史委编《宜昌市文史资料》（第9辑），宜昌市政协文史委，1988，第35页。
② 宜昌市政协文史委编《宜昌市文史资料》（第9辑），宜昌市政协文史委，1988，第37页。

第九章　宜昌古城的诸业老号

据"正顺"老人杨燮诚回忆，该厂创立者原本姓简，是清同治年间，随其母下嫁来到李家，才改姓取名为李开荣。李家世代铁匠，在宜昌古城西坝开一家小铁匠铺，李开荣少时就跟随继父打铁。光绪二十六年（1900年）李开荣承接家业，自营铁铺。此间，古城大兴木船修造，急需船钉。他接下这笔生意，大量锻造船钉，获得不少收入。宜人组织机坊开办之后，所用日本铁制织布机出现故障就请李开荣去维修。宜人老板黎荫三为扩大生产，还请李开荣为其仿制铁制织布机。这对于李开荣的发展来说无疑是个大好机遇。于是，光绪三十四年（1908年），他创办起"正顺机器翻砂厂"，仿日本布机，造出一台铁木混合的脚踏织布机，继而投入小批量生产，商标为"玲珑"牌。①

"正顺"所产布机叫"仿东洋矮脚机"，日本原机叫"东洋高脚机"。两机相比，改制机更为灵巧。当时省内外普遍使用的还是旧式木布机。"正顺"生产的布机改旧式布机的脚踏为脚踩，代替了旧式布机三道工序，每天可织三匹布，是旧式布机生产量的3倍，15块银圆可购一台。因此当时"宜人""同吉祥"等织布厂都前来购买，以致该厂布机的生产推动了宜昌纺织工业的发展。"正顺"老职工杨燮诚曾回忆，当时各厂家都争购该厂的"玲珑"牌布机，少则几台十几台，多则40台，仅宜昌城里就达300多台。②民国元年（1912年）至三年（1914年），崭露头角的"正顺"，其布机开始向外埠销售，古老背、红花套、宜都、枝江、白洋、董市等地织户踊跃购买。

为适应布机市场的需要，李开荣在小南湖和一马路处各置一幢房屋，分别做翻砂坊和门市。同时，购置两台机床和一台钻床。工人也增加到40人。在布机不能满足供应时，还日夜加班生产。民国四年（1915年）至九年（1920年）是"正顺"布机产销最旺的时期，厂里平均每年要生产布机2000多台，有时连续每天销售几十台。一时间，"正顺"生产的布机名扬省内外，主要销地有鄂中的当阳、荆门、江陵、松滋、公安、石首、潜江、沔阳；鄂

---

① 宜昌市政协文史委编《宜昌市文史资料》（第9辑），宜昌市政协文史委，1988，第1页。
② 宜昌市政协文史委编《宜昌市文史资料》（第9辑），宜昌市政协文史委，1988，第3页。

由"正顺"等合并成的新华机器制造厂

北的樊城、老河口；豫南的邓县、南阳；湘北的澧县、津市、华容、常德和益阳等，其中仅销沙市的就达200多台。李六如在《六十年变迁》中，就曾讲述自己在民国八年（1919年）由日本留学回国后，在家乡湖南平江县，"集资办了一个织布厂，用的是宜昌出产的脚踏铁机"[①]。而此间宜昌能生产脚踏铁机的只有"正顺"一家，足见"正顺"布机销售之远，影响之深。

"正顺"在其发展中也曾经历过曲折。民国十年（1921年）六月，驻宜北洋军阀部队哗变，在城内到处烧杀掠抢。"正顺"厂房被毁，机床也被烧焦，设备损失惨重，工厂元气大伤。为继续从事布机生产，下半年"正顺"只得在宜昌城内北正街弥罗宫巷口，租赁一家姓包的门面及三大间房屋，移厂至此，重置设备，缩小规模，再度开业。随后，还进行了轧花机上的大小梁、

---

① 宜昌市政协文史委编《宜昌市文史资料》（第9辑），宜昌市政协文史委，1988，第3-4页。

第九章 宜昌古城的诸业老号

上下刀、上下卡子、铜马口、筛子、三分螺丝等零件的生产,并兼带机器修理。正当工厂生产上路的时候,民国十六年(1927年)五月上旬,驻宜国民革命军独立十四师夏斗寅叛变东下,杨森川军接踵而来,顷刻之间时局骤变,城内市面一片混乱。厂里瞬间原材料难进,产品也难销售。面对困局,李开荣只得在端午节这天,婉言辞退全体工人,仅留下一位老先生和杨爕诚,在李家做杂货生意。次年2月春节之后,歇业半年的"正顺"又招兵买马重操旧业。此间,铁木布机在城乡已较普及,仅城外四乡农户所拥有的机子就达1500多台。[①]而生产布机的厂家,除"正顺"之外,又有了"龙发昌"和"渝兴隆"。这样,开业后的"正顺",所生产的布机较前减少了。好在"正顺"布机名声在外,尚能维持继续生产。

几年后,李开荣将厂务交给自己的儿子李志奎主持。李志奎读过书,能写得一手好字。他家产品商标上的字就是他书写的。主持厂务后,他励精图治,寻找办厂新方,将以往矮脚窄布织机革新为高脚宽布织机,还将原来仅生产轧花机零部件的做法改为"玲珑轧花机"生产。此外,还上了"宜昌·正顺工厂·玲珑面机"生产线;同时抓门市、抓原材料、抓产品质量、抓设备更新改造,注重企业管理。这一切使得"正顺"又重振起厂威。日本投降后,年近花甲的李志奎携家返宜,仍到大公路内地会附近,重新建起正顺机器翻砂厂,在市场竞争的夹缝中力排众难,使工厂保持了"机器轰鸣响,产品销四方"的局面。

1951年9月1日,正顺机器翻砂厂与其他12家机械企业,组成"联众机器厂",随后公私合营,改建为"新华机器制造厂",从此融入新社会宜昌机械工业的发展之中。

[①] 宜昌市政协文史委编《宜昌市文史资料》(第9辑),宜昌市政协文史委,1988,第5页。

八、通惠路上第一楼"峡州饭店"

宜昌古城外曾有一座被称为"宜昌第一楼"的饭店,这就是峡州饭店。它坐落在今解放路与陶珠路交会的"T"形路口的偏左处。民国初年开埠城市建设时,李春澄的公昌营造厂在这一带率先并排开发了数幢建筑,峡州饭店就是其中的一栋。① 这栋中西合璧样式的四层楼房,在当时宜昌城中尚属首家顶级饭店建筑。因此,刚一建成营业,就宾客盈门。到民国二十三年(1934年),饭店由李少卿接手经营,招牌改为"神州花园",临街店堂仍经营饭店,后院则经营娱乐业。到民国二十六年(1937年),李氏又将饭店、设施顶给了张焕章等人经营。正因为数十载的沧桑岁月,使峡州饭店成为宜昌城里诸多历史的见证。

北伐战争中,曾在"总攻鄂西,会战宜昌"战役中立下殊荣的朱德同志,就曾下榻过峡州饭店。当时川军杨森对湖北宜昌、武汉威胁太重。为此,朱德奉命于民国十五年(1926年)七月二十六日,离沪经宜转船西上赴万县,与早年共事过的杨森见面,做其转化工作,8月11日来到万县。会面时朱德向杨森讲解革命道理,劝其拥护孙中山的三民主义和三大政策,参加国民革命军。杨森当面敷衍朱德,三天后却通电就任吴佩孚委任的"四川省长"职务,并派5个师开赴宜昌,组织号称十万之众的"川鄂联军",妄图同北伐军决一死战。为寻求对策,朱德于9月中旬回汉,向中共湖北省委和总政治部主任邓演达汇报,明确表示要继续争取杨森。9月24日,时任北伐军总司令的蒋介石任命杨森为军长、朱德为党代表。28日,朱德率20多名政工人员离汉赴万。此间,川鄂联军遭到北伐军痛击,而当阳城关又成功举行起义。这一切,极大地震慑了北洋军阀统治当局,而汉口北伐军总部闻讯后则派大军向荆、当、远挺进。面对这一态势,朱德向杨森宣布了总司令委任令,并敦促其早日就职。但杨仍一意孤行。10月5日,川鄂联军大举反攻,终因贺龙所率第一师的顽强激战而被击溃。至此杨森损兵折将,不得已只好向朱德表

---

① 宜昌市政协文史委编《三峡文史纵横》(第4辑),宜昌市政协文史委,2008,第382页。

第九章　宜昌古城的诸业老号

示"悔悟",并派代表赴汉"请罪"。朱德则再次敦促其执行国民革命军的任命。11月18日,杨森携其司令部将校军官,同国民革命军代表朱德一道,乘轮船到达宜昌,下榻于通惠路峡州饭店。当月21日,杨森在设于宜昌县商会的临时司令部,通电就任国民革命军第二十军军长兼川鄂边防督办;朱德任第二十军党代表,代政治部主任。但杨森仍背着朱德向郑州的吴佩孚发报表示忠心。面对杨森的阳奉阴违,刘伯承对朱德的安危十分担心,

通惠路上第一楼峡州饭店

劝朱德及早离开杨森。其后,朱德便以率团外出政治考察为名,离开杨森赴汉,接受中共中央指派前往江西南昌开展工作。11月,江西大捷的北伐军,转而与驻鄂北伐军配合,向鄂西北洋军发起进攻。12月6日国民革命军第九、十军会战宜昌的战役打响,而号称十万之众的"川鄂联军"一败涂地。13日杨森决定剩下的部队撤入四川。次日,他便与宜昌北洋军刘建章、张福臣率残部仓皇逃往万县。12月17日北伐军第九军、第十军占领宜昌。[①]26日宜昌万人空巷,3万军民在铁路坝召开庆祝大会。

民国十五年(1926年)十二月,广州政府迁移武汉。当时刚攻下宜昌的北伐军有第八、九、十等三个军所属的八个师,来自湘、鄂、川、黔、桂五

[①] 宜昌市政协文史委编《三峡文史纵横》(第4辑),宜昌市政协文史委,2008,第383-385页。

省。其中收编部队大多纪律松弛，经常扰民；各自为战，各行其是，纷争摩擦。装备精良的第八军何键师企图接管第九军贺龙师防地，双方发生冲突。第十军王天培部独占海关禁烟稽查处及征收局，造成贺龙等部军饷无靠，为争军械、给养，相互剑拔弩张，而左派将领贺龙部在摩擦中处于人少势弱的境地。此事一时间轰动了武汉城。武汉国民政府和中共湖北区委当即派吴玉章，以国民党中央和国民政府特派员的身份，赴宜进行调解。吴玉章是我们党在延安时期被尊称为党内德高望重的"五老"之一。吴玉章于清光绪三十一年（1905年）参加同盟会，被推举为评议部评议员。宣统二年（1910年）与黄兴等策划广州起义。次年在保路运动中，参与7月荣县反清起义的组织工作，建立荣县革命政权；8月4日，又在内江组织武装起义，致使四川保路运动逐渐发展为全省性的武装斗争，为辛亥武昌起义创造了有利条件。对此，孙中山先生曾经说，"如果没有四川保路同志会，辛亥革命或许要推迟一年半载。"辛亥革命后，孙中山任命他为南京临时政府总统府秘书。民国十四年（1925年）2月经其学生赵世炎介绍，加入了中国共产党。次年出席国民党二大，担任大会秘书长，当选为国民党中央执行委员、常务委员、政治委员会委员，兼国民党中央代理组织部长、国民党中央党部秘书。这次作为国民党中央和国民政府特派员的身份，吴玉章于民国十五年（1926年）十二月下旬率团赴宜进行调解，随团成员中还有中共中央执委李维汉。他们来宜后，也在通惠路峡州饭店下榻。调解中吴玉章申明革命纪律，呼吁团结统一，批评王天培部专控税收和何键部挑衅贺龙师的行为，命宜昌本地收回海关财税权。接着又与宜昌商会商量，每日借出2000元，解决第九军贺龙、杨其昌师的给养问题。通过工作，何键师撤到宜昌城郊，解除了对峙局面，有效地稳定了宜昌革命秩序。吴玉章对贺龙治军、谋略、胆略、待民诸方面都很赏识，为保护和使用这支革命力量，报经武汉国民政府同意，把贺龙部调往武汉担负外围防御，拱卫革命中心。① 民国十六年（1927年）一月后，驻守宜昌城的

---

① 宜昌市政协文史委编《宜昌市文史资料》（第3辑），宜昌市政协文史委，1984，第1-2页。

北伐军部队奉命相继撤离,夏斗寅所率鄂军第一师被改编为国民革命军独立第十四师,由当阳、远安进驻宜昌城,负责防务,夏斗寅担任宜昌卫戍司令,包惠僧奉调来宜任该师党代表兼政治部主任。在宜昌期间,吴玉章还按照董必武信函要求,帮助指导了宜昌的工农运动以及国民党市县党部的筹建工作。同时,还帮助指导了四川泸顺起义。民国十六年(1927年)二月五日,在宜昌活动一个多月的吴玉章一行,便离开峡州饭店返回武汉。[①]当天数千群众到码头欢送,鞭炮如雷,依依惜别,场景十分感人。

抗战爆发后,宜昌成为中国军队的后勤交通枢纽和陪都重庆乃至大西南的门户。对此,日军对宜实施了疯狂轰炸。但在这场空前浩劫中,峡州饭店却奇迹般地保存下来。宜昌新中国成立后,昔日峡州饭店这栋楼成为《宜昌日报》的办公大楼。

九、古城川帮商行之首"聚兴诚"

旧时,宜昌商业银行以川帮居多,先后开业的有浚川源银行宜昌分行、聚兴诚银行宜昌办事处、川康殖业银行宜昌分行、四川商业银行宜昌办事处、四川建设银行宜昌分行、美丰银行宜昌分行、和成银行宜昌分行等。其中,组建较早、实力雄厚的当数宜昌聚兴诚。

宜昌聚兴诚的总部在四川重庆。聚兴诚总行创立于民国二年(1913年),初为聚兴诚商号,兼营汇兑业务。民国四年(1915年)二月改为聚兴诚银行,属有限股份与无限股份各半的股份两合公司,由杨希仲兄弟为主的民族资本经营。民国十二年、十三年间,总行曾一度迁至武汉,民国十九年(1930年)冬又迁回重庆。民国二十六年(1937年)六月改股份两合公司为股份公司,总资本达200万元。聚兴诚总行成立当年便在宜昌建点,民国四年(1915年)四月正式成立办事处,民国十五年(1926年)前后改为分行,不久又改为办

[①] 宜昌市政协文史委编《宜昌市文史资料》(第3辑),宜昌市政协文史委,1984,第4-7页。

聚兴诚银行宜昌分行

事处。抗战时期迁至三斗坪，民国三十五年（1946年）三月十三日返宜复业。宜昌聚兴诚初建时在二马路与朱家一巷口下处，其后行址多有变动，除二马路外，还先后在滨江路、通惠路、三星横路、天官牌坊等处，最后迁至南门外正街5号处。在宜昌社科联工作时，笔者曾在坐落在南门外正街（今沿江大道）处的原聚兴诚大楼中开过会。早几年修"大润发"时将这栋楼拆掉了。宜昌聚兴诚当时主要经营存、放、汇兑业务，也兼做押汇、透支，买卖申、渝汇兑等。①

宜昌聚兴诚在金融业务中，能雄踞川帮各行之首，得力于一个人，他便是左彦甫。左氏于民国十年（1921年）进入宜昌聚兴诚，民国十六年（1927年）任聚兴诚宜昌办事处主任，直至1952年11月。数十年中，他为宜昌聚兴诚的发展可谓耗费心血，善始善终。平时，左彦甫严于律己，克勤克俭，待人谦和，与人为善，在员工乃至同业中都享有声望。日常业务中，他恪守"贞、信、恒、勤"，在员工中倡导"勤俭"，厉行"节流"。主持工作，他恪尽职守，事无巨细，都亲自过问。在左氏洁身自好的优良品格与苦心经营敬业精神的影响下，宜昌聚兴诚的业务逐年攀升。②民国十六年（1927年），因受武汉现金集中的影响，宜昌金融波动，经济吃紧。面对市场融通受阻、资金凝滞，中国银行和交通银行同时撤离，各钱业收歇甚众。唯独宜昌聚兴

---

① 宜昌市金融志编辑室编《宜昌市金融志（1840-1985）》，宜昌市金融志编辑室，1989，第78-79页。

② 宜昌市政协文史委编《宜昌市文史资料》（第9辑），宜昌市政协文史委，1988，第183-184页。

诚尚能支撑，独揽各商贾之存、放、汇兑业务，以致当年获利甚巨。民国三十五年（1946年）宜昌聚兴诚迁回宜昌复业时，正值法币贬值，业务清淡。但在左氏带领下，聚兴诚通过厉行"节流"，终于渡过难关，年终还获纯益12亿3600多万元。当然，面对法币贬值，此数虽巨，其值甚微，尽管如此，但毕竟还是获利。正因为该行经营有方、实力甚厚，所以在其后数年中，尽管诸多银行面对法币崩溃，金圆券倒台而纷纷倒闭，但宜昌聚兴诚却仍操胜券，一直维持到宜昌解放。到1952年11月30日被撤销时，宜昌聚兴诚拥有5处全幢房屋，8处单幢房屋和3处地基。①

在历史岁月中，宜昌聚兴诚员工有着光荣传统，曾为革命做过贡献。北伐战争时，刚打下宜昌城的北伐军各部间发生摩擦，国民党中央和国民政府特派员吴玉章赴宜调解。在宜期间，吴玉章除采取有效措施、迅速解除对峙局面、稳定宜昌革命秩序的同时，还帮助指导宜昌工农运动等工作。此间，四川杨暗公、朱德、刘伯承等领导的泸顺起义已经发动。吴玉章每三天接一次杨暗公、李筱亭的密报，并当即回电指示。为支援泸顺义军，他从国民政府资助重庆中法大学的2万元经费中，抽出2000元汇到了万县。当时这笔慰问起义军的款项，就是通过宜昌聚兴诚汇兑的。②于是，此事便成为宜昌聚兴诚汇兑业务中的一件珍贵轶事。

十、曾为鄂西百货首户的"泰升"

旧时，宜昌古城有家叫作"泰升"的百货店，曾为鄂西百货商店中的首户。它的创始人是张剑秋。他是宜昌古城著名的民族实业家，一生致力于经商办实业，创办了古城电话，扩办了古城的百货商业，拓展了古城碾米、电镀、印染、化工和电灯、电话等行业，成为古城民族实业的先驱者。

---

① 宜昌市金融志编辑室编《宜昌市金融志（1840-1985）》，宜昌市金融志编辑室，1989，第79-81页。

② 宜昌市政协文史委编《宜昌市文史资料》（第3辑），宜昌市政协文史委，1984，第7页。

张剑秋，宜昌古城人，生于光绪十六年（1890年），家有五兄弟，排行老二。小时候，因家境窘迫，张剑秋只读了3年私塾和几年中学，就到外地谋生。开始在武昌做劳工，为人代笔书写度日。后他考入武昌师范学堂，毕业后放弃留校受聘机会，先后在鄂州、长沙、南昌、赣州等处谋生。民国四年（1915年）左右，他受同乡江西宜春县长吴耀南邀请，到县府任民政科长。吴耀南离职后，他代理县长3年。①

民国十年（1921年），张剑秋回到故里，偕其弟张彤云、张绍怡等，在当时古城最繁华的鼓楼街（今西陵一路）离江边不远的路北面，办起了"泰升百货店"。泰升以批发为主，兼营零售，有店员十五六人。经一年多时间积累，就将泰升广货号，扩充成了鄂西最大的百货商店，还在上海、汉口设立了"申庄"和"汉庄"。采办货物，以上海为主，以武汉次之，与湘北、川东、重庆一带商界保持密切往来，互通行情。在购销方式上，采取别店有的，泰升就价格低廉；别店无的，泰升就迅速组织进货。泰升与上海的三友实业社和其他厂商联系极为密切，大宗百货特别是诸如男女丝光袜、太平洋床单、三友社毛巾、热水瓶、时钟等时兴商品则从那里购来，还能及时购进一些欧美百货。泰升较早购进英国产的"飞马"牌、德国产的"双狮"牌脚踏车，其他百货应有尽有，许多商品为其独家经营。泰升重信誉，多品种，为别店所不及，以致批发范围达到宜昌各邻县及鄂西南、川东十多个县一百多家百货店。经营中泰升秉承"放春风收夜雨""求来回""和气生财"等经营之道。为方便客商订货，泰升采取赊销、托运办法。只要客商寄来购货单，便负责装箱联系船运；客商远道而来，总是热情款待、优价供应；货运去之后，一个月再付款。②这一切，使得创业几年的泰升商及边远、财源俱增。

张剑秋经营泰升得心应手之时并不自满，而是随着商界发展与时俱进。

---

① 宜昌市政协文史委编《宜昌市文史资料》（第9辑），宜昌市政协文史委，1988，第204-205页。

② 宜昌市政协文史委编《宜昌市文史资料》（第9辑），宜昌市政协文史委，1988，第203-204页。

第九章　宜昌古城的诸业老号

"泰升"所坐落的鼓楼街一角

民国十四年（1925年）他兴办了"志成化妆印染作坊"，"志成"取"有志者事竟成"之意。其中，志成化妆作坊设在北正街，生产香水和雪花膏，这在鄂西尚属首次。生产出的香水称"志成牌"，雪花膏称"扇美牌"，都供泰升自销，满足了鄂西一带需要，行销很好。志成印染作坊设在鼓楼街泰升店的后屋，花型大多为张剑秋所绘，尤以山水、梅花绘花图案深受用户欢迎。当时仅此一家能够独自完成全套工艺，因此除自产自销之外，还有不少来料加工，业务迅速扩大，销路很好，一时间上海三友实业社的床单反倒相形见绌。[1]同年张剑秋还同阮吉安、张彤云等合股创办了"同利打磨电镀厂"，厂址设在白衣庵（南正上街）圣公会斜对门，有职工十多人，经营铜、铝、铁

---

[1] 宜昌市政协文史委编《宜昌市文史资料》（第9辑），宜昌市政协文史委，1988，第205-206页。

等材料的翻砂铸造，并有打磨、抛光、镀铬等加工工艺，常给四川、鄂西一带的客户加工部件，也为古城的机械厂、修船厂、洋行和轮船公司等，协作加工镀铬部件，生意也很兴隆。① 民国十七年（1928年），张剑秋又与阮吉安、张彤云等集资8000多银圆开设了"益丰碾米厂"，厂址设在天后宫巷原鄂城书院（北正街小学），经上海购得德国造80匹马力柴油机和上海造40匹马力柴油机各一台，还购得两台汉阳造碾米机和发电设备。全厂职工25人，白天碾米，每天米的购销吞吐量达七八十石；夜间发电，为附近街巷提供照明。益丰成为当年古城最大的一家米厂粮店，而之前所办的同利打磨电镀厂则停业了。后来，他同朱大顺合资兴办了"祥大碾米厂"，厂址设在大南门下首的奎星楼附近（今陶珠路江边），也是古城有名的米厂，规模与益丰相当。② 此外，张剑秋还集资26500银圆，于民国十七年（1928年）开设了"清新电话公司"，首创了宜昌城内电话。③ 总之以上这一切给张剑秋所办实业带来蓬勃发展，自20世纪20年代后期至30年代初达到鼎盛时期。此间，他被推选为宜昌古城商会主席。民国十九年（1930年），他代表商会与县长赵铁公强行摊派、搜刮民财据理力争，直至告到省里。随后他便愤然辞去商会主席职务。

民国二十七年（1938年），宜昌古城常遭日机轰炸，致使张剑秋的资产毁于战火。宜昌古城沦陷前，他来到茅坪开了家棉花行。抗战胜利后，张剑秋虽年近花甲，身体多病，但却以著述为乐。他学识丰富，喜咏诗歌，善书魏碑，精绘梅桩，著有《了绿诗草》《游学随录》《偏史考略》《史实考证》《石头记眉批录》《秦汉史研究》《魏晋书法探源》等手稿十多本（篇）。④

---

① 宜昌市政协文史委编《宜昌市文史资料》（第9辑），宜昌市政协文史委，1988，第206页。
② 宜昌市政协文史委编《宜昌市文史资料》（第9辑），宜昌市政协文史委，1988，第206-208页。
③ 宜昌市政协文史委编《宜昌市文史资料》（第9辑），宜昌市政协文史委，1988，第210页。
④ 宜昌市政协文史委编《宜昌市文史资料》（第9辑），宜昌市政协文史委，1988，第210-211页。

第十章
宜昌古城的民间风俗

书法家的另征风采

第十章　宜昌古城的民间风俗

在宜昌古城之中，尽管主要群体是汉族，但民间风俗自古以来却与巴族也就是其后裔土家族趋同。本章所要阐述的正是这方面的内容。

一、古城趋同巴土习俗

宜昌古城习俗趋同巴土，这里着重从四个方面加以说明。

（一）社会风俗

"西楚劲直，地薄寡积。"这是司马迁在《史记》中对宜昌这一地带农耕习俗所做的概括。宜昌古城地带地多山岭，田尽硗确，刀耕火种，牛力难施，五日雨则低田既涝，十日晴则高田即旱，纵有丰年，亦仅半熟，必兼别业，乃免冻馁，惟平田则否。宋代欧阳修贬令夷陵时对此多有记载。正因为如此，这一带便有"十年一佃"的习俗。既然这一带要免冻馁必兼别业，因此古城在别业方面也形成了"渔人捕鱼，网罟罾钩"和"工则无人，商贾七八"的习俗。古城渔民用网捕鱼，大小不一，在岸在船，不异他处。其所不同的是，一种叫"起汕"，一种叫"叉系"。"起汕"，就是必须在每年阳春三月初八、十八、二十八三天里，相率连綜拍舷，令声震水面，连歌彻夜，以至悲怆慷慨，方才捕得更多的鱼。这三日之期，年年不易，只有在三游洞以下、河西十二培以上这一带按"起汕"方式捕鱼。"叉系"，就是捕鱼的器械，用于每年八九月间捕取鲟鳇二鱼。用叉系捕鱼之地带有十多处，多在黄牛峡一带的水泛急处。如前所述，渔民先将叉系藏在水底，鱼入其彀，久而后疲，再开始用叉，而人便跨到鱼的背上，拿粗绳系入腮处拖起此鱼。这种捕鱼器械叫"金叉系"。用这种方法所捕得的鱼大的有1000多斤，小的有二三百斤。古城除外地人之外，土著民无人经营手工业，土著民十中七八经营商业，士、农中也必定有经商的，经商范围上至四川、云南、贵州，下到江浙诸省。

"民素醇谨"，"质直好义"。这是甘氏《郡志略》和明代《一统志》对宜昌古城地带社会风尚的评价。《郡志略》载，彝陵自设府之后，流佣浮食者众，五方杂处，风俗大变，井邑十倍其初，奢靡之习百倍于前。但是"民素醇谨"，不尚争讼，赋无逋欠，实在是优美的习俗。凡是健讼犯科的，大多属于流寓浮之人，土著民稀少。《一统志》载，百姓"质直好义"，不事夸诈。宋大观中，养士至七百人。学校之盛，甲于荆湖，所以古城百姓大多好学。

"民俗俭陋"，"樵采至便"。古城的这一生活习俗早在欧阳修贬令此地时就深受其关注。欧阳修在《至喜堂记》中载："民俗俭陋"，常自足。无所仰于四方。地僻而贫故夷陵为下县而峡为小州。州居无城郭，通衢不能容车马，市无百货之列，而鲍鱼之肆不可入，虽邦君之过市，必常下乘，掩鼻以疾趋。而民之列处，灶、廪无异位，一室之间上父子而下畜豕，其覆皆用茅竹。至清代，仍沿岸多为吊脚楼，即使樵采之事，也都东邑至便。每当秋冬草木黄枯时，城民便到离城三四里之地搜寻枯草，到离城十多里之地砍伐枯柴，穷氓寄东邑者，恒籍此以资生。

"信巫鬼，重淫祀"，是《汉书·地理志》对包括宜昌古城在内的荆楚地域社会习俗"与巴蜀同俗"评述的典型标志。欧阳修贬令此地时，曾在《至喜堂记》中讲过一件事，说当时宜昌古城茅竹屋很多，因此每年经常遭遇火灾。为什么会有这么多的茅竹屋呢？欧阳修分析认为是"俗信鬼神，其相传曰作瓦屋者不利"。就是说宜昌古城的百姓有信鬼神的习俗，相传修建瓦屋的人会遭到不利。欧阳修本人还两次到庙里去祭祀，为民祈神求雨。正因为如此，宜昌古城寺庙很多，仅《东湖县志》所载坛、祠、庙就达43座。清代古城民间祭礼五花八门，诸如有病就请巫到家，厅旁挂着神像，不忌荤酒，鼓锣喧闹，手舞足蹈，尽夜而罢，率以为常，只有秉礼之家才不尚其俗；每年元旦和七月，多至数十人，汇集起来朝山，门首贴"某处朝山"四个字，或至武当或至鸣凤，沿途鸣锣号佛，多费不惜，屡奉例禁，尚未尽革；延请佛道到家设坛做生斋，用纸蔑作库，放金银纸钱于库内，诵经礼忏，或五日、

第十章　宜昌古城的民间风俗

七日、九日,这叫抄库,僧道射利之门,唯有这最厉害;每年不拘春夏,辄请道士到家设坛,名叫点诸天,延请亲友多人,封斋散福,恬不为怪;每年四季,里民各出金钱,延请皇冠俗道,各按方社印当年岁分行化王神数字,贴于门首,称为平安醮,大的张灯结彩,这叫诵黄经,用纸糊船,送之江中,称之为收瘟摄毒;当小儿出现痘症时,初始发热阶段,用扫箒花放在家中,到痘靥后,用纸做轿,将豆腐花送到庙中,这就叫送痘神。①

(二) 时令节俗

宜昌古城时令节俗丰富多彩,《东湖县志》中所载岁时节俗就有20多种。这里仅以年俗和端午节俗为例加以说明。

"年俗"是时令节俗中最重要的节俗。此俗祭祀节日多,节庆内容也丰富。进入农历十二月城民就开始忙年。在时令节俗中,十二月称腊月。初八为腊八日,杂米为糜,叫"腊八粥"。腊月间家户人家酿秫,叫腊酒;以盐渍脯,叫腊肉;以瓮贮水,叫腊水,可以存放三年不坏。明代古城郡人雷思霈曾在《丁未腊月二十日迎春即事诗》中曾对本地腊月迎春情景进行过描述。诗中写道:"城中儿女斗春华,彩额街街鼓乱挝。唐印碧油呼客座,花鞭桃梗送官衙。才逢插柳探梅候,又问栽兰种菊家。荆楚岁时风土记,宜春双字写红霞。"到腊月二十四日过小年,各家都用竹枝打扫户宇。头天晚上,要备齐酒、糖、糕饼祭祀灶神,还剪些草和豆子装在一起作为灶神马料放在旁边。腊月三十叫除夕。这天要钉桃符,更春贴,燃爆竹于庭,以松柏枝插户楣;要设酒肴,家人聚饮,这叫团年;家人子弟向家长拜庆,这叫辞年;击鼓鸣锣,这叫闹年;将纸钱都贴挂在家中的器具上,这叫散岁;达旦不寐,这叫守岁;用银钱系在小孩身上,这叫压岁;饭兼数日之炊,这叫宿岁饭,又叫隔年陈;新年择日开炊,叫接甑饭。每当除夕雨夜,空中有鹢鹭、鸲鹆之类的鸟飞叫,人们都称之为九头虫,齐声叫号,凡是街巷、村墟,无不哄

---

① 宜昌市史志办、夷陵区史志办、西陵区地志办校勘整理《(清同治三年续修)东湖县志》,宜昌市委党史(地方志)办公室,2012,第67-69页。

然，放爆惊骇，并且随手将所碰到的门扇、箕盆之类，任意敲拍，好一阵才停止。立春头一天，官师班春于东关外先农坛，令各牙行行装演百戏，迎入署前，观测土牛的色彩，以卜岁事。农人作水池于甬道下，采松柏枝插入池中，像插秧形状地歌舞，酌酒饮满，取丰稔之兆。次日行鞭春礼。元日，就是大年初一，祈年，要洁屋宇，陈酒醴，燃灯烛，焚松柏枝。子妇早起，各盛服祀神；男女出门行礼，这叫出天方。少长叙拜，戚友相过，贺三日，市无列肆，室不扫除，禁水泻地。至初三日，燃烛于大门外，将屋檐所插松柏枝合诸焚于街际，称之为烧门神纸。初九这天叫作"上九"，早起祀神，也像元旦一样。正月十五日为元宵节，而张灯却是自正月初十至十五日。此间有少年数十人打扮为女妆，携篮负篓，扮着采茶的样子，边唱边采，经过亲友家里，各人按寓意做出姿态，又扮妆表演杂剧。鼓乐笙箫，遍游街市。有的鳌山层立，裁缯剪纸，像人物花草，沿街灯列；有的蟠龙穿凤，舞狮子，走马灯。各家各户吃用糯米做的食品，这叫元宵；女孩子元宵夜迎紫姑，卜问丰歉。各乡燃炬以照田间，声彻远近，这叫赶毛狗；城里各家用柏枝、白蜡树叶烧作声，这叫炸跳蚤；将燃烛插在园内，这叫照地蚕。元宵过后一年一度的年节方才结束。

端午，是宜昌古城地带极其重要的时令节俗。早在《隋书·地理志》中就有记载，屈原以五月望日赴汨罗江，土人追至洞庭不见，湖大船小，莫得济者，乃歌曰："何由得渡湖。"因尔鼓棹争归，竞会亭上，习以相传，为竞渡之戏。其迅楫齐驰，棹歌乱响，喧震水陆，观者如云。诸郡率然，而南郡尤盛。每逢五月五日，就要采集百草，在门上悬挂艾蒲，以角黍、盐蛋互相馈送；画张真人驭虎符贴在室内，用雄黄朱砂入酒饮用，用艾蒲雄黄酒遍洒户壁之间，说这样可以驱避蛇虫，用其汁涂抹小孩的耳朵鼻子，说这样可以驱避百毒；妇女用茧做虎形，与艾叶一起戴在头上；捕捉蟾蜍将墨注入其腹中，等其干后涂在肿毒之上有效验。在这一天举行龙舟竞渡，楚俗对此都相同。等到十五这天就叫大端阳，像前面一样吃角黍、饮蒲酒。十三、十四、十五三天，龙舟尤盛，与他郡独异。明代古城郡人雷思霈曾在诗中对此进行过描述。

第十章　宜昌古城的民间风俗

旧时宜昌古城的龙舟竞渡

诗中写道："樵歌社鼓插秧归，肯放江头乐事稀。天下无舟不竞渡，峡中有鸟只争飞。市儿各唱迎神曲，游女多穿送节衣。懒向灵均陈楚些，一杯聊为洒渔矶。"

（三）婚丧民俗

婚丧民俗是民间最基本的习俗。宜昌古城婚俗早时有六种礼节，到清代后演变成了五种，这就是行聘、纳采、请期、纳征和亲迎。行聘就是定亲，先派人往来通信，待女家答应之后，婿家必须请绅士到女家来，用钱求取生辰符帖。几天之后，女婿来到女家及三党谢拜，又叫过门，在农村叫过路。女家也要到婿家答拜。请期时媒人拿着期帖到女家，送给少量礼金。等亲迎期到来之前，便将金钱、绢帛、衣服等纳采之礼一起送到女家，这叫过礼。女家也准备有嫁妆，摆在女婿房里。两家各自计较财礼办了没有，而相互间并不争财礼办了多少。婿家选择吉日宴请宾客，为子命字，这叫吉席，俗称伴郎。父兄为子弟设席安座，也仿照古冠礼醮子之义。女家也选择日期为女儿加笄。等到迎亲之日，便盛设鼓乐灯彩，即便是百姓人家也乘舆执雁，并以彩帛饰女轿；士大夫家的子弟，就使用公服，准备仪仗，也就是古人盛摄之遗。到了女家，执雁于堂中，婿向上拜，乃揖女登舆，婿前女后，鼓乐以行。接到家后，拜堂合卺，喝交杯酒，夫妇交拜。女家父母兄嫂一同到婿家，这叫送亲，须到筵宴结束后再返回。第二天，拜翁姑，见大小，俗称拜见，必须献上礼金。女婿也要前去拜见女家并及三党姻眷，这叫谢亲。但婚礼要用昏俗，以日时拘牵，或欲夸富侈多，白昼行礼，且婚不举乐，俗多以鼓乐筵宾，喧阗屡日。士大夫家往往也都随俗。

宜昌古城丧礼，起先是士大夫家用黑布帽送给五服戚属，庶民则为尺布。近则用数尺缠头系腰，凡吊者皆给。这样便成为习俗沿袭下来，而苦了士大夫。初属丝绵入殓，钉棺不用铁，三日行成服礼，后则每日上食，至百日始罢。富者途人也与缠白，贫者即期功也不能持服。每逢七日，须延佛道到家诵经，五七则吃斋数日。又用竹编成箱，装上纸钱纸锭，这叫簹。吃斋之日，富室则彩亭台阁，沿庙拜祷，鼓乐喧阗，昼夜不息。葬则惑于风水，务必卜吉祥之地，又以年命山向，择日选时，一听术士臆说。到下葬时，又发布帛给吊客，摆筵宴款待亲朋。延乡党有齿德者，题神主于家。到开灵时，陈设牲牢，亲朋齐集，请礼宾四人，导引行礼，这叫堂祭。发引前一夕，凡陈设奠献诸仪，悉准家礼，祭用童子数人，歌《蓼莪》之章，这叫辞灵。这天用鼓乐导从，葬车到墓地，埋葬结束后返回。①

（四）习俗传承

宜昌古城习俗世代传承，到笔者所处年代，自幼仍接触不少古代传承下来的习俗，饮食习惯、红白喜事且不说，仅就日常生活习俗来说，记忆较深的就有一些，诸如"推磨""讲古""喊魂""说四句""摸秋"等。以前在宜昌市区，经常见到大人和小儿玩"推磨拐磨"的游戏。大人把小儿抱在怀

---

① 宜昌市史志办、夷陵区史志办、西陵区地志办校勘整理《（清同治三年续修）东湖县志》，宜昌市委党史（地方志）办公室，2012，第68-71页。

第十章　宜昌古城的民间风俗

里，小儿面对面地骑在大人的大腿上，大人拉着小儿的手，一边前后摆动，一边口念戏词："推磨郎，拐磨郎，三斤糕，四斤糖，送我宝宝上学堂，读了三年书，中了状元郎，郎嘎依嘎郎！"说着大人就和小儿左右晃动逗乐，逗得小儿哈哈大笑。孩子大了，娱乐的方式也变了，最常见的就是围着大人听"讲古"。笔者小时候就经常听大人"讲古"，讲的故事有"野人家家""关宝""好吃的婆娘""大花强盗"等等，母亲说这些"古"都是奶奶讲给她们听的。上学后也喜爱听老师或邻居阿姨讲故事。特别是在学校每逢星期六下午，班主任用讲故事激励大家抓紧做作业，做完作业就听故事。这样大家都很积极，作业完成后老师就开始讲故事。老师讲的故事内容很多，有《狗和公鸡》《武松打虎》《翠岗红旗》《卓娅和舒拉》等等，我们每次都听得津津有味。平时小儿玩野了，大人担心丢了魂，夜晚还会给儿们"喊魂"。笔者小时候就遇过两次，每次都是母亲喊着小名，从屋外慢慢喊到房里，她每喊回来一次，笔者就回答回来了一次。说这样做就不会丢掉魂。平时遇到喜事亲友相聚时，为助兴有时还会"说四句"。小时候跟母亲一起走人家就遇过这样的事。她的"四句"说得好，经常和大家一起说，说得在场的人哈哈笑，我们小孩感到场面热闹，也很开心。有时她也事先教我，要我到时候说。但笔者不好意思，只说过一次。我觉得做儿们时，感到最有意思的还是"摸秋"。每逢八月十五中秋节，有个"摸秋"的习俗。这天晚上，儿们三五成群，到周围农家去摘自己喜欢吃的东西，这就叫"摸秋"。被摸的农家虽然也会叫赶，其实却是睁只眼闭只眼。笔者小时候跟着大儿们一道摸过一次秋。当时我们附近一家种有几棵拐焦树，秋天拐焦熟了，很多孩子都想爬上树去摘，但是看树的人守得紧，很难靠近。八月十五到了，一群孩子约着去"摸秋"，笔者也跟着去了。这天晚上看树的人比往天守得松多了，大家争着往树上爬，笔者小爬不上去，只得靠爬上去的大儿往下丢一点。正在大家兴头上时，看树的人发话了，说虽然今天兴"摸秋"，但是也不能搞光了，到此为止吧！于是大家便散伙了。儿时所经历的这些民间生活习俗，不仅说明宜昌市区习俗从古至今是一脉相承的，而且这些习俗是与土家族趋同的。

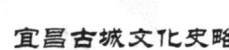

二、古城同俗巴土原因

古城的民间风俗为什么会与土家族趋同呢？笔者对这个问题进行过考究。经过深入考证，笔者认为其中的原因，可以从两个方面来理解。

（一）古城地带曾长期处于江水淹没之中

如前所述，在距今12000年前，南津关至磨基山一带，除西坝和樵湖岭一线两处南北向的岛屿外，长时间里全是一片江水。这表明，今宜昌中心市区一带，当时也都处在江水之中。由于泥沙的淤积，情况渐渐开始发生变化。经过宜昌古河道由北至南的不断淤积，便使得今宜昌中心市区渐渐浮出水面，并不断由北向南延伸，以至今宜昌中心市区的地望最终形成。这表明，今宜昌中心市区在历史形成过程中，其群体是由外来人构成的。所谓"外来人"，包括两个概念，一个是今宜昌中心市区周围，尤其是聚集在西陵峡口一带的土著人；一个是他乡人。历代都有他乡人移居今宜昌中心市区，尤其是明代初期"江西填湖广"，就有不少移民来到这里。加之这里的区位优势突出，到这里来所形成的水运船帮、码头力帮、商业行帮都不少，到宜昌开埠后则呈现船帮"川、鄂、湘三足鼎立"，力帮"九帮三十六码头"，行帮"宜昌商场十三帮"之势。笔者祖籍就并非是宜昌中心市区人，父母家族分别来自湖南、安徽，岳父母家族来自江西。在世代更替中，他乡人的风俗固然会对当地人产生影响，但更多的则是受当地人群的影响，这就是"入乡随俗"的道理。这可能是以汉族为主体的今宜昌中心市区，其民间风俗所以会与土家族趋同的一个原因。当然，有人会说即便是移民人群"入乡随俗"，其俗何以就是土家族的风俗呢？这正是笔者在下面第二个原因中所要讲的。

（二）古城地带曾长期处于巴人活动之地

如前所述，沮漳河流域是楚文化的发祥地，今远安、当阳、枝江等地都处于沮漳河流域一带。当时楚人经沮漳河流域进入江汉平原西部，"只有楚蛮

第十章　宜昌古城的民间风俗

和巴人的散部错居杂处"。这表明，此间楚人的触角还未伸到今宜昌中心市区，当时今宜昌中心市区仍处于巴人活动的地域之中。张正明先生在《楚史》中曾讲过楚人经沮漳河流域进入江汉平原西部，和东向伐扬越过程中，彼此间文化融合的情形。他说："楚人对扬越、楚蛮、巴人等蛮夷的文化相识较晚，相知尚浅，陌生之感和鄙弃之情未尽消失。可是，在陶器尤其是日常所用的炊器和食器的制作上，从胎土和形制到工艺，他们却入乡随俗，这也是势所必至的。同时，被他们征服的诸多蛮夷也渐渐同他们融合了。"[1]这正好从一个层面说明了土著群体在民俗风情上对后来群体的影响是不言而喻的。尽管在以后历史的演变中，今宜昌中心市区也成为楚国地域的组成部分，并被称为"楚之西塞"，楚人的民间风俗也会为巴人所融合，但是由于今宜昌中心市区曾经长时期处于巴人活动的地域之中，因此巴人在民间风俗上的影响是难以磨灭的。更何况巴人的后裔土家族人将巴人的民间风俗承传至今。尽管其间沧桑巨变，时过境迁，以往的民间风俗相互融合，但是巴人以至土家族人的风俗，却仍在今宜昌中心市区作为主流性的民间风俗被保留下来。这应该是以汉族为主体的今宜昌中心市区，其民间风俗所以会与土家族趋同的根本原因。

---

[1] 张正明：《楚史》，湖北教育出版，1995，第60页。

第十一章 宜昌古城的名人旧事

第十一章 宜昌古城的名人旧事

宜昌古城地杰人灵，历史上诸多重大事件与此关联，诸多重要人物与此结缘，文人墨客多会于此，留下诸多不朽华章，沉淀丰厚历史文化，造就历史文化名城。正是这些名人旧事构建了古城沧桑变迁中的文化脉络。缅怀古城名人风采、名家风骚、名事风流、名宦风貌，便能领略传承至今的宜昌古城地带的文化意境。宜昌古城地带"名人风采"中最具代表性的当数屈原精神光耀中华、王昭君出塞民族和亲和欧阳修事业起夷陵。

一、屈原精神光耀中华

屈原，名平，字原，公元前340年出生于战国时期楚国秭归（今宜昌市秭归县）的乐平里。秭归是个古老的地名。在战国后期，这里曾有过两个称谓，一个叫归乡，一个叫秭归，都与屈原放逐之事有关。袁山松说："父老传言，屈原既流放，忽然暂归，乡人喜悦，故名曰归乡。"又说："屈原有贤姊，闻屈原放逐，亦来归，喻令自宽全。乡人冀其见从，故名曰秭归。"袁山松解释说："秭，亦姊也。"[1]袁山松曾任过宜都郡（宜昌古城）太守，又精通古地理，对这一带较熟悉，所说当有根据。唐代诗圣杜甫有诗曰："若道土无英俊才，何得山有屈原宅？"说明杜甫对屈原出生于秭归也是确信不疑的。

（一）光辉人生中外扬名

屈原出身于楚国贵族，父亲伯庸与楚王同宗，《离骚》开篇就有"帝高阳之苗裔兮，朕皇考曰伯庸"的记载，讲亡父伯庸是远古帝王颛顼高阳的后代子孙。屈原少年英才，这可用"博闻强记"和"质喻南橘"来概括。"博闻强记"，出

---

[1] 陈子展：《楚辞直解》，江苏古籍出版社，1988，第449页。

自司马迁《史记·屈原列传》,讲屈原博览群书,学识渊博;"质喻南桔",出自屈原《橘颂》。诗人以桔自喻,通过赞颂橘树"受命不迁""深固难徙""廓其无求""苏世独立横而不流""秉德无私"等美德,寄托诗人眷念故国乡土、胸怀宽广脱俗、坚持操守无私和矢志不渝坚定的情志胸怀。

屈原是一位伟大的政治家、思想家。司马迁在《史记·屈原列传》中评价他"明于治乱,娴于辞令"。因此,从政时屈原"入则与王图议国事,以出号令;出则接遇宾客,应对诸侯",[①]深受楚怀王的信任,曾担任左徒(相当于副宰相)的重要职务。其间他一方面奉令起草"宪令",另一方面两次出使齐国,合纵抗秦,收复失地,使楚国内政外交取得重要成就。但因他的改革主张触动了腐朽贵族集团的利益,所以"遭谗人而疾之",致使楚王逐渐疏远了他,进而被罢官放逐。但屈原对其改革政治、修明法度、举贤授能、合纵抗秦、进而统一中国的政治理想,却始终矢志不渝,成为战国末期重要的政治家和思想家。

屈原是一位伟大的诗人。我国古代文学史上诗歌传统极其悠久。其发展史上的第一座丰碑是《诗经》。《诗经》的精华在于"国风"中的大部和"小雅"中的一部。这些原本流传于人民口头上的民歌,是劳动人民理想与智慧的结晶,具有高度的思想性和艺术性。因此,"风"便成为《诗经》的代称,进而成为文学的尊称。但《诗经》之后,我国古代诗坛沉寂了200年,直至屈原,又才出现了诗歌发展的新高峰。他吸取借鉴楚国民间文学精华,创造了"楚辞"这一具有浓厚地域特色的新诗体,在我国文学史上具有划时代的重大意义。作为代表作家,他创作的《离骚》《天问》《九歌》《九章》等诗作,是"楚辞"中的不朽篇章。因此,屈原所创"楚辞",便成为继《诗经》之后的又一座丰碑,而屈原则成为我国文学史上第一位伟大诗人。从此,我国文学的尊称,便在"风"字后面加上了"骚"字,使"风骚"成为文学的代名词。

屈原是一位伟大的爱国志士。他热爱祖国,同情人民,追求理想,持正不阿,为了祖国的前途命运,与误国、卖国的腐朽贵族势力不屈地斗争了一生,最

---

① 《二十四史·史记》(一),中华书局,1997,第2481页。

后为殉自己的理想，表明自己至死不离祖国的决心，而投汨罗江自尽，终年62岁。屈原这种深厚执着的爱国热情，在政治斗争中坚持理想、宁死不屈的精神，为后世所景仰。

屈原不仅是中华伟人，而且是世界名人。他得到中国人民的热爱，也赢得世界人民的尊敬。1953年世界和平理事会尊屈原与哥白尼、拉伯雷和马蒂一并为世界文化名人。这是屈原的骄傲，也是中国人民的骄傲和家乡人民的自豪。

（二）屈子爱国特征鲜明

作为我国两千多年前的伟大爱国者，屈原爱国主义思想固然具有特定的时代特征、阶级属性和具体内容，然而为何在中国千百年来的沧桑变迁中，具有如此永恒的魅力呢？根本原因在于其爱国主义思想具有历史的进步性、深刻的人民性和感情的执着性。这与历史上种种稍存即逝的狭隘民族主义思潮有着天渊之别。因此，尽管时代变迁，阶级沉沦，人类繁衍，其基本精神与那些热爱祖国，顺应历史潮流，为维护民族尊严，捍卫国家统一和民族独立，而忘我奋斗的人们，总是心心相印、息息相通的。这就是屈原爱国主义精神浩气长存的奥秘。

1.屈原爱国主义的历史进步性。屈原把热爱祖国与富强祖国、统一长期分裂的中国这一崇高的政治追求紧密结合在一起。屈原处于战国后期，正是七雄纷争的存亡年代。当时的战国七雄，要数秦、楚两国最为强大。它们互相抗衡，均有统一中国的可能性。关键在于自身的内政外交。当时有所谓"纵合则楚王，横成则秦帝"①的说法，反映的正是这种情况。面对统一中国非秦即楚的态势，楚国应该富国强兵，与其他诸侯国结成同盟，以抵御秦国，才是正确的国策。然而当时楚国的政治被一些毫无远见、只知苟安享乐的腐朽贵族集团所把持，以至形成"群臣相妒以功，谄谀用事，良臣斥疏，百姓心离，城池不修"②的状态。在这种情况下，为拯救楚国命运、完成统一中国大业，屈原便提出了"举贤而授能兮，

---

① 杨冬主编《中华典籍精荟·史部·战国策》，远方出版社，1998，第364页。
② 杨冬主编《中华典籍精荟·史部·战国策》，远方出版社，1998，第547页。

循绳墨而不颇"①的美政。他一方面奉令起草"宪令",举贤授能,修明法度,刷新政治,限制旧贵族的权益;另一方面两次出使齐国,合纵抗秦,收复失地,使楚国的内政外交取得重大成就。《惜往日》中"惜往日之曾信兮,受命诏以昭时。奉先功以照下兮,明法度之嫌疑。国富强而立法兮,属贞臣而日娭"②的诗句,追述了屈原推行美政的情形。司马迁《史记·屈原列传》中对此也有记载。然而,屈原的政治主张,触动了腐朽贵族集团的利益,因此"遭谗人而嫉之"③。但是,屈原不屈权贵,为坚持自己的政治理想、拯救祖国的前途命运,与腐朽贵族势力进行了顽强的斗争。《史记·屈原列传》中讲屈原遵楚王之命制订"宪令",尚未定稿,上官大夫便"欲夺之,屈平不与"。这说明围绕宪令的实质内容,屈原与旧贵族势力代表人物之间的斗争是相当激烈的。为打击屈原,上官大夫在楚怀王面前诬陷说"每一令出,平伐其功,曰以为'非我莫能为'也"。于是,楚王"怒而疏屈平"④,进而先后两次放逐屈原,造成楚国内政黑暗、外交失策,以至国土沦丧,怀王客死异邦,国势衰弱,国家危在旦夕。这从一个侧面反映了屈原的美政,切中了当时楚国的弊端,顺应了历史潮流的发展,是关乎楚国生死存亡的生命线,也说明屈原的爱国主义思想具有历史的进步性。

屈原坚贞爱国,追求进步理想,还表现在失意官场、屡遭放逐的逆境中仍然坚持理想而矢志不渝。《离骚》中讲诗人姐姐女媭用鲧的故事劝告屈原,说鲧由于过分刚直遭到杀身之祸,被杀害于羽山之下,要屈原凡事随大流,明哲保身就可以了。屈原不以为然,为证实自己行为的正确,假托到古帝重华那里,陈述历代兴亡的历史事实和自己的政治主张,强调只有举贤授能,遵守法度,才能长久享有天下,果然得到重华肯定,使他更加充满自信,表示"阽余身而危死兮,览余初其犹未悔"⑤,进一步表白了自己坚持理想、忠于祖国的心迹。《涉江》中记述诗人流放中,即便"深林杳以冥冥兮,乃猿狖之所居。山峻高而蔽日兮,下

---

① 屈原:《离骚》,转引自陈子展《楚辞直解》,江苏古籍出版社,1988,第55页。
② 屈原:《九章》,转引自陈子展《楚辞直解》,江苏古籍出版社,1988,第218页。
③ 屈原:《九章》,转引自陈子展《楚辞直解》,江苏古籍出版社,1988,第219页。
④ 《二十四史·史记》(一),中华书局,1997,第2481页。
⑤ 屈原:《离骚》,转引自陈子展《楚辞直解》,江苏古籍出版社,1988,第56页。

幽晦以多雨。霰雪纷其无垠兮，云霏霏其承宇。哀吾生之无乐兮，幽独处乎山中"，但仍坚持理想、矢志不渝。"世混浊而莫余知兮，吾方高驰而不顾。""吾不能变心而从俗兮，固将愁苦而终穷"①，表达了诗人为坚持理想甘心吃苦受难的崇高精神。

2. 屈原爱国主义的深刻人民性。屈原的爱国主义，把热爱祖国与同情人民紧密地结合在一起，因此具有深刻的人民性。屈原爱国主义的人民性，突出表现在敬重人民的英勇顽强、同情人民的深重灾难、牵挂人民的赤诚之心。在《国殇》中，诗人以激越的感情，描述了一场残酷而壮烈的战斗场面："操吴戈兮被犀甲，车错毂兮短兵接。旌蔽日兮敌若云，矢交坠兮士争先。"写披坚执锐的楚军将士，在战车相摩，短兵相接，旌旗蔽空，敌众若云，矢坠如雨的鏖战中，奋勇争先，冲锋陷阵。诗人写他们面对来势凶猛的敌人，不但不肯后退一步，反而"援玉袍兮击鸣鼓"，把战鼓擂得更响。他们"出不入兮往不反"，"首身离兮心不惩！"表现出视死如归、义无反顾、与敌人奋战到底的坚强决心。诗人以极大的热情歌颂这些楚国卫国将士的英雄气概，以极大的敬意礼赞这些为国捐躯的英雄："诚既勇兮又以武，终刚强兮不可凌。身既死兮神以灵，子魂魄兮为鬼雄。"②屈原如此浓墨重彩地歌颂这些为国捐躯的将士并非是发一时悯心之感慨，而是楚国将士英雄主义精神与其爱国敬民心灵强烈撞击的结果。诗人崇敬将士争先杀敌的勇气，讴歌将士出而不入、往而不返、首躯分离、心不悔恨的精神，赞美将士勇猛英武、刚强勿欺、虽死犹生的英雄形象，是对爱国主义的高扬，是对人民群众在保卫祖国斗争中的作用的高度肯定。这对于一个生活在两千多年前的进步思想家、政治家来说是难能可贵的。

在七国纷争的动荡时期，本来人民群众就一直处于沉重的战乱之中，加之楚国政治黑暗，民众更是苦难交加。当时，"楚国之食贵于玉，薪贵于桂"③，"民

---

① 屈原：《九章》，转引自陈子展《楚辞直解》，江苏古籍出版社，1988，第183页。
② 屈原：《九章》，转引自陈子展《楚辞直解》，江苏古籍出版社，1988，第113—115页。
③ 杨冬主编《中华典籍精荟·史部·战国策》，远方出版社，1998，第374页。

羸馁日已甚矣。四境盈垒，道殣相望"。"盗贼公行，而弗能禁"①，平时犹复"厚赋敛诸臣百姓，见疾于民"②，战时则内见"征役万人，且掘国人之墓"③，外见"掠于郊野，以足军食"④。这一切，反映楚国已经到了"民生之不易，祸至之无日，戒惧之不可以怠"⑤的地步。面对这种状况，屈原对劳动人民深表同情。他在《离骚》中"长太息以掩涕兮，哀民生之多艰！余虽好修姱以鞿羁兮，謇朝谇而夕替！⑥"当秦将白起攻克郢都，楚王仓惶东迁，百姓四处逃亡时，随民外逃的屈原，目睹这国破家亡的惨状，痛心疾首，百感交集。他在《哀郢》中"皇天之不纯命兮，何百姓之震愆？民离散而相失兮，方仲春而东迁"⑦。他"登大坟以远望兮，聊以舒吾忧心。哀州土之平乐兮，悲江介之遗风"。在这里，屈原忧国哀民的思想溢于言表。

尤其可贵的是，屈原在政治失意的逆境之中，仍心里牵挂人民。《离骚》中写诗人在极度的苦闷彷徨中，假托去找灵氛占卜请教出路。灵氛对他说，天下何处无芳草，你何必单单眷恋自己的故乡呢？劝他离国出走，另去寻找自己可以施展抱负的地方。经过一番思考，诗人决心去国远游。然而正当他驾飞龙、乘瑶车，在天空翱翔行进时，忽然看到自己的故乡楚国，于是又留了下来。⑧诗人在《抽思》中写道："愿摇起而横奔兮，览民尤以自镇。"⑨说自己本可以逃开这块使他受难的国土而去自寻出路的，但一看到人民遭受的苦难，自己就冷静下来，感到绝不能离开。这说明屈原在选择自己出路时，心里牵挂的仍然是人民。

3.屈原爱国主义的感情执着性。屈原爱国主义的情感非常深厚，他那充满爱国激情的诗篇，动人心弦，感人肺腑。这突出地表现在对祖国的报效之志、对祖

---

① 陈子展：《楚辞直解》，江苏古籍出版社，1988，第28页。
② 杨冬主编《中华典籍精荟·史部·战国策》，远方出版社，1998，第374页。
③ 贾谊：《新书》，转引自《百子全书》（一），岳麓书社，1993，第362页。
④ 杨冬主编《中华典籍精荟·史部·战国策》，远方出版社，1998，第547页。
⑤ 《左传》（宣公十二年），岳麓书社，1988，第131页。
⑥ 屈原：《离骚》，转引自陈子展《楚辞直解》，江苏古籍出版社，1988，第47页。
⑦ 屈原：《九章》，转引自陈子展《楚辞直解》，江苏古籍出版社，1988，第186页。
⑧ 屈原：《离骚》，转引自陈子展《楚辞直解》，江苏古籍出版社，1988，第65-76页。
⑨ 屈原：《九章》，转引自陈子展《楚辞直解》，江苏古籍出版社，1988，第194页。

国的眷恋之情和对祖国的忠诚之心。在《离骚》中，诗人表现了自己对祖国命运的深切忧虑和矢志献身于祖国的坚强决心。诗人写道："岂余身之惮殃兮，恐皇舆之败绩。"说自己并不计较个人的荣辱祸福，所担心的只是国家的存亡。"乘骐骥以驰骋兮，来道夫先路！"① 表示愿意一马当先，为祖国开辟走向富强的道路。对祖国强烈的使命感和责任感跃然纸上。

当屈原被疏远遭放逐、背井离乡的时候，他仍始终表现出"忍而不能舍"的忠贞之情。他从未对祖国流露过丝毫抱怨的情绪，相反，眷恋祖国的感情表现得更加执着。在《抽思》中诗人"望孟夏之短夜兮，何晦月之若岁？惟郢路之辽远兮，魂一夕而九逝！"② 表达诗人对祖国不能须臾忘怀的强烈感情。同样，在《哀郢》中诗人"鸟飞反故乡兮，狐死必首丘。信非吾罪而弃逐兮，何日夜而忘之！"③ 对故土深切眷恋的感情真是溢于言表。

尤其是诗人在《离骚》结束时，奏出了爱国主义最强音："仆夫悲余马怀兮，蜷局顾而不行。"④ 说他正准备去国远游时，忽然看到了自己的故乡楚国，这时只见车夫悲伤，马也留恋，别转向头就不肯再向前往。衬托出诗人不愿离开自己祖国的深厚的爱国主义情感。然而，他和当时黑暗社会既然不能调和，而国破家亡的楚国现实更使他无路可走，于是便以死来表明自己的志向和对祖国的赤诚之心。诗人生不离故土，就是死也希望自己的魂灵仍然留在楚国。在《招魂》中诗人采用幻想的手法，以极为殷切、深情的口吻，一再推崇楚国美富、可爱，形容四方险恶，来劝诫魂灵不要到天上、地下或者四方去，认为魂灵唯一美好、可以安身的地方还是楚国。⑤ 这种赤子之情真是感人肺腑，催人泪下！

（三）永世祭奠精神不朽

千百年来，人们以各种形式纪念屈原，以慰这位爱国志士的忠魂，以致沉淀

---

① 屈原：《离骚》，转引自陈子展《楚辞直解》，江苏古籍出版社，1988，第41-42页。
② 屈原：《九章》，转引自陈子展《楚辞直解》，江苏古籍出版社，1988，第198-199页。
③ 屈原：《九章》，转引自陈子展《楚辞直解》，江苏古籍出版社，1988，第192页。
④ 屈原：《离骚》，转引自陈子展《楚辞直解》，江苏古籍出版社，1988，第76页。
⑤ 屈原：《招魂》，转引自陈子展《楚辞直解》，江苏古籍出版社，1988，第333-358页。

为一种文化现象，使屈原精神得以传承。这种文化现象涉及节俗、竞技、祭祀和文学诸多方面。在节俗文化中，因纪念屈原而形成的农历五月初五端午节，成为中华民族的传统节日；在竞技文化中，因纪念屈原而形成的龙舟竞渡，成为国际上的体育赛事；在祭祀文化中，屈原祠影响深远，因祭祀屈原所形成的祭祀文化十分丰富，尤其是因缅怀屈原、瞻仰屈祠所形成的诗文文化连绵不断，成为三峡文化中的奇葩。

屈原祠是屈原家乡为他兴建的永恒祭地。屈原祠最早建于屈原的诞生地乐平里，时称屈原庙。唐代元和十五年（820年），归州刺史王茂元首建屈原祠于州城东5里的屈沱，并作《楚三闾大夫屈先生祠堂铭并序》。宋代元丰三年（1080年）宋神宗赵顼封屈原为"清烈公"，归州百姓集资在屈沱建清烈公祠。祠为硬山顶，四合院式，由山门、配房、大殿、后殿组成，建筑面积350平方米。元代泰定初年（1324年）知州密儿哈吗，明代万历二十五年（1597年）知州孙鹤年，清代康熙八年（1669年）知州王景阳、雍正十一年（1733年）湖北学政凌如焕、乾隆四十六年（1781年）知州王沛膏、嘉庆二十五年（1820年）知州李炘相继维修。明代嘉靖十六年（1537年）归州百姓捐款镌刻了一尊高1.03米的屈原石雕像。这是国内今存最早的一尊屈原石雕像。此石像原安放在小青滩屈大夫庙内，后移至屈原庙。清代康熙年间，在清烈公祠左侧建屈大夫墓。相传屈原投汨罗，神鱼负尸返回秭归，乡人具衣冠礼葬。康熙九年（1670年）归州知州王景阳《重修屈公祠记》、乾隆四十六年（1781年）湖北学政吴省钦《修楚屈左徒庙碑记》中对屈大夫墓都有记载。1949年后先后两次维修屈原祠。后因兴建长江葛洲坝和三峡水利枢纽工程，库区水位升高，屈原祠先后两次被迁建，今屈原祠建在秭归新县城凤凰山上。

永恒的纪念传承着不朽的精神。屈原祠兴建以来，历代名人墨客到此瞻仰缅怀，吟诗作文，仅《宜昌府志》中收录的诗文就有51首（篇）。在这些诗文中，有的是叙缅怀之情。如陆游的《楚城》："江上荒城猿鸟飞，隔江便是屈原祠。一千五百年前事，只有滩声似旧时。"王士正《五更山行之屈沱谒三闾大夫庙》中的"斜月楚山外，寒江初上潮。左徒遗庙在，未惜马蹄遥"。刘鸿庚《祭屈

第十一章 宜昌古城的名人旧事

明嘉靖时镌刻的屈原像

祠》中的"被放孤臣去不回,独留祠宇峡江隈""谁知今日菖蒲酒,我向阶前奠一杯"。程可则《三闾大夫庙》中的"往读离骚赋,今怜泽畔吟""如何非贾谊,流涕亦沾襟"。这一行行诗句,寄托了对屈原的缅怀之情。有的是表崇敬之意。如聂光銮《屈大夫祠》中的"昔读左徒传,今瞻屈子祠。山川非故国,风雨尚灵旌"。王沛膏《屈公祠题》中的"二十五章忧国赋,行行尽是独醒词。察察为心品自高,令人千载仰清操"。尹均宣《登左徒庙》中的"清烈谥教崇屈子,离骚怨不悟怀王。当年直养乾坤气,终古长争日月光"。张肇映《屈原》中的"剖心未见怀襄悟,洁志空争日月昭。弟子放歌悲白雪,贾生收泪吊寒涛"。贺熙龄《屈原祠》中的"千古不流湘水恨,孤灯愁读楚骚篇""泽上渔翁今在否,愿随鼓枻五湖边"。这一行行诗句,表达了对屈原的崇敬之意。有的是发赞叹之感。如王十朋《屈原庙》中的"自古皆有死,先生死忠清""六经变离骚,日月争光

凤凰山上的屈原祠

明"。龚文选《过屈平祠漫赋八绝吊之》中的"自葬江鱼腹，清流忠义长""多少游人泪，点点滴湖湘"。王树桐《屈大夫》中的"泽畔行吟远帝阍，三闾心事向谁论""美人香草传忠爱，赖有离骚一卷存"。吴省钦《左徒庙》中的"举目河山异，盟心日月争"。这一行行诗句，抒发了对屈原的赞叹之感。

此外，尤其可贵的是屈原故里秭归所形成的民间"骚风"。这里活跃着一个骚坛诗社。它是中国最古老的民间文学组织，其文化基因来自楚辞，组织渊源起于秦汉，诗社创制在于宋代，而骚坛活跃则数近现代。骚坛成员都是农民，被称为"泥巴杆子诗社"。他们深居大山，以天地山水、花草树木为伴，过的是农耕生活，但在劳作之中，用自己的智慧与汗水，创作出大量纪念屈原的诗篇。在每年农历五月初五"诗人节"的"社日"里，读过私塾的农民，邀约相聚屈原庙，祭祀屈原，饮酒赋诗，演唱地花鼓，跳社火等活动，年复一年，从未间断。骚坛诗社伴随国运兴衰，成长起伏不定。据资料记载，诗社有过两次鼎盛时期：一是在清代出现了大批诗人和诗作；一是1982年"秭归县三闾骚坛诗社"的恢复成立。嗣后诗社社员达60多人,其中有8名是中华诗词协会会员,5名为中国诗歌学会会员。自成立以来,诗社成功举办端午诗会30多次,收集整理出《明清骚坛诗选》《明清骚坛存稿》《骚坛吊屈原专集》《咏乐平里八景》《骚坛诗集》《屈原故里骚坛诗》《屈原颂歌》和《骚坛联咏集》。这一文化现象的出现,是屈原影响至深与乡亲缅怀至诚的产物,成为秭归独具特色的地域文化现象。

千百年来,正是以上诸多形式的纪念活动,传承着屈原的崇高精神,积淀着丰厚的屈原文化,而屈原也在文化传承中得以永生。

屈原祠里的屈原像

二、昭君出塞民族和亲

地处长江西陵峡的北岸,有座依山带水的村庄,名叫宝坪村,原称烟墩坪,又称王家湾,秦汉时属南郡秭归,三国吴景帝永安三年(260年)后,属兴山县。这里,就是出塞和亲的王昭君的故里。宝坪村也因此蓬荜生辉,被称为昭君村而名扬天下。清人吴翰章在《双溪杂记》中载:"咸丰初,邑人建奎阁于县南妃台山上,土中掘得一碑,大字四文曰'昭君故里'。小字漫灭,唯'宋'字当可辨识,盖宋代物也。碑阴有小字,亦不可辨识。咸丰七年,奎阁毁,碑亦不存。光绪十年秋七月,知县黄世崇重立石于奎阁故址,仍题曰'昭君故里'。"[①]

[①] 转引自林永仁《昭君和亲源流考》,宜昌市炎黄文化研究会,2002,第23-24页。

宋代《太平寰宇记》载:"兴山县,本汉秭归地,三国时其地属吴。至景帝永安三年(260年),分秭归之北界立为兴山县,属建平郡,隋废之,唐武德初又置,香溪在邑界,即王昭君所游处。王昭君宅,汉王嫱即此邑之人,故云昭君之县。村边连巫峡,是此地。"①唐代诗人崔涂《过昭君故宅》中"不堪逢旧宅,寥落对江滨"的诗句,较早记载了昭君故宅。而宋人邵博的《闻见后录》,则对昭君故宅做了较详细的记载:"昭君故宅为'绿竹村',绿荫蔽日,箭竹插天,宅前是青黛的香溪水,宅后靠墨绿的纱帽山。"②1978年兴山县对昭君村进行考古发掘时,在昭君宅旧址先后出土汉砖、汉瓦、石刻、陶器、铜器等文物500余件,特别是掘出一对造型粗犷的石兽,传说是立于昭君望月楼前的,为南朝时所刻制。除此,还发掘出宅迹基脚、天井和石台。③这些说明汉时这里就建有昭君宅,昭君就是从宝坪故里出山进入汉宫的。

(一)良家之子选入掖庭

昭君出身于"良家子",善弹琵琶。据考证,昭君父亲叫王襄,字忠。王襄在东汉文学家蔡邕的作品《琴操》中被称为王穰。昭君入宫后,王穰被封为越州太尉。昭君母亲叫周氏。昭君有个哥哥,生有二子,一个叫王歙,一个叫王飒。王莽当政时,都被封官,王歙被封为和亲侯,王飒被封为展德侯,都与昭君出塞有关联,两兄弟曾4次出使匈奴。

昭君生来美丽,被列为我国古代"四大美女"之列。历代文史中,对这"四大美女"的容貌多有描述,但区别是,对西施、貂蝉、杨玉环都是通过写实来表现其美的,西施被喻为"沉鱼",还写她有一种"病态美",看上去真是秀骨似水,娇弱春花,冰肌玉肤,体态轻盈。东施效颦的典故,讲的正是东施因学西施病态而弄巧成拙的故事。貂蝉被喻为"闭月",妩媚风流,而成为王允"连环计"的人选。杨玉环被喻为"羞花",有别具风韵的"丰腴美",赢得玄宗皇

---

① 乐史:《太平寰宇记》,中华书局,2007,第2880-2881页。
② 转引自林永仁《昭君和亲源流考》,宜昌市炎黄文化研究会,2002,第22页。
③ 宜昌市政协文史委编《宜昌旅游史话》(第22辑),宜昌市政协文史委,2001,第231页。

帝的倾倒，而成就了一曲长恨情歌。而对昭君并非是通过写实，而是通过人们主观上的观感、反响来表现其美的。对此，《后汉书》中有24个字的描写，讲昭君"丰容靓饰，光明汉宫，顾景裴回，竦动左右"，以致使得"元帝大惊，意欲留之。"① 尽管这里并没有描写昭君具体生动美丽的形象，但却透过这24个字里行间，昭君绝代佳人的形象，被淋漓尽致地展现在世人面前。

昭君是在汉"元帝时，以良家子选入掖庭"②而成为宫女的，时年芳16岁。但昭君名垂青史，却并非在当宫女，而是因自愿请行出塞大漠，而成为我国古代民族和亲的伟大使者。

（二）民族和亲伟大使者

中国是一个多民族的国家。汉民族与少数民族是与生俱有的。匈奴，就是一个居住在北方蛮荒之地、过着游牧生活的古老民族。公元前209年，就是中原结束战乱建立西汉王朝的前三年，北方匈奴就在单于冒顿的率领下实现了各部落间前所未有的统一。冒顿在收复以往秦朝大将蒙恬从匈奴手中夺去的河套地区全部土地的同时，于公元前200年做好了对付中原的充分准备。他们不仅经常入侵中原边境，而且还直接威胁到西汉初立政权内部的统一。为扫除这一心腹大患，刘邦在他即位的第7年（前200年）冬亲率30万大军向匈奴发起进攻，结果失败，不得已而与冒顿议和，达成"和亲""送礼""平等""息武"的协议，要汉朝送公主与单于结婚，一年数次向匈奴送"礼物"。这样汉匈间结成"兄弟之国"，地位平等，以长城为界，双方都不越过长城进行冒险行动。这是汉室与匈奴签订的第一项和亲协议。由此至景帝的历代汉朝天子，都把与匈奴和亲作为国策。此间的和亲之策，对于汉朝而言仅是迫于无奈之举措，而对于匈奴而言则是恃于强悍之要挟。实行和亲之策，尽管在汉高祖刘邦在位时曾给北方边境带来过一时安宁，但其后历代却未因此而解决北方边境的动乱。

汉武帝即位，"明和亲约束"。此时和亲之策已经实行60多年之久，已成定

---

① 《二十四史·后汉书》（三），中华书局，1997，第2941页。
② 《二十四史·后汉书》（三），中华书局，1997，第2941页。

制。刚继位的武帝基于国策的约束,以及武力能否取胜匈奴的难言之隐,于是在匈奴提出和亲要求时也就同意了。但武帝骨子里却是一贯主张对匈奴实行军事解决的。因为此时汉朝面对的形势发生了根本变化。军事解决匈奴问题,不仅可以满足雪耻的心理,而且可以适应安边的需要。因此,武帝便在同意与匈奴和亲后的第二年,也就是元光二年(公元前133年),便做出了向匈奴开战的决策。这样,近70年对匈奴的和亲之策宣告结束。当然,尽管武帝拒绝与匈奴和亲,但为了共同抵御匈奴,却又接受了乌孙国和亲的要求。这表明武帝并非一味反对和亲的做法,而是反对迫于强悍而实行的屈辱和亲之策。自汉武帝对匈奴用兵之后,改对匈奴的消极防御为积极进攻,30多年先后发动征讨十多次,致使汉初以来的北方农业地区所受到的威胁基本解除,加强了边郡与内地的联系,同时也对匈奴及其他相邻各游牧民族生产的发展产生了一定的影响。

  但是常年征战,也使得汉朝自身损失惨重,致使武帝末年,汉朝同匈奴的战争,无论规模和影响都小得多了。这说明汉朝长期坚持武力抗匈也会力不从心。因此,继汉武帝之后,汉昭帝在加强边防的同时,也开始以积极的姿态应对和亲。而此时的匈奴面对汉朝与西域诸国的强力攻势和接二连三的天灾饥荒,力量更为衰弱。至汉宣帝神爵二年(公元前60年)后,匈奴内部发生分裂,五个匈奴单于相互攻杀。甘露元年(公元前53年),新立单于呼韩邪面对匈奴别部的攻击,想归附汉朝以求帮助,便率领部族南迁靠近长城一带,并派儿子右贤王到长安入侍汉朝皇帝。甘露三年正月初一,呼韩邪到长安觐见,汉宣帝派车骑都尉韩昌专程迎接,并以列在诸侯王以上的隆重礼节接待。二年后汉元帝继位。元帝竟宁元年(公元前33年)匈奴呼韩邪单于再次入朝,"自言愿婿汉代以自亲"。于是,"帝敕以宫女五人赐之。"①这样,昭君便出塞和亲。

  昭君出塞后,呼韩邪单于封她为宁胡阏氏,称昭君是给匈奴带来安宁的皇后。婚后昭君为呼韩邪单于生下一个儿子,名叫伊屠智牙师,深受单于宠爱,被封为右日逐王。但两年后呼韩邪单于去世,其大阏氏的长子雕陶莫皋继位,称

---

① 《二十四史·后汉书》(三),中华书局,1997,第2941页。

复株累单于。昭君又改嫁为复株累单于的阏氏。复株累单于娶昭君为妻后，立即派自己的儿子右致卢儿王醢谐屠奴侯入汉朝侍奉，继续与汉室友好相处，使得呼韩邪单于和汉元帝的友好之约，在匈奴王更替之后，得以延续。昭君再嫁复株累单于后，又"生二女，长女云为须卜居次，小女为当于居次"。在匈奴，居次是女儿的号，类似汉族公主的称呼。再婚11年（公元前20年），复株累单于又死，从此昭君孤居。后昭君去世，"单于国葬之，胡中多白草而此冢犹青。"自昭君出塞后，呼韩邪至乌珠留五代单于，都履行了呼韩邪单于与汉元帝在和亲时缔结的协议，代代派单于之子到汉室为人质，代代纳贡，代代不扰边界。到乌珠留单于时期，因王莽篡政，两国关系出现裂痕，昭君的女儿、女婿和侄子为巩固汉匈友好，继续做了大量工作。《汉书·匈奴传》载："是时，汉平帝幼，太皇太后称制，新都侯王莽秉政，欲说太后以威德至盛异于前，乃单于令遣王昭君女须卜居次云入侍太后，所以赏赐之甚厚。"这在汉匈关系上成为一段佳话。

　　自汉高祖初定汉匈和亲之策，到汉武帝废和亲为武力抗匈之策，再到汉昭帝武、和兼用之策，直至汉宣、元二帝安抚和亲之策，反映了167年间汉匈关系发展与和亲之策演变的过程。昭君出塞正是在屈辱和亲向安抚和亲转变的背景下出现的。因此，昭君出塞是汉匈民族和睦的象征。而昭君出塞又密切了汉匈间的民族交往，加强了汉匈间的民族团结，促进了塞北的和平发展和人民的安居乐业。呼韩邪单于封昭君"宁胡阏氏"、汉元帝改年号为"竟宁"之事都反映了这一点。《汉书·匈奴传》和《后汉书·南匈奴传》中对此都有记载："是时边城晏闭，牛马布野，三世无犬吠之警，黎庶亡干戈之役。"[①] "朔、易无复匹马之踪，六十余年矣。"[②] 清代女诗人郭润玉赞道："琵琶一曲干戈靖，论到这功是美人。"周恩来同志称赞昭君是"发展中华民族大团结最有贡献的人物"。因此，昭君深受匈奴以致后来内蒙人民的爱戴。他们深情地称她为"昭君娘娘"。除呼和浩特东郊的青冢外，大青山南麓还有十几座昭君墓。这些青冢的出现，寄托了当地人民对昭君的缅怀之情，反映了他们决心永远陪伴昭君的期望，成为胡汉民族和睦友好的

---

① 《二十四史·汉书》（二），中华书局，1997，第3833页。
② 《二十四史·后汉书》（三），中华书局，1997，第2916页。

新中国邮票中的昭君和亲

象征。千百年来，文人写昭君，百姓谈昭君，关于昭君的传说、故事、诗歌、散文、画卷、戏曲，为巾帼之最。

（三）精神崇高万世敬仰

昭君出塞和亲体现了一种崇高的精神。这种崇高精神可以从"请求行"与"从胡俗"中体现出来。

1."请求行"体现的崇高精神。面对汉元帝的和亲之策，昭君自愿请行。对此，《后汉书》中载："昭君入宫数岁，不得见御，积悲怨，乃请掖庭令求行。"[1]讲昭君入宫好几年，一直不能见到皇帝，心里悲痛而积下怨情。正遇呼韩邪单于

---

[1]《二十四史·晋后汉书》（三），中华书局，1997，第2941页。

第十一章　宜昌古城的名人旧事

呼和浩特东郊昭君墓处和亲像

来汉求婚，而汉元帝"敕以宫女五人赐之"的机会，便主动向掌管宫女的官员提出请求，让自己出塞和亲。这里虽仅数言，但对昭君自愿请行的动机和做法交代得十分清楚。这说明昭君出塞并非是被迫的。同时，《后汉书》还记载"呼韩邪临辞大会，帝召五女以示之"时，见昭君美貌大惊，"意欲留之，而难于失信，遂与匈奴"①。这表明，昭君出塞也并非元帝随心所欲，而是元帝迫不得已而忍痛割爱之所为。从这两个方面都说明，昭君出塞的确是其自愿请行的。对此，董必武同志曾给以"昭君自有千秋在，胡汉和亲识见高"的崇高评价。

既然如此，何以从自愿请行中，领悟出昭君的"识见高"呢？可从三个方面来理解：一是不屈世俗压力。从《后汉书》所载可知，昭君入宫数年，一直未能

---

① 《二十四史·后汉书》（三），中华书局，1997，第2941页。

见到皇帝。但这其中的缘由正史中未做记载。而民间却有毛延寿丑画昭君之说，出自晋代葛洪《西京杂记》中的《画工弃市》。讲的是汉元帝后宫宫女很多，不能经常见面。于是便要画工给宫女画像，然后按画上长象召幸她们。许多宫女为能得到皇帝召幸，便多则10万、少则不下5万地贿赂画工，让他们把自己容貌画得更美些。宫女中唯独昭君不肯贿赂画工，因此一直未能见到皇帝。直至匈奴单于入朝觐见元帝，要求赐给美女做阏氏。于是，元帝按照画像让昭君前行。等出发前召见时，元帝发现昭君是后宫中的第一美人，她还举止闲雅，善于应对，便后悔将昭君赐给单于了，但因名籍已定，元帝看重对匈奴的信誉，就没有另换他人。事后元帝却追究了画丑昭君这件事，将画工处死并陈尸示众。其实，是否真有画工画丑昭君致使其入宫数年不能见到皇帝之事并不重要，但昭君"入宫数岁不得见御"是因世俗小人所害却定有其事。如前所述，"呼韩邪临辞大会，帝召五女以示之"时，见昭君美貌大惊，"意欲留之，而难于失信，遂与匈奴。"这不仅表明昭君出塞并非元帝随心所欲，而是元帝迫不得已而忍痛割爱之所为，而且表明昭君"入宫数岁不得见御"，并非因皇帝嫌弃冷落之缘故，而是因世俗小人陷害使得皇帝不明真相而未能召幸昭君所至。昭君"入宫数岁不得见御"的事实，本身又说明昭君在面对世俗小人压力时，表现出不屈从的态度。这正是昭君精神的可贵之处。二是向往美好生活。尽管昭君不屈世俗压力，但内心对美好生活还是充满向往的。《后汉书》中记载的"积悲怨"，虽仅三字，却对其向往美好生活的心境表达得淋漓尽致。试想如果对"入宫数岁不得见御"之事满不在乎，心里怎么会悲痛难过呢？又怎么会满腹怨气呢？还怎么会"悲""怨"交织而聚心不散呢？再怎么会遇到和亲之事而自愿请行呢？只有一个解释，那就是昭君对"见御"是很在乎的，因为这是她在宫中生活美满的表现，而现在却是"入宫数岁不得见御"，所以她对此现状自然就表现出很难过、很不满、不甘心。正是这种心态恰好反映了昭君对美好生活的向往。三是敢想敢为胆略。昭君向往美好生活，但要屈从世俗压力而不择手段却不是她的为人。然而遇到出塞和亲，她却能"请掖庭令求行"。这表明，昭君向往美好生活，是把个人幸福与国家安危联系在一起的。出塞和亲既是利国安宁、又是利己幸福的事情。因此，昭君权衡利弊，把握时机，大胆请行，表现出敢想敢为的胆略。能面对出塞和亲的国家大事，做出如此有胆有识的抉择，这对于一位生活在2000多年前的良家女子来说，的确是难能可贵的，董必武同志对昭君和亲"识见高"的评价名副其实。

2. "从胡俗"体现的崇高精神。如前所述，昭君出塞和亲后，仅两年多的年间，呼韩邪单于便去世了。按照匈奴"父死妻其后母"的习俗，昭君应该再嫁给呼韩邪单于的长子新继位的复株累单于为妻。由于昭君对匈奴的这一风俗不习惯，所以心里不愿意，于是便上书汉帝，要求归汉。应该说，这完全是可以理解的。当时，汉元帝已经去世，继位的汉成帝令昭君"从胡俗"[①]，就是要昭君顺从匈奴的风俗。于是，昭君便再次下嫁，成为复株累单于的阏氏。昭君再嫁后，从复株累对汉朝的友好，以及他们又生下两个女儿的情况来看，昭君与复株累之间相处应该是不错的。这件事，向人们传递了两方面的信息：一是顾全国家大局。尽管出塞和亲是昭君自愿请行的，但现在既然呼韩邪单于已经去世，那么昭君提出归汉要求，是完全合乎情理的。但汉成帝令她"从胡俗"，于是她便留下来再嫁。这说明昭君在处理个人与国家利益关系上，能以国家利益为重。因此，千百年来全国人民对此广为传颂。二是尊重匈奴风俗。作为一个汉族良家女子，昭君虽不习惯匈奴"父死妻其后母"的习俗。但却能顾全大局，入乡随俗，"从胡俗"再嫁，这是对匈奴风俗的充分尊重，表明昭君把自己完全融入了匈奴民族之中。因此，昭君赢得了匈奴人的衷心爱戴和敬仰。

民族和亲伟大使者昭君是家乡人民的骄傲。千百年来家乡人民怀念昭君。汉时在昭君村附近就建有昭君祠，《兴山县志》载："昭君祠，县南一里，汉建久废。"后建昭君庙，《归州志》载："明妃庙在州北四十里。"因思念昭君，乡人还筑昭君台，《范石湖集》载："昭君台在兴山，乡人怜昭君，筑台望之。"《清统一志》也载："昭君村在兴山县南，有昭君院，又有昭君台。今县南一里妃台山即其地也。"[②] 昭君台始建于宋，历代毁而复建，清同治初复建的昭君台毁于民国初年。今昭君台系1980年于旧址重建。昭君台是兴山古八景之一，在这里可领略

[①] 转引自林永仁《昭君和亲源流考》，宜昌市炎黄文化研究会，2002，第52页。
[②] 转引自林永仁《昭君和亲源流考》，宜昌市炎黄文化研究会，2002，第22页。

昭君园中的昭君像

1980年旧址重建的昭君台

"妃台晓日"胜景。① 昭君村的这些古代胜迹，作为乡亲缅怀昭君祭地的同时，也引来历代文人墨客为之吟诗作文，积淀起丰厚的昭君文化，成为宜昌历史文化的奇葩。今天，昭君家乡的人民又在昭君村仿明清建筑，建起了昭君纪念馆，定会使昭君文化传承光大。

三、欧阳修事业起夷陵

欧阳修，字永叔，号醉翁、六一居士。北宋吉州庐陵（今江西吉安市）人。举进士，累官至参知政事，卒谥文忠，是我国北宋著名的政治家、杰出的文学家和通知古今的学者。宋仁宗景祐三年（1036年），欧阳修为范仲淹被贬之事，仗义执言，写下《与高司谏书》，而被以"移责谏臣""显露朋奸之迹"的罪名，贬谪峡州任夷陵县令。当年五月，欧阳修"自京师，沿汴、绝淮、泝江"，历时110多天，行程5000余里，于十月二十六日来到夷陵。宝元元年（1038年）三月又离开夷陵移任乾德县令。② 其间贬谪夷陵的时间仅一年零十个月。

（一）贬令夷陵至喜有为

欧阳修虽然贬谪夷陵时间不长，但其作为却不少。这主要表现为三大方面。

1.励志作为。欧阳修贬令夷陵的励志作为主要表现在调整心态。欧阳修贬谪夷陵，距景祐元年入朝任馆阁校勘还不到两年时间。这对他的打击自然是沉重的。尽管宋仁宗安抚他不要看重以前的过失，但是作为封建社会的士大夫，他十分关注周围的人们对自己遭贬的态度，担心会像以往鲁国人讨厌从齐国来的郑詹一样，把自己贬谪之事看成是夷陵的不幸。因此面对贬谪之事，欧阳修开始是忧虑的。但是通过赴夷沿途故友的热情款待，夷陵县派人前往迎接，③ 故友之

---

① 宜昌地区地方志编委会编《宜昌地区简志》，宜昌地区地方志编委会，1986，第313页。
② 《欧阳修全集》，中国书店，1986，第4-5页。
③ 张忠民主编《欧阳修夷陵诗文译注》，湖北人民出版社，2007，第14页。

欧阳修像

间书信往来，读李翱文①的启迪，尤其是峡州太守朱庆基"择其厅事之东以作斯堂"②，方便他的生活，加之夷陵山清水秀的环境、鱼米之乡的生活和朴野安宁的风俗，使处于逆境中的欧阳修得到极大的安慰，他把县衙厅堂取名为"至喜堂"，并在《戏答元珍》中表达了"曾是洛阳花下客，野芳虽晚不须嗟"③的心境，实现了贬谪后"始惧后喜""至而后喜"的心理转变。欧阳修心态的调整，实现了逆境中"己合"的心理提升，表现出安于僻壤、有所作为的精神风貌，使其"忧乐观"的深刻内涵得以升华，成为他贬谪期间大有作为的思想基础和精神动力。良好的心态调整，是欧阳修贬谪生涯的励志作为，也是其人生旅途中的最大收获。

2.政事作为。包括行政、民本和忧国。欧阳修贬令夷陵的行政作为主要表现在躬亲政务。欧阳修在《忆山示圣俞》中写道："忆尝祗吏役，钜细悉经觑"④。并在《与尹师鲁第二书》中对政务缠身作过说明。文中写道："夷陵虽小县，然争讼甚多，而田契不明。僻远之地，县吏朴鲠，官书无簿籍，吏曹不识文字，凡百制度，非如官府——自新齐整，无不躬亲"⑤。南宋洪迈《容斋随笔》卷4中就有一段欧阳修讲述夷陵政务的故事，谈他翻看夷陵陈年案卷的感受。说欧阳修从架阁上取来陈年的公判案卷，反复阅读，发现其中冤假错案不可胜数，无中生有，以假乱真，违法谋私，损人伤义，无所不有。他想像夷陵这样荒凉偏远的小县尚

---

① 张忠民主编《欧阳修夷陵诗文译注》，湖北人民出版社，2007，第19页。
② 张忠民主编《欧阳修夷陵诗文译注》，湖北人民出版社，2007，第51页。
③ 张忠民主编《欧阳修夷陵诗文译注》，湖北人民出版社，2007，第232页。
④ 张忠民主编《欧阳修夷陵诗文译注》，湖北人民出版社，2007，第289页。
⑤ 张忠民主编《欧阳修夷陵诗文译注》，湖北人民出版社，2007，第30页。

第十一章　宜昌古城的名人旧事

且如此，那么天下就一定可想而知了。当时他便对天发誓：从今以后遇事不敢疏忽。①这一切足以说明，欧阳修贬令夷陵时，确是事必躬亲、政务缠身的。欧阳修政务繁忙除诉讼甚多之外，还有大量的城政建设、民风教化方面的事务。《夷陵县至喜堂记》中讲峡州太守朱庆基在景祐二年开始在州县植树，修筑城栅，用砖铺砌南北街道，修建市肆门面，划分县邑区域。同时，还教百姓修建瓦屋，将灶屋储藏室隔离，把住人和养牲口分开，改变夷陵的陋俗。随后又命夷陵县令刘光裔加强治理，建造供奉皇帝诏书的楼阁，整修官府办理政务的正堂，新建官吏宿舍。尽管到第二年即欧阳修到达夷陵前的景祐三年夏天，夷陵县的这些事情都完成了。但是作为城政建设和民风教化方面的事务显然在一年内是难以一蹴而就的。因此，作为新上任的夷陵县令，欧阳修需要承上启下地担负这些事务，应该是不言而喻的。当然，就现代人的眼光看，这些事务的确算不上显赫的政绩。然而在当时开启这些工作却是具有创新的性质，称得上政绩显赫。此外，欧阳修贬任夷陵县令还有一项重要的政务，就是发展农桑。作为以农为本时代的县令，欧阳修贬任夷陵后，对这里的农耕状况进行过考察。在《与尹师鲁第一书》中欧阳修有"夷陵好水土，出粳米，有大鱼、梨、粟、甘、橘、菜、笋"的记载，反映了当时夷陵农耕经济的特色。他的《劳停驿》《忆山示圣俞》《寄梅圣俞》中"荒烟几家聚，瘦野一刀田""深行得平川，古俗见耕耨""击鼓踏歌成夜市，邀龟卜雨趁烧畲"的诗句，以及《求雨祭汉景帝文》中"待雨后来耘耔""此月无雨，岁将不成"的记载，反映了当时夷陵农耕的规模和方式。面对这样的耕作条件，欧阳修实行了一项重要的政策。他在《峡州至喜亭记》中讲自从朱庆基来峡州之后，"岁数大丰，因民之余"。这其中的重要原因就在于"动不违时"②，也就是使用劳役不影响农时。这里讲的虽是太守朱庆基的务农之举，但因为写作此文的时间已是欧阳修贬谪夷陵后的第二年，因此，作为夷陵县令，他自然是朱庆基务农之举的执行者。这从一个侧面反映了欧阳修贬夷期间在务农方面的作为，政绩同样是显赫的，因为"动不违时"之举恰好触及北宋农业方面的时弊。总之，欧阳

---

① 《二十四史·宋史·欧阳修传》（十六），中华书局，1997，第1475页。
② 张忠民主编《欧阳修夷陵诗文译注》，湖北人民出版社，2007，第23-84、214-289页。

修贬夷期间在诉讼、城建、教化、务农等方面躬亲政务，都有一番作为。

欧阳修贬令夷陵的民本作为主要表现在体恤民疾。欧阳修在躬亲农务中，有段祈雨的故事。讲的是他贬夷后的第二年，夷陵遭遇一场秋旱，"晚田秋稼将实而少雨"。接着次年开春，又遭遇一场春旱，"此月无雨，岁将不成"。灾情发生后，欧阳修体恤民疾，"出于近郊"，视察旱情，同时还赴祀庙，祭神求雨。他写下《祭桓侯文》和《求雨祭汉景帝文》，先后到汉桓侯和汉景帝祀庙，拜祭曾任宜都太守的张飞和汉景帝，感叹夷陵农民苦境，诚心祈祷神灵保佑，为夷陵百姓求雨。他在《求雨祭汉景帝文》中讲自己因为有罪，方才到这里来任县令，应该在勤于民事侍奉神灵上尽职责。现在既没有明断百姓的讼事，又未能谋求百姓之所急，距县城十余里之外的地方，凡是百姓之事都不能了解，还愚妄地怠慢了侍奉神灵的事，他说自己的这一罪行超过了之所以被贬到这里为县令的罪过。欧阳修乞求神灵降赐吉庆，以报答夷陵百姓对神灵的信奉。①这一切使人们深刻地体会到欧阳修同情和关心夷陵人民疾苦可谓情真意切。夷陵求雨，从一个侧面体现了欧阳修行政中的民本思想，因此一直在宜昌民间中传为佳话。

欧阳修贬令夷陵的忧国作为主要表现在心系时政。欧阳修是位具有传统忠君忧国思想的志士仁人。革新务实是他的政治主张，匡弊图治、改变国家贫弱不堪的现状，是他不懈的政治追求。他虽然贬在夷陵，但却仍然心系时政。宋仁宗景祐四年也就是他贬夷后的第二年十二月，他接到移任乾德县令的旨令。乾德较之夷陵，不但"便于饮食医药"，而且距离京城又近了些。这无疑给欧阳修传递了重返朝廷并非遥遥无期的信息。此时正值"景德罢兵三十三年"的纪念日。所谓"景德罢兵"，是指宋真宗景德元年（1004年）十二月，同当时入侵宋朝的辽国在澶渊（今河南濮阳南）订立了罢兵休战的和约，史称"澶渊之盟"。欧阳修贬谪夷陵，经过深入的调查，对北宋当时农业发展中的种种弊端感同身受。于是这位富有实事求是而又直言敢谏精神的欧阳修，便在看到重返朝廷曙光的情况下，提笔写下了《原弊》这篇时论，直指当时农业的弊端，探讨北宋王朝积弱致贫的

---

① 张忠民主编《欧阳修夷陵诗文译注》，湖北人民出版社，2007，第84页。

社会根源与除弊思路。他引经据典，论述了"农者天下之本"的重要性，指出了当时存在的农业疲惫、财力支绌、民食严重不足等社会病态。通过对比寻根，以事论理，对造成这些社会病态的诱民、兼并和力役之弊进行了具体剖析；并从"耗"字入手，说明了"三弊"的危害性，分析了"不量民力以为节"的原因，得出了"下者尽力而无弊，上者量民而用有节，则民与国庶几乎俱富"的结论。① 文章主题深刻，立论精当，察古鉴今，深入浅出，层层递进，一气呵成。文中提出的"量民而用有节"的思想，与其在夷陵"动不违时"的务农实践一脉相承，反映欧阳修对时论《原弊》是经过深思熟虑的。由于正值贬谪期间，因此文章当时并未发表，直至康定元年（1040年）重返朝廷之时方才发表。尽管如此，欧阳修心系时政的作为却是显而易见的。

3. 文史作为。包括方志、古文、史学、儒学和文学。欧阳修贬令夷陵的方志作为主要表现在志夷风俗。身为史学家的欧阳修深谙资政传史的要旨。他认为县令地位虽然低微，但却负有守土安民的责任，应该记载地方风俗变化的好坏，对后来接任县令的人有所考证。因此，每当写作诗文时，他都注意反映夷陵的民俗风情，其中最具代表性的当数《夷陵县至喜堂记》和《峡州至喜亭记》。就《夷陵县至喜堂记》而言，欧阳修在这篇记文中叙述了初至夷陵时的观感。其中写道："峡州治夷陵，地滨大江，虽有椒、漆、纸以通商贾，而民俗俭陋，常自足，无所仰于四方。贩夫所售不过鱐鱼腐鲍，民所嗜而已，富商大贾皆无为而至。地僻而贫，故夷陵为下县，而峡州为小州。州居无城郭，通衢不能容车马，市无百货之列，而鲍鱼之肆不可入，虽邦君之过市，必常下乘，掩鼻以疾趋。而民之列处，灶、廪、匽、井无异位，一室之间上父子而下畜豕。其覆皆用茅竹，故岁常火灾，而俗信鬼神，其相传曰作瓦屋者不利。夷陵者，楚之西境，昔《春秋》书荆以狄之，而诗人亦曰蛮荆，岂其陋俗自古然欤？"②这段文字虽不到200字，却将970多年前宜昌的地理位置、物资流通、州县邑容、百姓居室和风俗习惯，都展现在世人眼前。这是对宜昌古城风俗的最早记载，为我们了解古城的过去，提

---

① 关永礼主编《唐宋八大家鉴赏辞典》，北岳文艺出版社，1989，第422-424页。
② 张忠民主编《欧阳修夷陵诗文译注》，湖北人民出版社，2007，第51页。

供了珍贵难觅的资料，是欧阳修对宜昌人民做出的杰出贡献。

　　欧阳修贬令夷陵的古文作为主要表现在谈文论道。欧阳修在夷陵与文人、好友交往中，谈文论道，体现了对古文理论的认识和理解。在《东湖县志》和《宜昌府志》中都有他"常与州处士何参论文"的记载。而最具代表性的则是《与乐秀才第一书》。文中欧阳修阐述了文与道的关系。首先，他认为"古人之于学也，讲之深而信之笃，其充于中者足，后发乎外者大以光"。为强调蓄道对为文的重要性，他以金玉和《易经》为证。说金玉光彩夺目，并非是因为加工修饰、染色洗涤所造成的，而是因为其自身质地坚实而自然发出的光彩。又说《易经》上的《大畜卦》讲："刚健笃实，辉光日新。"意思是说内在的蓄聚充实，而后光辉焕发与日俱新而不枯竭。因此书中所言"君子要多加吸取前贤的言论事迹，用来蓄聚自己的品德"，说的就是这个道理。其次，他认为"古人之学者非一家，其为道虽同，言语文章未尝相似"。为说明文相对于道的独立性，他同样引用了两例为证。说孔子为《易经》作传，周公为《尚书》作文，夐斯为《诗经》写诗，他们写作的文辞尽管都不相同，但却各自都被奉为经典。又说子游、子夏、子张和颜回都是孔子的学生，他们遵从的都是孔子之道。但是他们的为人处事各不相同，却各自按照自己的禀性而体现出道的境界。欧阳修在正面阐述文道关系的基础上，联系当时社会生活实际，又从反面对文道之理进行了印证。他说当今的读书人有的不做深入钻研和诚信为人的蓄聚准备，只是用华丽的辞藻求其文采，用夸张的语言故作高深博大。像这样如此勉强地写作，就会劳心费神，使有限的脑力导致枯竭。再说他们写作不向前人学习，那就必然委屈自己而迎合世俗的喜好，很少能够克服偏见而确立自己的观点。这样，他们不仅缺乏充实的内在德识，而且连自己所坚守的原则和主张也不知道。最后，欧阳修得出结论："夫欲充其中，由讲之深，至其深，然后知自守。能如是矣，言出其口而皆文。"[①] 欧阳修这里讲的"言出其口而皆文"，与其在而后《答吴充秀才书》中讲的"大抵道胜者文不难而自至"和《答祖择之书》中讲的"道纯则充于中者实，中充实则

[①] 张忠民主编《欧阳修夷陵诗文译注》，湖北人民出版社，2007，第34-35页。

第十一章　宜昌古城的名人旧事

发为文者辉光"①以及曾巩评价欧阳修时所讲的"蓄道德而能文章"②都是一脉相承的。它是欧阳修古文理论的重要组成部分，对北宋文坛的影响至深。

欧阳修贬令夷陵的史学作为主要表现在整理旧史。在二十四史中，唯一的私修官史，就是欧阳修所著的《新五代史》。而这部史书的初稿是他贬谪夷陵时期完成的。贬夷当年在《与尹师鲁第二书》中，欧阳修就与尹洙商讨过撰写《新五代史》的有关事宜。他讲新年初始似乎无事，便着手整理正史。对此，欧阳修在《答李淑内翰书》中讲过以往在京城时，不能耐住闲暇，自己就想要做这件事，希望因此而留下著述，来给人以诱导启迪，并借助文字，着力褒奖成德。而不幸的是，中间自己遭遇灾难而被责罚。从那以来，陆走三千里，水行一万里，在贬地勤奋履行公务补偿自己的罪过，操持家庭赡养亲人，并利用闲暇之时，不敢荒废自己的时光。③于是他特意报告峡州太守朱庆基，并修书征求尹洙的意见，生起了修史的念头。接着，欧阳修谈了《新五代史》的编撰思路。他讲此前撰写的《十国志》，因为是呈给皇上的本子，务必卷数要多些。现在如果编为正史，就应该尽量删减，保存主要部分，至于细小之事，虽有可记的内容，但不涉及主体，原本可以载入小说一类，不值得因此而连累正史。因此连日来在审阅旧志书时，都将其删去了，十成中去掉三四成。旧志书中有部分是尹洙撰写的，在汴京时欧阳修没有细看，这次贬赴夷陵途中仔细阅读，感觉非常好。尹洙素以史笔自负，名不虚传。"河东"一传就写得特别好，他本想仿效此传的写法，只是这样一来别的部分又会繁简不适，因此，希望尹洙割爱，也将其繁删去。修编中正史再不分五史，全部采用纪传体。欧阳修就编撰分工提出了意见。他打算把《梁纪》和后汉、后周合并，依次编撰，后唐、后晋部分则由尹洙负责编撰，按去年商议的方法写。其他列传简略些，暂且将历代功臣随着《纪》各自撰写列传。等《纪》依次连续写完后，再将五代列传的姓名列出来，一分为二，分别撰写。在

---

① 《欧阳修全集》，中国书店，1986，第322-499页。
② 白寿彝总主编《中国通史·五代辽宋夏金时期［下］》（第七卷），上海人民出版社，1999，第1479页。
③ 《欧阳修全集》，中国书店，1986，第495页。

同尹洙交换完编撰意见后，欧阳修谈了自己的心境。他说我们都被时代所冷落，姑且通过撰史大致表白一下自己的心迹，多少希望给后世留个名声。像我欧阳修幸亏和你师鲁相依伴，若能写成此书，也是件荣幸的事。①经过努力，欧阳修终于完成了《新五代史》的初稿。对此，他在《答李淑内翰书》中讲道，贬谪夷陵来，自己利用闲暇之时，不敢荒废时光，通过编辑整理，《新五代史》方才初步得以完成。但是文稿要依次斟酌修改，还应有意义类别，加之褒贬评论，这岂是能够轻易承担的事呢。所以，尽管编撰初步完成，但是文稿前后颠倒，没有卷次，应再依托您的斧正和传授，最后完成此书，或许是可以实现的。②由此看来，欧阳修此间完成《新五代史》初稿是不容置疑的。这是他贬谪夷陵的得意之作。

欧阳修贬令夷陵的儒学作为主要表现在研究经学。作为通知古今的学者，欧阳修精于经学，"长于《易》《诗》《春秋》，其所发明，多古人所未见"。贬谪夷陵是他研究经学的重要时期。其间写下研究《易经》的《易或问三首》《易或问》和《明用》5篇；研究《诗经》的《诗解统序》及《二南为正风解》、《周召分圣贤解》《王国风解》《十五国次解》《定风雅颂解》《鲁颂解》《商颂解》《十月之交解》9篇；研究《春秋》的《春秋》（上、中、下）《春秋或问》《石鹢论》及《辨左氏》《书春秋繁露后》7篇；研究《尚书》《论语》的《泰誓论》和《三年无改问》各一篇。共计23篇。③欧阳修在夷陵写下的这些论文在其经学研究中占有重要地位。在这些论文中，欧阳修并不拘于章句训诂，而是注重探求经学新意，提出自己独创性的见解，体现出"疑经"的治经特征。在《易或问三首》中，欧阳修"《系辞》果非圣人之作"的疑问，明确提出"何止乎《系辞》"的见解，认为《系辞》的确非圣人孔子所作，就连十翼之说起于何人也有疑问。对于《周易》的精髓，欧阳修有自己深刻的见解。他强调，作为自古所用的"筮占之一法"，"大衍"只是《周易》相当次要的部分，并不是其精华之所在。他认为"文王遭纣之乱，有忧天下之心，有虑万世之志，而无所发，以谓卦爻起于

---

① 张忠民主编《欧阳修夷陵诗文译注》，湖北人民出版社，2007，第30-31页。
② 《欧阳修全集》，中国书店，1986，第495页。
③ 张忠民主编《欧阳修夷陵诗文译注（目录）》，湖北人民出版社，2007，第1-2页。

奇耦之数，阴阳变易，交错而成文，有君子、小人、进退、动静、刚柔之象，而治乱、盛衰、得失、吉凶之理具焉，因假取以寓其言，而名之曰《易》。至其后世，用以占筮。孔子出于周末，惧文王之志不见于后世，而《易》专为筮占用也，乃作《彖》《象》，发明卦义，必称圣人、君子、王后以当其事，而常以四方万国、天地万物之大以为言，盖明非止于卜筮也，所以推原本义而矫世失，然后文王之志大明，而《易》始列乎六经矣"。由此可见，"忧天下之心""虑万世之志"，才是文王作《周易》之心志，也才是《周易》精华之所在。正因为如此，欧阳修便在《明用》中，透过筮法的原则，揭示"凡物极而不变则弊，变则通""物无不变，变无不通""阴阳反复，天地之常理"等关于事物运动、变化、发展的道理。从而道出《周易》研究之真谛。同样，在关于《诗经》《春秋》等经学的研究中，欧阳修在疑古说、破陈言方面也都有自己的创见。因此，清代《四库全书总目提要》中评价"自唐以来，说诗者莫敢议毛郑，虽老师宿儒，亦谨守小序。至宋而新义日增，旧说几废，推原所始，实发于修"。《提要》在评价欧阳修"敢议毛郑"的同时，又肯定了他"疑经"的科学性，指出欧阳修对毛郑之义并非随意翻新，而是"尽其说而理有不通，然后以论证之"。"本出于和气平心，以意逆志，故其立论，未尝轻议二家，而亦不曲徇二家。其所训释，往往得诗人之本志"[1]。欧阳修经学研究影响了宋朝一代学风，贬谪夷陵所为功不可没。

欧阳修贬令夷陵的文学作为主要表现在幕友唱和。欧阳修贬谪夷陵后，心理调整达到"至喜"状态，加之官属有雅士，江山有胜景，因此"虽在天涯，聊可自乐"。这样，此间欧阳修诗所作文颇多，逾70篇（首）。[2]这些诗文是欧阳修踏遍夷陵山山水水，采集夷陵风土民俗，领略夷陵风景名胜，抒发夷陵沧桑情怀的记录。《黄杨树子赋》，是欧阳修贬谪夷陵当年冬天写下的托物言志篇。黄杨树是生长在夷陵山谷间的一种极普通的常绿灌木。"此树生穷僻，不得依君子封

---

[1] 白寿彝总主编《中国通史·五代辽宋夏金时期[下]》（第七卷），上海人民出版社，1999，第1486页。

[2] 张忠民主编《欧阳修夷陵诗文译注（目录）》，湖北人民出版社，2007，第1-4页。

殖备爱赏，而樵夫野老又不知甚惜"。欧阳修"江行过绝险处，时时从舟中望见之"，因其"郁郁山际，有可爱之色"，便写下这篇赋歌咏它。赋中，他运用对比的手法，衬托黄杨树"上临千仞之盘薄，下有惊湍之濆激"的环境；凸显黄杨树"枝翁郁以含雾，根屈盘而带石，落落非松，亭亭似柏"的风姿；歌颂黄杨树"偏依最险之处"的"劲节"和"独立无人之迹"的"孤心"；赞美黄杨树"节既晚而愈茂，岁已寒而不易"的品格。赋末，欧阳修以"张骞移根"、"陆凯寄枝"自喻，表达自己的心境，体现出他至而后喜、积极向上的精神风貌。《戏答元珍》，是欧阳修贬谪夷陵第二年初春写下的一首表达失意心绪的七律诗。此前其友人、峡州判官丁元珍写下一首《花时久雨》送他，他便作答了这首诗。"春风疑不到天涯，二月山城未见花"。欧阳修以"疑春"起句，用"春寒"承接，通过"桔傲霜雪""笋惊抽芽"的描写，显示出春寒之中潜在的生机活力。首句中的一个"疑"字，道出了遭贬之人以景状情、触景生情的心境。就连欧阳修自己对首联的这两句也颇为欣赏，他在其《笔说》中写道："若无下句，则上句何堪？既见下句，则上句颇工"。正因为如此，元代方回在其《瀛奎律髓》之中赞"以后句句有味"。同时，诗题中的一个"戏"字，也与尾联"曾是洛阳花下客，野芳虽晚不须嗟"相照应，表现出诗人失意而不消沉、郁悒而不沮丧的乐观自信精神，成为贬谪夷陵至而后喜的欧阳修心灵的自白。这正是诗中意义之所在。全诗清新自然，别具一格，一扫西昆浮艳之风，而成为他诗歌的代表作。《夷陵九咏》，是欧阳修贬谪夷陵第二年状写的一组山水诗。包括《三游洞》《下牢溪》《虾蟆碚》《黄牛峡祠》和《松门》《下牢津》《龙溪》《劳停驿》《黄溪夜泊》9首，前4首为古诗，后5首为律诗。《夷陵九咏》从不同时令与白日月夜的视觉观感中，状写夷陵的山川名胜和民俗风情，真实体现了"西陵山水天下佳"的审美意境，生动记录了诗人贬谪夷陵的心理历程。诗中，透过"迁客初经此，愁词作楚歌""行见江山且吟咏，不因迁谪岂能来"的感受，流露出诗人初贬夷陵时忧愁与不平的心绪。通过"因游始觉南来远"，"欲寻源去不可穷"；"青萝绿桂何岑寂，山鸟嘤嘤不惊客"的叙写，在对夷陵偏远而荒凉的感受中，烘托出诗人孤独与寂寞的心境。面对"山高更远望犹见，不是黄牛滞客舟"；"共约试春芽，枪旗几时绿"的情景，反映了诗人对留滞夷陵的感叹，与体味悠情融乐的快感。抒发"安能恋潺湲，俯仰弄云景"；"行客愁明发，惊滩鸟道前"的感慨，表达了诗人欲要振作的心声和关心民苦的情感。总之，欧阳修夷陵诗文不仅是他文学成就中的重要组成部分，而且是他留给宜昌人民宝贵的精神财富。

（二）庐陵事业起于夷陵

"庐陵事业起夷陵"，这是清代诗人袁枚《随园诗话》中就贬谪夷陵对欧阳修一生事业带来的影响所做出的评价。这个评价是恰如其分的。欧阳修贬谪夷陵前处于三十而立、入仕之始、文坛初露的时期。这说明此时的欧阳修尚处于事业发展的起点。而贬谪夷陵就发生在他人生的这一关键时期，成为他人生的关节点。这对他来说，既是逆境，又是历练，对其而后事业的发展影响至深。欧阳修在应对这一严峻挑战中，赢得了其后发展的有利条件。

1. 贬增阅历眼界阔。欧阳修贬谪夷陵，无论是赴任沿途，还是令县夷陵，所见、所闻、所感、所悟，都是身在京师、出入朝廷难以达到的。《于役志》就是他沿汴绝淮泛大江，凡五千里，用一百一十程，至荆南的记录。它从一个侧面反映了贬谪对欧阳修增添阅历、开阔眼界的影响。为此，清代诗人袁枚的好友庄有恭，认为欧阳修"庐陵事业起夷陵"，首要因素就在于"眼界原从阅历增"。欧阳修本人对此也有同感，他在《与焦殿丞书》中讲"某再为县令，然遂得周达民事，兼知宦情，未必不为益"。他把"周达民事，兼知宦情"，看作是自己两次贬任县令的收获。[①]南宋洪迈在其《容斋随笔》卷4中所讲欧阳修贬谪夷陵时翻阅陈年公案后感叹"自尔遇事不敢忽也"的故事，指的正是这个意思。

2. 忧乐升华境界卓。遭贬前，欧阳修在景祐元年（1034年）《与范希文书》中，就曾提出过"忧天下之心者乐"的观点。只是当时他并非处于逆境，树立坚定的心系天下的忧乐观，还需要在实践中磨炼。景祐三年欧阳修见义勇为，在御史台榜示"戒百官不得越职言事"的情况下，为范仲淹鸣不平，写下《与高司谏

---

① 《欧阳修全集》，中国书店，1986，第1298页。

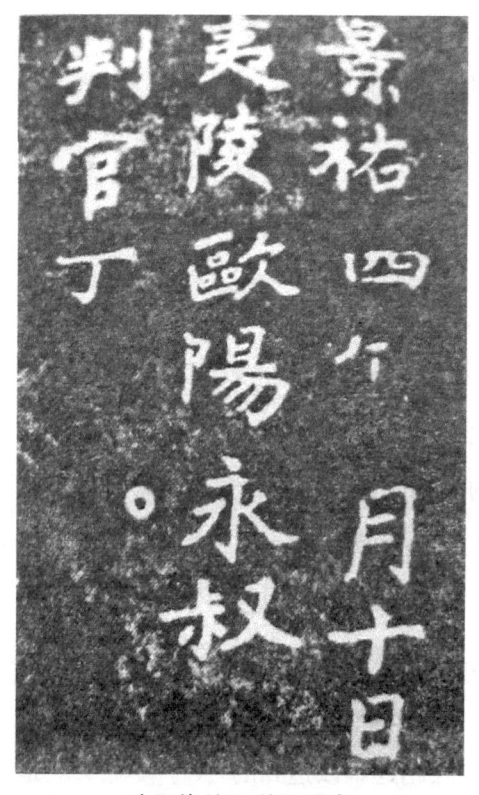

欧阳修的三游洞墨宝

书》，使自己陷入贬谪夷陵的逆境之中，也使他的忧乐观在严峻的现实中面临考验。面对这一考验，欧阳修有三种选择，或是消极隐退，或是应时随俗，或是忧乐天下。而他并没有消极，更没有随俗，而是在逆境之中磨砺自己的意志。贬赴夷陵途中，欧阳修在《读李翱文》中，借李翱之言表白自己的心声，说自己并不因为个人遭遇不幸而悲叹，只是担心国家的命运。并在《与尹师鲁第一书》中表示"士有死不失义"和"慎勿作戚戚之文"的决心。在景祐四年《易或问三首》中欧阳修明确提出了"忧天下之心""虑万世之志"的观点，使《与范希文书》中的"忧天下之心者乐"的思想在严峻现实的考验中得以提升，为而后在其《易童子问》中提出"圣人忧以天下，乐以天下""以天下之忧为己忧，以天下之乐为己乐"的忧乐观，做了有益的铺垫。这一切表明欧阳修贬谪夷陵中，在完成忧而至喜心理转变的同时，实现了由自我忧喜到忧乐天下的升华，体现出崇高的政治志向和民本的价值追求。正是这种忧乐观的提升，对而后事业的发展产生深刻影响。致使庆历新政失败后，面对革新派相继被罢，欧阳修知险而进，"自劾乞罢"，以"同其退"，并呈《论杜衍范仲淹等罢政事状》，为革新派伸张，表现出为改革除弊甘冒风险的高风亮节。

3. 蓄势待发聚大气。贬谪夷陵，对欧阳修事业的发展实际上起到蓄势聚气的作用。开阔眼界、磨炼意志、提升境界，这本身就是蓄势聚气在精神上的根本体现，同时又是在才能上蓄势聚气的根本保证。欧阳修正是在此基础上，积极进取，使其贬谪夷陵的生活十分充实，作为可圈可点。如前所述，在贬谪夷陵期间，欧阳修躬亲政务不敢忽，为民求雨乞神助，心系时政作《原弊》，志夷风俗史实录。谈文论道承唐古，整理旧史稿见初，经学研究成果显，幕友唱和诗文著。除此之外，还有一点值得提及，欧阳修是金石学的开创者，他收集整理文献文物写下的《集古录》，是我国第一部金石考古著作。贬谪夷陵期间，他在集录古文碑刻方面也收获颇丰，在《欧阳修全集·集古录跋尾》中，就有他泛舟黄牛峡，至唐代神女庙下，收录李吉甫、丘玄素、李贻、孙敬骞所作《神女庙诗》，以及在老百姓家中收得《景福遗文》的记载。[①]这一切说明，欧阳修贬谪夷陵的作为蓄聚了足够的底气。这对他而后重返朝廷，无论是从政变革，还是参编《崇文总目》、主编《新唐书》、完成《集古录》，以至领导古文运动、深化学术研究，影响都是深刻的。

4.文坛巨星瑰琦错。欧阳修贬谪夷陵后在文化学术上的建树，对成就其文坛巨星的作用功不可没。欧阳修贬赴夷陵途中写下的《于役志》，是我国最早的日记文宏作。唐代李翱虽有《来南录》，但不及千字。而《于役志》记录了欧阳修110天的坎坷经历，有91条内容1700多字。应视为欧阳修"庐陵事业起夷陵"的起点。这是其一。其二，《新五代史》是我国古代二十四史中唯一的一部私修官史。其初稿就完成在欧阳修贬谪夷陵期间。同时，其间他还写下大量反映夷陵民俗风情内容的诗文，对于地方史的研究留下了宝贵的资料，成为地方历史文化的瑰宝。其三，欧阳修是北宋古文运动的领袖。其贬谪夷陵时写下的古文论著，是他古文理论的重要组成部分，为倡导古文运动发挥了不可替代的作用。其四，欧阳修贬谪夷陵期间写下大量诗文。这是他的古文理论指导诗文创作结出的丰硕成果。尤其是七律《戏答元珍》，体现了由他奠定的宋代"以文为诗"的独有诗歌特色，成为其诗歌的代表作。这一切表明，欧阳修的夷陵诗文，是欧阳修文化学术成就的重要组成部分，是镶嵌在他文坛巨星桂冠上的奇珍异宝。

贬增阅历眼界阔，忧乐升华境界卓。蓄势待发聚大气，文坛巨星瑰琦错。

贬谪夷陵尽管是欧阳修人生旅途中的不幸，但是由于他面对逆境，忧乐天

---

① 《欧阳修全集》，中国书店，1986，第1212页。

下,守土安民,积极进取,终于实现了"己合",达到了"庐陵事业起夷陵"的结果。正因为如此,欧阳修对贬谪夷陵这段经历十分珍惜。他在离开夷陵三年后的庆历元年(1041年)写给故友《忆山示圣俞》的长诗中,表达出对夷陵山山水水深切的留念之情。千百年来夷陵人民也深深地怀念他。至喜堂、至喜亭、绛雪堂、四贤堂、六一书院,都是纪念他的胜迹。2001年又在明清夷陵古城的东门口,兴建了欧阳修公园,让他的夷陵风流世代镌刻在宜昌人民的心中。

四、其他名人风韵古城

(一)名家风骚

宜昌古城"名家风骚"中最具代表性的当数杜子美结缘宜昌城、苏东坡宜昌存华章和陆放翁游览宜昌景。

1. 杜子美结缘宜昌城

唐代诗人杜甫,字子美,自称少陵野老,祖籍襄阳(今属湖北),生于唐睿宗太极元年(712年),自幼好学,知识渊博,颇有政治抱负。唐玄宗开元后期,举进士不第,漫游各地。天宝三年(744年)在洛阳与李白相识,曾寓居长安(今属陕西)近十年。后移家成都,筑草堂于浣花溪上,世称浣花草堂。晚年携家出蜀,后病故于湘江途中。

杜甫是我国伟大的现实主义诗人。他一生写诗近3000首,现存1400多首。他的主要作品,面对现实讽喻时事,反映人民生活疾苦,热爱生活描写生活,贯穿着现实主义精神。他的诗歌众体兼长,语言艺术成就突出,善于对现实生活进行高度的艺术概括,具有雄浑壮阔的艺术境界和细致入微的表现手法。他是中国文学史上承前启后的诗人,继承了《诗经》和汉乐府的传统,批判吸收了六朝以来诗歌在音韵格律、遣词造句等方面的艺术技巧,直接开导了中唐新乐府运动,将现实主义诗歌推向高峰。杜甫在中国文学史上被推崇为"诗圣"。

历史上,诸多唐代迁客骚人会于宜昌古城,都曾留下诗文,但其中当数诗圣

第十一章　宜昌古城的名人旧事

杜甫与宜昌（时称夷陵）结缘更厚。这在刘宝康的《杜甫与夷陵》中已有具体介绍。① 杜甫是西晋杜预的后裔。其系谱第八代为杜叔毗，第十三代即杜甫。杜叔毗，字子弼，"仕梁为宜丰侯"，入北周后曾在硖州（今宜昌）任刺史② 达十年之久。北周武帝天和二年（567）杜叔毗在随北周军入南朝时，被陈军俘杀。否则杜叔毗很可能就定居硖州了。后因杜叔毗之孙杜依艺任隋朝巩县令，便落籍为巩县人。杜甫对国史、家史都很熟悉，故心中对夷陵（即硖州）怀有特殊感情。

杜甫像

　　杜甫所处之世是大唐帝国。安史之难后，军阀混战，藩镇割据。杜甫饱经战乱流离，在息影夔州（今奉节）两年多后，依然欲出川东下，施展抱负。此念与其好友郑审、李之芳有关。郑审原任秘书少监，此时离职，在夷陵（今宜昌市区）城外的南湖边，新建了一座庄园，意欲久居。李之芳为唐太宗李世民之玄孙，此时在荆州江陵。此番东下，到何处定居，杜甫早有打算。在这年（唐代宗大历二年，767年）秋天所作《秋日寄题郑监湖上亭三首》第二首中，杜甫称郑审人如晋代潘岳淡荣名，才比汉代贾谊还高，表示愿意和他作邻居，表明杜甫想在夷陵定居。此间杜甫与硖州（今宜昌）刺史刘伯华也有联系。刘伯华祖父刘允济与杜甫祖父杜审言都是武则天时的著名诗人，二人互相唱和，为诗坛好友。同年杜甫也写下《寄刘硖州伯华使君四十韵》③ 给予了刘伯华。

　　杜甫出川后，其弟杜观约他先到江陵，而其族弟杜位也在江陵。杜位是权

---

① 刘宝康：《杜甫与夷陵》，转引自刘开美等主编《宜昌历史述要》，湖北人民出版社，2005，第160-164页。
② 宜昌市档案局档案馆、宜昌市地方志办公室整理编辑《（清同治三年编撰）宜昌府志》，宜昌市档案局，2002，第560页。
③ 宜昌市档案局档案馆、宜昌市地方志办公室整理编辑《（清同治三年编撰）宜昌府志》，宜昌市档案局，2002，第941-942页。

相李林甫的女婿，李死受责后，连带受贬外任，在江陵当行军司马。唐代宗大历三年（768年）阴历正月末，杜甫乘木船离夔州沿江东下。船行共历一两个月以上，沿途多所停泊。船经夷陵曾在下牢戍渡口登岸，接受当地官员宴请，写下《春夜硖州田侍御长史津亭留宴》："北斗三更席，西江万里船。杖藜登水榭，挥翰宿春天。白发烦多酒，明星惜此筵。始如云雨峡，忽尽下牢边。"①同年三月，杜甫合家到达江陵，暂住在杜位宅内。

杜甫暂住江陵，而心却系夷陵。到江陵不久的三月，他就和李之芳等一起来到夷陵古城，在郑审庄园一道游览南湖，写下《暮春陪李尚书李中丞过郑监湖亭泛舟（得过字韵）》一诗，诗中写道："海内文章伯，湖边意绪多。玉尊移晚兴，桂楫带酣歌。春日繁鱼鸟，江天足芰荷。郑庄宾客地，衰白远来过。"同年四月，杜甫与宇文晁等友人重到郑湖泛舟。

正当杜甫对军阀逼颂、小吏轻视难以忍受而决心离去的时候，突如其来的事情发生了。李之芳于大历三年（768年）九月暴病突逝，而郑审被复任江陵少尹离开了夷陵。这样便断了杜甫安家夷陵的念想。于是，杜甫在同年秋，便离开了江陵，于当年冬季来到湖南。漂泊两年后，便在大历五年（770年）秋冬去湖南郴州投靠其舅父崔伟，却于途中病逝，年仅59岁。一代诗圣就这样辞世而去了。

2. 苏东坡宜昌存华章

苏轼，字子瞻，号东坡居士，眉州眉山（今四川眉山）人，生于宋仁宗景祐四年（1037年），卒于宋徽宗建中靖国元年（1101年）。苏东坡是继欧阳修之后北宋中期文坛的领袖，具有多种艺术才能，诗、词、散文创作"独步天下"，文学上也有着杰出的革新创造，与父苏洵、弟苏辙，同居"唐宋八大家"之列，被并称为"三苏"。苏东坡夷陵存华章，使他与古城宜昌结下一段深厚的情缘。

宋仁宗嘉祐元年（1056年），20岁的苏东坡与18岁的弟弟苏辙，在父亲苏洵的带领下，到汴京（今河南开封）应试。次年考后，时任主考官的欧阳修看到文章，对他"惊喜以为异人"，准备录为第一。但因当时试卷尚未揭名，欧阳修

---

① 宜昌市档案局档案馆、宜昌市地方志办公室整理编辑《（清同治三年编撰）宜昌府志》，宜昌市档案局，2002，第819页。

第十一章　宜昌古城的名人旧事

杜甫小憩之津亭（复建）

担心文章是自己的学生曾巩所作，为避嫌疑，就将此文作者取为第二名。这样苏东坡便未能金榜题名，但此间欧阳修心里却早已看出苏东坡"他日文章必独步天下"，并说"更数十年，后世无有诵吾文者"。足见欧阳修对年轻有为的苏东坡的器重和期望。就在苏东坡与其弟同取进士的这年，母亲程氏病故。于是他便随父赶回故乡居丧守孝。

嘉祐四年（1059年），苏东坡与弟弟苏辙又在父亲苏洵带领下，从眉州赴汴京受任。与第一次骑驴经长安到汴京赶考不同，这次，也是唯一一次父子三人乘船，沿岷江、长江而下，经嘉州（今四川乐山）、宜宾、渝州（今重庆市）、忠州，入夔州（今奉节），出三峡，至江陵，然后走陆路北上到达汴京，历时3个月（1059年11月至1060年2月）。其中，在舟行三峡时，苏东坡父子三人对峡中风物多有吟诵。到达江陵时，他们将百篇诗文集结为著名的《南行前集》。此集现存诗文80首（篇），其中苏东坡就写有诗42首、赋2首。《南行前集》在"三苏"文学历程中第一次系统吟咏了长江三峡，体现了其"有触于中而发于咏叹"的风格。而苏东坡的三峡诗则是其早期诗歌的代表作，堪称苏东坡诗歌创作的"光辉起点"。①

当舟行三峡进入今宜昌地段后，苏东坡三父子所写诗文，便成为留存宜昌的不朽华章。途经牛口滩时，正值明月当空，夜深人静。苏东坡关上窗户，准备入睡，忽然远远月光射进，他便披衣而起，放眼四顾，顿时逸心横飞，写下一首《牛口见月》②，记下此间见月的情景和感受。到归州后，他满怀激情又写下《屈原庙赋》。赋中通过对屈原之死价值的再判断，情感由悲转敬，并以"贤者畏讥而改度兮，随俗变化斫方以为圆"之句，切中"当世之过"。路过昭君村时，他咏史叹今，写下《昭君村》。以"人言生女作门楣，昭君当时忧色衰。古来人事尽如此，反复纵横安可知"，感叹兄弟取士名震京师的前景。当舟过兵书宝剑峡的新滩时，由于阻风，苏东坡三父子留住多日，从容之下，他又写下《新滩阻风》和《新滩》。舟行来到黄牛峡，他在欣赏黄牛岩风景时，写下《黄牛庙》，用讽刺的笔法，将这块无生命的石头与山下辛勤耕耘的黄牛对比，嘲笑黄牛神以虚妄的神力压榨无知的百姓。③舟至西陵峡中的明月峡，临江右岸便是蛤蟆碚，唐代陆羽品其水为天下第四泉。苏东坡在盛赞蛤蟆碚的形状与蛤蟆碚泉水妙用之余，写下一首《蛤蟆碚》。④经过三峡风物的领略品味与惊险航道的生命体验，将近两个月的三峡之旅行将结束。于是苏东坡又写下《出峡》，其中"入峡喜巉岩，出峡爱平旷。吾心淡无累，遇境即安畅"的诗句，表达了他泰然处之的生活态度。⑤

舟出三峡，来到夷陵（宜昌古城）。这里曾是苏东坡恩师欧阳修贬任县

---

① 胡德才主编《三峡文学史》，四川出版集团巴蜀书社，2011，第242、262页。
② 余学新注评《三峡诗词选》，武汉出版社，2006，第106页。
③ 胡德才主编《三峡文学史》，四川出版集团巴蜀书社，2011，第257-259页。
④ 余学新注评《三峡诗词选》，武汉出版社，2006，第104页。
⑤ 胡德才主编《三峡文学史》，四川出版集团巴蜀书社，2011，第259-260页。

令的地方。苏东坡感叹夷陵形胜，难忘恩师篇章，表达思念之情，写下《夷陵县欧阳永叔至喜堂》。① 此间，他还写了一首《题峡州甘泉寺》，缅怀姜诗夫妇，赞颂夷陵对岸甘泉寺所在地域百姓的纯朴，反映了他对和平安逸生活的憧憬。② 尤其值得回味的是，苏东坡三父子到夷陵后，慕名同游了"三游洞"。他们效法元、白夜宿，以《游三游洞》为题，赋诗纪胜，书于石壁。苏东坡的《游三游洞》③，透过天寒、苔滑、云深、无月的环境氛围，反映了他们携被宿洞的"不辞"之情。"冻雨霏霏半成雪，游人屦冷苍苔滑。不辞携被岩底眠，洞口云深夜无月"，探幽访胜何等执着。苏洵的《游三游洞》④，描述了天寒之中，二子宿洞，劝己离去的情景。"洞中苍石

三苏图

流成乳，山下寒溪冷欲冰。天寒二子苦求去，我欲居之亦不能"，流连忘返之情跃然纸上。苏辙的《游三游洞》⑤，将"三苏"此行与唐元和十四年（809年）春白居易、白行简、元稹三人始游相比况，道出了苏东坡"不辞携被岩底眠"和苏洵"我欲居之亦不能"的真谛。"昔年有迁客，携手过嵌岩。去我岁已百，游人忽复三"，碰巧唐宋两朝文人前后都是三人结伴同游此洞。正因如此，这一夷陵偏远山洞，便缘前后"三游"而得名"三游洞"。在这次探访

---

① 胡德才主编《三峡文学史》，四川出版集团巴蜀书社，2011，第260页。
② 余学新注评《三峡诗词选》，武汉出版社，2006，第104-105页。
③ 余学新注评《三峡诗词选》，武汉出版社，2006，第99页。
④ 余学新注评《三峡诗词选》，武汉出版社，2006，第93页。
⑤ 余学新注评《三峡诗词选》，武汉出版社，2006，第112页。

中，苏东坡还应洞中亭吏乞诗，而写下《游洞之日，有亭吏乞诗，既为留三绝句于洞之石壁。明日至峡州，吏又至，意若未足，乃复以此诗授之》。苏辙也以《三游洞》为题，另写诗一首。

苏东坡三父子此行，不仅给宜昌人民留下脍炙人口的诗篇，而且与宜昌人民结下了不解之缘。"彝陵多名山，彝山多名洞。三游最著名，喧传自唐宋。"清代龚绍仁的《龙洞歌》道出了其中的原委。①2004年4月28日，为纪念"前三游"1185年，宜昌市三游洞管理处故地承办了首届三游洞诗文吟赏会，笔者应邀参加，会间触景生情，默了首《吟三游洞》："乐天始游夷陵洞，引来千古诗潮涌。天地奇洞多幽宏，唯有三游领骚风。"如今，三游洞以其深厚的文化底蕴，成为全国重点文物保护单位。

3. 陆放翁游览宜昌景

陆游，字务观，号放翁，山阴（今浙江绍兴）人，是我国文学史上著名的伟大爱国诗人，仅一首绝笔《示儿》，就将其至死仍盼收复故土、统一祖国的强烈情感表达得淋漓尽致。陆游是我国古代创作诗歌最多的诗人，仅流传下来的诗篇就多达9300多首，在南宋前期享有盛名，位居"中兴四大诗人"之列。他的诗作具有现实主义与浪漫主义结合的艺术风格，被杨万里称为"重寻子美行程旧，尽拾灵均怨句新"。

陆游一生大致经历三个不同阶段，反映了他诗歌的创作道路。从宋孝宗乾道六年（1170年）到淳熙十六年（1189年）是他生活的第二阶段。乾道六年，陆游被起任夔州（今重庆奉节）通判，这年他46岁。陆游自家乡出发，沿长江而上，进入四川。他沿途游览大江两岸名胜，瞻仰不少历史古迹，了解当地风土人情，以日记形式写下一部优秀笔记散文《入蜀记》，留下诸多纪游诗歌。从这年起，陆游的诗歌创作日益频繁。一年多后，陆游来到宋金交界的南郑（宋时称兴元，今为陕西汉中），在四川宣抚使王炎幕中任干办公事兼检法官。不到一年，又随王炎调到成都，先后在蜀州、嘉州、荣州等地任

---

① 宜昌市档案局档案馆、宜昌市地方志办公室整理编辑《（清同治三年编撰）宜昌府志》，宜昌市档案局，2002，第749页。

第十一章　宜昌古城的名人旧事

职。淳熙二年（1175年），范成大任四川制置使，陆游为四川制置司参议官，两人诗酒交欢，陆游"不拘礼法"，致使有人斥其"颓放"，他索性以"放翁"为号，从此便得陆放翁号名。淳熙五年（1178年），陆游被孝宗召回临安。此后陆续在福建、江西、浙江等处做地方官。终因坚持抗金，借诗书愤，而深为当权者痛恨，而以"嘲咏风月"罪名遭罢黜，时年65岁。在这近20年时间里，陆游经历了前所未有的生活，对诗歌认识随之提高，"文章最忌百家衣"和"纸上得来终觉浅，绝知此事要躬行"等佳句，便是他"中年始稍悟"所获得的感言。此间，他的诗歌创作也达到新的境界，步入最为辉煌的时期。为纪念这一时期的生活和创作，陆游将自己的诗集定名为《剑南诗稿》。本来陆游与宜昌远隔千里，素昧平生，但就因他此间出入四川，往返三峡，途经宜昌，记下宜昌山川形胜，录下宜昌风景名胜，留下宜昌珍贵诗篇，便永远地与宜昌结下不解之缘。

陆游此行入川，从孝宗乾道六年（1170年）十月六日入今宜昌地界，过荆门十二碚，至峡州，泊至喜亭；过下牢关，泊石牌峡；过扇子峡，次黄牛庙；过鹿角、虎头、史君诸滩，泊城下；过达洞滩，泊马肝峡口；过东泠滩，入马肝峡，抵新滩；过白狗峡，泊舟兴山口；到归州，馆于报恩光孝寺；到十月二十日，过天庆观、业滩，离今宜昌地界，前后历时半个月。陆游在《入蜀记》中，逐日对所到宜昌这些地界的景物，逐一进行了记述描写，长达3127字。①这在历代文人墨客对今宜昌的同类记述中都是最完备的。陆游在描述宜昌山川时，既记其地貌形胜，又引证名诗、史籍，考证当地史事，还讲述其中流传故事。比如陆游进入宜昌地界第一天的记述就相当有代表性。文中，他首先对所经荆门十二碚，作了"皆高崖绝壁，堑岩突兀"的描写，发出"峡中之险可知矣"的感叹；过碚，又对所望五龙及鸡笼山作了"嵯峨正如夏云之峰"的描写。接下，他便对"荆门"称谓进行了考究，指出："荆门者，当以险固得名。碚上有石穴，正方，高可通人，俗谓之荆门者，则妄

---

① 陆游：《入蜀记》，转引自符号主编《宜昌文化揽粹》，湖北人民出版社，2005，第285-291页。

国博中陈列的放翁像

也。"认为荆门应该是因此地险固而得名，民间因磴上有高可通人的正方石穴而称它荆门的说法是错的。傍晚到达峡州（宜昌古城），船停在至喜亭。于是，陆游又对峡州印文字体演变和《至喜亭记》之事作了叙述。因前面对峡州印文字体演变之事已有叙述，这里就不具体展开了。当记叙《至喜亭记》之事时，陆游便指出《至喜亭记》为"欧阳公撰"，其文字为"黄鲁直书"，说明泊船处至喜亭中的《至喜亭记》是欧阳修所写，而文字则是黄庭坚所书。[1]仅此一日记述，写景抒情，考究叙事，皆在其中，使人们看后对峡州的山川形胜仿佛身入其景，对峡州的人文轶事也略见一斑。这一天天的状写，一日日的记叙，绘出一幅幅古代宜昌地域的风光画卷，录下一幕幕古代宜昌地域的风俗人情。

陆游此行入川，不仅在行船中领略了古代宜昌地带的山水风光，而且在驻足时游览了宜昌古城地带的风景名胜。在《入蜀记》中，他记载了自己晚至峡州，次游夷陵；过下牢关，游三游洞；过扇子峡，登虾蟆碚，观天柱峰；晚次黄牛庙，驻地观风情；舟上新滩，游江渍北庙，夜至江渍南庙；离新滩，过白狗峡，肩舆游玉虚洞；到归州，访宋玉宅；离归州，出巫峰门，过天庆观，观唐明皇、五代荆南高从让碑刻等诸多状况。宋时，峡州是小州，夷陵

---

[1] 陆游：《入蜀记》，转引自符号主编《宜昌文化揽粹》，湖北人民出版社，2005，第285-286页。

第十一章　宜昌古城的名人旧事

是小县，但这里风景秀丽，文化蕴深。因此陆游一到峡州夷陵，尽管停行仅一日，但他却兴致勃勃地游遍了古城胜景。到峡州后的第二天，刚见过知州、右朝奉大夫叶安行后，他便"以小舟游西山甘泉寺"。一见到这里的竹桥石磴，就"甚感幽趣"。他记述这里"有静练、洗心二亭，下临江，山颇疏豁。法堂之右，小径数十步，一泉，曰孝妇泉，谓姜诗妻庞氏也。泉上亦有庞氏祠，然欧阳文忠公不以为信，故其诗曰：'丛祠已废姜祠在，事迹难寻楚语讹。'又此篇首章云：'江上孤峰蔽绿萝。'初读之，但谓孤峰蒙绿萝耳；及至此，乃知山下为绿萝溪也。"其实，陆游这里着实误解了欧阳修，欧阳公所谓"江上孤峰蔽绿萝"是指"绿色的藤萝"，而并非指"绿萝溪"。游完甘泉寺，陆游"又至汉景帝庙及东山寺"游览，他虽有"景帝不知何以有庙于此"的疑惑，但却知"欧阳公为令时，有祈雨文在庙中。"他对"东山寺，亦见欧阳公诗。"他叙述东山寺"距望云门五里。寺外一亭，临小池，有山如屏环之，颇佳。亭前冬青及柏，皆百余年物。"游毕，陆游"遂至夷陵县，见县令、左从政郎胡振"。看到当年郡守朱虞部为欧阳公所筑的"厅事至喜堂"，如今"已焚坏。柱础尚存，规模颇雄深。又东则祠堂，亦简陋，肖像殊不类"。对此，他感到"可叹！"接着，他又发现"厅事前一井，相传为欧阳公所浚，水极甘寒，唯一郡之冠。井旁一楠，合抱，亦传为公手植。"到晚上陆游一行，"群集楚塞楼，遍历尔雅台、锦障亭。"他记述"亭前海棠二本，亦百年物。尔雅台者，《图经》以为郭景纯注《尔雅》于此。又有绛雪堂，取欧阳公《千叶红梨》诗，而红梨已不存矣。"[①] 陆游不仅对峡州夷陵的游览表现出如此浓厚的兴趣，而且对游览峡州其他地带胜景的激情也可谓跃然纸上！

陆游此行入川，除描述宜昌古城地带山川，游览宜昌古城地带名胜外，还写下诸多反映宜昌古城地带的诗篇。仅所收集到的相关记载，在往返宜昌古城地带中，陆游所写诗篇就有《过夷陵，适值祈雪，与叶使君清饮，谈括苍旧游，既行，舟中雪作，戏成长句，奉寄》《系舟下牢溪，游三游洞》、《三

---

① 陆游：《入蜀记》，转引自符号主编《宜昌文化揽粹》，湖北人民出版社，2005，第286页。

游洞前，岩下小潭水甚奇，取以煎茶》《舟出下牢溪》《扇子峡山腹有草阁小亭极幽邃，意其非俗人居也》《虾蟆碚》《黄牛峡庙》《泊虎头滩下》《过东灵滩入马肝峡》《晚抵新滩，留宿新安驿》《新滩舟中作》《暮次秭归》《饮罢寺门独立有感》《归州重五》《楚城》《屈平庙》《峡州甘泉寺》《峡口夜坐》《初发夷陵》[①]《憩归州觉孝寺》[②]《晚泊松滋渡口》《三峡歌》[③]《江上观月》《峡州东山》[④]，计24篇。陆游这些诗作，状物抒意，触景生情，故友叙旧，纪事感怀，是宜昌古城历史文化的奇葩，其中为宜昌古城百姓所熟知的，当是"陆游泉"。宗乾道六年（1170年）十月八日陆游领略了西陵峡口下牢溪风光，游览了三游洞，考究了洞中题壁。对此，《入蜀记》中做了详细记述："五更尽，解船，过下牢溪。夹江千峰万嶂，有竞起者，有独拔者，有崩欲压者，有危欲坠者，有横裂者，有直坼者，有凸者，有洼者，有罅者，奇怪不可尽状。初冬草木皆青苍不凋，西望重山如阙，江出其间，则所谓下牢溪也。欧阳文忠公有《下牢津》诗云：'入峡江渐曲，转滩山更多。'即此也。"于是陆游"系船，与诸子及证师登三游洞"。他们"蹑石蹬二里，其险处不可着脚，洞大如三间屋，有一穴通人过，然阴黑峻险甚可畏。缭山腹，伛偻自岩下，至洞前，差可行。然下临溪潭，石壁十余丈，水声恐人。又一穴，后有壁，可居。钟乳岁久，垂地若柱，正当穴门。上有刻云：'黄大临、弟庭坚、同辛纮、子大方，绍圣二年三月辛亥，来游。'旁石壁刻云：'景祐四年七月十日，夷陵欧阳永叔，'下缺一字。又云：'判官丁'，下又缺数字。丁者，宝臣也，字元珍。今'丁'字下二字，亦仿佛可见，殊不类'元珍'字。又永叔但曰：'夷陵'，不称'令'。洞外溪上，又有一崩石偃仆，刻云：'黄庭坚、弟叔向、子相、侄槃，同道人唐履来游。观辛亥旧题，如梦中事也。建中靖国元年三月庚

---

① 余学新注评《三峡诗词选》，武汉出版社，2006，第129-145页。
② 宜昌市档案局档案馆、宜昌市地方志办公室整理编辑《（清同治三年编撰）宜昌府志》，宜昌市档案局，2002，第905页。
③ 颜其麟编注《三峡诗汇》，西南师范大学出版社，1989，第24-25、162-163页。
④ 胡德才主编《三峡文学史》，四川出版集团巴蜀书社，2011，第286页。

第十一章　宜昌古城的名人旧事

三游洞处的陆游泉

寅。'按鲁直初谪黔南，以绍圣二年过此，岁在乙亥，今云辛亥者，误也。"①其实，黄庭坚本意是指日期，并非指年，不误，而陆游以为指年，属误评。陆游在游览三游洞时，曾到洞前左侧岩下小潭取水煎茶，写下《三游洞前，岩下小潭水甚奇，取以煎茶》②，"苔径芒鞋滑不妨，潭边聊得据胡床。岩空倒看峰峦影，涧远中含药草香。汲取满瓶牛乳白，分流触石珮声长。囊中日铸传天下，不是名泉不合尝。"正因为陆游称三游洞小潭中的泉水为名泉，并用它煎日铸名茶，于是，人们便称此水为"陆游泉"。时隔810年后的1980年，宜昌市文物部门对泉井进行了修葺。他们用条石镶砌井口，以雕花石栏相围，上覆半壁石亭，将陆游"囊中日铸传天下，不是名泉不合尝"诗句，镌刻在

---

① 陆游：《入蜀记》，转引自符号主编《宜昌文化揽粹》，湖北人民出版社，2005，第286-287页。
② 余学新注评《三峡诗词选》，武汉出版社，2006，第132页。

两边石柱上。从此,"陆游泉"景点,便成为陆游与宜昌人民结缘的永恒象征。

(二)名事风流

宜昌古城地带"名事风流"中最具代表性的当数嫘祖教民养蚕缫丝、关羽巡视夷陵点兵和郭璞寓夷陵注《尔雅》。

1. 嫘祖教民养蚕缫丝

嫘祖,又称累祖、傫祖、雷祖等。嫘祖是与黄帝齐名的"人文女祖"。司马迁在《史记·五帝本纪》中载:"黄帝居轩辕之丘,而娶于西陵之女,是为嫘祖。嫘祖为黄帝正妃,生二子,其后皆有天下:其一曰玄嚣,是为青阳,青阳降居江水;其二曰昌意,降居若水。"[1]这表明嫘祖是中华民族的伟大母亲,与炎帝黄帝一并为中华民族的人文初祖。

嫘祖处于新石器时代进入父系氏族社会时期。当神农氏取代包牺氏掌管天下时,中华大地生活方式便由渔猎为主向农耕为主转变。当时尚处母系社会。《庄子》称"神农之世""民知其母,不知其父,与麋鹿共处,耕而食,织而衣,无有相害之心"。这正是此间社会真实而生动的描绘。到神农时代后期,母系氏族社会便开始向父系氏族社会过渡。当炎帝问世后社会便进入父系氏族社会。黄帝与炎帝同处这个时代,自然嫘祖也就处于父系氏族社会时期。

嫘祖在中华民族初创时期做出了杰出贡献。这集中体现在其身后被封的"先蚕"和"道神"称谓上。

作为养蚕缫丝的发明家,嫘祖为解决人们穿衣问题,促进人类社会文明进化,作出了杰出贡献。1926年,在山西夏县西阴村所发掘的距今6000年—5000年前的民居遗址里,出土一个半截蚕茧。1958年在浙江省吴兴县钱山漾距今约4700年的新石器时代遗址里,出土一些由家蚕丝织成的绢片和丝带。1960年代在山西芮城县西王村仰韶文化晚期遗址,出土一个陶制蚕蛹。这一

---

[1]《二十四史·史记》(一),中华书局,1997,第10页。

切表明，中国蚕丝生产的起源，至少在距今6000年前。而进入父系氏族社会的炎黄部族已处于这一时代之中。因此古籍中所记载的嫘祖养蚕缫丝之事是可信的。

《通鉴外记》载，"西陵氏之女嫘祖，为黄帝元妃，始教民育蚕，治丝茧以供衣服，后世祀为'先蚕'"。所谓"先蚕"，就是蚕祖、蚕神。相传嫘祖发现野蚕在桑树上吃桑叶，吐出的丝结成了茧。她便将野蚕茧弄回家，发现抽出的丝可以织成绸，用绸可以做衣服。于是她把野生的蚕移到家中，采集野生的桑叶饲养。这样，野生蚕逐渐驯化成了家蚕，用家蚕茧治丝织绸，制作衣服。她把这种养蚕缫丝织绸的技术教给先民，更好地满足了穿衣的需要。随着人类对衣着需要的日益增长，人们便通过人工种植桑树，养蚕的规模随之扩大。在商代甲骨文中，已经有桑、蚕、丝、帛等文字记载，表明当时的桑蚕丝织业已有相当发展。正因为嫘祖教民养蚕缫丝，以致"男耕女织"成为中国农业社会几千年的典型生产方式。因此历代官府和民间都隆重祭祀先蚕，以祈求桑蚕丝织业的兴旺发达。

但最初所祭祀的只是一般的先蚕，即便到魏晋南北朝时，北魏所祭祀的先蚕也只是黄帝轩辕氏，直至北齐、北周时方才以西陵氏作为先蚕来祭祀。当时皇家始祀嫘祖为"先蚕"。此后嫘祖便成为中国的蚕神，享受历朝历代朝廷的大祭。北宋文宗欧阳修在其主编的《后唐书》中就载有祭祀"先蚕"西陵氏的礼仪规范。从此作为先蚕，西陵嫘祖享誉海内外。大韩民国《东亚日报》1993年5月12日题为"恢复停了85年的先蚕节"报道：1993年5月16日，庆祝汉城定都600周年的活动中，恢复先蚕节，以祭祀中国的西陵氏。

嫘祖不仅教民养蚕缫丝，而且还辅佐黄帝，巡倖九州，为开创中华基业，尽心尽力，终因积劳成疾，病逝在南巡途中，被葬在南岳衡山西陵路上，其墓地在《湘衡稽古》中称嫘祖峰。嫘祖逝世后，黄帝敕封她为行神，亦称道神。对此，《集韵》载，"黄帝娶西陵氏女，是为嫘祖。嫘祖好远游，死于道，后人祀之为行神。"古代交通不便、信息不畅，因此出行尤其是远行被人们视为大事。为保旅途平安，每当出行之际，不仅要选择黄道吉日，还讲究送行、饯行、护行，并祈求神灵佑行。后世尊嫘祖为行神、道神而对其祭祀，正是为"求道路之福"。

作为西陵之女，嫘祖的故里自然在西陵。而西陵又在何地呢？对此学界有不同见解。宜昌研究嫘祖文化已有30多年时间。作为代表性的专家，曾继全先生以历史文献为依据，以考古资料为佐证，以历史传说为线索，考证了今宜昌市域是远古西陵的中心地带，因此嫘祖应该是宜昌人。

《史记》中有关西陵之女嫘祖的记载，就是嫘祖故里依据的历史文献。但古代注释者对"西陵"地望的注释却并非在今宜昌市域。如前所述，宋代裴骃在其《史记集解》中就引徐广的话说，西陵"属江夏"。而唐代张守节则在其《史记正义》中引括地志的话说，"西陵故城在黄州黄山西二里"。为辨真伪，曾继全专程到黄冈、黄州进行实地考察并写下《鄂东南行西陵考》。实地考察得知，黄州西二里从古至今为长江水域；又从清光绪十年成书的《黄州府志》中查明，黄州"西陵"为"西阳"误刻。与此同时，又对全国称"西陵"的地名一一进行排查，并对宜昌市域古称"西陵"进行了考证。说明早在"黄帝布野"划九州时，就有八陵之说，而西陵便在其中。而由顾颉刚主编、谭其骧校订的《传说中的古代中国》图中，就标明西陵地域，是以今宜昌市域为中心，含渝东、鄂西、襄北、荆湘部分地域。而由刘晓东、王映曙、庄明英、孔庆章主编的《传说中的长江黄河中下游原始部落分布图》中，也明确把"西陵"标在以今宜昌市域为中心，汉水与长江之间的范围内。这表明，今宜昌市域处于当时西陵的中心地带，西陵之女嫘祖便生长在这片古老的土地上。

在历史文献考证基础上，曾继全又引考古资料进行佐证，还从民间传说中寻找蛛丝马迹。发现宜昌市夷陵区三斗坪黄陵庙的腰子埫，在黄牛山东麓海拔700多米处的悬崖上，有一洞穴。洞内宽阔，面临长江，洞门高30米，宽18米，洞深近千米。洞中有泉清洁可饮。相传黄帝、嫘祖曾在此洞住过，故得名轩辕洞。民国二十五年宜昌县志局编撰的《宜昌县志初稿》对此有记

第十一章 宜昌古城的名人旧事

载①。在距轩辕洞不远的杨家湾、青鱼背等新石器时代的遗址处，发现有大量距今5000—6000年的陶、石纺轮及骨针、骨锥等远古时期的纺织工具。经实地考察，还发现在西陵峡黄牛岩上的雾河，有代代相传的五色蚕种以及桑树堉。相传嫘祖教民养蚕，曾在这一带传授过缫丝之术。在宜昌市远安县的苟家垭一带，同样自古素有种桑、养蚕、缫丝的传统。千百年来，这里流传着许多嫘祖佑农养蚕缫丝的故事。尤其是当地所产垭丝，质量上乘，为历代贡品，行销海外。早在距今1400多年的北周，祭祀嫘祖已成国典，因此作为时属北周管辖的今宜昌市域祭祀嫘祖的历史十分悠久。《宜昌县志初稿》记载，在西陵峡口的西陵山上，明代建有西陵山庙②。至清代光绪末年，四川张道人扩建。庙内有灵宫殿、正殿等大小建筑10余间。山门正对宜昌古城，其上石匾刻有"西陵山"三个大字，为当时宜昌著名寺观之一。每逢农历三月十五日，举行庙会，祭祀先蚕嫘祖，直至民国二十九年（1940年）5月山庙毁于战乱后方才终止。20世纪90年代初，又在西陵山庙旧址上重建嫘祖庙。明代初年远安苟家垭也建有蚕神庙，祭祀嫘祖的香火连续不断，到新中国成立之初还举办过庙会。改革开放后，自80年代初以来又连续兴办庙会，至2016年改办成为嫘祖文化节。这一切表明，西陵之女嫘祖生长在今宜昌市域之说并非空穴来风。

1994年7月中华炎黄文化研究会、湖北省炎黄文化研究会和宜昌市人民政府主办，宜昌市社科联、宜昌市建委、宜昌市西陵峡口风景区承办，在下牢溪船闸招待所召开了"'94中华嫘祖文化学术研讨会"。这是全国首次专题研究嫘祖文化的学术研讨会。来自北京、湖北、湖南、四川的专家学者，中华炎黄文化研究会、湖北省炎黄文化研究会、宜昌市有关专家学者、有关部门的负责人，以及新闻界的代表等70人赴会研讨，提供学术论文、刊物、著作25篇（册、部）。会上有20人做了大会发言，交流了嫘祖文化的研究成果。其间还参观了新落成的嫘祖庙。会后编辑出版了《中华民族之母嫘祖》

---

① 宜昌县志局编《宜昌县志初稿》，宜昌县志局，1936，第345页。
② 宜昌县志局编《宜昌县志初稿》，宜昌县志局，1936，第351页。

嫘祖文化论文集

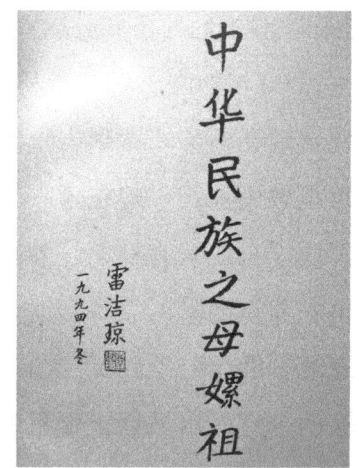
雷洁琼同志题词

一书，筹备成立了宜昌市炎黄文化研究会。从而推动了嫘祖文化的深入研究和传承发展。

2. 关羽巡视夷陵点兵

关羽，字云长，河东解县（今山西临猗西南）人，东汉末年逃奔涿县。当年刘备起兵，关羽和张飞相随。关羽勇猛过人，曾被曹操表封为汉寿亭侯。刘备占据荆州后，又被封为襄阳太守、荡寇将军，驻江北。刘备西进，诸葛亮与张飞、赵云率兵而上，留关羽守荆州。建安十九年（214年）刘备据益州，拜关羽董督荆州事务。此间，夷陵（宜昌古城）就在关羽的管辖之下。

相传关羽在留镇荆州时到夷陵巡视，曾在长江对岸山坡上点阅兵马。因长江流经夷陵时处南北向，人们便称长江对岸为河西。这样，关羽巡视夷陵点兵，也称"关羽巡视河西点兵"。后人为纪念关公此举，便将点兵之处称为"点军坡"。

清乾隆十一年（1746年），宜昌镇总兵陈纶首次为关羽点兵处立碑。光绪十一年（1885年）冬，宜昌镇总兵罗缙绅凭吊关羽遗迹时，再次为关羽点兵处立碑。新碑高2.4米，厚0.2米，宽1.15米，碑额高0.6米，巍峨壮观，镌刻的文字端丽清晰。碑正面刻有碑文，背面刻有一大草书"虎"字，因此得

第十一章　宜昌古城的名人旧事

名"虎字碑"。到民国时，碑侧面还刻有军人瞻仰后的题名。

如前所述，建安二十四年（219年）七月，关羽北上攻樊。孙权据此机会，以吕蒙病笃为由，露檄召吕蒙返还，并以不出名的陆逊取而代之。在陆逊麻痹下，关羽大安，无复所嫌，稍撤兵以赴樊。随即，孙权令吕蒙偷袭荆州，并占领夷陵至秭归，以陆逊领宜都太守，屯夷陵，守峡口。关羽自知孤穷，乃西保麦城。当年十二月于章乡被孙军擒而斩杀，身葬当阳，魂飞玉泉。

关羽魂寓当阳后，宋代前其坟墓一直是座孤零零的大丘。因为此间关羽还尚未步入武圣神坛。在《三国志》中关羽还是陈寿笔下一位叱咤风云的将军，尽管其重情重义到了封侯不易旧、重赏不动心的地步，[①]但并非是"忠义"的形象，更不在武圣之列。到南朝时才开始将关羽的"义"与"忠"联系起来。此后，有关三国的故事在民间流传不断。到宋代，三国人物已由民间艺人带上讲台或舞台。今三国故事最早的写定本，是元代至治年间所写。[②]关汉卿杂剧作品中，有歌颂关羽威武英雄形象的《单刀会》。[③]这说明此间关公的主要形象还在于威武义盛的"英雄"。尽管三国关羽故事，一直在民间流传；中国佛教也早已将关羽封为"伽蓝神"，但宋代以前关羽并未受到皇朝特别礼遇。至宋代朝廷才封关羽为"武安侯"。于是南宋后当阳便开始为关羽陵墓大兴土木。当元末明初罗贯中所著《三国演义》问世后，适应了明皇朝的政治需要，于是关羽的"忠义"形象方才初步确立，[④]此间，明朝廷封关羽为"武圣人"，进而又加封为"大帝"，致使《三国演义》以及关羽"忠义"形象流传甚广。在这种情况下，明朝成化三年（1467年），当阳县令黄恕便着手修建庙宇，以供人们春秋祭祀，至嘉靖十五年（1536年）再次大修，并始称"关陵"。[⑤]清代初年，《三国演义》重新修订，清廷十分重视，曾将之与四书一并

---

① 《二十四史·三国志》（三），中华书局，1997，第939-940页。
② 罗贯中：《三国演义（前言）》，人民出版社，1973，第1-2页。
③ 北大中国语言文学系中国古典文学教研室编《中国文学史纲要》，北京大学出版社，1984，第222-223页。
④ 罗贯中：《三国演义（前言）》，人民出版社，1973，第2页。
⑤ 屈鹏主编《走进宜昌游览新三峡导游词》，中国三峡出版社，2003，第139页。

当阳关陵中的关羽像

古城河西处的点军碑

译成满文,对关羽作为"忠义"楷模大加宣扬,封关羽为"忠义神武仁勇灵佑威显关圣大帝",使关羽集"神""圣""帝"于一身。这样,关羽的"忠义"形象与"武圣"地位被最终确立。当阳关陵从兴建、布局、到建筑风格诸方面的演变,都与关羽从将军到"武圣"再到"大帝"的过程相适应。关陵中建于早期碑亭屋面所盖的还是诸侯用的绿色琉璃瓦顶,而建于成熟期的正殿则冠以仅帝王使用的黄色和九排九行仿铜乳钉门,其他附属建筑物上的色彩配备也各有深意,既是其历史地位的标志,也是中国色彩上的典范之作。①

关羽忠义形象被确立后,不仅受到封建王朝的崇高礼遇,而且受到民间百姓的由衷敬仰,时至当今仍受到社会的广泛尊重。百姓乃至社会普遍崇敬关羽,其中的期待就在于"与人相处诚实,与事相谋适宜"的"关公精神",以体现对社会的责任心,对群众的关爱心,对自己的荣辱心,对行为的公信

---

① 宜昌市旅游局编《宜昌旅游导游词》,旅游教育出版社,2011,第185页。

心。这正是关羽忠义形象的基本内涵与合理内核之所在。

3. 郭璞寓夷陵注《尔雅》

郭璞，字景纯，河东闻喜（今属山西）人。郭璞出身名门世家，深受其父的熏陶和影响，从小喜好经术，博学高才，好古文奇字，妙于阴阳算历，精于卜筮之术，是东晋的文学家和训诂学家。东晋初郭璞为著作佐郎，后为王敦记室参军。王敦欲谋反，命其卜筮，郭璞谓其必败，而被王敦所杀。

郭璞与宜昌有缘。其父郭瑗曾任建平（今重庆市巫山县）太守。郭璞赴建平省亲后，曾一度寓居夷陵（今宜昌）。郭璞在夷陵时曾在孤山（今磨基山）结庐。《东湖县志》载："湖广通志谓：郭景纯结庐于此，基尚存，有一井一钟，呼曰郭道。"[①]讲郭璞在孤山结庐，还有遗迹尚存，因此孤山又称为郭道山。虽然郭璞寓居夷陵的时间并不长，但他在文化上的建树却十分显著。郭璞在夷陵的主要作为表现在三个方面：

一是注《尔雅》。《尔雅》是中国古代首部训诂名著，传为周公所撰，或谓孔子门徒释六艺之作，还有为秦汉儒者所编补之说。郭璞寓居夷陵期间完成了《尔雅注》《尔雅音》《尔雅图》《尔雅图赞》，集《尔雅》学之大成，为我国训诂学做出了杰出贡献。郭璞所注《尔雅》，被列入十三经注疏，足见其地位之高。

二是作《江赋》。郭璞寓居夷陵还留下一些诗赋，尤其所著《江赋》，其辞甚伟，为世所称。《江赋》描写长江源流、气势和奇景异物。全赋9个自然段，329句，结构宏伟，起伏跌宕，文辞华丽，是描写长江的瑰丽画卷。[②]其中"虎牙嵘竖以屹崒，荆门阙竦而磐礴"，讲虎牙山势陡峭险峻，荆门山门高耸庞大。这正是对夷陵（今宜昌）荆门虎牙两岸险要地形的真实写照。郭璞的夷陵诗赋是宜昌历史文化的宝贵财富。

三是度城基。郭璞是夷陵古城（今宜昌市区）的奠基者。《东湖县志》中

---

① 宜昌市史志办、夷陵区史志办、西陵区地志办校勘整理《（清同治三年续修）东湖县志》，宜昌市委党史（地方志）办公室，2012，第81页。

② 张忠民主编《郭璞与夷陵》，宜昌市炎黄文化研究会，2003，第190-193页。

有"今县城旧基传闻经璞相度"的记载。如前所述,宜昌古城地望有个演变过程。在漫长的地质演变中,今宜昌市区一带,曾长期处于江水之中。随着岁月流逝,南津关至磨基山一带的长江古河道,由于泥沙的淤积,便渐渐开始发生变化,以致今宜昌市区不断由北向南延伸。到六朝时先民们的生活区域方才开始进入今宜昌市区的中心地带。显然,这与《东湖县志》关于"今县城旧基传闻经璞相度"的记载是相符的。它表明,直至晋代郭璞寓居夷陵时,今宜昌市区还尚未形成城邑。郭璞是今宜昌中心市区的先民。相传郭璞来夷陵后,发现城中央地势低下"缺土",便把中州的土用车子运到夷陵来,对照阴阳的相背角度,垒建尔雅土台子,以抵消山川与五行不相符合的缺陷。这样,郭璞相度宜昌古城的故事便流传下来。但当时宜昌古城州县的治所仍在下牢溪一带的下牢戍。直至唐代贞观九年治所方才移至步阐垒一带,也就是县志中郭璞相度城基的地带,至此今宜昌中心市区掀开了变迁发展历史上的崭新一页。

郭璞不仅为我国古代文化做出了杰出贡献,而且为宜昌古城历史文化留下了宝贵财富,因此深受历代宜昌人民的景仰。宜昌人民为了缅怀郭璞,在古城西北隅建有尔雅台、明月台和洗墨池,就连邻近尔雅台的锁堂街也改为了尔雅街。历代名人骚客瞻仰郭璞注书遗址留下诸多诗文,《郭璞与夷陵》中所收集的诗赋就多达42首(篇),为宜昌历史文化增添了厚重的内容。

(三)名宦风貌

宜昌古城地带"名宦风貌"中最具代表性的当数张飞首任宜昌太守、袁崧登临孤山览胜和知州总镇童世彦、张忠孝、宗思圣为民建桥。

1. 张飞首任宜昌太守

张飞,字益德,涿郡人,年轻时,就同关羽一道追随刘备。关羽比张飞年长几岁,所以张飞对关羽以兄相称。当时,刘备与他们二人形影不离,恩若兄弟。张飞因破吕布勇猛,曾被曹操表封为中郎将。在当阳长坂之战中,刘备派他带20骑拒后。他据水断桥,瞋目横矛,叱咤曹兵:"身是张益德也,

第十一章 宜昌古城的名人旧事

可来共决死"，①吓得曹兵不敢靠近。从此，曹营称张飞为"万人敌"。

建安十三年，曹操占据荆州后，当即"分枝江以西立临江郡"。随后，曹操挥戈江东，发动赤壁之战。但在孙权、刘备联军的反击下，大遭失败。建安十四年，孙权表刘备为荆州牧。次年，刘备占据荆州后，便改临江郡为宜都郡。既定江南后，刘备任张飞为宜都太守、征虏将军，并封之为新亭侯。这样，张飞便成为宜昌古城的首任太守。张飞任宜都太守时，"治郡有声"。为扼守进入益州的峡江通道，他亲自在峡口筑台，擂鼓练兵。在《宜昌府志》中就有关于"张飞擂鼓台"的记载，讲"在三游洞顶，土人传飞守郡日督兵于此，今故垒犹存"②。为纪念这位宜昌古城的首任太守，1984年在三游洞张飞擂鼓台遗址边，竖立了"张飞擂鼓台"柱形石碑。在离石碑约2米处，由四川美术学院著名雕塑家郭选昌，塑造了一尊高6.4米、重百余吨的张飞巨型塑像。

刘备进入益州后，张飞与诸葛亮等沂流而上，分定郡县。当打到江州时，刘璋部将、巴郡太守严颜被张飞生擒。张飞呵斥严颜"大军至，何以不降而敢拒战？"而严颜毫无畏惧，应对张飞，激怒张飞。张飞命其左右将严颜推出斩首。但严颜脸不变色，镇定自若。张飞见此情景，便对严颜"壮而释之，引为宾客"。张飞所到之处都取得胜利，最后与刘备在成都相会。事后被任为巴西太守。曹操破张鲁占据汉中后，张飞率精兵万余人，与曹将张郃交战，将张郃战败。张郃引军还南郑，巴土获安。于是刘备称汉中王，张飞被拜右将军、假节。章武元年又迁车骑将军，领司隶校尉，进封西乡侯。

平时张飞善待士卒而对大夫骄横，爱敬君子而不恤小人。对此刘备经常提醒告诫他，但他仍然故态不改。关羽被杀后，刘备亲率蜀兵讨伐东吴，张飞带兵万人，自阆中出发到江州会合。结果在临行前却被部将张达、范彊所杀。张飞死后被追为桓侯。

---

① 《二十四史·三国志》（三），中华书局，1997，第943-944页。
② 宜昌市档案局档案馆、宜昌市地方志办公室整理编辑《（清同治三年编撰）宜昌府志》，宜昌市档案局，2002，第92页。

三游洞处的张飞巨型塑像

2. 袁崧登临孤山览胜

宜昌古城长江对岸有座山，今称"磨基山"。如前所述，磨基山同流经宜昌古城的长江是与生俱有的。就在距今3000—4000万年前新生代早第三纪，曾发生强烈的喜马拉雅山运动，于是青藏高原隆起，古地中海消失，长江流域普遍间歇上升。其上升幅度，东部和缓，西部急剧，逐步形成长江流域西高东低的地势，以致原来自北南流的水系而顺势东流。磨基山就是在这一地质变动中形成的。它海拔为219米，临江壁立峻绝，背脊南向倾斜，隔江视若金字塔，是古城邻近的制高点。此山孤峰独秀，最早被称为"孤山"。后称"郭道山""葛道山"，因郭璞、葛洪先后在此结庐、炼丹而得名。近代还有人称之为"金山"。孤山耸立江岸，历经沧桑巨变，阅尽人间春色，留下数不尽的传说。然而其中使之与人世结下不解之缘而又蓬荜生辉的数晋代郭璞、葛洪、袁崧在此结庐、炼丹、览胜。

袁崧，一作袁山松，字乔孙，东晋陈郡阳夏（今河南太康）人，祖乔曾随桓温伐蜀，封湘西伯，袁崧嗣爵，任吴国内史。袁崧少有才名，博学有文。善音乐，曾改作旧歌《行路难》，时称一绝。隆安五年（401年）孙恩攻陷沪渎垒（今上海青浦东北），被杀。袁崧曾任宜都郡（宜昌古城）太守。在任时游览所辖各县，写有《宜都记》。其间曾从南侧登上夷陵古城孤山山岭，"岭容十许人，四面望诸山，略尽其势"。他"俯临大江，如萦带焉，视舟如凫雁矣。"①事后他将登临孤山览胜感受记入《宜都记》中。清代《东湖县志》中对此也有记载。袁崧的夷陵之作《宜都记》，在中国古代文学史上地位非凡。钱锺书先生曾在《管锥篇》中称，山水记"终则附庸蔚成大国，殆在东晋乎？袁崧《宜都记》一节足供标识。"钱先生认为，袁崧以前写山水的都是附带的，山水记独立成篇的，首推《宜都记》。就是说，袁崧的《宜都记》是我国古代最早的山水记，对后来的山水记都有影响，《水经注》所写"三峡"成为名篇，即吸收《宜都记》的写法而再加以发展变化的；柳宗元的《永州八记》也是吸取了《宜都记》好的写法，结合实际，再加以变化，有创造，有丰富，而成为山水记的名篇。②

袁崧与郭璞、葛洪三位晋代名士的孤山情缘，在给千古孤山增添人文称谓的同时，还为古城夷陵（今宜昌市区）留下胜迹。历代名人墨客争相攀缘登顶，吟诗作文，仅《宜昌府志》上记载的诗篇就有11首。这些诗篇的作者在领略孤山风光之中，触景生情，怀念故人，感叹人生，使孤山的人世情缘传承延伸，文化积淀增厚添彩，成为宜昌古城历史文化的重要宝藏。

3.知州总镇为民建桥

位于今宜昌中心市区夷陵大道上，有座横跨太平溪的桥，叫万寿桥。它饱经古城历史沧桑，是宜昌市区数百年历史变迁的重要见证。

据资料可考，万寿桥从建至今，兴建、重建、加固、扩建达8次之多，数易其名。该桥原为石桥，为明代夷陵知州童世彦所修。童世彦是四川荣县人，明代万历二十四年任夷陵州（今宜昌）知州。在任期间童世彦"举孝廉""修废举坠""常建桥以利涉"。此桥就是他在任时所修，"民因以童公名其桥"，叫"童公桥"。到清代总镇张忠孝再修此桥。张忠孝，字双全，河南洛阳人，

---

① 郦道元：《水经注·江水》，岳麓书社，1995，第502页。
② 《古代散文鉴赏辞典》，农村读物出版社，1987，第204-206页。

行伍出身,历任辰州副将。康熙二十七年武昌发生兵变,张审时度势采取相宜措施,不过一月,全城便恢复秩序。入城誓师时,不仅秋毫无犯,反而在百姓附近自己安顿。随即便被提拔为夷陵总镇,并授为终身职务。张上任后,"整饬军民,宽严并济,凡庙学、城郭、沟塗、桥梁诸兴作,皆衰俸倡修。岁小旱涝,即率属筹划补助,赖以全活者甚众"。受到百姓赞誉。张忠孝在任7年后便在夷陵去世,经过其墓地的都为之流泪,因此称其墓碑为"堕泪碑"。此桥是他在任时再修的。修好后,改名"太平桥",寓意给百姓带来太平。其后,此桥又被重修,组织修建者是夷陵知州宗思圣。宗思圣,字希礼,顺天大兴人。他担任夷陵知州时,"强教悦安,和易近人,尝建万善桥以济民,修六一书院以课士,剔弊除奸,不遗余力,士民戴若父母"。桥修好后改名"万善桥",寓意要为百姓多做善事。①为官之人,只要为百姓多做好事,百姓就会记住他们。因此在《宜昌府志》中,为童世彦、张忠孝和宗思圣,都写有传记,使宜昌古城人民永远铭记他们的事迹。

  时至现代社会,万寿桥也进入新的时期,称谓仍叫"万善桥"。20世纪30年代初期宜昌至武汉之间建成"汉宜公路"。随着公路开通,万善桥也被修建成长10米、宽5米的石拱桥。但不幸的是日军侵占宜昌时该桥被炸毁。其后又经改建而成为木桥。新中国成立后,为适应宜昌市区内外交通需要,于1952年10月10日,又废弃木桥,着手修建长22.5米、宽9.1米的中型桥梁。桥的上部结构为水泥混凝土桥面,设有护栏;下部为联合基础"U"型桥台。工程于1953年1月竣工。从此便改万善桥为"万寿桥",既为万善桥之谐音,又取吉祥、永久之寓意。到1961年,又对万寿桥进行了加固。进入20世纪90年代,对万寿桥再重新进行了扩建。作为宜昌市区纵向主干道夷陵大道上的重要桥梁,万寿桥再次焕发青春,发挥了不可替代的作用。

---

  ① 宜昌市档案局档案馆、宜昌市地方志办公室整理编辑《(清同治三年编撰)宜昌府志》,宜昌市档案局,2002,第565、569-570页。

第十二章 宜昌古城的风景名胜

第十二章　宜昌古城的风景名胜

宜昌古城历史悠久，山水秀丽。自然风光与人文景观丰富多彩。其中最具代表性的还是数"夷陵八景"。夷陵八景，是宜昌古城集自然风光与人文景观于一体所形成的八大景观，史志中称之为东山图画、西陵形胜、雅台明月、灵洞仙湫、三游雨霁、五龙烟收、赤矶钓艇和黄牛棹歌。这八大景观集中体现了古城宜昌的城、峡之形，古洞之幽，尔雅之蕴，农、渔之俗和黄牛之势，是宜昌古城风光胜景中的代表作。

一、古城西陵形胜

"东山图画""西陵形胜"，都是展示宜昌古城山川形胜的平台。"东山图画"展示的是宜昌古城的地域形态，而"西陵形胜"展示的则是西陵峡口的地域特征。

（一）东山图画

东山为城枕，环带绕江左，是宜昌古城地带的制高点，面三峡而背荆门。东山距古城东门外5里，其山蜿蜒向东，山象为木，木旺于东，从此生火，生土，生生不已，为古城之主镇。东山是宜昌古城巅览江山形胜、领略古城画景的最佳之地，因此被誉为"东山图画"。唐代在其上始建东山寺。登山四望，面大江对岸葛道诸山，俯视江流，皆在襟带。明嘉靖二十七年（1548年）夷陵知州童世彦重修东山寺，郡人王篆载有此事。因年代久远，到清初曾予修缮。时任彝陵镇总兵刘业溥复修东山寺，在寺前兴建七层览胜楼，也有碑记。而到清末仅存东山寺后楼一栋。光绪八年（1882年）春，宜昌府曾集资重修览胜楼，但未竟即止。光绪十二年（1886年），宜昌镇罗缙绅旧事重提，得到乡绅、百姓热烈支持，"富者效财，贫者效力"。工程八月开工，年底完工，"飞阁流丹，屹然胜迹"。

府志中的东山图画

时任督修工程委员、湖北候用州判刘树仁为此写下《重修览胜楼记》碑文。

宋代欧阳修贬令夷陵时不止一次游览东山寺,写下《冬后三日陪同丁元珍游东山寺》《初晴独游东山寺》。诗中写道:"翠鲜苍崖生古木,绿萝盘石暗深溪";"地僻迟春节,风清变物华",[①]描绘了东山的物景,叙述了东山的节候,展示了东山的生机活力。陆游入蜀驻足夷陵时也游览过东山寺,除在《入蜀记》中有记载外,还写下《峡州东山》。在《入蜀记》中,陆游写道:"寺外一亭,临小池,有山如屏环之,颇佳"[②],叙述了东山的形胜。自欧阳修、陆游之后,东山名声大噪,历代名人雅士到东山来游览的络绎不绝,写下的诗篇仅《东湖县志》记载

[①] 宜昌市史志办、夷陵区史志办、西陵区地志办校勘整理《(清同治三年续修)东湖县志》,宜昌市委党史(地方志)办公室,2012,第355、387页。

[②] 陆游:《入蜀记》,转引自符号主编《宜昌文化揽粹》,湖北人民出版社,2005,第286页。

第十二章　宜昌古城的风景名胜

的就达47篇。① 明代陈禹谟在《东山寺》中写道："啸侣游东山，登眺日初起。且歌且衔杯，探奇恣所履。极目心俱远，四面皆红蕊。人言春日佳，素秋亦可喜。谢安来往间，王维图画里。"清代王定安的《东山寺》曰，"蔼蔼东山巅，悠悠图画里。密密众林环，峩峩

东山寺览胜楼

飞栋峙。上控西陵峡，下带湖南水。万壑远朝空，群山摇逦迤。"雷春沼的《东山寺》云，"招提凌绝巘，种磬晓云开。薙草知何代，拈花尚有台。天随湘树尽，山抱蜀江来。老衲头如雪，团蒲历劫灰。"陈嵩极的《登东山寺》讲，"薄暮踏寒雨，攀跻到上方。迷离江郭白，惨淡野云黄。擐甲开边垒，舆尸载国殇。廿年安户牖，阴雨莫相忘。"陈士望的《东山寺》说，"峻峋山寺近城东，杖屐追随御晓风。峡日初融舟历历，江烟忽结树蒙蒙。花兼酒晕春愁减，茗带香清夜话同。偶尔招寻成信宿，挥毫题壁气如虹。"朱凤翥的《东山寺避暑》吟，"暂远尘氛梦，来眠佛子居。一篷新雨后，万亩插秧初。避热原非雁，弹缴岂为鱼。枯禅容我懒，心地湛清虚。"马一德的《东山寺》载，"晴春来古刹，四望野云开。袅袅溪边柳，飞飞岭上梅。残碑余鸟篆，顽石点苍苔。凭吊情无极，诗怀在酒杯。"杨振世的《登东山寺》道，"信步东山上，凭高眺远村。云连奔峡口，烟合锁荆门。北涧归青鸟，南湖漾白鹥。疏钟林外出，幽响答清猿。"周维经的《东山寺》曰，"春色凝孤嶂，韶光入翠微。芒鞋踏路湿，溪鸟破烟飞。扫榻云生石，敲钟月到扉。老僧性情定，留客采山薇。"李开科的《东山寺》云，"禅门高自豁，谁向写

---

① 宜昌市史志办、夷陵区史志办、西陵区地志办校勘整理《（清同治三年续修）东湖县志》，宜昌市委党史（地方志）办公室，2012，第293-401页。

雄文。碧树栖黄鸟，青山走白云。樵歌幽谷应，牧笛梵宫闻。大啸空天地，开襟对夕曛。"陈尔鼎的《东山寺》说，"归来自分老幽岑，古寺秋高一杖寻。峡口云封樵路隐，荆门烟锁棹歌深。山僧频说当年事，江月应知此夜心。度岭松风听欲尽，间敲清磬伴孤吟。"杨嗣昌的《督师西陵登东山寺》讲，"西陵十日雨初旸，岸帻登临又一方。江上数峰尖似蜀，墙头丛竹美如湘。频资警策飞戎幕，颇获佳音送帝乡。不似庐陵迁客意，故楼虽远亦何伤。"罗潜的《东山秋望》吟，"城东极目望城西，秋色平分处处齐。几点白云峰隐现，漫山黄叶路高低。楚江峡地玄猿啸，塞上风高宛马嘶。急暮寒砧催日落，徘徊岭上客怀凄。"赵汝扬的《新秋出郭游东山寺》载，"空斋闭户正歌商，出郭幽寻趁晚凉。茅屋几家山稻熟，陂塘十里藕花香。雁涵疏影横秋水，蝉咽残声送夕阳。更上东山凭一望，江天画意正苍茫。"萧绍祖的《九日登东山寺》道，"何处登临纵远眸，东山古寺足淹留。南湖几点残荷碧，西塞千山落木秋。此目高吟怀六一，当年盘石障飞流。徘徊还许邀新月，醉摘黄花插满头。"郭江的《代柬招友人重游东山寺》曰，"寺钟初动酒初醒，顾我游踪真似萍。古木苍崖春欲暮，青鞋布袜昔曾经。奇葩环砌呈新艳，好鸟当风理翠翎。莫惜幽寻频买醉，江山佳处共留停。"刘士璋的《登东山寺》云，"飘然天半划长风，万壑千岩远近通。峡口涛声来座上，荆门树色落杯中。遥看壁垒连三国，远忆烽烟斗七雄。回首可怜征战地，香林下界雨空濛。"张玉的《甲辰初冬王兰圃集饮东山寺即席留韵》讲，"小阳节后出郊关，古寺登临意自闲。屏影翠围三峡里，画图辉映两湖间。满村枫艳经霜厚，几岭梅香待雪攀。自是芳樽饶菊醴，酌来催韵写东山。"王永言的《甲辰初冬集饮东山寺》说，"幽情无处不相关，况复登临古寺闲。万里江涛碧落外，一帘图画白云间。梧桐叶老知谁种，月桂花香许共攀。他日鸡坛寻旧约，莫将此志负湖山。"王述堂的《东山图画》吟，"禅林高矗郭门东，隔岸层峰插碧空。楚水蜀云归眼底，江涛山月豁胸中。烟霞四面添诗料，图画千秋仗化工。最是昔贤题咏处，登临凭眺忆文忠。"马毓桂的《东山寺步壁上诸公原韵》载，"寺前图画仿荆关，点缀天然景一闲。滩影萦回青草外，溪光隐现绿萝间。访僧湖引东南去，留客竹邀左右攀。贪坐上方归且缓，晚霞晴拥对门山。"余文斌的《东山图画》道，"彝陵胜境注东山，翘首都从画里攀。蜀道三千环叠翠，荆门十二锁重关。云开城郭江天外，树隐人家紫翠间。偶坐林泉何所契，月明湖上一僧还。"罗启炳的《春日诣东山寺》曰，"春郊览胜出城东，望见禅关翠霭中。嫩柳疏烟新黛绿，小桃沐雨醉颜红。一縑图画轻匀雾，两镜湖光碧印空。客到徘徊凝眺久，闲寻方丈问玄功。"严登云的《九日登东山寺》云，"炊烟一片压江寒，绕郭人家画里看。缘岸轻帆连水白，满城古木醉霜丹。多栽翠竹迷高岭，疏种苍松露远峦。指点绿萝溪畔路，咏归不觉夕阳残。"林有彬的《早秋游东山用欧阳公独游东山韵》讲，"凉飔天未起，蝉影一林斜。傍郭罾鱼市，缘江卖酒家。年丰茅屋润，秋至荻芦华。远岫岚光霭，荒庭翠色加。僧厨烹活火，桂萼出清芽。归路香风度，马蹄踏藕花。"覃宏泽的《晴望东山》说，"凌厉晓钟清，喧喧林雀喜。开门望东山，遥见山光紫。"李鹄的《游东山寺》吟，"东山枕大江，迂回抱城郭。晓钟山半催，村烟袅寥廓。"林有席的《重游东山望县治形胜》载，"双溪环抱夹彝陵，城枕东山几再登。欲广千间万间厦，炊烟断处接层层。"

如此数量的诗篇，足见当年人们领略"东山图画"的热切场景。这些诗篇从不同年代、不同季节、不同时辰、不同气候、不同角度，描述了东山的自然风光，反映了寺庙的兴盛衰颓，展示了古城的民俗画卷，折射了宜昌的历史沧桑；流露了游者的闲情逸致，抒发了作者的心理感受，表达了诗人的审美情趣，寄托了人们的生活憧憬。这些诗篇所沉淀的丰厚历史文化，成为后人认识古城、追寻记忆、承传文化不可多得的宝贵资料。

（二）西陵形胜

西陵峡口，地处蜀山之尾，三峡之始，相传为古夷山，又称西陵。峡从川江来者数千里，层岩复嶂，日光一线，至此忽为开朗。袁崧在《宜都记》中载："自黄牛滩东入西陵界，至峡口百许里，山水纡曲，而两岸高山重障，非日中夜半，不见日月。绝壁或千丈许，其石彩色，形容多所像类。林木高茂，略尽冬春。猿鸣至清，山谷传响，泠泠不绝。""其叠崿秀峰，奇构异形，固难以辞叙。"①欧阳修在《峡州至喜亭记》中写得更为具体，他讲："岷江之来，合蜀众水，出三峡为荆江，倾折回直，捍怒斗激，束之为湍，触之为洑。顺流之舟顷刻数百里，不及顾视，一失毫厘与岸石遇，则糜溃漂没，不见踪迹。""彝陵为州，当峡口，江出峡始漫为平流。"②正如李白在《渡荆门送别》中所言："山随平野尽，江入大荒流。"③其分界线就在南津关，距古城西北15里。因西北有夷山，又因水至此而夷，山至此而陵，便将古城称谓"夷陵"。

三峡险峻出峡平缓的区位特征，正是西陵形胜最为奇特之所在。故此地素以"蜀楚咽喉"著称，为历代兵家必争之地。诸如三国时期，无论是刘备与诸葛亮确立跨有荆益、谋求霸业、振兴汉室战略的隆中对，孙权明确南荆之地、山川形便、国之西势的方略，还是曹操占据荆州后当即"分枝江以西立临江郡"的举措，都是为了"鼓行而西，占据楚关，大势弥广，渐规巴、蜀"。这里的"楚关"，就是史称"楚之西塞"的夷陵（今宜昌市区）。为争夺这一地带，曹、孙、刘之间屡兴战事，其中蜀吴夷陵之战对全局影响最大。由此可见，西陵形胜是宜昌古城的地缘所在。宜昌古城的变迁过程、变迁特点乃至变迁中所形成的文化，都受到这一地缘特征的深刻影响。

正因为如此，西陵形胜备受舟行三峡之人的关注。欧阳修在《峡州至喜亭记》中讲因为三峡如此险峻，"故凡蜀之可以充内府、供京师而佗用乎诸州者，皆陆出；而其羡余不急之物，乃下于水，若弃之然，其为险且不测如此"。同样，由于江水出峡开始平缓，"故舟人到此者，必沥酒再拜相贺，以为更生"。为方便行船人停留，并庆贺他们化险为夷，峡州（宜昌古城）太守朱庆基专门在古城江边修建了至喜亭，请欧阳修题记。④一时间此事被传为佳话，至喜亭也成

---

① 郦道元：《水经注·江水》，岳麓书社，1995，第502页。
② 宜昌市史志办、夷陵区史志办、西陵区地志办校勘整理《（清同治三年续修）东湖县志》，宜昌市委党史（地方志）办公室，2012，第420页。
③ 宜昌市史志办、夷陵区史志办、西陵区地志办校勘整理《（清同治三年续修）东湖县志》，宜昌市委党史（地方志）办公室，2012，第330页。
④ 宜昌市史志办、夷陵区史志办、西陵区地志办校勘整理《（清同治三年续修）东湖县志》，宜昌市委党史（地方志）办公室，2012，第420页。

第十二章　宜昌古城的风景名胜

府志中的西陵形胜

为古城一道景观。直至陆游入蜀驻足夷陵时，其船还停泊在至喜亭旁，这表明此间至喜亭仍屹立在宜昌古城江岸。对于舟人出峡时的这种心情，初次舟行三峡的苏东坡也有同感。他在《出峡》中写道："入峡喜巉岩，出峡爱平旷。吾心淡无累，过境即安畅。"①虽说诗人此间不是九死一生的感觉，但出峡后的安全通畅感倒是跃然纸上的。

西陵峡口是领略西陵形胜、饱览峡口美景的最佳地带。宋代欧阳修贬令夷陵离开后，仍思念夷陵的山山水水。他在《忆山示梅圣俞》中就回味过西陵形胜，诗中写道："其西乃三峡，崄怪愈奇富。江如自天倾，岸立两崖斗。"峡口风貌被写得栩栩如生。苏东坡在《至喜堂》中也写道："彝陵虽小县，自古控荆吴。形

---

① 宜昌市史志办、夷陵区史志办、西陵区地志办校勘整理《（清同治三年续修）东湖县志》，宜昌市委党史（地方志）办公室，2012，第291页。

胜今何用，英雄久已无。"流露的虽是对恩师欧阳修的思念之情，但对宜昌古城西陵形胜的地缘特征却铭刻于心。同朝代的刘柄在《入峡》中写道："江流曲折疑无路，帆影参差似有梯。见说西川频扰扰，捷音今已入封题。"诗人反映了当时入峡的情景与所闻的战事。到明代，雷思霈在《春兴》中写道："画船直上南津口，钓艇时来西塞东。"南津口就是西陵峡口的南津关，"画船直上南津口"，反映了春日乘船到南津关观赏西陵形胜的雅兴。他在另首《南津关用子美韵》中也写道："夜宿下牢岸，春游下濑船。一江争划石，万里忽开关。有客寻溪洞，何人共几筵。遥看明月峡，知在白云边。"诗中与前诗相呼应，具体记述了春游峡口，感慨西陵形胜，寻游三游古洞的情景。然而至清代后，西陵形胜"凭吊遗迹，断垒荒台，磷青火赤"。尽管如此，但"亦足资考镜而增流连云"。覃宏泽就在《南津口》中写道"南津荒寂甚，户里半蒿蓬。回望山俱合，安知楫可通。"反映了诗人对西陵峡口南津关的荒芜感受。郭相业在《夜泊南津关》中写道："此去关山路，迷蒙雾不开。江寒流雁影，壑响助猿哀。小艇孤身寄，轻装浪迹来。西川天下险，第一水云隈。"描写了诗人夜泊南津关时对西陵形胜的观感。严思潜在《西陵峡》中写道："彝陵形胜自西来，此日登临亦快哉。山脉远盘鹑尾束，涛声直撼峡门开。云连楚塞三千里，翠压江关十二倍。戈戟消沉溪水咽，雄图几辈出雄才。"记叙了诗人登临西陵峡口领略西陵形胜的快感和赞叹。饶世榘在《西陵形胜》中写道："江流触石浪成堆，带绕孤城实壮哉。山势远从烟际束，峡门高向日边开。累朝霸业埋焦壤，万古滩声走巨雷。天险由来籍人力，时清不必问雄才。"[①]描写了诗人对西陵形胜的感叹与对古往今来的感慨。

二、尔雅文蕴博精

"雅台明月"，是宜昌古城人民复修郭璞注《尔雅》经台所形成的盛景。《东湖县志》载，"尔雅台在城西北隅锁堂街。《图经》云，晋郭璞注《尔雅》处，旁

---

① 宜昌市史志办、夷陵区史志办、西陵区地志办校勘整理《（清同治三年续修）东湖县志》，宜昌市委党史（地方志）办公室，2012，第291-382页。

第十二章 宜昌古城的风景名胜

府志中的雅台明月

有明月台,前为明月池。""考璞为弘农太守判官,知世将乱,避地东南,或因此而寄寓欤;仰其父为建平太守,建平接宜都郡,或随父任而寄寓欤。""老金云,峡州旧城为璞流寓时所相度,就山川形势,分配五行,独中央地势卑下,于土德为弱,因自中州辇土至峡,相阴阳向背之宜,特建二台镇之。""旧即其上造亭馆,为登眺吟赏之区"。①

作为郭璞寓居夷陵注《尔雅》的遗迹,"尔雅台"早在南北朝时就已经见诸著述。此间南朝梁代任昉在其著述中就曾记载过尔雅台。② 宋代乐史在《太

---

① 宜昌市史志办、夷陵区史志办、西陵区地志办校勘整理《(清同治三年续修)东湖县志》,宜昌市委党史(地方志)办公室,2012,第23、108、449页。

② 吴省钦:《宜昌试院尔雅堂记》,转引自宜昌市史志办、夷陵区史志办、西陵区地志办校勘整理《(清同治三年续修)东湖县志》,宜昌市委党史(地方志)办公室,2012,第442页。

平寰宇记》中专辟"尔雅台"词条,讲"郭璞注尔雅于此台,故郡有郭雅台焉"①。说明郭璞注尔雅影响当地已成俗称。陆游入蜀驻足夷陵亲临遗址游览时还目睹过此台。《入蜀记》中载,"晚,既群集于楚塞楼,遍历尔雅台"。"尔雅台者,《图经》以为郭景纯注《尔雅》于此。"②这表明,直至宋代"尔雅台"不仅为著述所载,而且为文人所睹。明代后期前,尔雅台一直耸立于古城之中,时邑人雷思霈在《荆州方舆书》中就有"城西北隅有郭景纯注《尔雅》台,东有洗墨池,为景纯洗砚处,今其水尚黑"等记载。反映此间不仅尔雅台尚存,而且还建有洗墨池。但是"明季兵燹,两台皆圮",以致台荒池废,仅存踪迹。清代乾隆二十八年(1763年),重建尔雅、明月二台。咸丰九年(1859年),"权邑令刘升甫太守,始会集邑人","募资得若干缗,营堂为若干楹。轩牖洞达,绕郭四山,飞青泼翠,林木翳如,修竹婵娟。就其前凿池为半月;旁为斋舍,以处山长及生徒会课之所,月课凡几次。"通过重建尔雅便于墨池、六一并为古城中的三座书院。尔雅台系宜昌古城文脉所在,因此《东湖县志》对它的重建给予了很高评价,称"此郡人士知中央土脉,钟灵据胜,与前贤传注,共有千古。登台揽胜,其益概然于虫鱼琐屑皆关经学也夫"③。

郭璞所注《尔雅》被推崇至十三经之列,因此"雅台明月"更成为历代名人学士追崇尔雅文蕴的胜地,留下诸多诗文。仅《郭璞与夷陵》中所收集到的唐至清代12篇记文之外,还收集到宋至清代的诗赋32首(篇)。④就诗篇而言,多数为赞许郭璞为人、赞颂郭璞注经。诸如宋代王十朋《尔雅台》中的"隐迹江山郭景纯,学兼儒技术通神。虫鱼草木归笺注,何害其为磊落人。"清代顾槐《尔雅台》中的"景纯东晋表仪型,尔雅曾传此注经。取土中州培地脉,筑台西郭敞云屏。吟残风月摅怀抱,笔拓山川奇秀灵。注释不须

---

① 乐史:《太平寰宇记》,中华书局,2007,第2862页。
② 陆游:《入蜀记》,转引自符号主编《宜昌文化揽粹》,湖北人民出版社,2005,第286页。
③ 宜昌市史志办、夷陵区史志办、西陵区地志办校勘整理《(清同治三年续修)东湖县志》,宜昌市委党史(地方志)办公室,2012,第23、108、432、449页。
④ 张忠民主编《郭璞与夷陵》,宜昌市炎黄文化研究会,2003,第14-93页。

第十二章　宜昌古城的风景名胜

多怪异，虫鱼草木总方馨。"雷春沼《尔雅台》中的"月浸一池水，风高尔雅台。至今名宇宙，终古势崔嵬。地接层城近，窗迎列岫开。频年渐绛帐，岂有晋人才。"王国祥《尔雅台》中的"晋代郭景纯，遗经独抱者。何年寓夷陵，辛勤注尔雅。省识山川形，筑台城隅下。土脉取中州，仙灵见非寡。江赋诚淹通，亥豕辨真假。环绕广雅斋，月池水清泻。摩挲游仙笔，虫鱼苍苔惹。自从建安沦，铜雀无片瓦。斯文日再中，奕叶心藏写。西河一线传，九流资陶冶。千载此登临，迥异百年社。啸歌且衔杯，列檐银烛炧。想像公风流，出尘更潇洒。惆怅蔓草荒，台前少戏马。六代有遗音，才华真董贾。远追古作者，姬公卜子夏。"范学周《尔雅台》中的"台高瞰明月，蟾宫如金厥。西晋仰景纯，当年笔已绝。注疏十八秋，风雨几经歇。窗棂面江流，城北波光渤。残碣留钱徽，不与蟮蜞没。"饶敦裕《雅台明月》中的"流素西陵月，笺经北郭台。昔贤遗旧迹，奥义启元胎。皓魄骞书幌，清池宿斗魁。公超新学市，几辈咏仙才。"这些诗篇都属于这一类型。也有不少为感慨郭璞景遇、怀念郭璞注经。诸如明代陈禹谟《尔雅台对月》中的"尔雅台上书，皎皎台上月。对月好披书，披书邀皎月。景纯今往矣，我思更郁结。岂无游仙咏，尘网难超越。被发而设醮，胡乃自沦没。"清代敖启潜《明月池》中的"尔雅台前月，流光到墨池。台痕相映碧，犹忆注经时。"和刚中《尔雅台》中的"郭公编尔雅，挟册东南来。彝陵古城北，寻得注经台。"田钧《尔雅台吊郭景纯》中的"西晋陵夷后，苍生唤奈何。夕烽催玉垒，秋草掩铜驼。名士风流尽，将军跋扈多。高台试回首，凄绝旧山河。小住西陵地，平生著作豪。六经开别径，一命寄洪涛。术数言虽幻，奸雄气已挠。敢忘缄口戒，忠愤适相遭。"这些诗篇都属于这一类型。还有一些为感叹经台荒芜、赞叹经台复修。诸如元代詹同《尔雅明月二台》中的"尔雅台前草木疏，明月台前月影孤。试问当年著书者，二台留得此间无。"清代王基煦《雅台明月》中的"历朝栋宇掩蒿莱，典午犹留尔雅台。三卷书尊东晋上，一椽屋老北城隈。门临隘巷缘多曲，土运中州喜厚培。明月不言何处问，仅余池影共徘徊。"黄鹤鸣《新复尔雅台呈林平园明府》中的"疏经台圮半民廛，修复宁知有后贤。

蔓草和烟芰废砌，清池涌月上荒阡。未访隧巷斜斜入，且喜名区一一传。登眺漫劳增旧感，斯文如日再中天。"孙可钦《重修尔雅台》中的"赤马驱，红羊走，名胜大半成乌有。兴者废，废者兴，代谢茫茫空回首。忆昔景纯建台时，相彼五行中土宜。六艺笺注尔雅经，斐几文窗足清奇。风雨摧拆兵燹秋，地在台亡愁复愁。黄土一杯名士冢，碧草千古帝王州。世事沧桑东晋非，千八百年几劫灰。山河斜阳匆匆尽，岂有栋宇仍崔巍。东湖明府玄都客，大厦支成施讲席。构材度工土木兴，嗣而葺之补遗迹。君不见楚塞东望海天肃，台池榛莽且相属。登临长啸今古情，大雅还开一线续。"这些诗篇都属于这一类型。总之，历代名人学士所留下的诸多诗文为宜昌古城增添了厚重的文化底蕴。

三、古洞人文幽雅

"三游雨霁""灵洞仙湫"，同是领略古洞幽雅的胜境。三游雨霁的特色在游人诗文，而灵洞仙湫的特征则在佛道信事。

（一）三游雨霁

三游洞处蜀山之尾，三峡之始，为6亿年寒武纪形成的天然溶洞，距明清夷陵古城西北20里。洞背大江之左，面下牢溪畔，深十余丈，广亦如之，稍前列三柱，外则豁然轩开，上竦霄汉，下瞰深谷，翠屏前列，万丈壁立，残垒荒堑断续嵯峨，鹘吻猿啸，响震洞壑，每于雨歇云销，而潇飒潺湲之声，与洞中石鼓石钟相应，翛然意远。雨后初晴的三游洞下牢溪，江山如洗，空气清新，林木青翠欲滴，溪涧水流奔泻，飞瀑流泉，跳珠溅玉，景色壮观，被誉为"三游雨霁"，为历代文人墨客领略三游古洞景色的最佳境界。正因为如此，三游洞便成为宜昌古城闻名遐迩的人文古洞。据张忠民、冯万林主编《三游洞史话》中的初步统计，至清代吟书古洞的诗文多达138首（篇），镌刻在古洞中的石刻也多达65件。

第十二章　宜昌古城的风景名胜

府志中的三游雨霁

图中右上角为三游洞

"彝陵多名山，夷山多名洞。三游最著名，喧传自唐宋。"而唐代最早在今三游洞景区留下诗篇的是杜甫。唐代宗大历三年（768年）阴历正月末，杜甫携家乘木舟离夔州沿江东下，历时一两个月之上，沿途多有停泊，至夷陵渡口津亭小憩。津亭位于长江左岸下牢溪入江口附近，其上悬崖峭壁间有个古洞，就是其后被称为的"三游洞"，古洞处附身便可望到津亭。因硖州与夷陵治所曾在下牢溪附近的下牢戍，因此这一带设有渡口。杜甫小憩津亭，受到当地官员的盛情款待。他在酒宴之上，即席挥毫赋诗一首《春夜硖州田侍御长史津亭留宴》，"北斗三更席，西江万里船。杖藜登水榭，挥翰宿春天。白发烦多酒，明星惜此筵。始知云雨峡，忽尽下牢边"，表达了诗人舟出三峡豁然开朗的心境与船至夷陵侍御盛情的愉悦。此次杜甫一行驻足津亭，并不知晓山崖之上的这一古洞，更未登入古洞游览。但因杜甫驻足此地，留下墨宝，津亭已为今三游洞景区的重要景观，自然杜甫此行、此诗就成为与三游洞结缘的首位诗人、首篇诗作。

　　然而，使这个荒郊古洞得名喧传的则是继杜甫51年之后的"元白"三游。唐宪宗元和十二年（817年）一举平息"淮西叛乱"，致使被牵连的白居易结束了江州三年"天涯沦落人"的郁闷生活，次年十二月二十日接到诏书，由江州司马擢任忠州刺史。随即白居易偕弟白行简及家人溯江而上，于元和十四年（819年）三月十一日夜，行至夷陵（今宜昌市区）峡中，与由通州（今四川省达县）司马升任虢州（今河南灵宝县）长史的著名诗人元稹巧遇。白居易与元稹是挚友，志同道合，共倡新乐府，在文学史上并称为"元白"。自元和十年长安沣水一别，已有五年未曾见面。此次夷陵偶见心情分外喜悦。于是他们停舟夷陵，共叙友情。三月十二日，元白三人在峡江江面"将别未忍，引舟上下者久之，酒酣"之际，于西陵峡口崖岸之上发现一处奇洞，"初见石如叠、如削，其怪者如引臂、如垂幢；次见泉如泻、如洒，其奇者如悬练、如不绝线"。洞中"水石相薄，磷磷凿凿；跳珠溅玉，惊动耳目"。三人"爱不能去"，对此景"虽有敏口，不能名状"。当晚留宿洞中，"通夕不寐，迨旦将去，怜奇惜别，且叹且言"。知退（白行简）曰："斯境胜绝，天

第十二章　宜昌古城的风景名胜

地间其有几乎！如之何府通津，绵岁代，寂寥委置，罕有到者？"白居易曰："借此喻彼，可为长太息，岂独是哉？岂独是哉？"微之（元稹）曰："诚哉是言！矧吾人难相逢，斯境不易得，今俩偶于是，得无述乎？请各赋古调诗二十韵，书于石壁。仍命予（指白居易自己，笔者注）序而纪之。又以吾三人始游，故目为三游洞。"[①] 就是说元白三人各写了一首古调诗二十韵，白居易还被推作序以纪之。又因他们三人始游，故将此洞命名为"三游洞"。遗憾的是元白三人所赋古调诗二十韵均已佚失，有幸《三游洞序》却保存至今。尽管元白三人盘桓三日，但仍难舍难分，于是白居易以诗终之，为元稹赋七言十七韵相赠，感叹"未死会应相见在，又知何地复何年"。正是元白三人的游洞探幽得名三游之举，便成全了这名不见经传的荒崖古洞演变为文丰而蕴厚的人文名洞。

继元白三人的"前三游"之后，三游洞又出现了苏氏父子的"后三游"。宋代嘉祐四年（1059年），并列唐宋八大家中的苏洵、苏轼、苏辙三父子驻足夷陵（今宜昌市区）时也游览了三游洞。他们不顾隆冬岁末的天寒地冻、路险苔滑，顶雨冒雪来到三游洞，各赋诗一首，书于洞壁。夜晚苏轼、苏辙夜宿洞中，苏洵欲宿，因年迈体弱，两子苦求不让，只好依依而去。于是，三游洞名气愈胜。《苏东坡夷陵存华章》中对此已加叙述，这里就不具体展开了。在苏氏父子前后，欧阳修、赵抃、黄庭坚、陆游、范大成、王十朋等群贤毕至三游洞，在探访游览的同时，赋诗作文，挥毫题壁，为三游洞增添了丰厚的历史文化。文学家欧阳修贬令夷陵时多次寻游三游洞，游览中也夜宿洞中，留下弥足珍贵的三游洞诗文和壁刻。在《夷陵九咏》首篇《三游洞》中诗人写道："弄舟终日爱云山，徒见青苍杳霭间。谁知一室烟霞里，乳窦云腴凝石髓。苍崖一径横查渡，翠壁千寻当户起。昔人心赏为谁留，人去山阿迹更幽。青萝绿桂何岑寂，山鸟嘤嘤不惊客。松鸣涧底自生风，月出林间来照席。仙境难寻复易迷，山回路转几人知？惟应洞口春花落，流出岩前百丈

[①] 张忠民、冯万林主编《三游洞史话》，中国三峡出版社，2004，第4页。

溪。"距苏氏父子"后三游"36年，"苏门四学士"中的黄庭坚于宋绍圣元年（1094年），因"修神宗实录不实"罪被贬为涪州（今重庆市涪陵）别驾，黔州（四川彭水）安置。次年赴任途经夷陵时，与长兄、儿子一道，踏着前后三游足迹，"傍崖寻三游洞"，将三游洞的构造与景观在后其《黔南道中记》中做了翔实叙述，这次游览还在洞中留下了题名石刻。南宋诗人陆游游览三游洞的情形已在《陆放翁游览宜昌景》中做了叙述，这里也不具体展开了。此间，三游洞摩崖石刻琳琅满目，仅洞中现存壁刻就达18件。欧阳修景祐四年七月十日壁刻，独一无二，是宝贵的文物珍品。这一切奠定了三游洞作为人文古洞的基石。

到了明代，三游洞的品牌响亮，盛况空前。首先是各地名人题咏古洞不断，继而是本邑名人游览吟咏古洞，尤其是卓识官员保护古洞资源更成文化盛景。此间先后有19人赋诗19首、著文5篇、刻石2件。袁宏道、袁中道是享誉晚明文坛公安派的代表人物，而钟惺则是随后而起竟陵派的代表人物。他们题咏三游洞的诗文体现了他们的文学主张，成为展示"清新轻俊"之风的缩影。匡铎是明万历六年（1578年）贬任夷陵知府的山东胶州人。他将"岁久剥落，碑刻罔传"的唐白居易壁刻《三游洞序》重新碑刻于洞，兼跋志其始末，使这镇洞之宝得以传承。刘一儒、刘勘之、雷思霈，都是当时宜昌古城土生土长的名人，他们寻访题咏三游洞，更增加了一层乡土情怀，反映了三游人文古洞已为古城邑人所景仰。到了清代，从迁客骚人、守邦官吏，到隐者雅士来三游洞寻幽览胜的不胜枚举，一时间三游洞盛景空前。此间题咏三游洞的诗达42首，文5篇，石刻18件。其中，王世祯的《欲访三游洞不果》、刘大櫆的《游三游洞记》、罗宏备的《三游洞》、杨毓秀的《从王子寿先生入三游洞》、丁柔克的《三游洞题诗》、刘为桢的《重游三游洞》、王风世的《三游雨霁》、沈德潜的《题巴船出峡图》、王柏心的《下牢溪安济桥碑记》等诗文，都是较为优秀的文学作品。尤其《游三游洞记》，是桐城派代表人物刘大櫆的代表作，抒发了他浏览后对三游古洞的美感和对人生境遇的叹息，真知灼见、真情实感跃然纸上。其文作为历来传诵的名篇被20世纪60年代人民出版社收入《古代散文选》中。此间，三游洞石刻不仅数量多，而且文物价值高。尤其是古闽（今福州）人闺瑛，是迄今为止三游洞石刻史上唯一的一位女书法家。[①] 这些诗文、石刻成为三游洞珍贵的文化遗产，为三游人文名洞的盛景注入了新的活力。

（二）灵洞仙湫

石门洞，距宜昌古城西南40里，位于筐覆山（今宜昌市点军区联棚乡干溪村），因古洞豁然天开，旧有两石下垂如门而得名。因石门洞列岫丛青，龙潭仙湫，灵洞佛道，故为宜昌古城八景之一，而冠名"灵洞仙湫"，引来多方人士关顾，仅方志中就收集诗35首、文7篇，洞中现存较完整的碑刻12件，

府志中的灵洞仙湫

---

① 张忠民、冯万林主编《三游洞史话》，中国三峡出版社，2004，第57、92页。

加之残碑断碣、摩崖壁刻近30件。

"列岫丛青"为清代安徽书法家邓石如所书。正是这四个大字,形象地概括了石门洞周边的自然风光。"筐覆山"与孤山(今磨基山)相望。古传尧时大水,此山不淹,样似箩筐,故而得名。筐覆山又称高筐山、鸡笼山和文佛山。筐覆山地处武陵山脉石门系支脉中的余脉,山体呈现出三大岩层,石门洞在山体下岩层,洞宽76米,深75米,高22米,顶厚40米,洞中有洞,高而不危,深邃幽暗,潭深莫测,水不盈涸。上、中岩层中也有洞穴,山势陡峭却均可攀登,两边山岩绝壁上也有洞穴。但在干溪48洞中,石门洞空间居洞首之位,为5700平方米。筐覆山上、中、下三层洞穴连成一体。清代邓传密在《重建石门洞灵济殿并各殿启》中对此做了描述,文中写道:"重岩峣兀,高矗云表。如龙如虎,如狮如象之昂其首。上岩危檐,垂注如额,额左右坳,两瀑飞溅如眉。中岩两洞并列如目,高峰隆然对峙如耳。一岗锐上丰下,突亘目前如鼻,洞居岩下,巨口宏宣,灵乳启齿。"真可谓"群龙居之",惟妙惟肖。筐覆山四周群峰丛青,林木苍翠,鸟语花香,景色秀美,乃世外桃源一般。清代董镌翰在《游石门洞记》中这样描述:"俯瞰田畴,旁瞻崖壑,如肃罪,如云屏,山花野草,绀碧相生,绿树丛篁,苍翠欲滴,俗虑俱清尘凡都杳,辋川图画,桃园世界,皆不啻于身亲历之。"[①]作者将筐覆山景与唐代诗人王维晚年所隐辋川相提并论,足见此地风景不俗。

石门洞不仅周边列岫丛青,而且洞中龙潭仙湫。《东湖县志》载:"石罅中清泉流出,潴而为潭,冬暖夏凉。旁一小石洞,势蜿蜒如长龙,绕潭而昂起首,土人庙祀之,岁旱往祷,应念辄雨,又呼为灵洞。雷思霈所谓'群龙居之,零雨辄应'者也。夫山岩石穴,嵌空离奇,仅足供隐流搜剔,而兹洞能出云降雨,应居民之请,高泽下土,以卫其生,尤于祷祀为宜。"[②]清代聂定焜《偕王柳村游石门洞》中的"下有洞泉百丈深,老龙伏处无古今。飞腾莫测神

---

① 石文编《石门洞诗文抄》,长江文艺出版社,1997,第1、41、50页。
② 宜昌市史志办、夷陵区史志办、西陵区地志办校勘整理《(清同治三年续修)东湖县志》,宜昌市委党史(地方志)办公室,2012,第39页。

第十二章　宜昌古城的风景名胜

灵意，鳞甲森严谁敢侵。"饶世榘《石门洞》中的"洞天辟破一峰青，中有仙湫地最灵。谷应虺鸣泉助响，潭飞龙沫水余腥"①，都反映了石门洞中龙潭仙湫的情形。神话中龙能兴云降雨，而干溪地带却山多水少。当地百姓期待这里能够风调雨顺，于是又称石门洞为龙王洞，每逢天旱之时便在此祈神求雨。《夷陵州志》就有"岁旱，郡人以瓶取水求雨，无不感应"的记载。州志中还载有弘治六年（1493年）夏旱，知州陈宣诣洞祷雨时所写下的祭文和壁题。其中壁题写道："石洞何年凿，乾坤始有无。悬崖泉到滴，赤地润相符。五夜成三献，千金在一壶。看看震来坎，四野渐回枯。"②祷雨中的心之诚、效之灵跃然纸上。清代同治十三年（1874年）九月，宜昌遇上大旱，时任湖广督标水师驻宜武官、后任宜昌总兵罗缙绅也带人来到石门洞求雨，写下《石门洞龙潭祈雨记》，还刻碑立在石门洞外。记中写道："余驻此数载，闻每遇岁旱，于此间祈求雨泽，报应之速捷如影响，心仪其赫濯者久之。是岁夏日，旱魃为虐如火具烈，居民皆仰天号泣。余悯生灵之苦，而威福地之神，爰斋戒亲临，疏恳神佑，是日发雨部，越数日即大沛甘霖。"在洞中，罗缙绅见到僧人到龙潭汲水，为防不测，便制小艇一只，以供他们使用。正因为历代祈雨活动，便使石门洞龙潭在数百年中披上了神秘的色彩。

石门洞坐北朝南，恢弘宽敞，幽而不暗，洞前横山又像似天然影壁，实乃人间仙境。于是，早在宋徽宗时期，洞中就建有寺庙，时称龙王庙（见洞中所存雍正十年碑文），山门上刻有"洞天福地"4个大字。明代洪武八年（1375年），峡州枯旱，祷取潭水，立沛甘霖，刺史上闻，明太祖朱元璋"敕赐灵济"，于是洞中建起了灵济殿（亦称龙王殿）、真武殿（后称佑圣宫）、灵泉寺、观音殿等寺殿。至清代，据董镌翰《游石门洞记》中"统计前后左右楼殿寺宇共一十余楹，均在石门洞中"。由于石门洞奇特的形貌走向与佛事兴盛，元明时期全国著名的道人相继到此修炼。宜都张守清，号月峡叟，系

---

① 石文编《石门洞诗文抄》，长江文艺出版社，1997，第18、28页。
② 宜昌市地方志办公室、宜昌市夷陵区委史志办公室整理校勘《（明弘治九年刻本）夷陵州志》，《夷陵州志》整理校勘委员会，2008，第10页。

清末民初明信片上的石门洞

元代武当最著名的道士。延祐元年（1314年）元仁宗宣授张守清为"体玄妙应太和真人"。《湖广通志》称，"宜都张守清，号月峡叟，退隐此洞，精修上道，一日乘白鹤而去。"宜昌古城人称其为"张天师"，传他是神医，因其崇拜真武，故洞内原建有真武殿。他在石门洞修炼后，曾在洞壁上留下土书"月峡张仙到此"6个大字。其徒弟众多，直到清代还有道人来洞求仙。长阳饶世櫵的"我欲求仙访月峡，炼丹人去空剩亭"，就是其中的一例。清代咸丰六年（1857年）《重建石门洞灵济殿并各殿启》载，"西辽阳张三丰真人，云游环寓，契此灵山，遂开选佛之场，大启觉善之路。"张三丰来此洞修炼数日，引得明代翰林学士郭思温道人来洞求访，因未果遗憾而写下《石门洞》，"数字三丰手亲拓，隐跃银钩如濡发。我来洞口觅仙踪，无那龙湫雨苔滑。"清代唐秉意在《灵洞仙湫》中感叹"不住张三丰，谁识神仙府。"为纪念张三丰，在洞中最高处修建了"张仙殿"，张三丰便成为石门洞的主神。宜昌镇总兵罗缙绅平生尊崇张三丰，"每以不得见先生容貌为恨"。光绪十四年（1888年）九月，同僚将张三丰像从远道拓寄与他，罗缙绅如获至宝，将张三丰形象绘锓于石，刊于石门洞张仙殿龛前正中以垂不朽，并作《跋》刻碑竖于石门洞以志瞻仰，碑后还亲书了一个大的"寿"字，以表对张真人的敬仰之情。① 宜昌古城石门洞的信事为佛道合一。在新中国成立前的几百年间，每逢农历初九至十五日为张仙会，朝会者络绎不绝，所到香客"东逾长林，西连巴蜀，南蹑澧浦，北接武当"。② 每天有千人以上，从早到晚鞭炮声、钟磬声不断，成为宜昌古城佛道文化的风景线。

四、农、渔劳作风俗

"赤矶钓艇""五龙烟收"，同是感受农、渔风俗的实地。赤矶钓艇反映的是棹歌江面的扑鱼生活情景，而五龙烟收反映的则是隐于郊外的农作生活情趣。

（一）赤矶钓艇

捕鱼是宜昌古城百姓重要的劳作方式。每逢鱼期，西陵峡口以下，十二碚以上，渔民相率连综拍舷，令声震水面，连歌彻夜，形成一道捕鱼风景线。"赤矶钓艇"反映的正是古城三江地带渔民的生活风俗。赤矶处三江河道之中，面西坝而负北壇。矶咀插入江底，水势旋折纡徊，经至喜亭而会于大江。赤矶两岸居民业渔生涯，往来于洪涛巨浸中，叩枻击楫，天真豁露，携鱼就市，挈木盍提壶，相与共饮于赤矶之上，竹笛洞萧，川鸣谷应，好一派忙浸洪涛、闲矶洞箫的渔家风光。

"赤矶钓艇"渔俗文化为历代文人所关注。他们在领略古城这一独特风光之余留下诸多诗歌，《东湖县志》中记载的就有不少。③ 明代陈禹谟在其《赤

---

① 石文编《石门洞诗文抄》，长江文艺出版社，1997，第1、21、41-51页。
② 宜昌市政协文史委编《宜昌旅游史话》（第22辑），宜昌市政协文史委，2001，第102-103页。
③ 宜昌市史志办、夷陵区史志办、西陵区地志办校勘整理《（清同治三年续修）东湖县志》，宜昌市委党史（地方志）办公室，2012，第335-403页。

府志中的赤矶钓艇

溪》中写道:"迢迢望赤溪,溪水逝悠悠。宇宙何寥廓,我舟任遨游。独坐整钓竿,钓彼鲂与鳜。翘首望严陵,愿言溯长流。高风如可亲,于焉相夷犹。"赤溪汇入三江,在赤矶下游几里处。诗中反映诗人在悠悠溪水中乘舟遨游,独坐整钓竿,钓彼鲂与鳜的欢快情景。明代刘升在其《丝网浮鲨》中写道:"风雨暗烟汀,渔歌答杳冥。鳞飞千片雪,网乱一江星。白小供厨积,红肥满市腥。烹鲜谙食谱,不数五侯鲭。"诗中引言讲,彝陵正月,江中小鱼而出,圆身细鳞,长可五六寸,用丝网取之。过此育子则瘦削不堪食矣,即《诗》所谓鳡鲨也。又在其《鸣榔起汕》中写道:"峡口春涛涌,扬鬐鼓鬣来。跃舟翻素练,呷浪隐轻雷。细剖银丝脍,抹分匕首腮。家家开夙瓮,取次共衔杯。"诗中引言讲,三月春雨时至,水涨江浑,嘉鱼蔽塞而下。渔舠云集,举网鸣榔,美舠日获数十头,间有跃入舟中。霜刀雪落,堆积如山。亲朋置酒高会,头汕二汕以至三汕,殆无虚日。《诗》云:"烝然汕汕"即此。诗人在诗中叙述了古城春季捕鱼的情景与渔家丰收喜庆的场面。清代龙为纪在其《思汕鱼脍》中写道："烟雨横江出画图，桃花水涨汕春鱼。宵传棹里歌声冷，晓挂船头罾影疏。张翰临风思正切，冯驩抚铗叩方初。五侯雅欲调鲭鲙，溉釜持鬵幸有予。"诗中引言讲，峡江春深，桃花水涨，鱼随波汕子，万艇聚网取鱼，棹歌之声，通宵不倦，亦峡州诸景之一也。诗人在诗中展示了古城渔民通宵达旦、渔歌不息、万艇聚网的繁忙画面，由此引发诗人风尘日久，未遂胜游，而托诸怀想的感慨。

此外，诸如宋代欧阳修《离峡州后寄元珍表臣》中的"荻笋鲥鱼方有味，憾无佳客共杯盘"，赵抃《三游洞》中的"险碛恶滩知几许，晚来停棹问渔翁"；明代雷思霈《春兴》中的"画船直上南津口，钓艇时来西塞东"，文安之《江上四首》（其二）中的"数有鱼罾依白舫，更无酒幔帖青畦"，清代袁浩《峡城雨霁》中的"望里炊烟起，渔歌入翠微"，陈士望《西城闲眺》中的"云间孤岫看成塔，沙际轻舟望若鸥"，戈保泰《郭洲春望》中的"芳草出时连雨气，暮烟起处有渔歌"，杨溥《沙河野望》中的"渔棹远归千倾碧，樵歌高入数峰青"，严登云《秋日登平江阁远眺》中的"钓叟烹鱼烧荻火，芦林古渡几渔舟"和《连三桥》中的"访问矶头垂钓者，多栽翠竹傍岩栖"，严发祯《城西秋眺》中的"渔翁晚问西崖宿，红蓼丛中几钓舟"，林鸣莺《咏东湖物产》（桃花鱼）中的"花开溪鱼生，鱼戏花影乱。花下捕鱼人，莫作桃花看"，罗红备《峡中竹枝词》中的"九月鲟鱼上峡游，千钱一夜买矶收"，王大铠《杂咏物产》（桃花鱼）中的"不知鱼之乐，但觉桃花香。桃源问津者，从此多渔郎"，都从不同角度反映了古城渔文化，构成了古城渔文化的风俗画卷。

（二）五龙烟收

五龙山，位于大江西南，距古城15里。这里五峰连峙蜿蜒起伏犹如游龙一般。传说这一带是往时五龙奔江显现所成的。那时五龙搅得大江左岸人业不兴。有位江湖游士来到夷陵说起此事，扬言要想夺回好的风水，就得征服五龙。事后，人们施出一计，在五龙对岸的小丘上，背东面西建起了一座七级宝塔。每当太阳升起，塔身映入江中，宛如七节长鞭，正好打在五龙山上。从此五龙果真被顺服，左岸风水也渐好如故。其实，这塔始建于晋，为郭璞寓居夷陵时所建。因此塔出于天工而得名"天然塔"。这里为青草滩，滩对岸的五龙山，其左与葛道山（今磨基山）相峙，其右与执笏山相环，右下与烟收坝相望，上、下五龙溪水贯穿其中注入大江。当人们从溪而入时，仿佛身临桃源探武陵故事一般。其间村落参差，树林阴翳，凌晨薄暮，岚霞扑地，莫识津涯。迨清风徐起，微烟缥缈，独袅晴空，碧峰淡扫如黛，春华疏密，秋色丹黄，选胜者每低徊流连而不能置。

"五龙烟收"展示了五龙溪与烟收坝一带微烟缥缈的景象，反映了这一带隐于郊外农作生活的情趣。明清时期名人雅士多有结伴而行，来到这里游览江山盛景，观赏烟收气象，领略田园风光，写下不少诗篇。明代陈禹谟在《五陇山》中写道："我昔登五陇，而无烟与雨。放怀下渔矶，凭高眺远浦。泱

府志中的五陇烟收

第十二章　宜昌古城的风景名胜

漭垅外田，依微垅边树。愿言同心侣，相晤话靦缕。徘徊日将夕，衔杯不知数。"诗中描述了诗人结伴同游五陇山，远眺江景、田园、山林，友人相聚、长叙、畅饮的欢快情景。雷思霈在《泛舟至烟收洲冉家湖同王焦道人》中写道："泛舟五陇外，停舟烟收涯。沙干浪痕细，湖静山影移。石隙老昌歜，洲澳卧鸬鹚。白云出天上，大江轻风吹。云皱叠鱼鳞，江波吐蚕丝。南望荆门关，累累如拳持。北望西陵峡，隐隐如雾披。同游者谁氏？陟降不称疲。少室王子晋，东岳焦炼师。归帆风力疾，明月肃水湄。"诗中由近及远，自上而下，描述五龙山临江景致，状写五陇山临江形胜，栩栩如生，细致入微，好一幅五龙烟收画卷。清代唐秉意在《五陇烟收》中写道："家在黄叶村，五陇势联络。小艇钓归来，烟收月未落。平生慎风波，浪游非所乐。上水蜀道难，下滩虎牙恶。"诗中反映了五陇烟收月钓归的捕鱼情景。朱凤翯在《五陇山》中写道："陇上农桑荫绿肥，山城带郭望依稀。烟生万井光初暝，雨足郊原翠转微。牛背笛残邀夜月，柳塘花发隐鱼矶。闲来结侣登高处，一片苍茫对夕晖。"诗中描绘了五陇烟收中的田园风光，惟妙惟肖，趣味横生。景大任在《五陇山》中写道："朝见五陇烟，暮见五陇树。烟树两迷离，停骖不知处。"诗中将五陇烟收的朦胧景象描述得生动形象。吴士瑛在《五陇山》中写道："移情薄暮望江头，日落寒烟五陇收。樵客歌声沿谷去，青山剩有白云流。"诗中反映了五陇烟收闻歌声不见樵客影的情景，真实具体，使人有身临其境之感。[1]这些诗篇记录了当时五陇烟收的江山美景、田园风情，同时也为宜昌古城风俗文化积淀下厚实的底蕴。

五、黄牛山滩峻险

"黄牛棹歌"，为宜昌古城体验黄牛峡谷气势的场景，是西陵峡中自然与人文融为一体的最佳景观。

---

[1] 宜昌市史志办、夷陵区史志办、西陵区地志办校勘整理《（清同治三年续修）东湖县志》，宜昌市委党史（地方志）办公室，2012，第35、82、294-401页。

285

府志中的黄牛榨歌

清末明信片上的新滩

第十二章　宜昌古城的风景名胜

古时西陵峡素以险峻著称。峡中险峻地段诸多，但能称为险峻之最的当数"黄牛"。此段峡谷称"黄牛峡"，峡谷南岸重岭叠起，最外高崖称"黄牛岩"。此岩间有石色如人负刀牵牛，人黑牛黄，成就分明。此岩乃中华之奇石也。黄牛岩之下险滩称"黄牛滩"，滩中江湍迂回。船行其中，虽途径信宿，却犹望黄牛。对此，三峡古谣云，"朝见黄牛，暮见黄牛，三朝三暮，黄牛如故"。言水路纡深，回望如一，其奇险可想而知。而李白在其《由西陵上三峡》中的"三朝上黄牛，三暮行太迟。三朝复三暮，不觉鬓成丝"[①]，夸张至极，感受至深，但对黄牛山滩峻险的描述却是跃然纸上。只是如此险象再也看不到了，然而当见过晚清明信片上的新滩船景之后，倒是可以给人们带来某些联想。

在如此险峻之地，曾经有过一段神奇的传说。相传上古时，有12条孽龙飞到黄牛峡，化作座座山峰，挡住三峡出路，陷百姓于洪灾之中。为拯救苍生，玉皇大帝派大禹前来治水。大禹面对西陵峡中段高耸入云的大山，久凿不通，巫山神女见后为之感动，便要土星前来相助。于是土星化作一头黄牛，每晚助禹开山不止。黄牛举角触石，顿时山崩如雷，漫天尘土飞扬，倾泻汹涌澎湃。一日，神牛被惊，跃上山崖，便在石壁上留下一道黄色身影。从此，人们便称此崖为黄牛岩。清人胡渭在其《禹贡锥指》中称，大禹疏凿三峡前，四川鱼腹江是自奉节经长阳过宜都入江的。此间人们自巴入蜀，为避三峡之险，都经过此路。大禹疏凿三峡后，大江之水便经三峡过九江入东海。为纪念黄牛助禹开峡，先民曾在黄牛岩下的九龙山兴修了庙宇。

时光流逝，庙屡遭毁，历代修葺，传承至今。三国时，蜀汉军师诸葛亮曾率师过此，见庙貌废去，便加以重修。修后立下碑碣，题有《黄牛庙记》。文中写道，"仆躬耕南阳之亩，遂蒙刘氏顾草庐，势不可却，计事善之。于是情好日密，相拉总师。趋蜀道，履黄牛，因睹见江山之胜。乱石排空，惊涛拍岸，敛巨石於江中，崔嵬巉岏，列作三峰，平治滏水，顺遵其道，呜呼，

[①] 宜昌市史志办、夷陵区史志办、西陵区地志办校勘整理《(清同治三年续修) 东湖县志》，宜昌市委党史（地方志）办公室，2012，第287-290页。

非神扶助於禹，人力奚能致此耶？仆纵步环览，乃见江左大山壁立，林麓峰峦如画，熟视于大江重复石壁间，有神像影现焉，鬓发须眉，冠裳宛然，如采画者。前竖一旌旗，右驻一黄犊，犹有董工开导之势。古传所载黄龙助禹开江治水，九载而功成，信不诬也。惜乎庙貌废去，使人太息。神有功助禹开江，不事凿斧，顺济舟航，当庙食兹土。仆复而兴之，再建其庙号，目之曰黄牛庙，已显神功。"[1]诸葛亮用简洁生动的语言，描述了黄牛庙四周的江山形胜，赞颂了黄牛助禹治水的丰功伟绩，表达了复兴庙宇以显神功的虔诚情感。庙内庭院中有一株铁树，传为诸葛孔明所植。此树一直延续至今。曾在1983年时，这株铁树开了花，花期延续长达两个多月，在宜昌内外被传为佳话，也成为传承诸葛亮重修黄牛庙历史记忆的象征。唐代大中元年（847年），黄牛庙因庙毁宇破而又复建，复建后便改名"黄牛祠"。唐宋诗人白居易、欧阳修、苏东坡、黄庭坚、陆游等，均到此游，留下诸多诗文。北宋欧阳修贬令夷陵时，对庙再度重修，并将称谓改为"黄陵庙"，从此沿称至今。明代万历四十六年（1618年）冬，宜昌地方人士集资维修庙宇，建成禹王殿。禹王殿立柱36根，面阔、进深均为五间，高约15米，重檐九脊，黄瓦丹墙，庄重和谐。檐下匾额"玄功万古"为明惠王朱常润所题，边框浮雕游龙，飞金走彩，颇为富丽。檐下另一匾额"砥定江澜"为清爱新觉罗·齐格所题，装潢也极为庄重典雅。殿内圭形石碑，刊有《黄牛庙记》。庙后有泉，称"黄牛泉"，乾隆四十九年（1784年）甃石为池，聚泉极丰。光绪年间罗缙绅又对黄陵庙进行了修葺。罗缙绅，字笏臣，初名贺缙绅，后归宗复姓罗，湖南岳州平江人。同治七年（1868年）任湖广督标水师副中营总兵，光绪八年（1882年）秋兼管峡江救生总局局务，光绪十年（1884年）任宜昌镇总兵。光绪十六年（1890年）被湖广总督张之洞荐为湖北鸦片厘金税收总局督办。此人关爱宜昌名胜，是热心保护宜昌名胜古迹的知名人士。他在宜为官20多年，为古城名胜倾注心血。如前所述，镌《石门洞龙潭祈雨记》碑，再立关羽河西点兵碑，

---

[1] 宜昌市史志办、夷陵区史志办、西陵区地志办校勘整理《（清同治三年续修）东湖县志》，宜昌市委党史（地方志）办公室，2012，第419页。

第十二章　宜昌古城的风景名胜

重修东山寺览胜楼等，都是他为保护宜昌文物古迹所做的善事。光绪十二年（1886年）冬，罗缙绅率水师巡江，泊舟黄陵，"奉见庙祠，濩落荒岁"，便"倡出俸廉，鸠工修葺"。次年春工程竣工，立碑为纪。今山门和武侯祠皆系此次所修。修葺后的黄陵庙祠圣姿如故，"石马表道，象设焕采"。作为长江沿线最大的一座古庙，黄陵庙背靠青山，面临大江，虽饱经沧桑，仍气势雄伟。凡舟人上下，必舣泊江岸，祷祀而祝，醨酒屠豕，鼓冬冬弗绝，而欸乃竹枝之声，络绎响应，信峡中胜概。

尽管黄牛峡滩险水急，但却是鲟鱼溯游而上、顺流急下之处。这自然与鲟鱼的奇特习性分不开。上亿年间有种生活在长江口外浅海之中的成年鲟鱼，其产卵却要洄游至长江上游的金沙江。正是基于其往来于淡咸水域、洄游故乡的特点便被称为"中华鲟"。每年夏秋季节，成熟的中华鲟从上海吴淞口进入长江，紧贴河床，逆流而上，迁往故乡水域，栖息繁殖。这样，黄牛峡便处于中华鲟的旅途之中，时至夏秋鲟鱼颇多。于是，黄牛峡一带的水泛急处就成为宜昌古城渔民捕捉鲟鳇鱼类的主要场地。此间，人们将捕鱼器械藏入

清代修葺后的黄陵庙

水底，待鱼入彀，久而后疲，方才用叉。这时只见渔人跨到鱼背，把粗绳系入腮处将鱼拖起。用这种方法所捕得之鱼大过千斤，小也有二三百斤。兴奋的渔民放声高歌，歌声在滩险水急的黄牛峡谷中回荡。"黄牛棹歌"便成为宜昌古城的一道风景线。

第十三章
宜昌古城古迹寻踪

第十三章　宜昌古城古迹寻踪

随着沧桑变迁，宜昌古城早已荡然无存。但在以往的岁月里却留下诸多图片与诸多故事，为寻找古城的历史记忆提供了宝贵的资料。为了使相关图片与实际地望相吻合，使图片实景与往事记忆相衔接，无论是学界，还是媒介，一直都在古迹寻踪与记忆复制上求索。笔者也是其中一员。这是一项挖掘历史记忆、抢救历史文化的文化工程，其工作难度是可想而知的。但因它反映的是对家园的依恋，留下的是对乡愁的记忆，弘扬的是对历史的敬畏，凸显的是对文化的传承，因此参与其中的文化志愿者都在坚守，都不放弃，都在努力，都有收获。下面所叙述的仅是笔者在这方面所获得的部分成果。

一、古城治所"府衙门"

早在秦朝时宜昌古城便开始设县，建安十三年（208年）七月，曹操南征占据荆州后，当即"分枝江以西立临江郡"，于是宜昌又开始设郡，相当于当今市政府这样级别的行政机构在古城诞生。从此，宜昌古城就成为历代县、郡、州、府、路、道的治所。在长达1800多年里，除清同治三年编纂的《宜昌府志》和同年续修的《东湖县志》中，分别绘有府、县官廨图之外，宜昌古城历代公署衙门的实景图都未曾流传下来。直至拍了一张照片，才使人们能够目睹到古城府衙的风采。

这张照片是美国著名旅行家、英国皇家地理学会会员威廉·埃德加·盖洛，于光绪二十九年（1903年）在宜昌古城府衙拍摄的实景。这年，他首次来到中国，从上海乘船溯流而上，沿途考察了长江流域的人文地理，写下了《扬子江上的美国人》一书，受到西方读者欢迎。此后，他又多次来到中国考察，走遍大江南北、长城内外、三山五岳，连续出版了一系列著作。这年考察长江，途经宜昌古城地带，盖洛拍下诸多照片，《扬子江上的美国人》书中所刊登的就有20多

清光绪年间的宜昌古城府衙

张。这张宜昌古城知府衙门的照片就是其中的一张。①

2009年，笔者到北京参加"地域文化与城市发展"北京学国际学术研讨会，会后收集资料时，在王府井新华书店买到盖洛这部著作，得到这张照片。照片中的宜昌府衙坐落在古城中的"大十字街"上。在明代弘治九年（1496年）刻本《夷陵州志》中就记载有这条街。这里曾是宜昌古城的政治中心，府、县衙门都在这条街上。府衙在靠近欧阳修公园的原市直机关幼儿园处，而县衙则在靠近南正上街的原市公安局101处。正因为此街曾是府、县治所地望，因此到民国之初时便将街道改称为"县府路"，抗战胜利后又以其谐音而改称为"献福路"。大十字街两侧街巷密布。中书坊（中书街）、天官牌坊（民主路）、二架牌坊（新民街）、墨池巷与墨池书院坐落路的两侧，好一派肃穆文雅的景象；天官牌坊、二架牌坊一带是古城繁荣的商业区，街道两侧，

---

① ［美］威廉·埃德加·盖洛：《扬子江上的美国人——从上海经华中到缅甸的旅行记录（1903）》，山东画报出版社，2008，第56页。

商铺密集,热闹非凡。

盖洛所拍下的府衙照片,留住了当时古城府衙的场景,使今人还能目睹到当年府衙的真面目。同时,照片也反映了当时古城建筑的风格。当然,照片反映的仅是当时宜昌古城府衙上部分面貌,而并非全景,但因其留下了此间府衙的真实形象,因此,为了解当时宜昌古城治所"府衙门"建筑情况提供了资料,弥足珍贵。

二、古城古塔"托塔士"

民国时期明信片中有张古塔图景。此塔便是宜昌古城南郊(原宜昌纸厂处的江边)的天然塔。

天然塔历史悠久,传说当初为征服五龙所建。昔日五龙奔江搅得长江左岸财主家业不兴。为夺回风水,人们便在五龙对岸小丘上,背东面西建起一座七级宝塔。每当太阳升起,塔身映入江中,宛如七节长鞭打向龙身。于是五龙被降,左岸风水渐好。对此,塔门对联中有"玉柱耸江干,威震荆门十二"的记载。其实,天然塔为著名文学家、训诂学家郭璞于西晋末年寓居夷陵(宜昌古称)时所建。说此塔出于天工,故称之"天然塔",又称"华言塔"。历经千余年,到明代塔便荡然无存。为此,文安之打算拆旧再建新塔。文安之,夷陵(宜昌古城)人,字汝止,号铁庵。《明史·文安之传》中,称其为天启二

清宣统年间明信片上的古城天然塔

年（1622年）进士。改庶吉士，授检讨，除南京司业。崇祯中，就迁祭酒，为薛国观所构，削籍归。①重建天然塔的就是其回归故里期间动意的。此间，正值李闯王兵败，文安之受命总督川、鄂兵马抗清，致使此事搁寝。清乾隆十年（1745年），天然塔又被动议兴建，但因技术质量问题再次搁寝。直到乾隆五十七年（1792年），天然塔方才在卢宏儒的捐资下，拆旧基，建新基。但因其病故，经费不足，使工程陷入停顿。好在徐经业三人相助，这样天然塔最终在新建塔基上续建完成。天然塔在重建中，还在塔后兴建了天然塔庙，设有禅堂、斋房、僧舍、会客室，建有亭、榭、花园，辟有场坪。一时间这里便成为环境幽雅、景色宜人之地。

天然塔是座砖石结构仿楼阁式的高层建筑。塔通高48.3米。除基座外，塔身共七级。塔基座和各层塔室内外平面均为正八棱形。在青石基座上是用青白石石块砌筑的经过简化处理的须弥座。在须弥座八面转角处的下方均镶嵌有姿态各异的负塔力士石雕。从第二层起，各层塔身均用尺寸相同的条砖砌成清水墙面。塔体轮廓自下而上逐层递缩收分。比例严谨，造型挺拔秀隽，保存了唐宋以来南方多层砖塔的风格。该塔采用壁内折上式铺砌梯石条，从须弥座内（即底层塔室）循梯逐层上登，直至顶层。各层塔室分组错位辟出拱门，供游人远眺景色。塔体各层外周均用薄砖叠涩出檐，其下饰以砖雕如意三踩斗拱，既实用又美观。各层各面檐头上悬有风铃，风吹铃摆，叮咚悦耳。进入各层塔室，地面为条砖"人"字形铺地。室顶亦用薄砖叠涩砌成八角攒尖顶，采光通风极好，令人仰视弥高。塔的顶层中央立有直径30多厘米的楠木柱，穿透顶层屋面，支撑着覆钵式的塔顶。屋面正中竖置用多种金属制成的形状各异的塔刹，玲珑挺拔，直插云天。这座绚丽多姿的宝塔，运用了砖石营造高层建筑的工艺，展现了宜昌人民的聪明才智，反映了当时经济、政治和社会生活与科学技术的状况，为我们留下了一份珍贵的历史文化遗产。②

---

① 《二十四史·明史》（三十），中华书局，1997，第7144-7145页。
② 杨承杰：《宜昌天然塔》，转引自刘开美等主编《宜昌历史述要》，湖北人民出版社，2005，第228-229页。

第十三章　宜昌古城古迹寻踪

宜昌附近的一尊凶神恶煞

天然塔的托塔力士

在天然塔底部有八大"托塔力士",个个惟妙惟肖。但因历史久远,如今早已残缺不齐。2009年在所购盖洛《扬子江上的美国人》中,笔者发现一张照片,标明是"宜昌附近的一尊凶神恶煞"[①]。当时经过仔细观察,笔者初步判断是当年宜昌古城天然塔上的一尊托塔力士。于是笔者便择日来到天然塔,对此进行实地考察。通过实地查看,发现天然塔西北角上的托塔力士,与照片上的形象相似,但塔座上的托塔力士已失去头颅和双臂。为辨真伪,笔者仔细进行了考究:一是将照片中的凶神恶煞所处环境与天然塔西北角托塔力士比较,发现二者所处环境都为倒U字形,倒U字两侧都由三块石块构成,倒U字顶部由一块石块构成,边沿凹进与倒U字两侧石块处同一平面;倒U字顶部与两侧结合部边沿都有两道凹槽。二是将照片中的凶神恶煞整体姿势与天然塔西北角托塔力士比较,发现二者都呈坐势,腰部挺直,双腿下肢下

---

① [美]威廉·埃德加·盖洛:《扬子江上的美国人——从上海经华中到缅甸的旅行记录(1903)》,山东画报出版社,2008,第43页。

垂，双足踏在石座上，图片中双手放在双膝，掌心朝下，天然塔西北角托塔力士虽失去双臂，但双膝上残存双手痕迹仍然可见。三是将照片中的凶神恶煞胸部与天然塔西北角托塔力士比较，发现二者的胸线是一致的，从相对而视的视角看去，都是左低右高。四是将照片中的凶神恶煞腰部系带与天然塔西北角托塔力士比较，发现二者的系带都为条状，中间有压线，从相对而视的视角看去，结扣两边的系带，都处在左边朝外、右边朝里的状态，同时都是左边系带长、呈"S"形，右边系带短、呈"1"字形。五是将照片中的凶神恶煞双腿与天然塔西北角托塔力士比较，发现二者双腿和双腿裤脚的形状，都是一致的。从相对而视的视角看去，虽然天然塔西北角托塔力士的右足遭损，难以比较，但其左足形状和摆式，与照片中凶神恶煞的左足形状和摆式却是一致的。六是将照片中的凶神恶煞塔座与天然塔西北角托塔力士比较，发现二者塔座石块竖面，都刻有条带组成的花结图案，花结图案都与石座周边在一个平面上，而其他部分则都呈凹形；条带中间都有压线，条带所组成的花结图案都为四种，每种花结样式都一致。

通过以上多方面、多角度的考究，笔者认为美国旅行家盖洛1903年拍摄的这张"宜昌附近的一尊凶神恶煞"照片，就是当年宜昌古城东南郊天然塔西北角上的托塔力士。有了这张原貌照片，人们便可识破天然塔上的这尊托塔力士的庐山真面目了。日后如要修复天然塔西北角上的托塔力士也就容易得多了。

三、古城老街"锁堂街"

在宜昌古城，有条老街叫"锁堂街"，新中国成立后改名"尔雅街"。此街不长，不到300米。南起鼓楼街（今西陵一路）下段，北通环城西路（今沿江大道北段）。原编有门牌1—33号。[1]20世纪80年代初，沿江大道扩建经过这里，于是闻名数百年的历史老街便连同街上的老宅一起被拆。尽管如此，

---

[1] 湖北省宜昌市地名委员会编《湖北省宜昌市地名志》，宜昌市地名普查领导小组，1984，第58页。

第十三章　宜昌古城古迹寻踪

但老街给人们所留下的历史记忆却难以忘怀。

这条街是宜昌古城最老的街道。以往这条街上地面铺着整齐的青石板，两侧房屋多为天井式砖木结构的平房，各家门、梁、柱雕画十分讲究，门口两旁多立有石凳、石鼓，整条街道显得幽深恬静。① 这是古城中最为重要的街道。这里不单是古城商业金融繁荣之处，税号、钱庄集中这一带。这里更是古城人文底蕴丰厚之所，仅街道称谓中就故事多多。如前所述，晋郭璞寓居夷陵时，今宜昌市区还尚未形成城邑，州县治所仍在下牢溪一带的下牢戍。《东湖县志》记载"今县城旧基传闻经璞相度"。时下郭璞在此地垒建土台子注《尔雅》，这一带便渐渐有了人烟。唐代贞观九年州县治所所移步闸垒一带，正是县志中郭璞相度城基地带。自此经宋元两朝至明清夷陵古城便在这一带耸立。而当年郭璞注《尔雅》之处的尔雅台便在这条街的中偏北段。20世纪50年代末，这里还有"月亮池"，当年笔者儿时还到这里拣过能在地面写画的油石。这无疑说明此街在明清夷陵古城中称得上是最古老的街道。正因为如此，此街以往称谓难考，直至明代方才得名锁堂街。其间，此街发生了一件事，就是出生夷陵、致位九卿的刘一儒与当朝宰相张居正结为儿女亲家的事，《明史》在刘一儒传记中对此做了记载。传记中道，"夷陵刘一儒者，字孟真，亦居正姻也。嘉靖三十八年进士。屡官刑部侍郎。居正当国，尝贻书规之。居正殁，亲党皆坐斥，一儒独以高洁名。寻拜南京工部尚书。甫半岁，移疾归。初，居正女归一儒子，珠琲纳绮盈箱箧，一儒悉扃之别室。居正死，赀产尽入官，一儒乃发向所缄物还之。南京御史李一阳请还一儒于朝，以厉恬让。帝可其奏。一儒竟不赴召，卒于家。天启中，追谥庄介。"② 《明史》赞誉刘一儒一生为官清廉、两袖清风，拒收张居正为嫁女儿所送的丰厚嫁妆，将之分文未动而锁在屋里的大堂内。当张居正遇难、家境没落时，他便将这笔嫁妆完璧归赵，使张家渡过劫难。一时间这件事在夷陵古城传为佳话。从

---

① 湖北省宜昌市地名委员会编《湖北省宜昌市地名志》，宜昌市地名普查领导小组，1984，第57页。

② 《二十四史·明史》（二十），中华书局，1997，第5785页。

此这条街也就得名"锁堂街"。后因"锁"讹传为了"所",因此这条街也叫"所堂街"。宜昌新中国成立后,因郭璞注《尔雅》的"尔雅台"在这条街上,于是便将此街更名为"尔雅街"。

笔者家庭曾有幸与这条街结缘。在《湖北省宜昌市地名志》第44—45页中有一张插页,插页背面下方有张照片,照片为刘锦华所摄。① 照片所展示的就是古城锁堂街中的一角,照片的标题为"残存的尔雅街"。照片中街道右边的路口正对着鼓楼街(今西陵一路)下段,街道左边走百余米即是昔日闻名遐迩的尔雅台,只是昔日尔雅台处距离照片反映地段尚远,因此在这张照片中不能见到。这张照片对笔者家庭来说非同寻常,因为这张照片中有笔者家宅。面对这张照片,在街道右边有栋双层小楼,此屋三面是砖石结构,正对街道的一面是木质结构。人们称之为板壁房子,房号为尔雅街3号。面对街道,房屋顶上有4根电线与街道平行延伸。房屋右边还有座小棚子,里面曾住着一位王姓的孤寡老人;紧靠房屋右边的4号院子住着一家王姓家族;紧靠房屋左边的2号和1号,是两座木板平房;房屋对面是栋砖墙屋,到20世纪70年代是一家酒厂。尔雅街3号这栋房子是当时宜昌市民康制药厂的职工宿舍,屋里住着4户人家。20世纪60年代初,有户家人搬走。笔者正考入一中学习,于是全家便从新民街(旧称二架牌坊)10号搬来这里,住在房屋靠右边楼上的房间。住在这里的另外三户人家,也都是市民康制药厂的职工家属,其中房屋靠左边楼下的房间,住着的就是笔者夫人的家,她家在20世纪50年代末就从鼓楼街搬到这里来住了。其实,这条街对于笔者家庭来说早就结缘了。笔者父亲就是在这条街上出生的,因此他对这条街很熟。当搬进尔雅街3号的时候,他就对我讲,这栋房子已经有70多年历史了。当时街上普遍是古建筑,给人一种古朴文雅的沧桑感。直到20世纪80年代初尔雅街被拆,笔者家一晃就在这条街上住了20多年时间了。从此笔者家所住这栋百年老宅也被"休"了。

---

① 湖北省宜昌市地名委员会编《湖北省宜昌市地名志》,宜昌市地名普查领导小组,1984,第45页。

第十三章　宜昌古城古迹寻踪

20 世纪 80 年代的尔雅街一角

四、古城码头"中水门"

晚清时期随着宜昌开埠，外籍人员到这里来的日益增加。有的还在宜昌古城照了不少照片。在一些有关古城码头的照片中，笔者经过考究破解了其中的一张，这张照片所反映的码头就是宜昌古城中的"中水门"。

中水门得名缘于古城地望。中水门位处古城正西。明洪武十二年（1379年）修城墙时所建，称西上门；明弘治年间，古城城门就已经由原八门，减为七门，名称也都变更，正西西上门便改称中水门。这是古城诸多码头中的一座石阶码头。此门所以称中水门，缘于其所处地望中拥有三个"中心"：一是此门所对大十字街是古城政治的中心。二是此门地处古城五大水门的中心。

宜昌古城中的中水门

三是此门是古城五大地下排水沟道排水的中心。如前所述，在宜昌古城中地下排水沟道密布，时有五大沟道，分别为板桥溪、水神庙、流水沟、西上门和文昌门。各街小沟汇集到五大沟道之中，再注入长江。就大沟流向来说，汇入板桥溪之水是经小北门入江的，而小北门地处古城五座水门最北；汇入水神庙入江的水神庙地处镇川门与小北门之间，在西上门之北；汇入流水沟入江的流水沟地处镇川门与西上门之间，也在西上门之北；汇入西上门入江的西上门地处古城五座水门之中；汇入文昌门（小南门）入江的文昌门地处西上门之南。可见，在宜昌古城中的五大地下排水沟道中，只有西上门处的地下排水沟道的流向居古城五大水门之中。正因为西上门所处地望中拥有三个"中心"，因此可谓"中水"，以致古城变更城门称谓时便将其改称为"中水门"。这便是中水门得名之由来。

中水门是古城中的官码头。如前所述，作为商品集散地，宜昌很早就在古城四周设关，并在城门八处建有码头。在这"四关八码头"中，有五处都是临江水运码头。至开埠前水运码头增到18处，开埠后又新建20多座码头，多为石砌梯坎，致使上与木船码头相接，下至万寿桥一带，宜昌古城码头岸

第十三章　宜昌古城古迹寻踪

线长达5000米。中水门是明清夷陵古城四关八码头中非同一般的码头。这同样与此门所处地望分不开。中水门所对城中街道明代称为"大十字街"。明代洪武年间夷陵州治所建于此街。①清雍正十三年（1735年）升州为府时将原所省夷陵县改置为东湖县，县治也在此街。②这样大十字街便成为宜昌古城中的政治中心，而中水门也与镇川门、小南门并为古城四关八码头中的官埠水码头。清咸丰九年（1859年）中水门始砌石为阶，③成为条石梯坎码头。码头是古城过江渡口，川江木船也在此起货卸货。清代中水门是宜昌古城设卡盘查川盐贩私的重要码头。雍正五年（1727年）在中水门、平善坝2处设盐卡，配巡役50名、哨船18只，宜昌镇派拨营兵20名协补川私。乾隆年间又在中水门、南津关、平善坝3处设盐卡，额设巡役70名，驻卡查验川江下行船只。④以后年间中水门以搬运煤炭为主，江边常停煤船。于是坡上商贾交易，河下木船停泊，好一幅帆船文化画卷。作为宜昌古城官埠码头，中水门在历史上所发挥的这些功能，正是地处州县治所码头中水门的地位之所在。民国初年宜昌县政府也驻此，大十字街便被改称为县府路，抗战胜利后又取其谐音而将街名改称为献福路至今。其后尽管古城被拆毁，但作为献福路与沿江大道交会口一带的泛称，中水门称谓却沿用至今。

中水门与少时笔者结过缘。在诸多关于古城水码头的旧照片中，笔者所以能够考究鉴别出中水门照片来，原因正在于此。20世纪五六十年代初，笔者家住二架牌坊（新民街），夏天常与同龄孩子结伴到照片中右侧的江边泅水。当时照片中白色石墙的木顶建筑仅剩下石墙，而右边的三座木屋也只剩下屋基台座。这时石墙内的走道早已成为供人通行的过道，而台座则成为大家泅水时的歇息之地。在这里留下不少笔者少时泅水的记忆。此间，每逢夏季这里便成为成群结队大人小孩的天然泳池。当时时常有上游放排流下来的

---

① 萧身材主编《宜昌市交通志》，宜昌市交通志编委会，1992，第64页。
② 宜昌市档案局档案馆、宜昌市地方志办公室整理编辑《（清同治三年编撰）宜昌府志》，宜昌市档案局，2002，第122-123页。
③ 萧身材主编《宜昌市交通志》，宜昌市交通志编委会，1992，第62页。
④ 宜昌地区水运志编纂委员会编《宜昌地区水运志》，人民交通出版社，199年，第274-275页。

木筏停在这里，有人便将木板插入筏中使之成为跳台，大家一个跟一个地站在木板上跳水。当时的跳水姿势主要有"简式""腹合式"两种。前者跳得简单些，只要两臂伸直先入水中，继而从头到脚伸直斜插水中。而后者则跳得复杂多了，先两脚上跳，接着双腿并齐收腹，臀部上抬，同时头部下沉，双手并齐向下，同时双腿并齐向上，脚尖绷直，手尖入水，继而从手到脚笔直插入水中。不少会跳水的取"腹合式"姿势，不会跳水的则大多取"简式"姿势。我跳的就是"简式"姿势。但总是羡慕跳"腹合式"的，也曾多次学着跳，就是跳不好，还没等腿收起来人就蹦到水里去了。不得已也就不再跳了。那时泅水的大孩子最感有趣的是扒上行大木船的舵。本来洪水季节大木船扬帆溯江上行就很费劲，还有人来扒它的舵就更添乱了。因此每当有人扒舵，船主就用船杆驱赶，甚至用开水泼洒。笔者当时年少力薄，扒舵力不从心，只试着扒过一次，还没等靠近帆船，只见船主端着开水盆威胁驱赶，于是就赶紧钻了沬头，在黑洞洞的水中用力潜划，直到头顶大亮方才露出水面。从此便再也没扒过舵了。而有位同学却在一次扒舵中被船主烫伤。正因为安全问题，所以无论家长还是学校老师都牵挂孩子，不许大家到江里泅水。但孩子们天真无邪，哪里理解这些呢？因此，每当老师管教时，大家就想着法子来应付老师。当时不少同学利用午休约到江里泅水，笔者也在其中。等到学校后，老师便拦住大家，用手指甲挨个在同学们小腿皮肤上画，如画出一道白痕，说明下河泅过水，就要挨批。时间长了，同学们想出了一个法子，就是每当下河泅完水，就在太阳下面晒，晒热后到校时再喝上两杯开水，喝得汗流浃背，结果老师再用手指甲在同学们小腿皮肤上画时，就画不出白痕了。老师也就不追究了，大家也心安理得了。不久笔者转到其他学校读书了，从此就与夏日中水门泅水之事告别了。尽管这些孩提之事早已十分遥远，但在笔者心里却依然记忆犹新。

五、古城府庙"崇圣祠"

在美国著名旅行家盖洛于光绪二十九年（1903年）所摄的宜昌古城照片中，有张古城宜昌府文庙中的"崇圣祠"[①]。

宜昌古城之中有府、县两座文庙。府文庙在清代以前称州学。故址在南门外，从南宋高宗绍兴、孝宗淳熙年间，到元至元十六年（1279年），各代都有修葺。明代洪武初年改建于东正街。后来知州冯浩、彭本用，州判邬瑞、林钺等相继维修。隆庆二年兵部尚书郎拜按察司佥事节镇彝陵李尧左又大修。明末遭兵毁。清顺治元年（1644年）知州朱长允重修，顺治十四年（1657年）总镇张大元、知县孔斯和出俸银建明伦堂。康熙四年知州事鲍孜节次修葺，九年捐资大修，二十三年知州事田恩远复修，五十五年绅士等改造重修，六十一年重修明宦、乡贤祠。乾隆初府文庙迁至文昌门内旧察院署地基处新建。乾隆四十八年（1783年）修戟门，五十八年（1793年）知府王春熙修明

光绪时宜昌府文庙崇圣祠

[①] ［美］威廉·埃德加·盖洛：《扬子江上的美国人——从上海经华中到缅甸的旅行记录（1903）》，山东画报出版社，2008，第63页。

《宜昌府志》中的文庙

伦堂；嘉庆年间知府纪树馨、孙仲清修启圣祠、外泮池；同治二年（1863年）知府聂光銮率人维修，增高大成殿基。而县文庙则在东正街州学迁址后改办。乾隆二十六年知县林有席重修，其后咸丰、光绪等朝也都做过维修。

  照片建筑是府文庙中的"崇圣祠"。只要将照片中的建筑与《宜昌府志》中的宜昌府文庙图相对照便可知晓。[①]府文庙坐落于古城学院街（原学院街小学校内）。"崇圣祠"在"大成殿"之后。大成殿正位供奉孔子，历朝历代都对孔子或加谥或封爵，到清代从康熙、雍正、乾隆、嘉庆、道光、咸丰乃至同治，都有为孔子御书的匾额，还有康熙《至圣先师孔子赞序》的御制刊碑。殿内还配祀儒家圣、哲、贤、儒等先人。崇圣祠正位祀奉孔子先世。明嘉靖

---

① 宜昌市档案局档案馆、宜昌市地方志办公室整理编辑《（清同治三年编撰）宜昌府志》，宜昌市档案局，2002。

第十三章　宜昌古城古迹寻踪

年间在大成殿后立启圣祠，祀孔子先世叔梁公，到清雍正元年（1723年），诏封孔子先世王爵，合祀五代，"启圣祠"便改为"崇圣祠"。祠内还配祀儒家先贤、先儒。府文庙举行祭祀，每月朔释菜，望日行香，知府以下官均，诣庙行礼。岁春（秋）仲月上丁日致祭。前二日致斋，分列正献、分献官，执事生并乐舞姓名张榜。前一日洁扫殿庑，主祭官公服诣神厨视宰，各官率执事生入学习议于文庙阶下，行一跪三叩首礼。教官率乐舞生入学习乐，用六佾，届期五鼓齐集陈牲帛豆笾，省视各仪。主祭官正献先师暨四配，其东西十哲暨两庑皆分献官分献，武职官陪祭。[①]祭祀祝文为，"惟先师德隆千圣，道冠百王，揭日月以常行，自生民所未有。属文教昌明之会，正礼和乐节之时，辟雍钟鼓，咸恪荐于馨香，泮水胶庠，益致严于笾豆。兹当仲春（秋），祇率彝章，肃展微忱，聿将祀典以复圣颜子、宗圣曾子、述圣子思子、亚圣孟子配。尚飨。"[②]丁祭日，主祭官先诣崇圣祠行礼。仪与正殿同，其分献两序与两庑同，惟无乐章亦不饮福受胙。祭祀祝文为，"惟王奕业钟祥，光开圣绪，盛德之后，积久弥昌。凡声教所覃敷率循源而溯本，宜肃明禋之典，用伸守土之忱。兹届仲春（秋），聿修祀事，配以先贤颜氏，先贤曾氏，先贤孔氏，先贤孟孙氏。尚飨。"[③]

古城宜昌府文庙曾与笔者结过缘。20世纪50年代末，笔者曾在学院街小学就读，其间正值校内增办宜昌市第八中学。于是小学毕业后，又升入八中就读，直至初中三年级时迁于宜昌市第三中学就读时方才离开此校。在笔者就读学院街小学时，原府文庙中的崇圣祠就已经被拆而改建了教室，笔者就读小学、初中时都曾在其教室中上过课。当时"大成殿"及其一侧的"庑房"还在。"大成殿"被用作学校教师办公室，"庑房"被用作教室，笔者也在其中

[①] 宜昌市档案局档案馆、宜昌市地方志办公室整理编辑《（清同治三年编撰）宜昌府志》，宜昌市档案局，2002，第250-251页。

[②] 宜昌市档案局档案馆、宜昌市地方志办公室整理编辑《（清同治三年编撰）宜昌府志》，宜昌市档案局，2002，第254-255页。

[③] 宜昌市档案局档案馆、宜昌市地方志办公室整理编辑《（清同治三年编撰）宜昌府志》，宜昌市档案局，2002，第256页。

上过课。这里曾是中共鄂西特委宜昌地下革命活动旧址。据记载，1927年12月中共鄂西特委在这里召开鄂西地区党团员积极分子代表大会，传达"八七"会议精神。① 而会址就在后来笔者所上过课的那排庑房教室中。② 可惜的是大成殿在20世纪60年代被拆，而殿侧的庑房随后也被拆掉。

六、古城粮市"镇江阁"

位于三江出口处滨江公园屈原像北侧，曾有一座古代建筑，这就是镇江阁。镇江阁坐西朝东，背靠大江，面向宜昌古城镇川门（今沿江大道）南侧。

镇江阁是歇山顶阁楼建筑。古阁外观二层内实三层，阁高15.95米，面宽6.8米，前门建两柱五楼牌楼一座，面宽6.2米，进深2.4米，与阁前墙的木坊等构件相衔接。屋顶覆黄琉璃瓦，峻拔陡峭，四角飞翘，饰镂孔花脊，正脊上有一葫芦形青花瓷宝顶，两端饰吻兽，岔脊饰仙人走兽。山墙出腰檐，饰二龙戏珠游雕，墙角饰垂莲吊柱，檐口不施斗拱，而是做芝纹板，仅四角挑梁，安装倒兽斜拱。阁前底层额坊下的倒挂楣子由三块长方形木刻板组成，板上雕刻有山水路津、亭台楼阁、各种人物花鸟图像，刻工精湛，形态生动，正中刻有"花开瑶岛三千岁，云绕珠宫十二楼"的楹联；后墙上部饰镂空回纹浮雕花格。阁的三面围护墙均系用清式小停泥规格素面砖和相同规格的饰有"镇江阁粮食行"阳文青砖，一顺一丁，用白灰加纸筋接缝；临街一面系用木制梁坊和活动性花格门装修，二层为小型戏台。它是宜昌市仅有的一座清代早期民间阁楼建筑，具有重要的历史、科技、艺术价值，也是宜昌水运粮食贸易兴衰荣辱250多年的历史见证。

镇江阁为清代早期民间所建。古阁建于清代康熙三十八年（1699年）。对此，《创修镇江阁记》碑文中对建阁缘由做了较为具体的记载。碑文如下：

"窃以粮食为日用之必需，所关于人生者甚大，而于商务犹为不可缺乏者

---

① 宜昌市地方志编纂委员会编《宜昌市志》，黄山书社，1999，第1122页。
② 宜昌市政协文史委编《宜昌市文史资料》（第2辑），宜昌市政协文史委，1984，第26页。

第十三章　宜昌古城古迹寻踪

也。夷陵扼荆襄门户，川楚咽喉，商贾辐辏，舟船云集，而本地粮食出产无多，大半仰赖河道来源以资接济，故粮食交易向有水陆之分。惟我河道粮食一业，由各家祖辈于明末创始栈客，经纪买卖，评议价目，于中抽取佣金，迄今子孙继承已历数世，相沿无异。惜乎交易从无一处定所，以致客商均

中间建筑为镇江阁

称不便。是以公同集议积资，择定西塞门外河街适中之处，于康熙三十六年腊月购置基地房屋一段，以作同业公共交易之所。此屋计费价银一百二十两正，由业主陈启芳立有永卖文约可凭。旋以该屋朽坏不堪，复于次秋鸠工改造，越一年告成。因念生意来源在于河道，须求水上之平安，爰将公所命名为"镇江阁"。于内供奉镇江王爷、福禄财神香位。每届三月十五、六月初六，即为同人酬神集会之期，以便公议一切应兴应革事宜。从此同业代客买卖皆于公所交易，已不致再如前此之漫散矣。惟事属创始，故今勒石略记梗概。务望谨守规章，始终如一，同德同心，众志成城，则事业蒸蒸日上，传之永久，庶不负一番创造之艰难耳。是为记。

"承修首人：周仁和、毛泰和、毛公和、张福顺、罗裕顺、胡茂盛、陈隆盛、万新泰。康熙三十八年嘉平月吉立。"[1]

镇江阁建成后，长江水运来的粮食，便在此统一交易，促进了"川米"和"湘米"的流通，除满足城里之需外，还增加了古城周围水运粮食周转量。清同治七年（1868年），为适应水运粮食交易量增长的需要，又在镇江阁右隔壁扩建了一栋砖木结构、硬山顶式的房屋，成立粮食行公所，并在门额上嵌

---

[1] 宜昌市政协文史委编《宜昌市文史资料》（第9辑），宜昌市政协文史委，1988，第125-126页。

有一方"粮食行公所"的镌刻石匾。在数百年历史中，作为古城水运粮食交易场所，镇江阁见证了宜昌水运粮食贸易的兴衰。

　　镇江阁曾与笔者先辈结过缘。20世纪80年代初扩建沿江大道时，镇江阁随周围建筑一并遭拆。当时，笔者老家所处尔雅街也在被拆之列。因尔雅街与镇江阁仅一街相隔，加之此阁又与家族先辈有缘，所以家父对此十分关注，常到那里去看。当听到所拆民工称"镇江阁"为"杨泗庙"时，家父便纠正说，杨泗庙与镇江阁的确都在这一带，但在这之前杨泗庙已经被你们拆掉了，你们现在拆的是镇江阁。民工不服，家父便要他们去刨墙根下的砖，说上面烧有"镇江阁"三个字。民工刨后发现果然如此，惊讶之余向家父讨教。家父便向他们讲了一段鲜为人知的往事。原来，镇江阁是为交易水运粮食而由湖南帮修建的。而笔者家族祖籍也是湖南，是曾经逃难才到宜昌古城的。从家父这辈往上数第五代的先辈是木匠，曾参与过镇江阁的修建。看着家父自豪的表情，在场民工服了。这也算是笔者家族先辈与镇江古阁之间所结下的情缘。

七、古城沟渠"流向图"

　　在清同治三年续修的《东湖县志》上刊载有一张图片[①]，图中详细记载了宜昌古城中地下沟渠的流向，反映了先民的严谨与智慧。

　　笔者之所以会有这种感觉，是因为曾经遇到过一件事。2001年初，为向市政协提交提案，笔者选择了宜昌古城改造中保护历史文化的议题。考察调研中，同时任市政协文史委副主任的刘思华和市三游洞文物管理处科长的张清平一起来到墨池书院遗址处，只见围墙内的院子里空荡荡的。当我们到遗址旁边居民住户走访时，见到一位个虽不高但身材发福的居民。当他知道我们来意后，便带我们来到临近的一户平房里。只见房屋空空的，紧靠窗户处

---

① 宜昌市史志办、夷陵区史志办、西陵区地志办校勘整理《（清同治三年续修）东湖县志》，宜昌市委党史（地方志）办公室，2012，第12页。

的院子就是墨池书院遗址处。他对我们讲,这一带都要拆迁,这户人家已经搬走了。没搬走之前海内外来客要见墨池书院遗址,都是从他家翻窗户过去的。现在窗户下面的两级石墩,就是为翻窗户备用的。他说,墨池书院遗址处的院子原为西陵竹器厂所占,当时墨池书院地面的遗存就已经没有了,只有地下的遗存还在。为了保护书院的地下遗存,竹器厂的厂长派人用预制板将遗存处全部覆盖上了。尽管如此,但到这里来寻觅墨池书院历史记忆的人们依然络绎不绝。他们都从这扇窗户翻过去,然后四处观看,看得那样细致、那样虔诚,最后拿起相机对着预制板覆盖处反复拍照,还彼此间留影纪念。他说,看到这种情景,我忍不住向他们发问,他们回答说,这是先人们为纪念郭璞在夷陵注释《尔雅》、兴办书院办学的地方,尽管遗物不存,但却原址原味,现在不抢救,恐怕以后就连当年墨池书院遗址的准确地望都无法找到了;有了这些照片,还可以将这些历史记忆回味起来。听到这里,在场之人

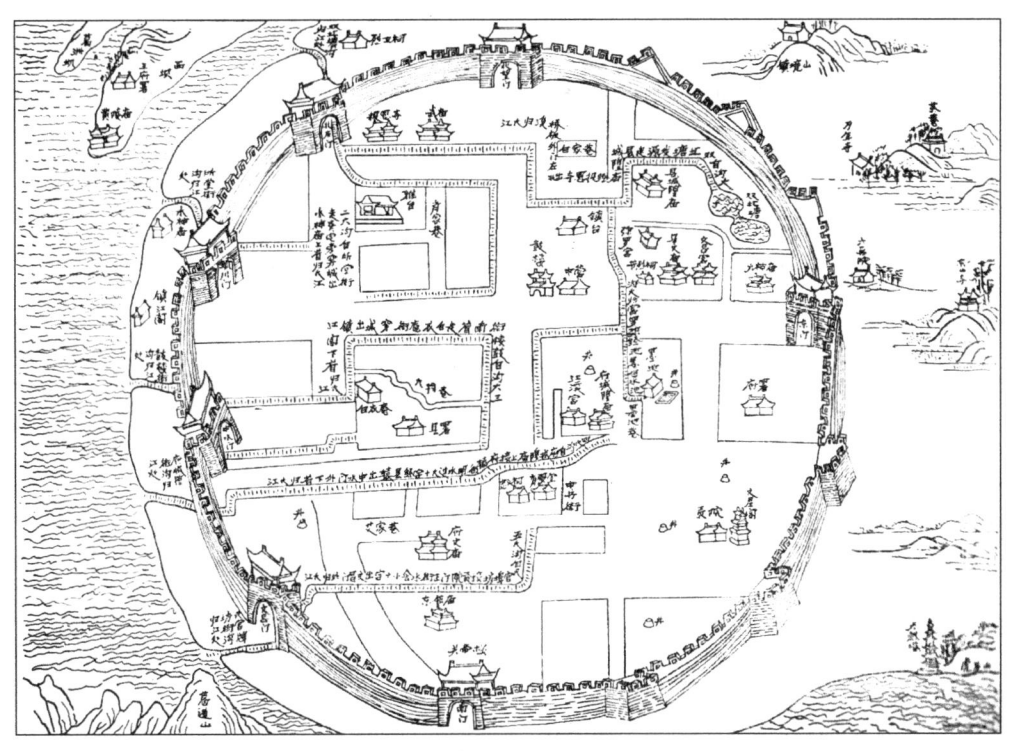

县志中的古城沟渠流向图

都为寻忆者的敬畏之心和诚挚之情所感动。这时，带路的居民很自豪地给我们讲述了一个带有神秘色彩的故事，他说，自从住到这里后他就遇到一件很奇怪的事情。无论老天爷下多大的雨，即便周围都已被淹，但住处的这一带却不会受淹。因此这里的居民都说这里的风水真好。尽管这里的居住条件并不理想，但大家却都还舍不得搬走。

听后，这段奇异之事反复在脑海里回想。显然，要用风水来解释这件事因是难以令人信服的。那么，这其中所隐藏的谜底又会是什么呢？为破解此谜，笔者很是琢磨了一阵，最后帮助揭开谜底的就是反映古城地下沟渠流向的这张图。如前所述，古城内有板桥溪、水神庙、流水沟、中水门和文昌门流入江中的五大沟道。各街小沟汇集大沟后注入江中。其中的第一大沟道自双堰塘发源，流至东湖县城隍庙山墙外汇合东门之水后，流过镇署向西北汇北门之水，再经报恩寺，转出北左门（小北门）外板桥溪归入大江。而当年兴修墨池书院时，正是将连接书院中墨池之水的小沟，经弥罗宫归入城中第一大沟道，致使书院墨池中的排水问题纳入了古城地下排水沟渠的网络之中。尽管时过境迁，古城地段排水系统早已变更，但书院中墨池遗址的排水系统却仍然存在。即便排水系统功能早已退化，显然仅供墨池遗址处排水还是绰绰有余的。这样，墨池书院遗址地带居民所述神秘之事的谜底就这样被破解了。当笔者解开谜底时，打心里为古城先民的聪明才智所折服。

第十四章
宜昌古城考究补遗

第十四章　宜昌古城考究补遗

本来书中诸多内容都是考究的结果，为何这里又专辟一章来阐述古城考究之事呢？主要因为这些内容前面各章中尚未涉及，而其又是宜昌古城地带沧桑演变中的题中之义，因此便以考究补遗的形式加以叙述。

一、卞和采玉献楚王结缘远安

卞和采玉献楚王，是中国历史上著名的故事。《韩非子·和氏》[①]中对此有记载。讲楚国人和氏，在荆山中采得一块璞玉。他把璞玉献给楚厉王，厉王派玉匠对璞玉进行鉴定。玉匠看后却说是块石头，厉王认为和氏欺骗自己，就砍掉他的左脚。到厉王去世武王即位时，和氏又捧着他的璞玉，把它献给楚武王，武王又派玉匠对璞玉进行鉴定。玉匠看后依然说是块石头，武王也认为和氏欺骗自己，就又砍掉他的右脚。到武王去世文王即位时，和氏抱着璞玉，在荆山下哭了三天三夜，眼泪哭干都流出了血。楚文王听到后，派人前去寻问，派去的人问："天下被砍脚的人很多，你怎么就哭得这般悲伤呢？"和氏回答说："我并不是因为被砍脚才悲伤的，而是为宝玉被当作石头、忠贞被误为欺骗的事才悲哀伤心的。"这样文王便派玉匠去掉璞玉上的璞面，结果宝玉露了出来。于是文王就给宝玉取名为"和氏璧"。"和氏璧"侧视色碧，正视色白，人见人爱，国之至宝。因此在历史上演绎出"完璧归赵"等诸多故事，历经十朝，被130多位帝王收藏1620多年，直至后唐末帝李从珂与之俱焚方才失传。[②]

2004年编撰《宜昌历史述要》时，来层林先生写了《卞和献璞与三峡奇

[①]《韩非子·和氏》，转引自《百子全书》（二），岳麓书社，1993，第1665页。
[②] 来层林：《卞和献璞与三峡奇石》，转引自刘开美等主编《宜昌历史述要》，湖北人民出版社，2005，第73页。

石》的文章。文章介绍了卞和采玉献楚王的故事，并称卞和为三峡地区的赏石家。看了文章，笔者顿时有种眼前一亮的感觉。但是卞和采玉的遗址却在今南漳境内，而《宜昌历史述要》中所写的，是要发生在宜昌古城地带上的人和事。因此，不考究卞和采玉献楚王与宜昌古城地带的关系，文章再好也不能收入《宜昌历史述要》之中。但卞和采玉献楚王与宜昌古城地带之间到底有没有关系，这还是个谜。出于对卞和采玉献楚王同宜昌古城地带关系的猎奇，加之收来层林先生文章入书的初衷，驱使笔者为破解其中之谜而加以考究。

经过考证，笔者感到尽管卞和采玉的遗址在今湖北南漳境内，但这并不意味着与宜昌古城地带之间就一定没有关系。因为通过映泉《沮出荆山·远安说》所提供的史料，笔者见到了这样的记载，讲卞和采玉的荆山，就"在南郡临沮县"。临沮，就是今宜昌远安。据说，古代临沮地域辽阔，"东接荆阳，西连巴蜀"，比今远安地域要大得多。至晋武帝平吴后，便"割临沮之北乡、中庐之南乡立上黄县，后并入中庐，今为南漳县地"。"临沮之北乡"，就在今南漳县南边。这就是说，卞和采玉之地当时是属于古临沮县管辖的。其实，类似的情形在远安也不止于此。东晋建立的汉阳郡，以至新中国成立后划归当阳管辖的清溪，以往也都属古临沮县管辖。这说明，卞和荆山采玉之事，当时发生在今宜昌远安的古称"临沮"，只是到了西晋时，璞玉被采地域方才划归今南漳管辖。因此，讲当年卞和采玉之事发生在今宜昌远安的古称"临沮"，应该是合乎史实的。

在这个问题上，历史上远安有关修志者也从另一角度提供了佐证。清咸丰八年（1858年）重刊《远安县志》时，教谕刘子垣在其《远安为古临沮考》中认为，"荆山，《地理志》在南郡临沮县，楚封于荆山，卞和得玉献玉皆楚国事，南漳为罗与庐戎国，不在楚封内。"刘教谕从今南漳在卞和得玉献玉当时属楚国而并不属罗国和庐戎国的层面，从根本上否定了卞和采玉遗址在南漳的结论。在他看来，荆山在临沮，楚国在荆山封禅，因此作为楚国的事，卞和得玉献玉自然发生在临沮。而作为所属罗国和庐戎国的南漳，当时与楚国

第十四章　宜昌古城考究补遗

并不同属一个国家，因此卞和得玉献玉之事自然就与当时的南漳无关。应该说此看法也是与史实相符的。

《泪出荆山·远安说》的作者映泉先生在书中也谈了自己的看法，认为单就持玉献王所经之地而言，卞和采玉献楚王就离不开远安。① 这是大实话，显出作者看问题的机智与智慧。

总之，无论是哪种情况，卞和采玉献楚王，都与宜昌远安有缘。于是，笔者便将考究的这段文字，编入了来层林先生的文章之中。但还没见到书，也没看到编后的文章，老先生就去世了。这使笔者感到十分遗憾。但对于破解卞和采玉献楚王与宜昌古城地带关系之谜来说，笔者倒是觉得如愿以偿了。

二、甘宁任西陵太守不在宜昌

甘宁是三国时期吴国的将领。他字称兴霸，是巴郡临江人。起初，他率众归附刘表。但在其后的观察中，他感到刘表并非是个做大事的人，于是就想投靠东吴。而当时刘表的部将黄祖驻守在夏口，甘宁率军不能通过，于是只好留了下来。在黄祖部待了三年，甘宁却一直未能得到重用，最后还是伺机投靠了东吴，受到孙权如待旧臣一般的礼遇。

在甘宁的军事生涯中，曾经有段与宜昌古城（时称夷陵）结缘的故事。此事就发生在甘宁投靠孙权之后。作为一位很有战略头脑的将领，甘宁当时向孙权献了一计，讲"南荆之地，山川形便，诚国之西势也"，"图之之计，宜先取黄祖。""一破祖军，鼓行而西，据楚关，大势弥广，即可渐规巴、蜀矣"。② 甘宁关于占据"楚之西塞"夷陵，进而夺取巴、蜀的建议，深受孙权的赏识，并得到孙权的采纳。建安十三年（208 年），曹操兵败赤壁，留下征南将军曹仁、横野将军徐晃守江陵，折冲将军乐进守襄阳，自己引军北还。此间，周瑜、程普带领数万人，与曹仁隔江未战。这时，甘宁请求先径进取夷

---

① 映泉：《泪出荆山·远安说》，中央文献出版社，2001，第10-19页。
② 司马光编纂《资治通鉴》（一），岳麓书社，1990，第760页。

陵。当进入夷陵守城时，只有几百士兵，加上新增添的合起来也仅有千人。这时，曹仁命令五六千人围攻甘宁，使得甘宁连日遭受攻击。①其间，曹军架设高楼，向夷陵城中下雨般地射箭。当时夷陵守城的士兵都感到恐惧，但唯独甘宁谈笑自若。他派遣随从报告周瑜，周瑜率领诸将大破曹兵于夷陵，在解除甘宁被围的同时，将士形势自倍。于是周瑜北渡长江，与曹仁相距设防。经过一年多征战，曹仁所部伤亡惨重，弃城而逃。②

建安二十年（215年）甘宁跟随鲁肃镇守益阳，以拒关羽。当时关羽号称人马三万。关羽亲挑精兵五千，布置在县上游十多里的浅水区域，扬言夜间涉水渡河。当时鲁肃与诸将商议对策。甘宁请战，挑选千余精兵，夜间前往。关羽闻讯后未敢轻举妄动。事后孙权便嘉奖甘宁，任命他为西陵太守。③

正是由于甘宁曾与夷陵有过一段缘分，而夷陵其后又被吴国所占而改称西陵，于是人们便将孙权所任甘宁西陵太守的地望当作了宜昌古城。换句话说，人们认为甘宁曾在宜昌历史上任过西陵太守。对此，宜昌旧志上也有记载。《宜昌府志·官师志》在职官表中，将甘宁放在太守之列；《宜昌府志·名宦传》中还专门为甘宁作了传。④但这却是一种误解。笔者经过一番考究，破解了其中的谜底。

尽管史志上所载甘宁与后来改称西陵的夷陵结缘属实，而甘宁的确也任过西陵太守之职，但甘宁却并非是宜昌古城历史上的西陵太守。因为甘宁所任太守中的"西陵"并非是宜昌古城。这里有两条可供佐证的资料：一是甘宁任西陵太守时宜昌古城仍称"夷陵"而并非称"西陵"。宜昌古城曾经是魏、蜀、吴三国争夺的重要地带。如前所述，建安十三年（208年），曹操占据荆州后，当即就"分枝江以西立临江郡"。建安十四年（209年）刘备被孙权表为荆州牧，改临江郡为宜都郡。次年（210年）刘备占据荆州后，又改宜

---

① 《二十四史·三国志》（三），中华书局，1997，第1293页。
② 司马光编纂《资治通鉴》（一），岳麓书社，1990，第766-768页。
③ 《二十四史·三国志》（三），中华书局，1997，第1294页。
④ 宜昌市档案局档案馆、宜昌市地方志办公室整理编辑《〈清同治三年编撰〉宜昌府志》，宜昌市档案局，2002，第284、558页。

第十四章 宜昌古城考究补遗

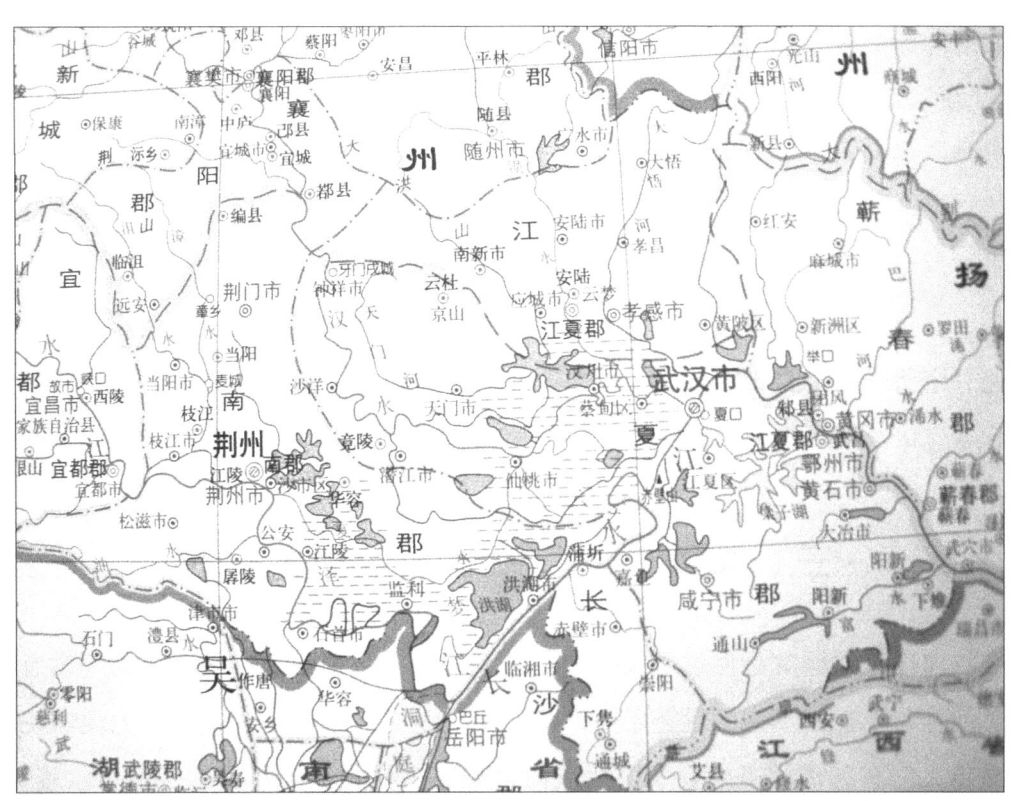

三国时期今湖北历史图中的江夏郡

都郡领秭归、夷道、巫山、夷陵四县。其间，宜昌古城时称"夷陵"。而夷陵之战后，这里又为孙权所占。吴黄武元年（222年）宜昌古城由"夷陵"改为"西陵"。这说明三国时期宜昌古城称"西陵"，是建安二十五年（220年）后两年的事，而甘宁任西陵太守却是建安二十年（215年）的事，其间相差7年。既然甘宁任太守时宜昌古城仍称谓"夷陵"而并非称"西陵"，那么甘宁所任西陵太守岂能是宜昌古城历史上的西陵太守呢？

二是甘宁任西陵太守时所辖之县也并非在宜昌古城地带。既然甘宁所任太守的"西陵"，不在古城宜昌地带，那么会在什么地方呢？我在《后汉书·郡县志》中找到了答案。据书中记载，甘宁所任太守的"西陵"，在江夏郡。[1]江夏郡时辖14城，其中之首就是"西陵"。对此，《三国志·甘宁传》中

---

[1]《二十四史·后汉书》（三），中华书局，1997，第3482页。

也有明确记载，表明甘宁所任太守的"西陵"，时辖"阳新、下雉两县"。① 而"下雉"在《后汉书·郡县志》中，本来就在江夏郡所辖14城之列。②《中国文物地图集·湖北省三国时期历史图》中，在今黄石市以南、咸宁市以东，除标有"下雉"外，还标有"阳新"，都在江夏郡所辖区域。③ 显然，甘宁所任太守的"西陵"，的确在江夏郡，并不在宜昌古城地带。

通过以上考究，甘宁所任太守的"西陵"地望得以破解，说明三国时吴将甘宁所任西陵太守并非在宜昌古城地带。④ 因此甘宁是宜昌古城西陵太守的误解应该消除。

三、墨池书院非郭璞注《尔雅》处

郭璞是结缘宜昌古城千余年的历史文化名人。历史上宜昌古城与郭璞有关的传说及遗留下来的胜迹不少，墨池书院就是其中之一。但是，墨池书院是后人弘扬郭璞"尚书好学"之风而兴建的，并非是郭璞在夷陵注《尔雅》时的居所。

郭璞在夷陵注《尔雅》时的居所在尔雅台。如前所述，作为郭璞寓居夷陵注《尔雅》的遗迹，"尔雅台"早在南北朝时就已经见诸著述。此间南朝

---

① 《二十四史·三国志》（三），中华书局，1997，第1294页。
② 《二十四史·后汉书》（三），中华书局，1997，第3482页。
③ 国家文物局主编《中国文物地图集·湖北分册》（下），西安地图出版社，2002，第43页。
④ 正因为如此，所以有人认为在古代历史中最早称"西陵"的城邑不在宜昌，而在江夏。其实，这同样也是一种误解。当然，就三国时期而言，最早称"西陵"的城邑是不在宜昌，而在江夏。如上所言，作为东吴西境的城邑是因其属地西迁而改变的。在东吴尚未占领宜昌前，其西境城邑在江夏；而当东吴占领宜昌后，其西境城邑便转至宜昌。以致西境城邑的"西陵"称谓，也就随之由江夏转至宜昌。然而这仅仅是三国时期的事，并非是整个古代历史中的事。因为早在远古时期，今宜昌就处于西陵的中心地带，以致春秋战国时宜昌隔江相望的两座城邑中，其称谓一座叫"夷陵"，而另一座则叫"西陵"。因此宜昌城邑称西陵与三国时期江夏城邑称西陵孰先孰后就一目了然了。所以，那种认为在古代历史中最早称"西陵"的城邑不在宜昌而在江夏的看法，自然也是一种误解。

第十四章 宜昌古城考究补遗

府志中的墨池书院

梁代任昉在其著述中就曾记载过尔雅台。①宋代乐史在《太平寰宇记》中专辟"尔雅台"词条,讲"郭璞注尔雅于此台,故郡有郭雅台焉。"②说明郭璞注尔雅影响当地已成俗称。陆游入蜀驻足夷陵亲临遗址游览时还目睹过此台。《入蜀记》中载,"晚,既群集于楚塞楼,遍历尔雅台"。"尔雅台者,《图经》以为郭景纯注《尔雅》于此。"③这表明,直至宋代"尔雅台"不仅为著述所载,而且为文人所睹。对此,《宜昌府志》、《东湖县志》都做了明确转载,称尔雅台在城西北隅锁堂街。《图经》云,晋郭璞注《尔雅》处,旁有明月台,前为

---

① 吴省钦:《宜昌试院尔雅堂记》,转引自宜昌市史志办、夷陵区史志办、西陵区地志办校勘整理《(清同治三年续修)东湖县志》,宜昌市委党史(地方志)办公室,2012,第442页。
② 乐史:《太平寰宇记》,中华书局,2007,第2862页。
③ 陆游:《入蜀记》,转引自符号主编《宜昌文化揽粹》,湖北人民出版社,2005,第286页。

明月池。①宜昌市炎黄文化研究会组撰、张忠民主编的《郭璞与夷陵》一书经过认真考证后，认为"历经千余年沧桑，多少次兴废更迭的尔雅台，从其存世较早且相当接近郭璞所处的时代来看，当属郭璞著书遗迹是无疑的"。②

既然如此，为何又将墨池书院说成是郭璞在夷陵注《尔雅》的居所呢？这与洗墨池有关。《宜昌府志》在转前人关于尔雅台是郭璞注《尔雅》居所记载的同时，还另有位于今新街的洗墨池是郭璞注《尔雅》时洗笔砚之处的记载。③于是人们便把位于今新街洗墨池处的墨池书院当成千年墨宝，认为是郭璞在夷陵注《尔雅》的居所。这完全是一种误解。

其实，在明代以前郭璞在夷陵注《尔雅》处并没有洗墨池。这无论是在宋代乐史的《太平寰宇记》中，还是在陆游的《入蜀记》中，都没有这方面的记载。而洗墨池在宜昌古城中的出现与被毁则都是明代的事。明代夷陵州人郑元在其《墨池书屋记》中称"墨池者州之胜迹也，居城东隅，晋郭璞、宋苏子瞻洗笔砚地"。④郑氏《墨池书屋记》中还记载："今距池百许步有尔雅台，相传璞注尔雅处，东坡居蜀，往来峡中，曾同山谷学书于此。宏治甲寅守，东嘉陈公宣作亭其上，题曰'墨池书屋'。"在明代后期前，⑤尔雅台一直耸立于古城之中，时邑人雷思霈在《荆州方舆书》中就有"城西北隅有郭景纯注《尔雅》台，东有洗墨池，为景纯洗砚处，今其水尚黑"的记载。⑥这说明此间不仅尔雅台尚存，而且还建有洗墨池，但所处方位前者在古城西北隅锁堂街，而后者则在古城东隅，其间相距百许步。这一切表明，洗墨池与郭璞在夷陵注《尔雅》的居所并非是一回事。

---

① 宜昌市档案局档案馆、宜昌市地方志办公室整理编辑《（清同治三年编撰）宜昌府志》，宜昌市档案局，2002，第92页。

② 宜昌市史志办、夷陵区史志办、西陵区地志办校勘整理《（清同治三年续修）东湖县志》，宜昌市委党史（地方志）办公室，2012，第104页。

③ 张忠民主编《郭璞与夷陵》，宜昌市炎黄文化研究会，2003，第12页。

④ 宜昌市档案局档案馆、宜昌市地方志办公室整理编辑《（清同治三年编撰）宜昌府志》，宜昌市档案局，2002，第93页。

⑤ 宜昌县志局编《宜昌县志初稿》，宜昌县志局，1936，第536页。

⑥ 张忠民主编《郭璞与夷陵》，宜昌市炎黄文化研究会，2003，第24页。

第十四章　宜昌古城考究补遗

正因为如此,《宜昌府志·学校志》中便有"墨池书院在郡城内星街"的记载。星街因此处建有文星坊而得名,后传为新街。星街在古城东隅、地处新街的洗墨池,与在古城西北隅、地处锁堂街的尔雅台之间的直线距离大致就在百步许。这不仅与文献记载相符,而事实上洗墨池也确在星街处。洗墨池建在文星坊处的星街,①并非是偶然之事,或许正如《郭璞与夷陵》考究者所言,"其实是'尔雅台'随历史的传承而衍生出来的古迹",而明州人郑元作记,将郭璞洗笔砚与东坡、山谷学书于此的记载,不过是其成为"州之胜迹"的铺陈渲染而已,②但"明季兵燹,两台皆圮。"③《宜昌府志·历代兵事》载,"崇祯十七年甲申三月初八日,逆贼张献忠自荆入彝,据其城至十九日,惨驱妇女,平城,官私衙舍,焚毁无遗。"④正是这场兵燹便使得尔雅台、洗墨池都台荒池废,仅存踪迹。

至于把墨池书院当作千年墨宝,认为其是郭璞在夷陵注《尔雅》的居所则更是离谱。道理很简单,墨池书院在星街的出现是清代的事。《宜昌府志·学校志》中明确记载:"康熙间知州宗思圣建,乾隆十三年,知府陈伟重建课士。道光八年,知府程家颋以书院规模弗宏,膏火经费尚短绌,遂捐廉为倡,檄所属州邑各剖廉俸,并广劝绅富解囊为助,爰立讲堂三楹,堂后建圣殿,其右偏置山长书舍及肄业斋舍,共七十二间。"⑤《宜昌府志·疆域志》中也明确记载,"乾隆七年,知县李越建书院于此","二十七年知县林有席浚引池沟,周遭加砌石条如式。"⑥透过这些文字,人们可以获得这样的信息:第

---

① 宜昌市档案局档案馆、宜昌市地方志办公室整理编辑《(清同治三年编撰)宜昌府志》,宜昌市档案局,2002,第236页。
② 张忠民主编《郭璞与夷陵》,宜昌市炎黄文化研究会,2003,第12页。
③ 宜昌市史志办、夷陵区史志办、西陵区地志办校勘整理《(清同治三年续修)东湖县志》,宜昌市委党史(地方志)办公室,2012,第108页。
④ 宜昌市档案局档案馆、宜昌市地方志办公室整理编辑《(清同治三年编撰)宜昌府志》,宜昌市档案局,2002,第506页。
⑤ 宜昌市档案局档案馆、宜昌市地方志办公室整理编辑《(清同治三年编撰)宜昌府志》,宜昌市档案局,2002,第236页。
⑥ 宜昌市档案局档案馆、宜昌市地方志办公室整理编辑《(清同治三年编撰)宜昌府志》,宜昌市档案局,2002,第93页。

一，星街墨池书院最初是清代康熙年间知州宗思圣所建。宗思圣是在康熙退位前九年的康熙五十二年任知州的。① 位于星街的墨池书院当在康熙五十二年（1713年）至康熙六十一年（1722年）之间兴建的，距2019年长达306年至297年之间。第二，清代自康熙、乾隆至道光历朝间，府、县修建于星街的墨池书院有记载的达五次之多。最后一次扩建时间为道光八年（1828年），距2019年仅191年。透过这些信息显然可以看出，位于星街的墨池书院是清代所修的。既然墨池书院较尔雅台尚晚如此之久，要说是尔雅台随历史传承而衍生出来的古迹也未尝不可，但它不能与尔雅台相提并论。至于将位于星街洗墨池旁的墨池书院说成是郭璞在夷陵注《尔雅》时的居所，就更不着边了。

四、《原弊》是欧阳修的夷陵之作

《原弊》这篇政论文，是欧阳修仿效《吕氏春秋》的《原道》《淮南子》的《原乱》与韩愈的《原道》《原性》和《原毁》等文题的格调，针对当时农业的种种弊端，探讨北宋王朝积弱致贫的社会根源与除弊思路而写成的。如前所述，文章引经据典，论述了"农者，天下之本"的重要性，指出了当时存在的农业疲惫、财力支绌、民食严重不足等社会病态，并通过对比寻根，以事说理，对造成这些社会病态的诱民、兼并和力役之弊进行了具体剖析，从"耗"字入手，说明了"三弊"的危害性，分析了"不量民力以为节"的原因，得出了"下者尽力而无弊，上者量民而用有节，则民与国庶几乎俱富"的结论。文章主题深刻，立论精当，察古鉴今，深入浅出，层层递进，一气呵成，叙述形象，分析有据，切中时弊，直言敢谏。文章强调国家与人民上下协调的思想在后来作者代表作之一的《本论》中得到了充分的发挥。

1936年世界书局出版的《欧阳修全集》中，《原弊》的写作时间被列在《居士外集卷第九·时论》中的康定元年（1040年）。因此，在研究欧阳修夷

---

① 宜昌市档案局档案馆、宜昌市地方志办公室整理编辑《（清同治三年编撰）宜昌府志》，宜昌市档案局，2002，第307页。

第十四章　宜昌古城考究补遗

陵诗文中，很难引起研究者的关注。

其实，《原弊》这篇文章恰是欧阳修的夷陵之作。道理很简单，欧阳修在文中为此提供了佐证的资料。《原弊》中讲，"国家自景德罢兵，三十三岁矣"①。意思说宋朝自景德罢兵已经33年了，换句话说，欧阳修在写《原弊》这篇文章时，距离景德罢兵有33年的时间。所谓"景德罢兵"，讲的是宋真宗景德元年（1004年）十二月，同当时入侵宋朝的辽国在澶渊（今河南濮阳南）订立了罢兵休战的和约，史称"澶渊之盟"。作者写《原弊》时离"澶渊之盟"相距33年的时间，也就是说《原弊》这篇文章是欧阳修在宋仁宗景祐四年（1037年）十二月写的。据《欧阳修全集》中的《庐陵欧阳文忠公年谱》记载，欧阳修被贬任夷陵（宜昌古城）县令是宋仁宗景祐三年（1036年）五月，来到夷陵则是同年十月。而欧阳修离开夷陵移任乾德（今湖北老河口市）县令则是景祐五年（1038年）三月，而这年十一月改元为宝元，故欧阳公《年谱》在宝元元年中记载"三月，赴乾德"。② 由此可见，欧阳修写《原弊》当在其贬任夷陵县令之时。

当然，有人会说，《原弊》这篇文章也可能是欧阳修在移任乾德之后写的。但这样就有两种情况值得研究：一是移任乾德伊始所写。这虽与文中所谓"自景德罢兵，三十三岁矣"相距不远，但却不合乎常理。因为作为贬官，由一地移贬他地之初，往来政务的交接与移任伊始的公务应酬都会令人应接不暇。事实上也正如此。笔者对《欧阳修全集》进行了查阅，得知在宝元元年即移任乾德当年，欧阳修全年所写诗文，包括诗、记、书、书简以及祭文、墓表和墓志铭在内，共计16篇（首），是自贬谪夷陵至重返朝廷四年中写作诗文最少的一年，如果除去年初尚在夷陵所写的与移任安稳后所写的之外，移任之初欧阳修在乾德所写诗文就更少了。对此，在当年所写的《与梅圣俞》中，欧阳公做了说明。他写道，"此邑（指乾德——笔者注）虽便于饮食医

---

① 《欧阳修全集》，中国书店，1986，第421页。
② 《欧阳修全集·庐陵欧阳文忠公年谱》，中国书店，1986，第5页。

药，然官属无雅士，军牧虞曹，此况不言可知也。"① 说明无幕友唱和，加之管理行政忙于事务，是欧阳公移任之初很少写作诗文的原因。但是类似《原弊》这一关乎国家兴利除弊的时论文章，不同于幕友唱和之作，更需要有考察思考、潜心研究的时间。这在夷陵写作顺理成章，而要在移任乾德伊始写作显然难以办到。二是移任乾德安顿之后所写。这虽合乎常理，但与文中所谓"自景德罢兵，三十三岁矣"却又相悖。的确，此间欧阳公既有考察思考之空，又有潜心研究之时。但此间无论欧阳公能写出多少有分量的时论，却不可能写的是《原弊》。如果说此间对尚已写好的《原弊》初稿加以修改倒是完全可能的。但这不能成为《原弊》之文在乾德所写的根据。道理很简单，此间所写若是《原弊》，则与景德罢兵相距的时间就不可能是33年了。由此可见，《原弊》是欧阳修的夷陵之作是可信的。

那么，为什么欧阳修会在夷陵写作《原弊》，而《欧阳修全集》却将《原弊》的写作时间又列入康定元年（1040年），距景祐四年（1037年）达三年之久呢？尽管人们对此不得而知，但是其间所发生的事情却为人们的思考提供了线索，这就是宋仁宗景祐四年也就是欧阳公贬夷后的第二年十二月，他接到移任乾德县令的旨令。乾德较之夷陵，不但"便于饮食医药"，而且距离京城又近了些。这无疑给欧阳修传递了重返朝廷并非遥遥无期的信息。此时正值"景德罢兵三十三年"的纪念日。作为具有传统忠君忧国思想的志士仁人，革新务实是欧阳修的政治主张，匡弊图治、改变国家贫弱不堪的现状是欧阳修的政治追求。他虽然贬在夷陵，但却仍然心系时政。而贬谪夷陵，经过深入调查，欧阳公对北宋当时农业发展中的种种弊端感同身受。同时，贬谪夷陵，躬亲农桑，"动不违时"，也就是使用劳役不影响农时，致使"岁数大丰，因民之余"的实践，欧阳公对农业方面的匡弊图治深有体会。于是，这位富有实事求是而又直言敢谏精神的欧阳修，在看到重返朝廷曙光的情况下，便提笔写下《原弊》这篇时论。只是因为此时正值贬谪期间，因此文章

---

① 《欧阳修全集》，中国书店，1986，第1281页。

未能发表。直至宋仁宗康定元年（1040年）六月重返朝廷、再度入任翰林院馆阁校勘的时候，欧阳公方才将此文发表。

笔者这样分析，并非凭空而论，或许可以通过类似之事而得以佐证。这便是宋仁宗康定元年（1040年）十二月欧阳修《通进司上书》之事。此上书是欧阳公重返朝廷当年因元昊叛逆关西用兵之事而向宋仁宗所呈的建言。上书一开头就写道："臣初窃为三策以料贼情。然臣迂儒，不识兵之大计，始犹迟疑"①。这说明上书中所献三策，是其当初就准备好的，只是因为迟疑未决而没有向皇帝上书，直至重返朝廷方才上书。这可以在宋仁宗宝元二年（1039年）欧阳公所写的古诗《听平戎操》中得到佐证。从诗人听过平定西戎琴曲之后所发"有策不献空踟蹰"②的感叹中，可以看出早在重返朝廷之前的宝元二年，欧阳公就针对元昊关西用兵之事，写有平戎之策，但因为踟蹰之故而没有向仁宗皇帝上书。这与《通进司上书》中欧阳公所言是相符的。这件事说明在欧阳公的文章中的确存在写作时间在前而发表时间在后的现象，这在一定程度上为他的《原弊》写于贬谪夷陵之际、发表于重返朝廷之时提供了佐证。

考证这个问题很有意义。它表明欧阳修贬令夷陵后通过对当地民生的实际感受和躬亲农桑事务的实践，对国家在农业方面存在的弊政有了更为深切的认识，写成的《原弊》对重返朝廷后力主革除弊制，提供了充分的思想准备。同时，也为深化欧阳修夷陵诗文的研究、认识欧阳公贬令夷陵的作为、挖掘宜昌古城历史文化，提供了新的资料。

五、六一书院显露庐山真面目

欧阳修是北宋时贬令夷陵的历史文化名人。宜昌古城先民对这位先贤敬仰有嘉，明朝时期兴建六一堂对他祭祀，兴办六一书院开展课士。

---

① 《欧阳修全集》，中国书店，1986，第1206页。
② 《欧阳修全集》，中国书店，1986，第361页。

嘉靖四十四年（1565年），知州李一迪"以事先生未有专祠，怃然与郡士民谋之"①。以往古城没有专门祭祀欧阳公的专祠，知州李一迪便与同僚商议此事，得到大家赞同。于是"建祠州城之东，榜之曰'六一书院'，因课士于其中"②。欧阳公祭祀堂建在城外东一里处，因课士设于其中，所以又称书院。晚年欧阳修自号"六一居士"，故祭祀堂便得名"六一堂"，书院就称"六一书院"。六一书院具体地址在星火路（今珍珠路）中段的气象台巷首，20世纪90年代初省戏校、轻化幼儿园以及原计量所和东方红小学在其范围内。六一书院的建立，作为州学宫的补充，适应了古城教育发展的需要。但随着历史变迁，书院因受损曾进行过修缮乃至重建。"明季兵燹"，书院被毁，"基址仅存"。"康熙五十二年，宗公思圣守彝陵，兴思复古，规模粗就。"但是"未几，风雨剥落，书院而丘墟矣。"于是，"乾隆五十四年，邑庠杨世英等集义鸣公，驱逐乔寓野外之民，缭以垣墙，悬以白榜，过斯地者，方知为六一书院。""然而，扞外空中，荒烟蔓草，凭吊之士，每感慨系之。"因此，"嘉庆十七年，邑举人杨振鹏、贡士王述勋、廪庠杨振鹭、牟大燧等激励奋发，志定图成，亲诣城乡劝捐；而同心好学者遂皆回应，如恐不及。"③致使书院再次得以重建。重建后的六一书院在当时古城东门外的四贤街。四贤街因四贤堂得名。四贤堂位于古城正东东湖门也就是东门外、与城门相对处④，是纪念欧阳修的又一建筑，堂内除供奉欧阳修之外，还有苏轼、苏辙和黄庭坚，他们也曾驻足古城，在城里有很大影响。经过重建破落的书院又兴盛起来。道

---

① 宜昌市史志办、夷陵区史志办、西陵区地志办校勘整理《（清同治三年续修）东湖县志》，宜昌市委党史（地方志）办公室，2012，第430页。
② 宜昌市史志办、夷陵区史志办、西陵区地志办校勘整理《（清同治三年续修）东湖县志》，宜昌市委党史（地方志）办公室，2012，第430页。
③ 宜昌市史志办、夷陵区史志办、西陵区地志办校勘整理《（清同治三年续修）东湖县志》，宜昌市委党史（地方志）办公室，2012，第445页。
④ 宜昌市史志办、夷陵区史志办、西陵区地志办校勘整理《（清同治三年续修）东湖县志》，宜昌市委党史（地方志）办公室，2012，第127页。

第十四章　宜昌古城考究补遗

县志中的六一书院

光初年在古城绅士王永言、永重兄弟的捐资下，六一书院又进行了重建。[①]
尽管如此，但在其后年代里却因时局动乱，书院仍几度濒于毁弃状态。光绪
二十九年（1903年），知县熊宾主持六一书院改为东湖县官立高等小学堂筹
办事宜。因六一书院地址"去城市稍远，无嚣坐气，可备学舍之用"，因此本
次学堂重建"就书院地扩充之"[②]。次年完成，重建中学堂向西北隅扩展，占地
较前扩大许多。这是宜昌古城官立小学堂之始。民国元年（1912年）学堂又
改为宜昌县立第一高等小学校。民国十九年（1930年）二月湖北省立第一乡
村教师养成所在东门外黄家祠堂街（原四贤街）的六一书院旧址成立，宜昌
县立高等小学校建制不变，但成为乡师养成所的附属实验小学。次年十月乡

---

① 宜昌市档案局档案馆、宜昌市地方志办公室整理编辑《（清同治三年编撰）宜昌府志》，
宜昌市档案局，2002，第236页。

② 宜昌县志局编《宜昌县志初稿》，宜昌县志局，1936，第452页。

师养成所改为湖北省立第二乡村师范学校。①民国二十七年（1938年）二月后，日机开始对宜昌古城狂轰滥炸，地处六一书院的乡村师范被毁，进而荒芜。从此历经400多年的六一书院便不复存在。

  由于沧桑变迁之故，曾在宜昌城里历经400多年的六一书院，与其他古迹一样，除在史志中能见到其草图外，再也见不到其庐山真面目了。但当见到一张明信片后，笔者便带着重显六一书院真面目的期盼，对此明信片上的图像进行了考究。这是一枚清末民初国外印刷的宜昌书院图明信片。明信片正面分别使用意大利、德国、英国三国文字标注为"明信片"，右侧提示为书写收件人地址处，左侧提示为留言处。明信片图画面文字"ICHANG"为宜昌，编号为142。画面上庭院建筑依山傍水，鳞次栉比，错落有致，院前小亭上

清末民初明信片中的宜昌书院

---

① 宜昌县志局编《宜昌县志初稿》，宜昌县志局，1936，第248页。

第十四章 宜昌古城考究补遗

"师古亭"三字清晰可辨。根据此段文字，可以断定这是一枚值得一见的宜昌书院图明信片。①透过以上文字可以看出，这的确是一枚清末民初由国外印刷反映宜昌书院图案的明信片。尽管如此，又何以见得明信片上的宜昌书院图案就会是六一书院呢？笔者经过反复考究后回答是肯定的。具体可从三个方面予以阐述。

首先，从明信片中书院的背景来看。这张明信片中书院的背景是山。如果明信片中的书院就是六一书院，那么作为背景的山就应该是东山。对此，笔者通过实地考察与文献、照片相结合，就山的形貌、走势与山上建筑等问题，同明信片中的山进行了反复比较。无论是目睹《东湖县志》中的"东山寺图"②和有关东山的旧照片，还是深入实地进行考察，面对东山，展现在笔者眼前的都为三座丘陵。从右向左，第一座山包靠左的山线压在第二座山包靠右的山线上，第二座山包靠左的山线压在第三座山包靠右的山线上。当时这些山上有些光秃秃的，没有成遍的树林。东山寺坐落在靠最右边山包的山顶偏右处，它与铁路坝的纵向位置靠近今云集路纵线上。因为民国初年至抗战前夕，宜昌古城铁路坝及周围仍保留许多川汉铁路建筑物，并还留有一些当时的旧照片。其中有张照片所拍摄的职工公寓室内窗外的远景就是东山寺。③而公寓所处地带就靠近今云集路一侧。正因为如此，所以在《东湖县志》"六一书院"图④中东山最右边的山头上没有标出东山寺。显然以上这些判断是言之有理的。

按照这些判断来审视明信片中的山就不难看出，尽管明信片中只有两座山头，但根据山的形状和山线的走势来看，从右向左的第二座山头左边还有一座山头，只不过照相机在拍摄时镜头偏右而没有摄入而已。这表明，明信

---

① 孙根浩主编《三峡集邮》2013年第3期，第12页。
② 宜昌市史志办、夷陵区史志办、西陵区地志办校勘整理《（清同治三年续修）东湖县志》，宜昌市委党史（地方志）办公室，2012，第24页。
③ 刘思华：《百年前宜昌火车站老照片浮出水面》，《三峡晚报》2011年7月19日。
④ 宜昌市史志办、夷陵区史志办、西陵区地志办校勘整理《（清同治三年续修）东湖县志》，宜昌市委党史（地方志）办公室，2012，第20页。

东山最右侧山包上的东山寺

片中的山实际上也是三座山头。同时，从右向左，第一座山包靠左的山线压在第二座山包靠右的山线上，第二座山包靠左的山线压在第三座山包靠右的山线上。拍摄时这些山上也都光秃秃的，没有成遍的树林。正因为明信片中的山只拍了靠右边的两座山头，所以最右边山头上便有了被树木遮挡的建筑。显然这座建筑物就是东山寺。

其次，从明信片中书院的画面来看。如上所述，历史上由于沧桑变迁，六一书院无论院址、建筑还是课生机构都因时而变。清嘉庆十七年重建后，曾对六一书院院貌做过这样的表述，讲其："周垣三十余丈，石甃甓封，缜密完固。中构讲堂三楹，面大江，高甍峻宇，旷如奥如。堂前隙地数十余步，栽植嘉树名花，活人天机；前近雕墙凿方塘，水堪洗墨。墙之南为出入孔道，门左小室为门者憩所。堂后丹墀上建立楼阁，巍焕宏整，中为寝堂，左右为

第十四章　宜昌古城考究补遗

师长斋室，楼上祀先师孔子，配以六一先生神主。左右角门外为夹道，鳞次架屋十余间，为栖士攻读之舍。两旁余厦以作庖厨。"[1]这段文字虽然不长，但却把六一书院的场景描述得清晰而全面，尤其是对建筑方位的叙述更是清楚，只要是熟悉古城地望的人，即便未能深入其境，听其述后，也能知晓这些建筑的东南西北。因为古城之中原本就有一座方位标，这就是东山。东山所以如此称谓，就是因此山方位居城之东，故而得名。处东山面对大江，所对大江方位俗称河西，东山之右为北，东山之左为南。尽管在重建后的岁月中，书院也曾被人修葺过，但直到光绪二十九年（1903年），六一书院改为东湖县官立高等小学堂时，书院中的建筑并没有发生变化。因为在次年所立《创设东湖县小学堂碑》中明确记载，"旧有六一书院，仅斋舍十余间，其余左右旷地，草木丛集，荒凉不堪"。为适应学堂设置规模的需要，便"按址绘图，图成，缺西北隅"。西北隅"乃闽省简姓公地"，而简姓首人"慨然书立捐字""相让"，[2]致使学堂方得扩建。显然此间的六一书院与嘉庆年间重建后的建筑状况基本一致。而在民国十九年（1930年）二月所建湖北省立第一乡村教师养成所，就在六一书院旧址上。此间虽与东湖县小学堂改设之时过了20多年，但学堂由高等小学发展为完全小学，因此六一书院旧址上的建筑不至于遭损。以上所述对审视明信片中书院的画面意义重大。

从明信片书院的画面中可以清晰地看出，画面南向也就是面朝山头最右侧的建筑，应该就是书院中的讲堂，三楹堂门，与所依之山同向，古色古香，与前面所引《东湖县志》上的描述如出一辙，并且讲堂与南向侧门进院后的道路是相对的。尽管南向侧门在画面中未显现出来，但是它与进院后道路相连则是无可置疑的。讲堂后面的圣殿高屋清晰，虽然屋内情形不得而知，但讲堂、圣殿左侧鳞次诸屋同样可见，看上去房屋间数的确不少。只是画面北向也就是面朝山头最左侧的建筑与书院中的建筑似乎不协调。所谓不协调就

---

[1] 宜昌市史志办、夷陵区史志办、西陵区地志办校勘整理《（清同治三年续修）东湖县志》，宜昌市委党史（地方志）办公室，2012，第445页。

[2] 宜昌县志局编《宜昌县志初稿》，宜昌县志局，1936，第452页。

是说最左侧建筑的功能与清嘉庆年间重建后对六一书院建筑功能所做的表述不相吻合。因此最左侧建筑应该是光绪二十九年（1903年）东湖县官立高等小学堂改建时，在六一书院最左侧修建的。有人可能会说，即便是改建时修的，怎么就不是民国十九年（1930年）二月在六一书院旧址上所建湖北省立第一乡村教师养成所时修的呢？回答是否定的。道理很简单，如前所述此明信片早在清末民初时就已经出版发行了。

最后，从明信片中书院的环境来看。前面讲了明信片书院画面最左侧建筑应该是学堂改建时修的。其实画面中的亭子和拱桥应该也是此间修建的。这其中的道理有二：一是清嘉庆年间重建六一书院时并没有亭子和拱桥。当时描述院貌时，讲"堂前隙地数十余步，栽植嘉树名花，活人天机；前近雕墙凿方塘，水堪洗墨"。《东湖县志》"六一书院"图中绘得一清二楚。但随着岁月的流逝，讲堂前的方塘日益扩大。其中的道理就在于这一带塘堰密布，而在东门外里许（今珍珠路与西陵一路交汇处原宜昌县食品厂以北）的翁家堰，①就在六一书院西侧。这一带地表水本来就浅，还在书院中凿塘，因此时间长了池塘面积扩大是可以理解的。于是为了方便行走而修座小桥也应该是题中之义。至于依山傍水，修座"师古亭"，既风雅，又崇尚，对于新改建的学堂来说也是一道风景线。二是有人或许还是会说，明信片书院画面中的亭子和拱桥，为什么会是学堂改建时所修，就不会是民国十九年在六一书院旧址上所建省一乡师养成所时建的呢？回答还是那句话，这张明信片早在清末民初就面世了。

总而言之，这一系列的考究说明清末民初此明信片上的画面就是六一书院。正是这张明信片为人们揭开了宜昌古城六一书院的庐山真面目。

---

① 宜昌市档案局档案馆、宜昌市地方志办公室整理编辑《（清同治三年编撰）宜昌府志》，宜昌市档案局，2002，第27页。

六、城内仅有的教会建筑遗存

到晚清，随着外国列强入侵，宜昌古城内的教会建筑拔地而起。但随着历史沧桑、岁月流逝，当年宜昌古城的教会建筑到早几年城内却仅有一处遗址尚存，它就是献福路教堂。

献福路教堂在古城教会年代上名列前茅。它地处今人民路对面的献福路旁边。遗存范围涉及献福路与中书街至原老红军余冰住处、河水巷至民主路菜市场出口处一片。这座遗存看上去早已其貌不扬了，但在宜昌古城却是仅次于清康熙四十年（1701年）法国天主教教士聂若翰所建的教会建筑，至2019年已有141年历史。今宜昌市区罗善堂街的天主教教堂是清光绪九年（1883年）兴建的，而在光绪十七年（1891年）宜昌教案中被烧毁，于次年利用清政府赔款在原址重建的；南正上街的基督教教堂是光绪二十一年（1895年）始建的，于20世纪90年代重建。由此可见，这些"健在"的教会建筑，它们起初兴建的时间本来都在献福路教堂之后，更何况它们本身还是其后复建的呢？所以，献福路教堂在宜昌古城教会建筑年代中名列前茅。

献福路教堂在古城教会发展上不同一般。它初叫"福音堂"，是基督教英国苏格兰长老会派员来宜兴建的。长老会原名苏格兰教会，1707年被立为英国国教。后设立"外国布道会"，称"苏格兰差会"，正名为"苏格兰长老会国外宣教委员会"，后改为"苏格兰长老会"。该会只在中国两个地区差派传教，一个是东北沈阳，另一个就是湖北宜昌。这在一定程度上反映了献福路教堂在英国国教对华传教中的地位。清同治七年（1868年），华人传教士刘耀洲、冯春甫受英籍传教士杨格非派遣，由汉口来到宜昌。起初在古城璞宝街租用民房布道。数年后，杨格非又介绍苏格兰长老会传教士谷克本到宜昌古城发展教务。谷克本在刘耀洲协助下，在古城南正街租房安顿下来。清光绪二年（1876年），中英签订《烟台条约》。在《烟台条约》中，宜昌被列为通商口岸。随着宜昌开埠，外国传教步伐加快。光绪四年（1878年）苏格兰长老会派宜人员在古城大十字街（后称县府路，今献福路）购得一栋房屋，正式建起"福音堂"。福音堂兴建后除进行布道外，还开展识字和医药事务。这座福音堂就是今献福路的这座教会遗存。这一切便是献福路教堂的来历。

自大十字街（今献福路）福音堂兴建后，苏格兰长老会派宜人员又大量购买地皮修建住宅，并加派人员来宜推进教务活动。曾在宜昌市区从教50年的穆秉谦女士在受苏格兰长老会派遣初到宜昌古城时，所住之处就在大十字街福音堂。到光绪三十年（1904年），大十字街福音堂的识字班，已发展为拥有7个班的小学，于是便将其称为"育德小学"，并一直延续到新中国成立初期。光绪十一年（1885年），英籍牧师丁慰灵获得英国绅士安德烈的一笔捐款，便在桃花岭南湖岗地购地建校。宣统三年（1911年），育德小学开始增设初中班。当时小学部仍在大十字街福音堂处，中学部则在新校舍。为纪念安德烈捐募活动，校名改为"安德烈学校"。后按清朝旧制，并有学校中国教员倡导，经英籍校长及教会允许，校名改为"华英学校"，作为中学部的称谓，而小学部仍称"育德小学"。后两部分为两校，在大十字街福音堂处的仍为育

右边为笔者读书教室侧墙

为笔者读书教室正面图

第十四章　宜昌古城考究补遗

德小学，在桃花岭南湖岗地处的改为华英中学。育德小学设有董事会，董事长为卢敏斋，副董事长为胡逊予，董事有田德森（英）、康立安（英）、张立彬等。董事会除主管校长聘任事宜外，还对学校负监督之责。校长为郑志贵，教务主任为张登文。抗战爆发后，华英中学于民国二十七年（1938年）迁到四川，育德小学一度搬入桃花岭南湖岗地的华英中学处办学。民国二十九年（1940年）宜昌沦陷，学校停办。抗战胜利第二年复校，办有4个班，学生达200多人。新中国成立之初育德小学仍在献福路（原大十字街，后称县府路）办学，至1952年秋为市政府教育局接管，相应学校也离开献福路而迁到市区原劳改队处办学。

献福路教堂在笔者发蒙求知时曾结过缘。解放初期，笔者父母在献福路与民主路交会的路口一侧做饮食生意。当时笔者年幼无人照看。正好育德小学就在献福路这条街，离民主路不到百米，父母为了让笔者有人照看，读不读书尚在其次，加上比较近，便于关照，于是在我5岁时就被送到育德小学上学。事后听老人说，当时笔者班主任是位姓韦的女老师。老师见笔者小，特别予以关照，在学校叠纸玩具哄笔者玩，野外郊游总是牵着笔者的手。平时父亲不定时地到学校看望笔者，郊游时也会站在人群中观看。但是上学时间不长学校就搬迁了，离父母做小生意的民主路口比较远，父亲也不能像以往那样常来看笔者，于是笔者就不安分了。最后没办法只得退学，重新呆在父母周围玩耍。尽管这段上学对于笔者来说如上幼儿园一般，但育德小学毕竟是笔者的发蒙之地。因此也算与它有过一份情缘，成为自己儿时的记忆。

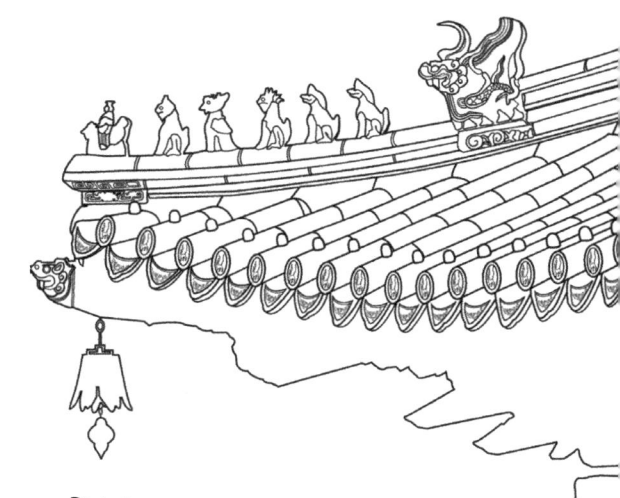

附录：文化研究与开发创意

附录：文化研究与开发创意

一、中华世纪坛铭文中的宜昌文化元素[①]

这些年来，每年笔者都要到外地参加地域文化与地方学研究的学术交流，这也为相关文化考察提供了方便。2012年8月，从鄂托克参加"第二届中国·阿尔寨文化（旅游）高层论坛"返回，笔者利用在京换车之机，专程到中华世纪坛，考究了青铜甬道铭文中的宜昌文化元素。

中华世纪坛青铜甬道全长262米，用18万字概括了上自中华大地形成、下至公元1999年，中华民族从孕育到启蒙、成长、发展的历史过程。青铜甬道铭文由世纪坛组委会聘请中国社会科学院历史研究所和近代史研究所、北京大学历史系、北京师范大学史学研究所数十位专家，用近一年时间，认真研讨，数易其稿完成，请相关专业机构、学术团体专家核定修改，经十多次修订最后定稿。铭文着重反映中华民族发展史，以文化、教育、科技为主线，记述对中华文明发展起促进作用的历史事件和历史人物。从这个意义上讲，能在铭文中出现的历史事件和历史人物，其文化档次自然称得上是国家级的。

一到世纪坛，笔者便躬腰查看青铜甬道上的铭文。当走完整个甬道，将所查资料拍下来，已是中午12点多钟。这天，正处夏暑，烈日当空。两个多小时的暴晒，笔者虽被晒得汗流浃背，满面黑红，但却为从铭文中找到丰富的宜昌文化元素而开心。当年11月，笔者再次赴京参加"历史文化街区保护与更新"2012年北京学国际学术研讨会。此间笔者再次来到世纪坛，购得《中华世纪坛青铜甬道铭文》一书，回宜后进行了深入研究。

研究中笔者发现，宜昌文化元素在世纪坛铭文中或隐或现，经初步查实就有28种，涵盖远古、上古、中古、近代和现代各个历史时代。其中远古5

[①] 本文有关宜昌文化元素解读的内容中，凡在书中章节做过叙述的内容，均做了删节。

种、上古6种、中古10种、近代4种、现代3种。现以历史时代为序，对所查实铭文中的宜昌文化元素进行展示与解读。

（一）远古时代铭文

1. 铭文

"距今8000年前后，在湖北、湖南的长江中游一带有以湖南澧县彭头山、八十垱、湖北枝城城背溪等为代表的文化遗存，也发现了丰富的栽培稻遗存。"①

铭文中所载城背溪文化，是以宜昌宜都城背溪遗址命名的，因此是长江中游一带新石器时代早期的考古文化样式。1982年宜昌博物馆文物普查队在宜都城背溪调查，发现距今约8500年至7500年前的文化遗址。因该遗址属新的古文化遗存，故命名为"城背溪文化"。宜都城背溪遗址出土陶器的胎内发现有炭化稻谷和稻草的痕迹，说明宜昌栽植水稻的历史可追溯到距今约8000年左右的新石器时代早期。此间文化遗址在宜昌市域发现40多处，属长江中游一带新石器时代早期的考古文化。本书第三章"城背溪遗址"对此做了具体叙述。

2. 铭文

"大溪文化，存在于公元前4400年—前3300年，其分布东起鄂中南，西至川东，南抵洞庭湖北岸，北达汉水中游两岸，主要集中在长江中游西段两岸地区。经济生活以稻作农业为主，饲养猪、狗、牛、羊、鸡等，渔猎也占有较重要的地位。""大溪文化的陶器以白陶和薄胎彩陶最为突出，白陶圈足盘通体饰类似浅浮雕的印纹；薄胎细泥单耳杯和圈足碗，胎厚仅1—1.5毫米，在橙黄色器上绘棕红色纹饰，精美别致。""大溪文化晚期遗址中，多处出现石器制造场。"②

---

① 中华世纪坛组织委员会编《中华世纪坛青铜甬道铭文》，中国财政经济出版社，2000，第3页。

② 中华世纪坛组织委员会编《中华世纪坛青铜甬道铭文》，中国财政经济出版社，2000，第4页。

附录：文化研究与开发创意

铭文中所载大溪文化，属长江中游西段，因首先在重庆巫山大溪发现而得名，属新石器时代中期的考古文化样式。宜昌地域处长江中游西段两岸地区，是大溪文化的聚集地域，发现这类遗存较多，较有代表性的为秭归老坟园、白水河、玉种地、袭家大沟、柳林溪，夷陵区中堡岛、杨家湾、白狮湾、黄陵庙、清水滩、伍厢庙，宜都红花套，枝江关庙山、杨家嘴等。本书第三章"大溪文化遗址"对此做了具体叙述。

3. 铭文

"屈家岭文化，约当公元前3000年—前2600年，分布以江汉平原为中心，东起大别山麓，西至三峡，北到豫西南，南抵洞庭湖北岸。""经济生活以种植水稻为主，兼营采集渔猎。""屈家岭文化的石器均磨制，有的磨制甚精，用管钻法穿孔。陶器制作趋向定型化，其中米黄色薄胎彩陶制作精美，用浓淡不同墨色在器内外晕染，有的在一器上有二、三种颜色的陶衣，采纹浓淡相间，为屈家岭文化所特有。""此外，还有大量陶纺轮，轻重大小不同，其中一种形体轻薄者，多施多种多样纹饰的彩陶。"[1]

铭文中所载屈家岭文化，属大溪文化之后，长江中游一带，新石器时代晚期的考古文化样式，因首先在湖北京山屈家岭发现而得名。宜昌地域处长江三峡，是屈家岭文化的分布地域，除五峰、兴山外，其他县、市、区都有发现。秭归苍坪、台丘，夷陵区中堡岛、杨家湾、清水滩，宜都红花套，枝江关庙山，当阳朱家湾、冯山等，是屈家岭文化较重要的遗址。本书第三章"屈家岭文化遗址"对此做了具体叙述。

4. 铭文

"相传公元前2697年为黄帝纪年元年，为文明之肇始。黄帝妃嫘祖始劝蚕。"[2] 铭文中所载嫘祖教民养蚕缫丝，发生在今宜昌地域。嫘祖是与黄帝齐名

---

[1] 中华世纪坛组织委员会编《中华世纪坛青铜甬道铭文》，中国财政经济出版社，2000，第8页。

[2] 中华世纪坛组织委员会编《中华世纪坛青铜甬道铭文》，中国财政经济出版社，2000，第11页。

的"人文女祖",为黄帝正妃。今宜昌地域处于远古西陵中心地带,为西陵之女嫘祖生长之地。本书第十一章"嫘祖教民养蚕缫丝"对此做了具体叙述。

5. 铭文

"石家河文化,约公元前2600年—前2000年,分布于长江中游的广阔地域,是在屈家岭文化的基础上发展起来的,也有很多地域类型,经济生活以稻作农业为主,遗址中大量出土红陶小杯,应是酒器,有生产规模很大的主要烧制这种陶器的作坊,属于作为交换的产品。出现了铜器冶铸,一些遗址出有铜块、孔雀石、类似铜器云雷文的陶器。""琢玉工艺达到极高的水平,大墓中常有大量玉器随葬。出土了十分精美的透雕龙、凤玉佩。"[1]

铭文中所载石家河文化,属屈家岭文化之后,而地处新石器时代末期长江中游广阔地域的考古文化样式,因首先在湖北天门石家河发现而得名。宜昌地域属石家河文化圈,所辖秭归庙坪、旧州河、柳林溪、下尾子,夷陵区下岸溪、白庙、大坪、三斗坪、朱家台,宜都石板巷子、王家渡、茶店子、蒋家桥,当阳季家湖,西陵区的望洲坪等,是石家河文化较重要的遗址。诸如白庙、下岸、柳林溪、下尾子、茶店子、石板巷子等遗址中,均属此文化遗存。本书第三章"石家河文化遗址"对此做了具体叙述。

(二)上古时代铭文

1. 铭文

"公元前2080年—前2061年","相传帝舜举荐禹为继承人"。"这一时期的考古发现证实了这些传说包含了真实历史的素地",其中"三苗活动的荆楚之地有石家河文化"。"公元前2060年—前2041年","传说当江汉地区出现灾害性天气,天雨血、夏有冰,地坼及泉,日夜出,昼日不出,禹乘机伐三苗。"[2]

---

[1] 中华世纪坛组织委员会编《中华世纪坛青铜甬道铭文》,中国财政经济出版社,2000,第12页。

[2] 中华世纪坛组织委员会编《中华世纪坛青铜甬道铭文》,中国财政经济出版社,2000,第2页。

铭文中所载"石家河文化"为三苗所处地域，与大禹所处时代相同，大禹曾伐三苗之事说明，"石家河文化"时期的荆楚大地曾属大禹文化圈。而今宜昌地域曾属"石家河文化"地带，处于三苗活动的荆楚之地，大禹也曾在此活动过，有"神牛三峡助禹治水"传说。本书第十二章"黄牛山滩峻险"对此做了具体叙述。

2. 铭文

"公元前1040年—前1021年"，"成王时封熊绎为楚君，都丹阳（秭归）。"[①]

铭文中所载熊绎受封楚君都丹阳之事，发生在今宜昌地域。只是经专家考证，都城丹阳的地望并非在宜昌秭归，而在宜昌远安。

此地是楚文化的发祥地，《左传》中所谓"熊绎辟在荆山"讲的就是这一带。而荆山地处鄂西、汉水支流雎水上游雎山以南，当时这一带属南郡临沮县，也就是今宜昌远安县。古临沮地域辽阔，"东接荆阳，西连巴蜀"，比今远安地域大得多。至晋武帝平吴后，"割临沮之北乡、中庐之南乡立上黄县，后并入中庐，今为南漳县地"。古沮、漳二水源于荆山，沮水源于荆山西段南麓，漳水源于荆山东段南麓。立国之始的楚国限于荆山与雎山之间，"筚路蓝缕，以处草莽。跋涉山川，以事天子。唯是桃弧棘矢，以共御王事。"这样，偏东逶迤于河谷之中的漳水，对此间的楚人来说更为重要。楚昭王所谓"江、汉、雎、漳，楚之望也"中的"漳"，指的就是"漳水"。而"雎"指的则是汉水支流中的"雎水"，并非是源于荆山西段南麓"沮水"。

专家认为，熊绎所居丹阳，名为国都，实为村落，估计没有城池，仅为"棘围"之类，就是用荆棘环绕而成具有防御工事作用的寨栅。秭归县的丹阳城，据考古调查，不是先秦时期的城，附近又无荆山可寻，以此作为熊绎受封时的都城当属有误。而此城也称丹阳，或许是因熊渠子熊挚别封为夔子，其地在今秭归县。楚人因怀旧念祖，国都虽迁，而其名不改，乃至只要有相

[①] 中华世纪坛组织委员会编《中华世纪坛青铜甬道铭文》，中国财政经济出版社，2000，第30页。

当数量的公族聚居，便可称为丹阳。尽管铭文中关于熊绎受封所都丹阳在地望上有误，但位置都在今宜昌地域。因此，反映的仍属宜昌文化元素。

3. 铭文

"公元前699年，周桓王二十一年"，"楚军攻罗国，因轻敌而败。"①

铭文中所载楚军攻罗之事，虽未发生在今宜昌地域，但因此而出现的后事则对宜昌古城的城邑起肇却产生重大影响。所以楚军攻罗与今宜昌地域不无关系。本书第四章"古城起肇缘于楚之西塞向荆门虎牙延伸"对此做了具体叙述。

4. 铭文

"公元前676年，周惠王元年"，"巴人攻楚"；"公元前477年，周敬王四十三年"，"巴人攻楚国，旋败"；"公元前377年，周安王二十五年"，"蜀伐楚，取兹方，楚为扞关以拒蜀。"②

铭文中所载巴蜀攻楚之事与今宜昌地域密切相关。因宜昌时为楚之西塞，巴楚比邻，关系不睦，几百年间数相攻伐，铭文中所记三次战事就发生在宜昌地域。本书第四章"古城移建西陵峡口可能在楚文王十五年"对此做了具体叙述。

5. 铭文

"公元前279年，周赧王三十六年"，"秦昭王二十八年，秦攻取楚鄢、西陵。"③

铭文中所载西陵，地望就在宜昌古城长江右岸。其对岸也有一座城邑，称夷陵，在西陵被拔第二年（前278年）被秦将白起所烧。本书第六章"隔江相望两座城"对此做了具体叙述。

---

① 中华世纪坛组织委员会编《中华世纪坛青铜甬道铭文》，中国财政经济出版社，2000，第52页。

② 中华世纪坛组织委员会编《中华世纪坛青铜甬道铭文》，中国财政经济出版社，2000，第55、85、98页。

③ 中华世纪坛组织委员会编《中华世纪坛青铜甬道铭文》，中国财政经济出版社，2000，第111页。

6. 铭文

"公元前278年，周赧王三十七年"，"秦昭王二十九年，爱国诗人屈原卒（约前340年生），有《屈原赋》二十五篇传世。"①

铭文中所载屈原，诞生于公元前340年今宜昌秭归乐平里。屈原是我国古代伟大的政治家，是我国文学史上第一位诗人，屈原是我国历史上伟大的爱国志士。他热爱祖国，同情人民，追求理想，持正不阿，为祖国前途命运，与腐朽贵族势力斗争一生。公元前278年，屈原得知秦军攻陷楚国郢都后悲愤不已，为殉自己的理想，于同年五月初五投汨罗江自尽。千百年来，人们以各种形式纪念屈原，积淀起丰厚的屈原文化。本书第十一章"屈原精神光耀中华"对此做了具体叙述。

（三）中古时代铭文（上）

1. 铭文

"公元前33年，戊子，汉元帝竟宁元年"，"呼韩邪单于朝汉，元帝以后宫王嫱（字昭君）赐单于。"②

铭文中所载昭君，出生于今宜昌兴山宝坪村。这里地处长江西陵峡北岸，依山带水。秦汉时属南郡秭归，三国吴景帝永安三年（260年）后，属兴山县。昭君就是从这里出山入宫的。昭君生来美丽，是我国古代"四大美女"之一。但昭君名垂青史，并非因此，而是出塞大漠，成为我国古代民族和亲的伟大使者。本书第十一章"昭君出塞民族和亲"对此做了具体叙述。

2. 铭文

"公元17年，丁丑，新王莽天凤四年"，"荆州饥荒，王匡、王凤等率饥

---

① 中华世纪坛组织委员会编《中华世纪坛青铜甬道铭文》，中国财政经济出版社，2000，第111页。

② 中华世纪坛组织委员会编《中华世纪坛青铜甬道铭文》，中国财政经济出版社，2000，第146页。

民起义,聚于绿林山"。①

铭文中所载绿林起义,策源地就在今宜昌当阳。

绿林起义是我国历史上结束新莽政权,建立东汉王朝的重大事件。起义者为避官府追捕,以山林为掩护,史称"绿林起义"。绿林山在今当阳东北,与长林(今荆门)毗邻。这里地处鄂西山区向江汉平原过渡地带,东为云梦大泽,西是巫山、大巴山,南至当阳香炉山,东南达江陵纪山,为低山丘陵和冈地,南北约两百里,大部分在汉代当阳境内,被称为当阳长阪。这一带属亚热带季风气候,濒临湖泽河网,雨量充沛,空气湿润,利于树木生长,所以林木葱茏,绿波如海,形成森林带。尽管此地森林繁茂,但不闭塞,有南北交通大道沟通。又有漳河流经,两岸河谷平原土地肥沃,野生凫茈(荸荠)十分丰富。这一切使这里成为多事之秋的"危险之地"。

王莽代汉后,社会问题更为加剧,逼得农民起义。天凤年间,南方连续发生自然灾害。荆州大饥,汉水以东江夏郡一带更甚。饥民背井离乡,"群入野泽,掘凫茈而食之"。新市人王匡、王凤在调解饥民夺食纠纷中深受拥戴,被推为渠帅,于天凤四年(公元17年)率数百饥民揭竿而起,劫富济贫,抢粮糊口,点燃绿林起义烽火。

当阳东北境与江夏云杜一水相隔。王匡、王凤得手后,起义烽火便开始由当阳绿林山向江夏蔓延。地皇元年(公元20年),"竟陵三老起兵于郡界";"王匡、王凤与马武、王常共起云杜绿林中";"南郡张霸、江夏羊牧、王匡等起云杜绿林中,曰下江兵,众皆万人"。声势浩大,当局为之震惊,荆州牧迅速调集两万人马向起义军发动进攻。起义军聚众八千迎战,在云杜杀敌数千,尽获辎重,遂拔竟陵,转击云杜、安陆,众五万余人。他们仍以绿林为掩护,大洪山成为各路起义人马聚集的大本营,州郡对此失去控制。地皇三年(公元22年),陈牧、廖湛等领导平林农民起义;张印、王匡、朱鲔领导新市农民起义。

---

① 中华世纪坛组织委员会编《中华世纪坛青铜甬道铭文》,中国财政经济出版社,2000,第152页。

从此，绿林起义成为燎原之势，新莽政权的丧钟随之敲响。

3. 铭文

"公元28年，戊子，汉光武帝建武四年"，"蜀王公孙述聚兵汉中，欲争关中，为汉将冯异所败。""公元36年，丙申，汉光武帝建武十二年"，"汉兵进逼成都，公孙述受伤死，部下出降；汉将吴汉尽灭公孙氏。"①

铭文所载汉光武帝伐公孙述中，有一重要战事就发生在今宜昌荆门猇亭。荆门虎牙二山为地处长江三峡西陵峡口宜昌古城之门户。建武九年（公元33年），西蜀割据势力首领公孙述在此设防以拒汉兵。东汉将领岑彭用火攻破桥，致使蜀军全线溃退。汉军乘胜追击，最终将公孙氏尽灭于成都。此战不仅为汉军打通伐蜀通道，而且战时西蜀所架浮桥，为万里长江第一桥。本书第七章"岑彭烧浮桥破西蜀"对此具体做了叙述。

4. 铭文

"公元219年，己亥，汉献帝建安二十四年"，"孙权遣吕蒙袭破江陵。关羽退保麦城，突围，被擒杀。"②

铭文中所载关羽走麦城之事，就发生在今宜昌当阳。东汉末年关羽逃奔涿县，与张飞随刘备起兵。因勇猛过人，曾被曹操表封为汉寿亭侯。刘备据荆州后，关羽被封为襄阳太守、荡寇将军，驻江北。相传关羽在留镇荆州时到夷陵（宜昌古城）巡视，曾在长江对岸山坡上点阅兵马。建安二十四年（219年）七月，关羽北上攻樊时被吕蒙偷袭荆州。其自知孤穷，乃西保麦城。于当年十二月在章乡被孙军擒而斩杀，身葬当阳，魂飞玉泉。本书第十一章"关羽巡视夷陵点兵"对此做了具体叙述。

5. 铭文

"公元222年，壬寅，魏文帝黄初三年"，"蜀昭烈帝章武二年"，"吴陆逊

---

① 中华世纪坛组织委员会编《中华世纪坛青铜甬道铭文》，中国财政经济出版社，2000，第153-154页。

② 中华世纪坛组织委员会编《中华世纪坛青铜甬道铭文》，中国财政经济出版社，2000，第178页。

打败刘备于猇亭。"①

铭文所载吴陆逊败刘备于猇亭之事,即蜀吴夷陵之战,就发生在今宜昌。

章武元年(221年)发生的夷陵之战,是蜀吴长期争夺荆州的结果。孙权偷袭荆州,擒斩关羽,导致刘备发动夷陵之战。而吴将陆逊诱敌深入,以逸待劳,终于伺机火烧连营,战败刘备。本书第七章"刘备败北夷陵之战"对此做了具体叙述。

(四)中古时代铭文(下)

6. 铭文

"公元270年,庚寅,晋武帝泰始七年","吴末帝建衡二年,吴主以陆抗都督上游军事,以备晋。"②

铭文中所载陆抗都督上游军事的西陵、建平地带,其中就包括宜昌地域。吴凤凰元年(272年)九月西陵督步阐降晋,镇军大将军陆抗奉命平叛。陆抗采取"围城打援"的战术,终于攻克西陵(宜昌古城),处死步阐,从而守住吴之西门。本书第一章"宜昌称谓由来"、第二章"步阐垒与明清夷陵城在古郭洲坝上"对此做了具体叙述。

7. 铭文

"公元324年,甲申,晋明帝太宁二年","前凉太元元年,郭璞劝阻王敦叛乱,被杀。璞擅诗,长于训诂,著有《尔雅注》。"③

铭文中所载郭璞注《尔雅》之事,就发生在宜昌古城(时称夷陵)。郭璞出身名门世家,博学高才,好古文奇字,妙于阴阳算历,精于卜筮之术,是东晋的文学家和训诂学家。郭璞与宜昌有缘,是明清夷陵古城的奠基者。他

---

① 中华世纪坛组织委员会编《中华世纪坛青铜甬道铭文》,中国财政经济出版社,2000,第180页。

② 中华世纪坛组织委员会编《中华世纪坛青铜甬道铭文》,中国财政经济出版社,2000,第187页。

③ 中华世纪坛组织委员会编《中华世纪坛青铜甬道铭文》,中国财政经济出版社,2000,第194页。

在夷陵时间不长,但却完成了《尔雅注》。宜昌古城百姓景仰郭璞,古城西北隅尔雅台、明月台及洗墨池都为缅怀他所建。本书第十一章"郭璞寓夷陵注《尔雅》"对此做了叙述。

8. 铭文

"公元906年,丙寅,唐哀帝天祐三年","高季兴为荆南留后,为日后南平建国初基。""公元923年,癸未,后唐庄宗同光元年","唐封高季兴为南平王。"①

铭文中所载高季兴创南平国之事,与宜昌地域关系密切。

高季兴,原名季昌,硖石(今三门峡市东南)人,唐天祐三年(906年)被任命为荆南军(江陵,今属湖北)节度观察留后,遂据有荆南。后梁代唐,被任为荆南节度使。此间,地方割据政权四起,属州都被附近割据势力侵夺。当时,归州、硖州,都被前蜀从唐时山南道江陵府辖地据为已有。荆南所节度的十州,待他去时仅剩江陵一城。为改变凋敝残破局面,他招集流民,保境兴复。至后梁乾化二年(912年)他便割据江陵,史称荆南。后唐灭后梁,因避唐讳,他改名季兴。后唐同光二年(924年)三月,高季兴受封为南平王,荆南亦称南平。后唐灭前蜀后,高季兴夺得归、硖二州。至此,南平国便辖有荆、归、硖三州。后唐天成三年(928年)十二月,高季兴死,子从诲嗣,次年受后唐任为荆南节度使,进封南平王。后又追封高季兴为楚王,由此荆南亦称北楚。后汉乾祐元年(948年)高从诲病死,子高保融嗣为荆南节度使,后累封为南平王。宋建隆元年(960年)八月高保融病死,弟高保勖继任。建隆三年十一月,高保勖病死,高保融长子高继冲继任。次年(南平乾德元年,公元963年)二月初九,宋军占领江陵,初十日(963年3月26日)高继冲被迫投降,南平国成为宋军第一个消灭的割据政权。南平国历时57年,被灭亡后,所辖三州改属宋朝荆湖北路江陵府。

说高季兴所创南平国与宜昌地域关系密切,就在于南平所辖三州中,归

---

① 中华世纪坛组织委员会编《中华世纪坛青铜甬道铭文》,中国财政经济出版社,2000,第271、276页。

州的秭归、兴山，硖州的夷陵、宜都、长阳、远安与荆州的枝江，都在今宜昌所辖地域。讲五代十国时期的南平国历史，自然与包括其中的宜昌地域有关。当时，尽管南平国是个地小势弱的地方割据政权，偶尔也与邻境发生战事。但总的来说，它与各国基本上保持和平友好关系，因此成为当时交通贸易的枢纽。而南方相邻诸国也以南平为缓冲地带，不愿看到其被他国吞并。这一切，促进了南平地区的经济繁荣，使弱小的南平得以长期存在。这在一定程度上反映了当时所包括其中的宜昌地域的发展状况。反过来说，铭文所载高季兴所创南平国中也包含着宜昌文化元素。

9. 铭文

"公元1053年，癸巳，宋仁宗皇祐五年"，"欧阳修《五代史记》成书"；"公元1063年，癸卯，宋仁宗嘉祐八年"，"欧阳修《集古录》成书。""公元1057年，丁酉，宋仁宗嘉祐二年"，"欧阳修主持科举，提倡古文，反对骈体文。"[①]

铭文中所载欧阳修的文化成就，与其贬令夷陵（宜昌古城）时所为密不可分。欧阳修是我国北宋著名的政治家、杰出的文学家和通知古今的学者。宋仁宗景祐三年，他被贬谪峡州任夷陵县令。其间，他躬亲政务，在诉讼、城建、教化、务农等方面，都有一番作为；他心系时政，写下时论《原弊》，探讨北宋王朝积弱致贫的社会根源与除弊思路；他注意反映夷陵民俗风情，写下《夷陵县至喜堂记》和《峡州至喜亭记》等风俗诗文；他在与文人、好友交往中，谈文论道，对北宋文坛的影响至深；他利用闲暇之时，完成《新五代史》初稿，成为贬令夷陵得意之作；他研究经学，写下23篇文章，对宋朝一代学风影响深远；他集录古文碑刻，为整理出版中国第一部金石考古著作《集古录》收获颇丰；他踏遍夷陵山山水水，写下诗文70余篇（首），为宜昌人民留下宝贵精神财富。千百年来，宜昌古城百姓深深怀念他。本书第十一章"欧阳修事业起夷陵"对此做了具体叙述。

[①] 中华世纪坛组织委员会编《中华世纪坛青铜甬道铭文》，中国财政经济出版社，2000，第295—297页。

10. 铭文

"公元1796年，丙辰，清仁宗嘉庆元年"，"白莲教起义在湖北爆发，逐渐向川豫陕甘等省发展。""公元1805年，乙丑，清仁宗嘉庆十年，白莲教起义失败。"①

铭文中所载川楚陕农民反清大起义，首义就发生在宜昌地域。川楚陕农民大起义也称白莲教起义，从清嘉庆元年（1796年）正月至嘉庆十年五月，历时九年多，涉及川、楚、陕、甘、豫五省。

起义分三个阶段，嘉庆元年正月至嘉庆三年三月为第一阶段，主要是湖北起义军进行反清斗争。今宜昌宜都率先揭竿而起，掀起起义序幕。嘉庆元年正月初七夜，宜都白莲教首领聂杰人、张正谟等在县境温家窑、连三坡举火聚众，发动起义。起义军占据九龙山（聂河境内），远近教众"皆来会其目"，正式成立"天运军"，分驻凤凰观、灌湾垴、汪家庄、深冲口等隘口。清军前来镇压，起义军主动出击，于萧家冲、望佛山重挫清军。宜昌镇总兵曾攀柱、卫昌营守备王举鼎殁于阵，"宜都把总吴尚贤遇难，知县亦自缢"，起义军获胜。宜都聂、张起义烈火，迅速在宜昌各县蔓延。嘉庆皇帝急令湖广总督毕沅、总兵富志那发兵"进剿"。激战中，聂杰人等首领及其二子被清兵俘获，押送京师被杀。张正谟等以地雷、火弹作掩护，冲出深冲口，杀向萧家隘，屯兵灌湾垴，固守阵地抗拒清军。清廷调兵遣将屯集各隘口，起义军多次突围未成。经数月顽强抵抗，终因寡不敌众，灌湾垴为清军所破，起义军多坠崖而死，张正谟、刘宏锋被俘遭杀，副首领覃正潮率千余人奔上梁山。当年十一月，梁山被攻，起义军牺牲甚众，覃正潮被俘遭杀，剩余人员翻山越岭至黄毛山（今长阳黄柏山）成为长阳白莲教的一支。正当宜都聂、张起义同时，当阳刘季实、王老五也率万人起义，一举攻克县城，守城达5月之久。消息传入长阳，知县陈火曾、署事沈堂亦"风闻河南白莲教首刘之协传徒刘光先、赵利全在七丘、金子山各处倡吃斋烧香之说"，乃发兵株连

---

① 中华世纪坛组织委员会编《中华世纪坛青铜甬道铭文》，中国财政经济出版社，2000，第397-398页。

无辜,"先后擒治百余人"。其时,张驯龙、覃佳耀、林之华议谋举事。二月初揭竿起义,覃佳耀、林之华为前营,杨景龙为后营,郁文思为右营,张驯龙为左营,并封张驯龙为左军师、张正潮为右军师以及都督、总先锋、先锋等近300人,总计兵力16000余人,改年号为"天运"。揭竿后,起义军与清军首战于椰坪查角石,阵斩巴东知县黄应文、宜昌镇中营游击邱作训及长阳地主勇首江应潮、任美文等。接着又与清军再战于秀峰桥,诱九溪营守备张鼎入龙潭沟,围歼之,张中枪毙命,外委黄堂及地主乡勇头目熊鲁望等人亦殁于阵。正当起义军厉兵秣马,准备再战的时候,闻讯的嘉庆皇帝心急如焚,连发22道"圣谕",从各地调兵"协剿"。面对包围态势,起义军占踞黄柏山抵抗。次年,清廷再遣兵将,大军包围,致使黄柏山险障燕子岩失守。起义军突围,一路闯关夺隘,越巴东车线棚,至鹤峰巴叶山。转战中,林之华、张训龙先后牺牲。起义军在覃佳耀统率下,游击于鄂西诸县,后占据株粟山。在众多清军的攻击下,起义军退守,阵亡400余人,500余人跳崖殉难。覃佳耀率200人突围,转战至秭归终极寨。但是,在清军三路进袭的情况下,终因寡不敌众而全军覆没。覃佳耀、张正潮被俘牺牲,同时被俘者100余人立遭斩杀。嘉庆元年二月长阳白莲教起义消息传来,五峰菖蒲溪兰光生、黄廷柱闻风响应,揭竿而起。次年,林么姑率起义军巧夺白溢寨,攻克巴东,与四川起义军会合,声威大振。嘉庆三年,起义军转回五峰,再次攻占白溢寨、腰带岩等地,打死清军卫昌营游击张顺。是时,清廷大为恐慌,急调各路清兵,力办地主乡团,攻打白溢寨。起义军终因寡不敌众,以致相携滚岩。宜都聂、张起义后,不仅反清烈火在宜昌各县迅速蔓延,而且湖北省内诸如襄阳、来凤、竹山、保康等地也先后爆发起义。接着四川、陕西等地也相继揭竿而起。不到一年时间,反清斗争烈火燃遍川楚陕大地,主力是王聪儿、姚之富领导的襄阳起义军。嘉庆二年六月转战四川的襄阳起义军从东乡一带出发经云阳、万县,在白帝城与清军激战,之后又沿长江东下进军湖北,其间曾在宜昌兴山、远安、当阳等地活动。

嘉庆三年三月,川楚陕起义进入第二阶段。王聪儿、姚之富所率起义军在郧西三岔河一带被困，经浴血奋战，万余名战士阵亡，王聪儿、姚之富等跳崖牺牲。从此反清斗争主要在四川起义军中进行。此间，最为激烈的是马蹄冈大战。此战后，起义军力量逐渐削弱，到嘉庆七年底，只剩下一些小股队伍，在南、巴老林中坚持斗争。嘉庆八年正月后川楚陕起义进入最后阶段，主要是分散南、巴林中的各小股起义军坚持斗争及部分哗变的乡勇反清。嘉庆十年五月，在清军残酷"围剿"下，起义军最后几个首领相继牺牲。至此，川楚陕起义宣告结束。

中国封建社会仅见的川楚陕起义，成为清朝由盛而衰的转折点。宜昌地域作为这场起义的始发地、蔓延地和转战地，在中国古代历史上名垂青史。

（五）近代铭文

1. 铭文

"公元1876年，丙子，清德宗光绪二年"，"中英订立《烟台条约》"。[①]

铭文中所载中英订立《烟台条约》，其中就包括宜昌开埠。1876年，中英《烟台条约》的签订，标志着西方列强对中国渗透向内地纵深发展。宜昌在条约中被列为通商口岸。从此，宜昌帆船文化进入新的时期。《烟台条约》签订次年，宜昌关署正式成立。自光绪三年至三十年，重庆海关仅设代理官员，其业务接受宜昌海关指导。荆沙海关涉外事务自光绪三年至民国十四年，由宜昌海关监督兼管。宜昌海关成立后，列强便先后在宜设领事馆。随即列强租界、洋行在宜拔地而起。至民国十四年（1925年），已有英、美、法、德、日、印度、意大利等13个国家26个商行和具有法人代表资格的外籍商人达235人。自光绪八年（1882年）至十七年（1891年），宜昌海关总进口值19371731关平两；出口值18677826关平两。进口主要是工业品，包括棉布、棉纱、煤油、烟草、染料、五金、食糖、鱼蚧、玻璃、肥皂、医药、仪器、枪支弹药等；出口主要是农产品，包括猪鬃、牛羊皮、药材、植物油、生漆、

[①] 中华世纪坛组织委员会编《中华世纪坛青铜甬道铭文》，中国财政经济出版社，2000，第409页。

茶、棉花、生丝、真菌等。转口贸易主要是粮食、食盐、鸦片，其中鸦片占大宗。自光绪三年（1877年）至宣统三年（1911年），海关共收关税9170345关平两，平均每年262010关平两。自光绪三年（1877年）至民国三十四年（1945年），英国、俄国、德国、荷兰、丹麦、法国、挪威、日本、美国、瑞士、意大利、西班牙、爪哇、印度、新加坡、香港和菲律宾等国家和地区，都与宜昌口岸直接进行过进出口贸易。由于鸦片贸易兴隆，宜昌口岸对国内各口岸的覆盖面除长江流域9省外，还包括东南沿海地带。总之，伴随开埠，宜昌古老的帆船文化开始涂上近代半殖民地半封建的油彩，呈现出水运方式近代化、鸦片贸易大宗化、经济帮口多元化、商埠城市西式化的特征。本书第八章"古城开埠后的帆船文化"对此做了具体叙述。

2. 铭文

"公元1891年，辛卯，清德宗光绪十七年"，"芜湖、武穴、宜昌及扬州教案相继发生。"①

铭文中所载宜昌教案，是其间全国反洋教运动中的典型案例。

19世纪80年代以后，全国风起云涌的反洋教运动波及宜昌。宜昌百姓与"洋人"多次发生冲突。光绪十七年（1891年）出现罕见的旱季，5至7月，数批乡民进宜昌城内，到汉景帝庙求雨，与占用庙宇的海关英国人冲突不断。平时出入茶馆、烟铺的市民，都以议论与洋人间的矛盾为话题，街上还出现有反洋标语，民众反洋情绪高涨。宜昌教案正是在这样的背景下发生的。

这年，设在宜昌府南门外后街（乐善堂街）的法国天主教玛利亚方济各传教会女修道院圣母堂筹办孤儿院。9月1日，圣母堂收买了吴有明拐来的三岁游姓小孩。次日，家住汉景帝庙街（今朱家巷）游清和饭铺的小孩家长探得消息，到圣母堂要求交还小孩，并向地方官府报案。东湖知县许之琳派衙役到教堂查找。因游姓小孩是男孩，而圣母堂仅收女孩，所以传教士不承认，经工友龚士海作证，才让游具保领回。当时群众围观，与圣母堂隔壁的美国

---

① 中华世纪坛组织委员会编《中华世纪坛青铜甬道铭文》，中国财政经济出版社，2000，第411页。

圣公会教士苏卫白忽然朝人群开枪，击伤一人。于是激起民愤，一时群集数千人，焚毁美国圣公会、法国天主教堂、圣母堂和英人住宅，捣毁在建英国领事馆的部分建筑，打伤法国、意大利和比利时等国传教士4人。

教案发生后，英、美、法、意、比、德、俄、日、西班牙等驻华公使联衔照会清政府。英、法多艘军舰上驶宜昌。驻汉英、法、俄、意战舰"联合演习"，鸣炮示威。英领事和英舰队总指挥面见湖广总督张之洞，扬言要对宜昌市民"开枪炮击"。张之洞为洋人张目，派荆宜施道方恭钊、候补知府裕庚等人驰宜，将参与教案的朱发金、赵宗雅、汪望、王德娃子、李宗义、杨长生、向燮臣、余五豹、高正洪、黄顺荣、易白、熊宏发等人抓捕，对朱发金"流四千，充军甘肃"，对赵宗雅等"杖一百、流三千"不等；赔偿法国教会白银10万两，英国白银67771两，美国教会白银8000两，共计175771两。至此，宜昌教案方才告终。

在天主教宜昌教区范围内，曾发生过四起重大教案。此次宜昌教案是四起教案中影响最大的。

3. 铭文

"公元1911年，辛亥，清宣统三年"，"清政府取消粤汉（口）、川汉（口）铁路民办的成案，宣布铁路干线均归国有，并与英、法、德、美四国银行团签订粤汉、川汉铁路借款合同，川、粤、湘、鄂掀起保路运动"，"革命党人举行武昌起义"，"辛亥革命爆发"。[①]

铭文中所载辛亥武昌首义之事，与宜昌地域关系密切。宜昌在武昌首义中，具有不可替代的地位，发挥了不可低估的作用。

晚清末年，清廷倒行逆施，社会矛盾更加激化。为换取列强贷款，清廷强夺商办粤汉、川汉铁路，将路权出卖给列强，致使四川、湖南、湖北、广东迅速掀起保路运动。地处鄂西川东紧邻的宜昌，被推到保路风潮漩涡，成为"废约争路"斗争前沿。当时宜昌是川汉铁路起建地，从各地招募民工3万

---

① 中华世纪坛组织委员会编《中华世纪坛青铜甬道铭文》，中国财政经济出版社，2000，第415-416页。

多人（最多时逾4万人），很受革命党人关注。宣统三年四月（1911年5月），清廷宣布川汉铁路国有，激起四川与宜昌股民强烈反对，保路风潮愈演愈烈。宜昌逾4万民工，"自闻收回国有之命，谣言四起，各包工异常惶骇"。"夫役骚动"，"无日不滋事端，兵警弹压为难"。当年六月，清廷派钦差大臣端方率湖北新军三十一标进川镇压保路运动抵达宜昌时，严令捉拿革命党人。七月，湖广总督瑞澂派新军三十二标二营两队和四十一标一营驻防宜昌，防范重镇口岸，弹压铁路工场。文学社社员唐牺支、共进会会员胡云龙等，随驻宜新军来到宜昌，开展活动，酝酿起事。此间宜昌犹如火药桶，一触即发。处于保路风潮前沿的宜昌，人民大众广泛动员，革命力量迅速聚集，这对牵制清廷在鄂武装力量、策应辛亥武昌首义、形成鄂西反正中心、发挥攻荆保汉中坚作用，产生深刻影响。

武昌首义后的第三天，消息传至宜昌。驻宜新军胡云龙、杨柱臣、邓金标等代表军界，与公益会领导人、警界代表严绍陵等取得联系，次日在东山寺开会。排长唐牺支等人维持军营局面。宜昌商会招募300人组成商防队，倡导商民捐钱39000多串，从清算各局、所财政中查获200多万元，保证反正军队粮饷。10月18日，唐牺支派兵把守城门，包围荆宜施道行署和宜昌府署，占领川路弹压局。宜昌反正后，当即成立以唐牺支为司令长的民军司令部，处决顽敌，加强城市管理，安置4万多民工。四川会党赵玉龙、向竹安等部与800多名被遣散修路工人加入民军，原修路巡缉队和省派护路巡防营一并交民军司令部统领。民军兵力由原有两个营，扩充至两个标。10月21日司令长唐牺支令管带阮桂芬率一营兵，驻守巴东，策动夔府、巫山两地驻军反正。参谋官关克威、管带欧阳超各率一营开赴枝江，策动其驻军反正。宜昌民团代表曾广惠到巫山、夔府联络，翟燮阳到重庆联络，康藩楚到施南（今恩施）联络。唐牺支致电驻施南新军第三十二标三营管带李汝魁，派稽查员张渭宾前往，促使施南10月28日反正。这一切彰显了宜昌在策应武昌首义中，发挥的鄂西反正先导和中心作用。

武昌首义后，清王朝随即调兵遣将，10月18日武汉保卫战开始。正当武昌首义军与清军鏖战的时侯，尚未反正的荆州守将连魁计划联合襄阳驻军出击汉口，而其左副都统恒龄也有出兵宜昌意向。为此，宜昌民军司令部派已投诚的满族人松宽、存喜等前往荆州劝降，通过驻宜英、日领事从中斡旋。但荆州守敌拒不投降。11月初，民军委任参谋官胡冠南为行军参谋兼指挥，部署四路兵力，对荆州发起进攻。第一路由关克威率一个营，出当阳攻荆门，切断荆州同襄阳间的联系；第二路由邓金标率一个大队，经河溶夺取八岭山，从西北向荆州逼近；第三路由欧阳超率一个大队，乘船顺江而下，至江口登陆袭击荆州；第四路由喻洪启率一个团，乘小轮顺江抵达沙市，占领金龙寺，与第三路军配合东西夹击荆州。11月16日攻占荆州战斗打响。在湖南援军王正雅部配合下，采取炮攻，终于12月9日攻破城门，光复荆州。随即，唐牺支在荆州设立荆宜司令部，组织商民开市营业，有效巩固了宜昌反正斗争局面，扩大了武昌首义革命成果，对牵制顽军出击汉口、支援义军保卫武汉，做出了积极贡献。

总之，透过"保路风潮前沿""鄂西反正中心"与"攻荆保汉中坚"诸多方面，便可清楚看出铭文所载辛亥武昌首义中的宜昌文化元素。

4. 铭文

"公元1940年，庚辰，中华民国二十九年"，"中国军队在湖北枣阳、襄阳、宜昌等地与日军激战50余天，张自忠将军壮烈殉国。"①

铭文中所载张自忠将军献身抗日疆场，为的是保卫陪都门户宜昌。

张自忠将军是著名抗日将领。民国二十二年日军进犯华北，任二十九军前敌指挥的张将军，与日军在喜峰口激战，重锉敌锋，威名远扬。《大刀进行曲》，就是根据这一事迹创作的。民国二十四年张自忠晋升中将，不久加任"上将衔"。卢沟桥事变后，他奉命留任北平与日军周旋，年底重返旧部，代理五十九军军长。次年2月，日军突破淮河防线，他奉命驰援，首战泒水，收复多处失地，将日寇驱至淮河以南。接着奉令北援滕县。3月，率部驰援临

---

① 中华世纪坛组织委员会编《中华世纪坛青铜甬道铭文》，中国财政经济出版社，2000，第422页。

沂，血战七昼夜，击溃日军精锐部队板垣师团，解临沂之危，荣记大功。不久，日军再攻临沂，又回师苦战，再解临沂之危，升任第二十七军团军团长。5月，徐州撤退，他孤军断后，掩护五战区数十万大军安全转移。7月，武汉会战，张部驻信阳，奉令北援固始、防守潢州，如期完成大别山防守任务，受到嘉奖，擢升三十三集团军总司令。武汉失守后，率部在京山、钟祥一带阻敌。11月中旬，奉命接任五战区右翼兵团总司令，节制3个集团军，组织汉水防线，担任保卫宜昌、沙市重任。

民国二十九年四月三十日，"宜枣会战"在鄂北襄花公路打响。张自忠率总部特务营、七十四师两个团及骑九师一部，经过几天激战，回师方家集，截击南窜之敌，接着又驰援宜城南瓜店。此时，日军出动数千兵力，在飞机、大炮配合下，向南瓜店附近发动进攻，张自忠所部伤亡甚重。5月16日晨，日军复以大部包围，张自忠登山督战，与敌拼杀，身中数弹，壮烈殉国。他是中国抗日战争乃至第二次世界大战反法西斯参战国中牺牲的最高将领。

5月18日，张自忠遗体从战场运至三十三集团军总部所在地快活铺装殓。5月21日晨启程西上。5月23日9时左右，郭忏、严立三等10多名将领和40多名地方官员，齐集宜昌市郊杨岔路迎灵。当灵车到时，人们在祭棚前燃起鞭炮，举行沉痛、肃穆而又简朴的迎灵仪式。接着送殡队伍沿汉宜公路步行约五千米，到达东山草堂。湖北暨宜昌军政各界300多人，进行了公祭。四面八方闻讯赶来送殡的各界人士和人民群众千余人，聚集东山草堂。民生公司"民风"轮生火待发，哀悼汽笛声，从江边不停传来。送殡队伍浩浩荡荡，人行道上布满香案，花果纷陈。人们从防空洞跑出来，气喘吁吁的农民从郊区赶来。有的用竹竿挂着鞭炮鸣放，有的挥着白色手巾，有的躬着身躯向灵柩频频拜揖，有的掩面而哭，有的匍匐在地。

张将军遗体安卧在灵柩里，被抬上"民风"专轮，在长时间鞭炮和军乐声中，专轮徐徐启碇。数不清的宜昌同胞，伫立江边，边拭眼泪，边挥白巾，向张将军忠骸惜别，目送专轮载着民族正气，乘风破浪，向三峡驶去！

（六）现代铭文

1. 铭文

"公元1984年，甲子"，"首批《珍稀濒危保护植物名录》公布。"①

铭文中所载首批《珍稀濒危保护植物名录》，是国务院环境保护委员会1984年7月24日以国环字〔1984〕第002号文件形式公布的。在这份《关于公布我国第一批〈珍稀濒危保护植物名录〉的通知》中，有354种珍稀濒危植物被列入保护名录之中。这是我国生态环境建设中采取的一项重大举措。宜昌珙桐等植物就被列入其中，珙桐被排在名录中的第236种。

宜昌珙桐等植物属我国特有的稀有种类。珙桐所开之花像鸽子，因此被称为鸽子花。20世纪80年代邓小平同志访问美国所带赠品就是鸽子树，有和平之意。宜昌五峰后河560余亩原始森林中有成片珙桐等稀有珍贵树种，其中原始珙桐树多达上万株，是距今1亿多年前第四纪冰川未被灭绝植物物种的幸存者，为北纬30°地球圈内所罕见，被称为世界植物"活化石"，是人类宝贵文化遗产，深受中外专家、学者关注。2000年在全国国家森林公园工作会议上，北京有关专家出示其撰写的《中国植物"大熊猫"》，呼吁将珙桐等稀有珍贵植物作为世界文化遗产项目，向联合国申报，并表示愿意就此帮助做工作。当时，笔者作为市政协委员，参与到五峰旅游文化考察中，得知这一信息，返宜后便以《应把申报宜昌自然生态方面的世界文化遗产的工作，放在旅游城建设的重要位置来抓》为题，向市委写了一份建议，时任市委书记孙志刚同志看后当即批示，予以肯定，并批给市府分管领导阅。随后《三峡晚报》也做了报道。

2. 铭文

"公元1991年，辛未"，"葛洲坝水利工程全部建成。"②

---

① 中华世纪坛组织委员会编《中华世纪坛青铜甬道铭文》，中国财政经济出版社，2000，第435页。

② 中华世纪坛组织委员会编《中华世纪坛青铜甬道铭文》，中国财政经济出版社，2000，第438页。

铭文中所载葛洲坝建成一事，发生在宜昌市区。作为三峡大坝的配套工程与实战准备，葛洲坝水利枢纽工程，经毛泽东主席批示同意，于1970年12月先期开工。1981年1月3日至4日，大江截流。1991年工程全部建成。

葛洲坝是长江上第一座大型的以水利建设为主的综合性工程，以万里长江第一坝著称。因大坝中轴线穿过宜昌市区长江江心岛葛洲坝而得名。大坝坝长2606.5米，控制坝上游流域面积100万平方千米，库容量15.8亿立方米，库区水域面积9.4万亩。工程全部投资48.48亿元，土石方量为1.113亿立方米，混凝土工程浇筑量为1113万立方米，永久性金属结构安装7.75万吨。工程主体建筑物包括船闸、电站厂房、泄水闸、冲沙闸及挡水建筑等，自左岸到右岸依次为左岸土石坝、3号船闸、三江6孔冲沙闸、非溢流坝、2号船闸、黄草坝混凝土心墙坝、二江电站厂房、厂闸导墙、二江27孔泄水闸和混凝土纵向围堰、大江电站厂房、1号船闸、大江9孔冲沙闸和右岸混凝土坝。船闸为单级船闸，最大水头27米，1、2船闸闸室有效长度280米，净宽34米，槛上最小水深5米，一次可通过总载量1.2—1.6万吨的船队，每次船只过闸时间约50—57分钟。3号船闸可通行3000吨以下客货轮和地方船队，过闸时间约40分钟。泄洪建筑物有一座泄水闸和两座冲沙闸。二江泄水闸共27孔，挡水前沿宽度为498米，最大泄洪量为83900秒立方米；三江冲沙闸共6孔，总宽度108米，最大泄洪量10500秒立方米；大江冲沙闸共9孔，总宽度166.8米，最大泄洪量20000秒立方米。两座水电站厂房分设在大江和二江的大坝上。二江电站设2台17万千瓦和5台12.5万千瓦的水能发电机组，装机容量为96.5万千瓦；大江电站设14台12.5万千瓦的水能发电机组，装机容量为175万千瓦。两座电站总装机容量为271.5万千瓦，年发电量为157亿千瓦时。葛洲坝工程的兴建，标志着我国水电建设和水电科技迈入世界先进行列，为三峡大坝建设提供了宝贵经验。

3. 铭文

"公元1994年，甲戌"，"长江三峡工程开工"；"公元1997年，丁丑"，

附录：文化研究与开发创意

"长江三峡工程实现大江截流。"①

铭文中所载长江三峡大坝兴建，就发生在宜昌夷陵区的三斗坪，距下游葛洲坝工程38千米。作为现代中国的"长城工程"，三峡工程兴建是中华民族的百年梦想。最初做起"三峡梦"的是孙中山先生。

长江，是我国第一大河，发源于青藏高原，向东流经整个中国大陆的中部，流域面积约为国土面积的1/5，物产丰富，中下游经济尤为发达。由于季风影响，这里洪水频繁。地处长江中、上游结合部的宜昌，成为最大洪水发源地，长期对中下游带来洪水灾害的严重威胁。从东晋隆安三年（399年）至辛亥革命前的清代宣统二年（1910年），有记录的大的洪水灾害达37次。黄陵庙的水文碑刻、晓峰新坪村的石匾和乐天溪黄金口的石碑，都是当年洪水泛滥的真实记录。尤其是清代同治九年（1870年）六月下旬至七月下旬，重庆宜昌间连降暴雨，宜昌段最大洪峰流量达10.5万立方米/秒，江水入城，水位达58.5米。洪水淹入黄陵庙，禹王殿赖有36根巨柱支撑，才顶住洪水。至今有根"水文柱"，立在殿之左侧，离地约4米的斑驳的柱面上，仍留有当年的陈旧水迹，成为极其珍贵的水文原始资料。面对一次次"江河横溢，人或为鱼鳖"的灾难，人们多么期望这脱缰野马似的江水能够得以驯服。远古时期神牛助禹开三峡治长江的传说，正是千百年来人们亟盼治水美好愿望的生动写照。

清代宣统二年（1910年），长江、汉水又发大水，东湖（今宜昌）、荆州、汉沔各县河堤崩溃漫延造成水害。到第二年，辛亥武昌首义爆发，从此结束封建帝制，开启中华民国。辛亥革命后，孙中山先生在坚持共和顽强斗争的同时，致力于民生主义宣传，撰写《建国方略》，提出自宜昌而上约束汛滥的改良设想，指出"改良此上流一段，当以水闸堰其水，使舟得溯流以行，而又可资其水力"。从此"三峡梦"为中华民族所憧憬。

民国二十二年（1933年），中国资源委员会编出《扬子江上游水力发电

---

① 中华世纪坛组织委员会编《中华世纪坛青铜甬道铭文》，中国财政经济出版社，2000，第438-439页。

勘测报告》，选择黄陵庙、葛洲坝两处低坝方案。民国三十三年（1944年），中国战时生产局顾问、美国经济学家潘绥建议，在长江三峡建一座装机容量1050万千瓦的水电厂。同年5月，美国垦务局设计总工程师、世界著名坝工专家萨凡奇勘察长江三峡，提出《扬子江三峡计划初步报告》，计划坝址选在宜昌南津关上游约2000米处，最大坝高225米，水库正常蓄水位200米高程，水电厂装机总容量1056万千瓦，单机容量11万千瓦。设船闸通航，万吨船队可达重庆，还可拦蓄洪水。

新中国成立伊始，共和国决策者就开始思考长江三峡工程问题。1953年，毛泽东主席乘"长江"舰亲临三峡视察，并在随后不到5年的时间里，先后6次与有关部门研究三峡工程和长江水利建设问题。这年2月19日乘"长江"舰由武汉前往南京，途中听长江水利委员会主任林一山汇报。三天三夜长谈的，涉及水文、地质、灾患、人文地理诸多内容。此间，主席对三峡工程尚属摸底，并未下修建决心。1954年长江百年一遇特大洪水发生，促使他决心把三峡工程提到议事日程上来。当年12月中旬的一个傍晚，主席利用路径武汉北上的时间，让林一山上专列汇报，谈三峡工程在技术上的可行性问题。听汇报的还有刘少奇、周恩来同志。1956年6月，毛主席在武汉畅游长江，写下《水调歌头·游泳》并在次年《诗刊》一月号上发表，展示毛主席兴建三峡工程的雄才大略。1958年1月主席正式将三峡工程列入中共中央南宁会议议程，提出了"积极准备、充分可靠"八字方针，并委托周总理负责。这年2月，周恩来同李富春、李先念副总理率相关部委、省、大区负责人和专家等100多人，对三峡地区进行了7天考察，并登上中堡岛实地察看。随即总理在3月召开的中共中央成都会议上做报告。会议通过《关于三峡水利枢纽和长江流域规划的意见》。会后，主席乘"江峡"轮，对长江三峡进行实地考察。当轮船驶近中堡岛时，已是傍晚时分。主席站在船尾甲板上，用望远镜对中堡岛仔细进行了瞭望。从此，三峡工程的研究向纵深发展。1960年时任国家主席的刘少奇也登上中堡岛实地考察。由于其后国内外形势所迫，三峡工程兴建进程被放缓乃至处于停滞状态。随着1970年12月26日毛主席批示赞成兴建葛洲坝工程，使三峡工程进入实战准备阶段。

随着葛洲坝工程兴建，三峡工程再次被提到议事日程。在精心勘查、规划设计、研究论证的基础上，1992年4月3日全国人大七届五次会议通过了《关于兴建长江三峡工程的决议》。从此，三峡工程建设进入实施阶段。1994年12月14日三峡工程正式动工。

三峡工程是集防洪、发电、航运于一体的综合性水利枢纽工程，规划搬迁安置移民120多万人。工程从左至右依次为永久船闸、升船机、左岸大坝及电站、泄洪坝段、右岸大坝及电站、山体地下电站，采取"一级开发，一次建成，分期蓄水，连续移民"方案，从1992年至2009年，分三期施工建设，总工期为17年。工程主体建筑物的土石方挖填量约1.34亿立方米，混凝土浇筑量约2794万立方米，耗用钢材59.3万吨，其中金属结构安装占25.65万吨，钢筋制作安装46.30万吨。工程静态投资按1990年价格计算为570亿元。三峡大坝为混凝土重力坝，坝轴线全长2309.47米，坝顶高程185米，水库正常蓄水位175米。水库为河道型，涉及湖北、重庆两省市21个县（市、区）277个乡镇，全长660千米，平均宽1.1千米，面积1084平方千米，总库容393亿立方米，其中防洪库容221.5亿立方米，最大泄洪能力为10万立方米秒。三峡水电站为坝后式厂房，装机组32台，左岸厂房装机14台，右岸厂房装机12台，地下电站装机6台，单机容量均为70万千瓦，另装2台5万千瓦的电源机组，总装机容量2250万千瓦，年发电量约1000亿千瓦时。供电涉及华中、华东、川渝、南方电网，覆盖湖北、湖南、河南、江西、安徽、江苏、浙江、四川、广东省和重庆、上海九省两市。工程航运建筑物为五级双线梯级永久船闸和单线一级垂直升船机，年通过能力5000万吨。工程建成后可有效控制上游100万平方千米流域面积所产生的洪水，使荆江河段防洪标准提高为百年一遇。

随着2006年5月20日完成浇筑，三峡大坝全线达到185米设计高程，三峡大坝基本完工，三峡工程最终梦想成真。从此，宜昌也被推上世界水电之都的宝座。

二、宜昌开埠后的伍家实业[①]

开埠前，今伍家岗辖区是宜昌城市东南的郊区，除荒野中的农田之外，难说还有多少实业。随着开埠，辖区靠城南地带近代港埠运输业的开发，相关产业发展起来。从此，辖区内的实业得以开启。经过70多年的演变，到新中国成立以前，据笔者初步考究，今伍家岗辖区当时的实业，除港埠运输业外，还有近代工业、商业、贸易业、服务业等产业。在产业部类中，工业涉及机电、机砖、磨坊等行业，交通业涉及水上运输、汽车运输、航空运输和人力车交通，贸易业涉及工农业产品交易，商业涉及百货日杂、饮食服务等行业，服务业涉及除商业服务业之外的社会服务业、金融服务业。在行业门类中，机电工业包括布机制造业、农具制造业和电力业；在百货日杂业中包括布店、酱品店、杂货店、茶叶铺；在饮食服务业中包括餐馆、茶馆、斋铺与旅栈、浴池、染店；在社会服务业和金融服务业中包括医院、保育、学校和保险等。

（一）伍家实业中的交通业

今伍家岗辖区实业的开启，首先在于港埠运输业。随着宜昌古城开埠，川江公司、三北轮埠公司宜昌分公司、招商局、民生公司等，先后来到大公桥街江岸一带，从事水上客货运输。因为轮船客货驳运的需要，划工何有元成立了宜昌公兴驳船公司，三代传承，从事驳运业务至宜昌沦陷。此间，食盐、石油、煤炭等专项运输业务，也相继在大公桥街、复兴路及今万寿桥一

[①] 2011年在协助宜昌市伍家岗区政协编撰文史资料时，笔者曾写下一组有关开埠后伍家实业的文稿。首篇为《开埠后伍家实业的开启》。事后在这篇文稿基础上，笔者以这组其他文稿为材料，并吸收有关作者的文稿内容，充实梳理写成这篇《宜昌开埠后的伍家实业》，被湖北省《炎黄》杂志全文发表。本文收集了不少资料，在一定层面上反映了开埠后宜昌古城实业的发展状况，所以将它作为附录收入本书。为避免与书中相关内容重复，对本文有所删节。

带的沿江地段发展起来。甚至市郊东南偏远的伍家岗白沙垴江岸也开展起轮运业务。

为了适应运输的需要，中、外资公司纷纷在辖区兴建码头。宣统三年（1911年）英国怡和洋行在一马路开辟一座码头；民国三年（1914年）英国亚细亚公司在陈家台（今万寿桥下段）江边修建一座专用码头；民国七年（1918年）美国美孚煤油公司在今万寿桥上段兴建储油池一座，又在复兴路江边建油轮码头一座。此外，伍家岗白沙垴江岸一带也有外资公司的轮船码头。民国时期，继美孚、亚西亚之后，美国德士古洋行于民国十七年（1928年）在大公桥江边下首（今市中医院附近）修建油池。20年代后期，美孚码头下段又建起一座煤码头。四川川江公司于民国十四年（1925年）在大公桥修建堆栈，江岸有座石砌码头；民国十五年（1926年）三北轮埠公司在宜昌筹建分公司，在大公路中段修建办公楼，并在江边建起码头。以后招商局的码头也移至这一带；民生公司也在这一带建码头。宣统元年（1909年）下铁路坝的瓦沟子江边，就是良好的轮船泊位，民国三十七年（1948年）民生公司在此兴建缆车码头。[①] 随着洋码头的兴建，港埠运输业在辖区发展起来。

在辖区港埠运输业中，最早的国内民营轮船公司当数三北轮埠公司宜昌分公司。起初三北宜昌分公司在强华里，继而搬至原隆茂洋行内，最后在二道巷子对角处建起办公楼。公司首任经理是陈子显，民国十七年（1928年）接任的是任子卿。任子卿又名秦子卿，原籍浙江绍兴，自幼读私塾，后在英商太古轮上任职。20世纪20年代初，上海三北轮埠公司被外商排挤于航运公会之外。"五卅惨案"发生之际，经理虞洽卿趁机支持中西船员罢工，获得胜利。当时任子卿被工人推为罢工谈判代表，与虞洽卿会见。虞见任年轻有为，便在大罢工结束后留其在工会发放海员津贴，随后又调他担任三北公司码头管事，督装客货。任工作刻苦卖力，深受虞的赏识，加之又与虞是同乡，因此陈子显辞职后，虞洽卿便派他到三北宜昌分公司担任经理。任子卿在任期

---

① 刘开美：《开埠后伍家实业的开启》，转引自吴承喜主编《实业追溯——宜昌市伍家岗区文史资料》（第2辑），宜昌市伍家岗区政协文史资料委员会，2011，第1-2页。

间业绩突出，年年完成总公司下达的任务，上缴利润可观。此时，三北宜昌分公司仅有"富华"一艘轮船，但在任的经营下，除保证分公司船岸近百名职工的工薪和办公开支外，还将所有盈余逐笔汇往上海总公司，因此深得虞洽卿的嘉许。当时，在古城的12家航业中，三北宜昌分公司排位在民生公司和太古洋行之后，竞争相当激烈。任讲究策略，把主要对手放在外商上。以往，鸿元、鸿亨、鸿利、鸿员四艘中型货轮，只走宜汉线。他到任后，借虞洽卿出任上海总商会会长的机会，间或组织几个航次的宜申线，以分割外商的部分业务，来增加公司营运的收入，而外商对此不好横加干涉。在营运中，他除坚持"安全、快捷、诚信"外，还狠抓几家大的报关行，以确保客户。同时，他的人气和交情，也使其赢得一些大客户的青睐，致使公司经济效益相当可观，为其他中小航业所不可企及。①

　　随着洋码头的兴建，今伍家岗辖区的码头力帮不断涌现。本书第八章"经济帮口凸显多元化"对此做了具体叙述。当时兴建的洋码头大都处于今伍家岗辖区之内，因此出现的码头力帮也主要分布这一带。其中最先成立的是郭家码头。帮主郭家典，人称郭老黑，是宜昌本地人。汉宜轮班开通后，他便组织一批闲散劳力，为招商局搬运货物。此间招商局的码头尚在滨江路一带，后来便移至大公桥的沿江一带。接着出现的是汉阳帮。正当太古、怡和洋行到宜昌开辟业务之际，汉阳人陈永华，人称陈老六，便带着一批本乡人，来宜为太古、怡和公司搬运货物。此间怡和公司的码头在一马路一带。从此，郭家码头包揽华商，汉阳帮包揽外商，成为开埠后在洋码头势均力敌、平分秋色的两大力帮。陈家在和光里内建住宅，下传至第二代；而郭家则在日新里（与隆中路垂直、隆中后街平行）等处建有住宅，下传至第四代，时称"上陈下郭"。陈家业务范围在二马路至一马路沿江一带。建帮之初，这里曾是洋码头搬运业务最为繁忙的地段。抗战开始后，郭家因华商轮船公司发展而兴盛，陈家则因外轮公司相继收业而衰败。到抗战胜利后已是郭家码头的

---

① 曲扬：《三北公司与任子卿》，转引自吴承喜主编《时代追踪——宜昌市伍家岗区文史资料》（第1辑），宜昌市伍家岗区政协文史资料委员会，2010，第88-90页。

一统天下。20世纪20年代前后，在洋码头又先后出现武穴帮、黄孝帮和襄阳帮等码头力帮。武穴帮由武穴人陈耀峰、陈炳记创建，包揽轮船江心的装卸业务。抗战开始后，蕲春人李明山带人随军政部迁建委员会来宜，加入武穴帮，从事撤迁抢运业务。黄孝帮由孝感人祝允友创建，在三北轮埠公司码头从事搬运业务。30年代后，力人增至百人以上，业务囊括三北以下专业码头之外的各处码头，业务由祝允友的族侄祝昆山管理，直至宜昌解放。襄阳帮由襄阳、南阳人组成，因力人以襄阳人居多而得名。30年代后襄阳帮的头人是张云卿。他们是在大公桥附近的盐局码头从事搬运业务，专运川盐和淮盐。尽管有关滑坡煤码头李家帮的具体资料尚缺，但依据其搬运的地域在滑坡煤码头，而滑坡煤码头则是20年代后期专为轮船烧煤服务在美孚码头下段所建的一座码头，因此该力帮应该在今伍家岗辖区的范围内。此外，在伍家岗白沙垴江边码头上，也经常有人在那里装卸货物。

除轮运之外，民国二十年（1931年）在美孚油栈（今十三码头）附近的长江水面设置了"机场"，从此水上飞机在宜昌起降；民国二十三年（1934年），汉宜公路开通，当年12月1日，第一辆木炭客车从宜昌城里开出。从此宜昌城市单一水路通外的历史宣告完结。在对外交通发展的同时，辖区客乘交通也相应改善。民国十年（1921年），宜昌姜家庙人姜小峰，设"道康车行"，专营城外人力车生意，业务范围延伸到一马路以下。民国十六年（1927年）小南门石门坎被率先拆除，使武昌县金口人喻锦堂早在民国二年（1913年）开设的"均益车行"正式出城经营，业务范围也延伸到一马路以下。[①]

（二）伍家实业中的机电业

今伍家岗辖区曾是宜昌古城机械工业的摇篮。清光绪三十四年（1908年），仿制铁木混合"东洋矮脚机"的"正顺机器翻砂厂"，就兴建在辖区大公路。宣统二年（1910年）前后，吴道生两兄弟在北门外土街头，又开办起

---

① 刘开美：《开埠后伍家实业的开启》，转引自吴承喜主编《实业追溯——宜昌市伍家岗区文史资料》（第2辑），宜昌市伍家岗区政协文史资料委员会，2011，第2-3页。

吴道生农具翻砂厂，铸造犁铧、铲头等农具。随后工厂也迁至大公路盐局附近。当时，吴氏工厂在鄂西一带颇负盛名。后来工厂分为两家，即吴道生大号和吴道生二号，分别由吴子明、吴子言经营。到民国十一年（1922年），武汉人瞿新涛，在大碑巷开办了新丰翻砂厂。工厂规模不大，只搞翻砂，两年后就歇业了。在这年，渝昌兴机械厂也在三道巷子江边开业。工厂技术力量很强，设备车、铣、刨、钻机床齐全，仅车床就有6部。掌作师傅人称陈痣胡子，工人最多时达百人，以修理轮船为主。约在民国十四年（1925年），渝昌兴利用自己的技术优势，曾经组装建造了一艘"江渝"轮船，开了宜昌制造现代轮船之先河。但到20年代后期，渝昌兴因两次遭受火灾，到民国十七年（1928年）便歇业了。到30年代，辖区机械行业进一步发展，有的工厂开始使用电力生产。在一马路龙王庙江边有宜大昌机械厂，设备有3部车床、1部小牛头刨床、2部钻床，主要从事修理业务。在大公路内地会江边有永昌机器厂，老板陈晓南是浙江人，有3部车床、20多名工人。但到民国二十六年（1937年），这两家机械企业也都歇业了。在永昌机器厂停业之后，陈国卿等人又在原地合伙接办，称鸿昌机器厂，是家规模较大的企业。工厂备有8匹马力发动机1部、车床3部、刨床、钻床各一部，业务仍是轮船，并配置机件。抗战胜利后，今伍家岗辖区不仅战前一些机械企业复了业，而且又有一些新厂开业。就在当年，吴熔陶与姚彩章等4人合资，在一马路转弯的滨江路，开办慎昌机械厂。后来，姚彩章退出又与任信耀、黄福根、邬学芹3人合伙，在大碑巷办起了兴昌机器厂。不久，工厂改组，顾阿金、尤金生两人以设备入股，致使资金达到5000多元，且技术力量强，有工人、学徒十多人。同时开办的还有不少小厂，诸如王佑钧就在一马路江边开有农民机器厂；范日华在大碑巷开有华丰机器厂；阎建章在大公路开有大昌机器厂。[①]这一切，大致反映了1949年以前今伍家岗辖区机械工业发展的情况。

纵观伍家机械工业的发展历程，在宜昌有影响的当数开业最早的"正顺

---

① 刘开美：《开埠后伍家实业的开启》，转引自吴承喜主编《实业追溯——宜昌市伍家岗区文史资料》（第2辑），宜昌市伍家岗区政协文史资料委员会，2011，第3页。

机器翻砂厂"和经营首户"渝兴隆"。本书第九章"古城机器制造先行者'正顺'"中对"正顺机器翻砂厂"的情况做了具体叙述,这里仅就"渝兴隆"的情况展开叙述。渝兴隆机器厂,是刘满银于民国十三年(1924年)创办的。厂址开始在小东门,工厂规模小,只有车工、钳工各一人,再加上两个学徒。不久,发展到20多人,并从停业的渝昌兴厂里购进一些设备,实力大增。从事修理小轮船和制造压面机。业务扩大后,便把工厂迁至一马路大碑巷。其间,渝兴隆开始用柴油机发电,代替手工操作,工效有很大提高。民国二十三年(1934年)永耀电厂扩大供电后,渝兴隆同李正顺、鸿昌等大厂,首先使用电动车床、刨床和钻床,进行机械加工,工效比以往手摇加工提高二三倍。抗战胜利后,渝兴隆机器厂于第二年从重庆迁回宜昌,在原址三道巷子江边复业,并购进了周围的房屋的基地,规模不断扩大,生产与日俱增。到宜昌新中国成立前夕,渝兴隆已拥有资金约5万银圆,从民国十三年(1924年)创办至此的25年中,其资金增长竟百倍,成为宜昌机械行业名副其实的首户。渝兴隆所以"兴隆",主要在于老板在行、经营有方、恪守信用、善处关系。渝兴隆的老板刘满银是机械行业的行家。他有较好的技术,尤其精于翻砂。这样,在生产上有发言权,重要的活路自己能够掌作,师傅们在技术上卡不了他的脖子。这在当时的时代来说是很重要的。同时,刘满银善于经营。他平时精打细算,注重废钢铁、旧机器的回收,选择其中可利用的加以整修。要是一个旧轴承派上用场,至少可以节省几块钱;要是一根旧圆钢或者一块旧钢板修船时被用上,材料作价少也可算十几块甚至几十块。这样,积少成多,就可获得较为丰厚的利润。不仅如此,刘满银还重视积累资金,不断扩大再生产。渝兴隆不仅经营机器翻砂业务,而且还办了家大农机器打米厂。用商业加工获得的高额利润,来充实机器厂的资本,用于扩大再生产。在生产经营中,刘满银讲究技术,注重壮大企业的实力。渝兴隆修船设备和技术,在宜昌同行业中都是领先的。因此,当民生和其他轮船公司,采取公开投标方式,开展修船业务时,渝兴隆中标的机会就比较多。在业务交往中,渝兴隆讲究信誉。无论是接洽业务,还是加工活路,都说话算话,注重质量,从而得到用户的信赖。因此到工厂来联系业务的络绎不绝。尤其值得一提的是，平时刘满银很重视处理企业内外的人际关系。对内，他善于处理劳资关系。日常注意对可信赖的人施加恩惠，工人家境有了困难，乐于施助。这样，工人们对他知恩图报，在干活时都很卖力。对外，他注重联络感情，尤其重视搞好与民生轮船公司间的人际关系。因此在以往相当长的时间里，民生公司的轮船修理业务几乎被渝兴隆所包揽，这使其从中获得一大宗收入。正是这一切，才使得渝兴隆机器厂，在那风雨飘摇的社会环境里，面对同业间的激烈竞争，仍能生意"兴隆"通四海，财源茂盛达三江。这可谓25年间渝兴隆越办越兴旺而终于成为新中国成立前宜昌机械行业首户的奥秘之所在。[1]

除机械工业外，民国十四年（1925年），德国商人孔林、孔尼购买英国制砖机，来宜昌白沙垴，建起德式18门轮窑，将机械制砖、轮窑烧砖的近代生产技术引进伍家实业。直至日军占领宜昌期间，工厂才自行关闭，轮窑停烧，砖机沉入长江。抗战胜利后，磨坊业在宜昌伍家辖区发展起来，主要是以大牲畜为动力，用石磨加工面粉，时人称之为"土粉"。大公路、下铁路坝各有磨坊三四家，杨岔路、土门垭也建有磨坊。磨坊生产出来的土面，除出售给压面厂（铺）、饮食行业、糕点铺外，还让各小杂货店代卖。[2]

随着机械行业的发展，电力行业也应运而生。其中影响最大的当数"宜昌永耀电气股份有限公司"。公司地处一马路，是刘梅森于民国十八年（1929年）创办的，起初叫宜昌永耀电灯厂。公司开始在城外四新路，后到一马路与怀远路转角处（今市供电局）建立新厂。民国二十年（1931年）全部工程竣工，开机发电，发电能力为六七百千瓦，解决当时宜昌全城的照明问题，公司职工发展到六七十人。随着公司电力生产能力的提高，厂商电力生产的积极性也高了起来。当时，宜昌的榨坊首户朱大顺安装起电动碾米机，老字号李正顺机器厂在车床上安装了电动马达，鸿昌机器厂等厂家停用了自备的

---

[1] 柳文：《解放前宜昌机械行业的首户"渝兴隆"》，转引自吴承喜主编《实业追溯——宜昌市伍家岗区文史资料》（第2辑），宜昌市伍家岗区政协文史资料委员会，2011，第33-35页。

[2] 刘开美：《开埠后伍家实业的开启》，转引自吴承喜主编《实业追溯——宜昌市伍家岗区文史资料》（第2辑），宜昌市伍家岗区政协文史资料委员会，2011，第4页。

小型发电设备也改用永耀发的电,就连留光照相馆也在摄影棚用起了电光照相。此时,公司还在通惠路的营业处大力推销华生电扇等电器产品,推动了宜昌市民生活方式的转变。从民国二十六年(1937年)5月1日起,公司延长了供电时间,将每日供电延至日间正午12时至次晨止。为了扩大供电范围,民国二十七年公司架通至西坝的过江线路。至此公司发电量达到880千瓦,供电电压最高达到4000伏,年发电量为144.77万千瓦,市区用电率达90%,供电线路贯穿市区东西近20里,南北三四里,主要街道,包括许多小巷也都装上了路灯。到抗战胜利公司恢复重建时,发电能力达到2000千瓦,员工已达130人左右,成为宜昌当时最大的民族实业公司。[①]

(三)伍家实业中的贸易业

今伍家岗辖区当时的贸易业,主要有食盐、棉花、石油、煤炭等方面。早在清咸丰五年(1855年),湖广总督衙门就在辖区大公路与复兴路的交汇处,设立湖北川盐总局,使川鄂两省的船只大量云集宜昌,奠定了宜昌"过载码头"的城市地位,促进了宜昌古城的空前繁荣。宜昌周边盛产棉花,民国二十年(1931年),邓耀南在辖区大公路设"祥和荣记花号",经营棉花生意。开埠后,宜昌石油业发展起来。自民国元年(1912年)至民国十七年(1928年),亚细亚、美孚和德士古先后在今伍家辖区内设支公司。在外资经营石油已成三足鼎立之势的情况下,邓耀南在复兴路上段,又与人合资经营光华火油公司。随着近代轮运业的兴旺,煤炭需求量呈上升趋势。为适应发展需要,20世纪20年代后期,在美孚码头下段处,建起一座滑坡码头,专为轮船烧煤服务。[②]

在伍家贸易业中,邓耀南盛极"邓祥和",称得上是伍家辖区中崛起的

---

① 刘言:《解放前宜昌最大的民族实业公司"永耀"》,转引自吴承喜主编《实业追溯——宜昌市伍家岗区文史资料》(第2辑),宜昌市伍家岗区政协文史资料委员会,2011,第38-42页。

② 刘开美:《开埠后伍家实业的开启》,转引自吴承喜主编《实业追溯——宜昌市伍家岗区文史资料》(第2辑),宜昌市伍家岗区政协文史资料委员会,2011,第4-5页。

实业之星。因本书第九章"三代经营达盛极的'邓祥和'"中对此做了具体叙述，所以这里就不展开了。在伍家贸易业中，杨岔路集市可以称得上是特定时期辖区内出现的一种贸易形式。当时正值宜昌沦陷，物资非常匮缺，为了谋求生活必需品，难民区人民经过斗争，取得了在杨岔路进行集市贸易的权利。据李著成老人回忆，杨岔路从起始处，向前延伸到粮库后面的小堰塘，全长100多米，住有二十几户人家，分别开着菜馆、饭馆、酒馆、面馆、油货馆、杂货铺、豆腐铺、剃头铺、裁缝铺和一家鸡毛客栈，每天接待从龙泉铺、土门垭、仙巴、古老背、白沙脑、紫荆岭、临江坪、花艳等四乡八场来贩卖农产品的农民和从难民区来的购买各种生活资料的难民，大约有几百千把人，很是热闹。当时交易的方式，一半是"以物易物"，难民带去的是诸如火柴、肥皂、火纸、草纸、毛烟、丝烟、食盐、食糖、毛巾、手巾等日用消费品，以等值的价格换取农民的鸡子、鸡蛋、腊肉、腊鱼、水果蔬菜及其他土特产；而另一半大宗货则要用现金交易。难民和农民都是穷苦老百姓，彼此之间很能相互理解，所以买卖交易都还公道，只要双方都能接受，便可立即成交，没有见到追逐暴利的现象。集市贸易的时间，规定只准上午半天，到了12点钟，所有农民、难民必须离去，不得有误。①

（四）伍家实业中的商业

开埠后，今伍家岗辖区商业发展很快，门类也比较齐全。先就百货日杂业来说，辖区经营的百货日杂业，有布店、酱品店、杂货店、茶叶铺等行业。抗战前后，国画大师"虎痴"张子善的三弟张丽诚，就在辖区一马路经营"振华布店"。民国三十五年（1946年），任子卿在他经营的三北宜昌分公司的紧隔壁，挂起了"老天成酱园"的牌子。除重操酱品业外，还从老家绍兴请来一位酿制黄酒的黄姓师傅，进行黄酒生产买卖。酱园职工增至14人，其中生产技师2人、工人4人、门市部店员8人。每月可生产酱油5000市斤、

---

① 祝竹：《杨岔路上的集市贸易》，转引自吴承喜主编《实业追溯——宜昌市伍家岗区文史资料》（第2辑），宜昌市伍家岗区政协文史资料委员会，2011，第68-69页。

醋4000市斤、黄酒1000市斤,根据营销情况,还灵活安排甜面酱、辣椒酱、豆瓣酱、豆腐乳等酱品生产,月营业额可达1000余元至2000元,位列同行业的第三位,仅次于上世纪20年代创业的"老同兴"和"万成"两家。民国二十二年(1933年),美孚洋行宜昌经销处的陈厚德,与上海益记字号老板傅潞卿和本市同春福海味号老板万雅言合资,每家股东出资1000银圆,合计3000元,改组源通海味杂货号,组成源通新记,共同经营海味杂货。陈厚德与源通新记其他两家股东,都不在店内任职,平时也很少来店过问业务情况,只是在年终结算盈亏和安排来年经营打算时,才到店里关心其事。但陈厚德三家股东对源通新记内部管理层的具体分工却井井有条。号店设管事1人,统管全盘业务,指挥筹划,赶场外交;设管账1人,负责店内往来账项,资金安排,督收欠款,掌握开支,有时也参加来往客商接待;设出纳、会计、保管、提货收款各1人,在统管金融收支、票据,门市经销,库房收支存保,货物进出报关手续、提货过称、上门对账收款等方面各负其责。源通新记经营管理颇有特色,店号注重信息,讲究信誉;推介商品,讲究装潢;分斤拆两,薄利多销;送货上门,以闲应忙;赊销货物,赶价远销。到民国二十九年(1940年)六月宜昌沦陷,店号方才解散。宜昌盛产茶叶,今伍家岗辖区在城中小有名气的茶叶铺有"德昌"。民国二十五年(1936年)城里有17家茶叶商户,德昌是其中的一家,地处辖区大公路。宜昌沦陷时,德昌与其他茶庄一样损失惨重,仅茶叶就损失上百担。抗战胜利后,德昌又重整旗鼓,开张营业。窨制花茶是其经营的一大特色。当时市面茉莉花茶紧俏,而宜昌窨茶的花源都是从外地买进的,通常进花源的武昌又不能窨制茉莉花茶。于是,德昌赶紧向福建省的福州茶商去函,邮购来茉莉花茶茶母,经过拼配后的茉莉花茶当即应市,满足了茶客的需要,收到很好的经济效益。①

再就饮食服务业来说。辖区经营的饮食服务业,大致包括餐馆、茶馆、斋铺与旅栈、浴池、染店等行业。辖区内经营餐馆的并不多,到20世纪40

---

① 刘开美:《开埠后伍家实业的开启》,转引自吴承喜主编《实业追溯——宜昌市伍家岗区文史资料》(第2辑),宜昌市伍家岗区政协文史资料委员会,2011,第5-6页。

年代，也才有 3 家餐馆，1 家饭店。所处地段有 3 家在一马路，1 家在二道巷子。"王宗宝饭店"在一马路。辖区饮食业比较发达的是熟食和清茶业。到民国后期，辖区熟食业店有 14 家，9 家在复兴路，2 家在大公路，1 家在力行二街，还有 2 家在一马路；清茶业店有 18 家，10 家在复兴路，3 家在大公路，2 家在力行二街，还有 3 家在一马路。就固定资产而言，地处复兴路的高玉山、向华卿与一马路的黎其忠的熟食店规模较大，资产分别为旧币 239 万元、205 万元与 243 万元；地处复兴路的杨承洪、杜孟山、周福堂与一马路的杜远翠和力行二街的曾士秀的清茶店规模较大，资产分别为旧币 355 万元、259 万元、175 万元、237 万元和 171 万元。当时辖区熟食和清茶业较为兴盛的地域，主要在今九码头一带。辖区斋铺不多，据黎祥华老人回忆有 5 家。一家是郭兆华经营的"郭复兴"，地处大公路二道巷子稍下一点的三北巷子处，隔着大公路，面对长江。是其爷爷郭祖德创办的，店址开始在二道巷子，后来移到三北巷子，因为郭兆华父亲死了，才接替爷爷经营；一家是谭玉山经营的斋铺，地处大公路，背河朝街，与"郭复兴"隔街相对；一家是姓陈的眼镜，人称"陈瞎子"经营的"福泰"，地处大公路，背河朝街，紧靠在谭玉山铺子下面，与"郭复兴"隔街斜对；一家是屈德榜经营的"云臣哉食品店"，也在大公路，背河朝街，与"一马路"口隔街相对；一家是张世富、张世贵等三兄弟经营的"同益"，地处一马路口，与"云臣哉食品店"隔街相对。这 5 家斋铺都是本地帮口的，按季节经营糖果糕点。每年 5 月做绿豆糕、芝麻糕；8 月做月饼；腊月做麻糖、软枣、交切、杂糖（包括雪枣、连环酥、花生占、桃占、麻占等）；长年做云片、桃片、饼干、面条等。在这些糕点中更富特色的是雪枣、桃片和较切。5 家斋铺中生意最好的数"郭复兴"，是专做农村生意的，长年有师傅做，对顾客优惠，很受郊区农民欢迎；"福泰"和谭玉山的铺店生意小，不出名；"云臣哉"和"同益"，是专做船上生意的，只要轮船一到，他们的生意就好。① 黎祥华从民国三十六年（1947 年）起，就在云

---

① 刘开美：《开埠后伍家实业的开启》，转引自吴承喜主编《实业追溯——宜昌市伍家岗区文史资料》（第 2 辑），宜昌市伍家岗区政协文史资料委员会，2011，第 6-7 页。

臣哉食品店当学徒。云臣哉的老板是他的舅舅，名字叫屈德广，后改为屈德榜。食品店开始叫林臣哉，后来改为云臣哉，是个前店后作的家庭作坊。当时，宜昌糕点行业依南方广东地域，江苏、浙江地域与宜昌本地域的不同，分为"广东帮""下江帮"和"本帮"三大帮派。云臣哉属宜昌本帮，主师爷是梅翁先师。黎祥华到云臣哉，首先就得拜梅翁先师，入宜昌糖果糕点本帮后，方才能学艺。黎祥华在云臣哉学徒三年，学徒期间没有工资，只管饭，可以吃饱。每天天没亮就起床干活儿，到打二更才睡觉。平时，他和舅舅两人制作糖果糕点就够了。每到五八腊，就是五月端午节、八月中秋节和腊月春节，就请大师傅进门帮忙。五八腊的每个节气过完，老板就要请师父坐上席。大师傅坐了上席，就意味着老板开赶，大师傅也会自觉离店，等到下个节气有机会再来受聘。因此，黎祥华学艺并没有一个具体的师傅。不过，这样也使他有机会接触宜昌所有的名师，学到宜昌3000多种糖果糕点的制作方法，还对其他两大糕点帮派的手艺也都精通，成为宜昌本帮糖果糕点最具资格的传承人。[1]辖区在商业服务方面还不发达，到40年代，仅有旅栈业店6家，浴池业店1家，理发业店7家，染洗业店2家。6家旅栈业店有5家在复兴路，1家在大公路；1家浴池业店在大碑巷，仅有几个木盆；7家理发业店都是民国三十五年（1946年）以前开的，分布在一马路、二道巷子、大公桥、复兴路、九码头、美孚码头和伍家岗；2家染洗业店都是民国三十四年（1945年）以前开的，分别在一马路和大公路。[2]

今伍家岗辖区中最富特色的饮食业要数茶馆。茶馆的风味在于与饮食相伴，与山水相依，与娱乐相随。茶馆与饮食相伴，讲的是茶馆的经营特色，人们称这类茶馆叫"油货茶馆"。在油货茶馆里，除出售泡茶之外，还兼售各种油炸食品和蒸笼食品。一般多在茶馆门前或显目处设置炉灶，在茶炉上放

---

[1] 韩玉洪：《宜昌本帮糖果糕点"云臣哉"》（上），转引自吴承喜主编《实业追溯——宜昌市伍家岗区文史资料》（第2辑），宜昌市伍家岗区政协文史资料委员会，2011，第81-83页。
[2] 刘开美：《开埠后伍家实业的开启》，转引自吴承喜主编《实业追溯——宜昌市伍家岗区文史资料》（第2辑），宜昌市伍家岗区政协文史资料委员会，2011，第7页。

两三把大茶壶,供应开水泡茶;而另外设置炉灶放上油锅或蒸锅,制作油货或篜件。这样在泡茶的同时供应油炸或蒸笼食品。早晚出售油货,午后则上篜件。油货茶馆适应宜昌人爱吃"早点茶"和"宵夜茶"的习惯。因此盛行于宜昌一带,其他地方并不多见,成为宜昌茶馆经营上的一大特色。据屈仁声老人回忆,油货茶馆出售的食品很丰富,除一般的油条、油饼、油香(宜昌方言"香"应读作"xia"阳平带儿化音)、油糍、糍粑、麻花、卷子、馓子之外,还有用糕模压好放入锅内炸成的"印子油糕";用烧饼破开中间夹上糍粑炸成的"夹货";以及本地特有的将没有蒸熟的卷子在锅中炸一二次而成的"炸生面卷子"和早上未卖完的油条中午再在油锅回道火而成的"回火油条"。午堂篜件,包括包子、馒头、花卷等食品,其中以水晶包子最富地方特色,有的还炕制烧饼、锅盔等。来油货茶馆的顾客,以平民百姓居多。大家围桌而坐,吃的是油货,喝的是盖碗茶,既可口,又方便,还节省,因此很受欢迎。油货茶馆的堂倌负责接待顾客,掺茶、打水、拣油货,全靠他前后照料。茶炉上烧开水多用一种铜制的长嘴壶,冲茶时堂倌高高举壶,轻轻倾侧,开水就像银索般地冲入茶碗里,无半点溅出。这种熟练的功夫,令在场的茶客赞叹不已!油货茶馆的茶座,是每张大方桌围放四条长板凳。茶馆以茶桌张数多少视其规模大小。规模大的油货茶馆,放置的茶桌有30多张,可坐茶客200多人,20世纪初,市区像这样的油货茶馆不多;放置茶桌10多张,可坐茶客100多人,30年代市区有这样的油货茶馆30多家;放置茶桌10张以下的小油货茶馆,遍布市区大街小巷,多达上百家。今伍家岗辖区当时的油货茶馆规模都不大,仅内地会至一马路转角处,就有王道德等人开设的油货茶馆七八家。这一带码头工人、划驳工人比较多,非常适合他们的要求,所以油货茶馆早堂、晚堂都是顾客盈门,尤其是晚堂油货茶馆里灯火通明,来吃"宵夜茶"的顾客济济一堂,十分热闹,每夜都要延迟到二更方才客散关门。①

  茶馆与山水相依,讲的是茶馆的地域特色,人们称这类茶馆叫"风景茶

---

① 刘开美:《昔日伍家的风味茶馆》,转引自吴承喜主编《实业追溯——宜昌市伍家岗区文史资料》(第2辑),宜昌市伍家岗区政协文史资料委员会,2011,第71-73页。

馆"。与油货茶馆相比，风景茶馆以景代食，在茶馆选址上更注重山水园林风光地段，便于茶客在品茶的同时，欣赏山水园林风光；在茶座陈设上，改大方桌、长板凳为清一色的竹躺椅，可坐可卧，使茶客赏憩方便。风景茶馆通过茶馆情趣的改变，为茶客提供了休闲游玩的场所，于是茶馆在另辟蹊径之中乘势发展。据屈仁声老人回忆，今伍家岗辖区的风景茶馆，在宜昌市区小有名气的要数"清风亭茶社"。茶社地处鹏程路（今一马路）的隆中路对口，是20世纪30年代洪帮国正公大爷马金彪依南湖景点开设的。茶社临街前庭为木板瓦顶过堂屋，设茶炉和小卖部。屋后延至南湖边建水榭亭台，三面临水，可观赏湖景。而南湖湖心也有人兴建湖心茶园，正好构成清风亭茶社景观。清风亭茶社有竹躺椅200多张，开业后生意兴隆，经常满座。冬季时，水榭外悬吊帘挡风，生意锐减，稍可维持。除此而外，在大公桥下首不远处，也设有一家茶馆，叫"竹圃茶社"。茶社是汉流五爷罗世福经营的。此地虽无园林景致，但面向长江，也别有一番情趣，尤其是夏季江风拂面，格外凉爽，是茶客理想的休闲场所。竹圃茶社规模虽没有清风亭茶社大，但竹躺椅也有上百把。它接待的对象多为轮船上的职工。①

茶馆与娱乐相随，讲的是茶馆的文娱特色，人们称这类茶馆叫"文化茶馆"。在文化茶馆里，文风甚浓，使顾客在消遣之中享受娱乐。宜昌抗战前后的戏园、电影院等文化娱乐场所，就曾因宜昌人有品茶的习惯，而在这些场所设有茶务部，演出时出售茶水。这种茶戏结合的经营方式用到茶馆，就成了文化茶馆。但文化茶馆与影剧院售茶毕竟还是有区别的。影剧院主营在影剧，售茶只是兼营，品茶效果不如文化茶馆；文化茶馆在提供茶品的同时开展文娱活动，主营在品茶，娱乐只是兼营，品茶效果好于影剧院。两种茶戏结合的经营形式各有其长，因受不同人群的青睐而各自消长，城里的文化茶馆就这样发展起来。在文化茶馆中，娱乐活动以说唱为主。前者称说书，后者指清唱。这两种形式的文化茶馆在今伍家岗辖区里都曾有过。"说书"，是

---

① 刘开美：《昔日伍家的风味茶馆》，转引自吴承喜主编《实业追溯——宜昌市伍家岗区文史资料》（第2辑），宜昌市伍家岗区政协文史资料委员会，2011，第73-74页。

宜昌民间十分流行的文艺形式。只要在茶馆里，摆上一张桌子，说书人站在桌前津津有味地讲，茶客们在桌下，躺在椅子上，一边品茶，一边听书，这就行了。这种休闲娱乐的方式很受茶客欢迎。说书通常的形式是评说，主要是通过说书人以形象的语言，制造"悬念"，编织"笑料"，设置"误会"，在叙述故事情节中，给人生动、风趣、幽默的感受。除此而外，还有一种形式是鼓说，主要是说书人演唱时，右手执鼓槌击鼓，左手敲动铁片。鼓声随着故事情节的起伏，时紧时慢，时高时低；铁片的叮当声也伴随着鼓声的变化，时而激扬慷慨，时而悠扬婉转。歌声、鼓声、叮当声浑然一体，配合得很协调，给听众别有一番韵味。据陈鸿儒老人回忆，20世纪，地处一道巷子的文化茶馆，其文娱形式就是说书。说书人陈培基是当时宜昌城里书场比较有名的四位评书艺人中的一位。他是四川人，开始到宜昌来，并不是说书人，只是为养家糊口才操起此业。开业后，为避免与其他书馆在业务上发生矛盾，他便在一道巷子，选择了一家茶馆挂牌开讲。陈培基所在的这家茶馆设备比较好，清一色的躺椅、茶几，可容纳三四十人。顾客多时就加座位。每晚听众有六七十人之多。因为陈培基有一定文化，所说之书能通过自己熟读、牢记后再到书场去讲，因此上路比较快。陈培基说书注重故事情节的惊险性，从不以低级趣味迎合听众，更不渲染色情、淫秽的情节。他选择《红侠》《黑侠》《白侠》以及《江南八十侠》等反映汉族民间武士与清廷抗争的故事为说书内容。评说时主要着力描述清廷官吏的阴狠狡诈，叙述汉族民间武士的勇毅坚贞。当遇到书中的惊险情节时，他便层层设置"悬念"，来吊听众的胃口，因此听众关切情节，听得使之入胜。所以陈培基的评书也获得成功，不仅评书场场爆满，而且听众一致称他"书德"很高。陈培基走后，这家文化茶馆里又传出了打鼓说书的声音。本来这种"鼓说"形式，大都是南往北来的艺人，路过宜昌时演唱的，过了一段时间也就离开了，"鼓说"的形式有"梨花大鼓""京韵大鼓""河南梆子"和"山东大鼓书"等。但一道巷子说书茶馆推出的"鼓说"，却是出身宜昌本地的说唱艺人。就在陈培基走后不久，有位女艺人又在这家茶馆挂牌说唱书文。这位"鼓说"的女艺人，瘦瘦的，中等身材，30多岁。她说唱时使用二胡、小鼓、醒目，唱时用二胡和小鼓。这种说唱形式很少见。她说书与评书先生讲的语气完全一样，演唱有点像唱唱本似的腔调，而语音却是纯粹的宜昌土音。她说唱的是《唐书》。她把小英雄罗成大战杨林一段讲得极为生动，当讲到关键的时候，便将醒木一拍，就开始边拉边唱起来，在场的听众顿时拍手叫好！除以上所讲的一道巷子说书的文化茶馆外，还有一马路处清风亭清唱的文化茶馆。清风亭茶社不仅以风景茶馆著称，而且也以文化茶馆见长。这种清唱形式在当时文化茶馆娱乐活动中颇具代表性。当茶客夏日晚上来店饮茶纳凉时，茶社专门请来致祥路"枝"字丝弦班唱小曲的春枝、爱枝、喜枝，到清风亭来演唱小曲，吸引很多茶客前来欣赏，使茶社生意兴隆。[①]

（五）伍家实业中的服务业

开埠后，随着城市建设的发展，服务业开始在今伍家岗辖区内兴起。当时辖区的服务业除商业服务业外，还有社会服务业和金融服务业。辖区的社会服务业很有限，主要有医院、保育、学校等实业。在辖区最早办起的社会服务业要算教会实业，包括医院、孤儿院和学校等。它是开埠后外国在宜昌兴办教会的产物。光绪二十四年（1898年），教会在辖区下铁路坝处（今宜昌中心医院一带）开始修建教会设施，兴办教会实业，包括教会医院、孤儿院、修女院（俗称圣母堂）和男修院。辖区教会医院为德希圣主教委托比利时籍神父武明新，于光绪二十七年（1901年）着手修建的。院址设在修女院旁边，称为"宜昌天主堂医院"，也有称其为"法国医院"的。医院行政管理由教区委托白衣会修女负责，所有经费开支由教区负责。最后一任院长是加拿大籍的德施美。宜昌天主堂医院分门诊部和住院部，门诊部平均每日接待病人100多人次，其中一部分属免费治疗。住院部分一、二、三、四等病室，前三等病室共有病床60多张，均按等级标准收费，第四等病床有40多张，免费接

[①] 刘开美：《昔日伍家的风味茶馆》，转引自吴承喜主编《实业追溯——宜昌市伍家岗区文史资料》（第2辑），宜昌市伍家岗区政协文史资料委员会，2011，第74-76页。

收病人。辖区教会孤儿院，是祁栋梁主教于光绪十五年（1889年）创办的，称"宜昌圣母堂孤儿院"，又称育婴堂，院址开始设在滨江路圣心堂内，光绪二十七年（1901年）下铁路坝孤儿院落成后，便迁至下铁路坝圣母堂内。孤儿院由教区委托白衣会修女管理。经费由教区负担。孤儿入院后，一般婴儿，大多雇请奶妈喂养，无奶妈喂养的，就由修女及年长孤儿用牛奶喂养。孤儿到读书年龄，开始学习经言要理，唱歌跳舞，十几岁的孤儿还能做些体力劳动，比如绣花、补衣、扫地和院内杂事等。孤儿成人后，若有人说媒，可以出嫁，但男方要是教友，否则就得受洗入教后，方可娶亲。孤儿要严格遵守规矩，与外界较少接触，若不听话或违反规矩，就要挨吵，甚至挨打、罚跪、吃光饭、搞劳动，有的还被关到楼梯下的黑屋里。孤儿生活水平一般较低。除过年过节，某些大的宗教节日及每月打次牙祭外，平时只有一两样小菜。加之有的孤儿入院时，本来就不健康，所以不少孤儿身体消瘦，营养不良，发育受到影响。每当传染病季节，婴儿死亡率比较高。孤儿院自创办以来，共收养孤儿千余人。尽管教会办医院、办孤儿院在济世活人施行善事的同时导人入教，在收容无靠孤儿的同时给其受洗入教，但从实业的层面看，这确是辖区近代医疗、保育行业的开端。辖区教会学校包括修女院（俗称圣母堂）和男修院，都是培养神职人员的场所。光绪二十七年（1901年），下铁路坝圣母堂落成，修女从滨江路迁来新舍。下铁路修女院隶属玛利亚方舟各传教会，又称白衣修女会。民国十九年（1930年），继山东烟台之后，在这里设立了第二女修院，并招收了一批女青年教友入修院。从而使修女的人数逐渐增加。光绪二十九年（1903年），下铁路坝男修院落成，修生们便从长江对岸的十里红天主教堂迁来，后正式命名为"宜昌文都修院"（原医专处）。文都修院培养出来的神职人员，成为神父的有49人。民国二十七年（1938年），顾德学主教为了提高修院的教学质量，减轻教会的经济负担，决定将修院的一部分教室及住房改为普通中学，称为"文都中学"，并经省教育厅备案。这样使修院的修生除宗教课程和拉丁文外，其他课程均在中学免费学习。学校设有初中、高中各两个班，开始有学生百余人，后逐渐多起来。次年日军飞机轰滥宜昌时，文都中学操场中弹，校门被毁，死伤30多人，不得已而解散。直到民国三十五年（1946年）秋方才复校。这也确是辖区近代教育的开始。除此之外，还有教会人员办小学的。民国十三年（1924年），受英国基督教会派遣的穆秉谦女士，就在辖区大公路内地会处办了一所小学。但是当时辖区内大量的小学却是政府办的，先后办过9所小学，包括县立土门垭初级小学，原名为第十初级小学，成立于民国二十年（1931年）三月，地处青草铺（今伍家岗辖区内）；县立天官桥初级小学，原名为第三初级小学，成立于民国二十一年（1932年）十一月八日，地处大公路天官桥处；县立杨岔路初级小学，原名为第十一初级小学，成立于民国二十二年（1933年）八月，地处杨岔路云集寺（今伍家岗辖区内）；县立沈家店初级小学，原名为第十四初级小学，成立于民国二十二年（1933年）八月，地处沈家店（今伍家岗街办处）；省立第四短期小学，成立于民国二十四年（1935年）十一月十七日，地处磐青乡白沙垴（今伍家岗街办处）；县立隆中路初级小学，原名为三十五初级小学，成立于民国二十四年（1935年）八月，地处中南镇隆中路（今大公桥街办处）；省立第七短期小学，成立于民国二十五年（1936年）三月九日，地处大公镇二道巷子（今大公桥街办处）；第一民众学校，成立于民国二十五年（1936年），地处隆中路；南大镇公立联保小学，成立于民国二十八年（1939年）八月，地处美孚油池（今万寿桥街办处）。这9所小学以县办为主，规模都不大，绝大多数只设有一个班，办校地域主要集中在从隆中路到二道巷子，从大公路到美孚油栈这一带。①

至于辖区金融服务业，主要有保险公司。据李著成老人回忆，宜昌保险业务始于民国五年（1916年）。几年后，在今伍家岗辖区便有"华安合群保险分公司"开业，是由宜昌县商会主席蔡云鹏等人合股经营的，刘尚玉任经

---

① 刘开美：《开埠后伍家实业的开启》，转引自吴承喜主编《实业追溯——宜昌市伍家岗区文史资料》（第2辑），宜昌市伍家岗区政协文史资料委员会，2011，第7-10页。

理，地处大公路53号。① 到民国三十五年（1946年）至三十七年（1948年）期间，三北轮埠公司宜昌分公司为重庆义丰保险总公司代理过保险业务，被称为"重庆义丰保险总公司宜昌分公司"。重庆义丰总公司委派谢建章为宜昌分公司业务主任。在代理承保业务后，总共办理保险业务数百笔，所收的保费合计达数万（银）元，没有发生过一次海损需要理赔的事情。因为由三北宜昌分公司的轮船或拖轮带驶，在长江中、下游航行，安全系数极高，很难遇到海损事故发生。唯一的一次事故是在三北宜昌分公司代理承保业务之外，那是由谢建章直接揽接的一笔业务，是鼓楼街某杂货号的200坛榨菜，要用木船运往九江港，因是枯水季节，木船在天星洲翻沉了。当时，是李著成赶往事故发生地调查的，因情况属实当然应按原保额进行全额赔偿，但却拖了半年，重庆总公司才将赔款拨付下来。由于通货膨胀，货币贬值，所赔款项，只能买十坛榨菜了，对此货主叫亏不迭。②

　　开埠后今宜昌伍家岗辖区实业发展的这些情况，尽管其中内容不尽其详，但它们确是新中国成立以前70多年中，辖区内曾经存在过的。透过这些实业，可以使人们对开埠后伍家实业开启的脉络和演变的情景有所了解和感悟。

三、宜昌抗战中的"三部曲"③

　　宜昌地处长江三峡西陵峡口，上控巴蜀，下引荆襄，素有"川鄂咽喉"之称，历来是兵家必争之地。抗日战争时期，这一战略地位再次凸显在世人

---

① 刘开美：《开埠后伍家实业的开启》，转引自吴承喜主编《实业追溯——宜昌市伍家岗区文史资料》（第2辑），宜昌市伍家岗区政协文史资料委员会，2011，第10页。

② 李著成：《三北公司代理义丰保险公司业务》，转引自吴承喜主编《实业追溯——宜昌市伍家岗区文史资料》（第2辑），宜昌市伍家岗区政协文史资料委员会，2011年，第54-55页。

③ 香港凤凰卫视拟拍摄反映宜昌抗战题材的电视剧，于2012年10月来宜昌采风，次年编剧由甲到宜昌采访。笔者参加了座谈会，接受了采访。为给他们提供相关资料，笔者事先将以往研究的成果综合梳理写成本文。随后被湖北省《炎黄》杂志全文发表。本文梳理整合了不少资料，集中反映了宜昌抗战中关乎国家全局的三大事件，是永难忘却的记忆，因此将它作为附录收入书中。

附录：文化研究与开发创意

面前。随着国民政府西迁，宜昌成为陪都重庆乃至西南大后方的门户。宜昌战略地位的凸现，引起日军极大关注，以致中日双方在宜昌的争夺曾达到白热化的程度。这里曾发生三大深刻影响中国抗战全局的事件，这就是中华实业大内迁中的"宜昌大撤退"、枣宜会战中的"宜昌攻守战"和鄂西会战中的"石牌保卫战"。正是这史诗般的"三部曲"，使宜昌在抗战烈火的锻造中成为英雄城市。

（一）中华实业大内迁中的"宜昌大撤退"

抗日战争前，中国工业分布主要集中在东北和沿海地区，西南、西北地区工业经济十分落后，仅有工厂237家。① 随着"九一八事变""七七事变"的发生，东北和沿海地区的工业遭到极大破坏。早在1932年"一二八事变"后，许多有识之士都在呼吁工厂内迁问题。"七七事变"后，又再次呼吁此事。1937年7月22日，国民政府设立国家总动员设计委员会后，对工厂内迁问题进行了商讨。同年8月10日，行政院第324次会议对上海工厂内迁问题做出决定。次日，组成"上海工厂联合迁移委员会"。随即爱国工商业者和广大职工便开始启动工厂内迁工作。② 1938年国民政府迁都重庆，把西南地区作为抗战基地，拟定了西南、西北工业建设计划，把西南地区作为工业建设重点，促进沿海工业向内地迁移。抗战时期，约有800多家工厂③ 先后迁到四川、湖南、广西、陕西、云南、贵州等大后方。此次大内迁是分三个阶段进行的。第一次大内迁是1937年日本帝国主义发动全面侵华战争后，上海、无锡、苏州、杭州等地的部分工厂迁至武汉；第二次大内迁是武汉垂危时，迁至武汉的连同武汉自身的部分工厂向四川、湖南、广西、陕西等大后方迁徙；第三

---

① 孙健：《中国经济通史》（中卷·1840年—1949年），中国人民大学出版社，2000，第1206页。
② 魏宏达：《契斋文录》，中华书局，2002，第158-163页。
③ 宜昌大撤退"抢运厂家的数量诸说不一，有说400多家的，有说600多家的，还有说800多家的，都有各自资料来源的渠道。笔者经过鉴别，说400多家的是不包括直接西迁数量的；说600多家的是不包括军工企业在内的；说800多家的应该是军工与私营企业合在一起的。第三种说法符合"宜昌大撤退"抢运厂家的总体情况，故在文中取了这一说法。

次大内迁是1944年春日军发动豫湘桂战役时，湘桂工厂又紧急向贵州迁徙。这一切充分说明这次大内迁事关抗战全局的国家行为。它堪称中国工业发展史上的壮举，改进了中国生产力的布局，对西南、西北工业的发展产生深刻影响，为保证抗战、改善民生做出重大贡献。在这次大内迁的推动下，大后方民族工业发展到4764家。①

"宜昌大撤退"，正是应中国实业大内迁之运而生的。它在整个中国实业大内迁中更具典型性。首先就迁徙厂家的数量而言，由宜昌大撤退迁至四川的工厂占整个内迁工厂的55%。②白寿彝总主编《中国通史》中所记载的对这次大内迁迁徙厂家的设备器材为十余万吨，而宜昌大撤退仅在1938年中所承担的军工器材抢运量就达8万吨。③显然无论是厂家还是设备器材宜昌大撤退占了整个内迁的多数。其次就迁徙过程的难度而言，宜昌大撤退除抢运内迁工厂的设备和技工外，还担负抢运政府机关、学校、军工企业的人员与大批难民、难童和各类物资，以及转运东下的抗日军队和给养等相当繁重的任务。加之，宜昌至重庆近千千米航道中险滩多达数百处，而峡江航线还遭敌机狂轰滥炸。致使宜昌大撤退险象丛生，在整个大内迁中难度是空前的。此外就迁徙后的作用而言，宜昌大撤退对四川尤其是重庆工业发展的推动作用在其他后方省份中是无可比拟的。如果将后方各省新设私营工厂一起统计，至民国三十一年（1942年）达3082家之多。而以重庆一地看，战前大小工厂只有39家，到民国三十三年（1944年）则达1500多家。④这无疑从一个侧面反映了宜昌大撤退在整个中国民族实业大内迁中的影响力。这一切表明，宜昌大撤退在中国民族实业大内迁中最具代表性，是其中最为壮观的一幕。

宜昌大撤退从民国二十六年（1937年）七月就开始了，至民国二十九年（1940年）六月十二日宜昌沦陷为止，经了近三年的时间。其间，大体可分为

---

① 白寿彝总主编《中国通史·近代后编》（1919年—1949年），上海人民出版社，1999，第679-680页。

② 孙健：《中国经济通史》（中卷·1840年—1949年），中国人民大学出版社，2000，第1208页。

③ 乔铎主编《宜昌港史》，武汉出版社，1990，第74-76页。

④ 孙健：《中国经济通史》（中卷·1840年—1949年），中国人民大学出版社，2000，第1212页。

三个阶段。全面抗战开始至南京失陷（1937年12月）为第一阶段。此间，上海、南京等地的内迁企业主要聚集武汉。宜昌主要是转运东下参战部队和给养，同时也担负抢运直接迁至重庆的有关科研单位、大学以及军工企业。诸如，民国二十六年（1937年）七月中国科学社理化研究所由民生公司直接从上海撤出，9月迁到重庆市北碚，恢复工作。上海复旦大学也迁至北碚夏坝，于民国二十七年（1938年）七月复课。[1]此间，由芜湖、汉口来宜的兵工器材2.6万吨转运入川。[2]

武汉沦陷（1938年10月）前后为第二阶段。此间，国民政府机关、团体、院校、工厂以及难民、难童争相西迁，宜昌大撤退最为繁忙。从民国二十六年（1937年）十二月起武汉便开始非军事撤退先后转移、疏散、安置鄂西、鄂北和湖南、四川等大后方的难民达200万人，其中疏散武汉市的人口达80万人。次年初，外地各沦陷区工厂纷纷经武汉前往后方。武汉会战开始后，由武汉迁至重庆、陕西、贵州、湖南和鄂西、鄂北的工厂442家，运出工厂生产设备、原材料等物资数十万吨，转移工程技术人员1万多人。武汉地区的骨干企业，诸如汉阳钢铁厂、汉阳兵工厂、既济水电公司、湖北丝麻四局、堪家矶造纸厂、申新、裕华、震寰等大纱厂和扬子机器厂等均内迁，黄石、沙市、大冶、应城、宜昌等地工厂也相继内迁。湖北省政府机关于当年8月前往宜昌，10月后再迁至鄂西恩施。在此前后，武汉各学校也相继内迁。其中武汉大学迁往四川乐山，中华大学迁至宜昌，全省公私立中等学校合并组成联合中学，1.3万多学生迁往鄂西、鄂北十县。[3]宜昌是转移至鄂西、四川的必经之地，又是西迁的主要方向，致使宜昌大撤退空前繁忙。一时间云集到这里的人员和物资难以及时向鄂西和四川转运，尤其是关乎全国兵器工业、航空工业等重工业和轻工业生命的各种器材，集中于此，堆积如山，一旦遭损，后果不堪设想。

---

[1] 卢国纪：《我的父亲卢作孚》，四川人民出版社，2003，第223页。
[2] 萧身材主编《宜昌市交通志》，宜昌市交通志编委会，1992，第61页。
[3] 湖北省社科院历史研究所编《湖北简史》，湖北教育出版社，1994，第622-623页。

为此，时任交通部次长的卢作孚，于民国二十七年（1938年）五月、十月，先后两次亲临宜昌，坐镇指挥抢运工作。特别是10月份来宜时，宜昌这座边陲小镇，已拥塞着从各地撤来的3万多人员和9万多吨物资，亟待转运至上。而当时民生公司船舶的运力，要将这些人员、物资运往重庆，至少需要一年。而此间长江上游的中水位可供较大轮船航行的时间仅有40天。卢作孚面对如此严峻的抢运形势，沉着应对，通宵开会，制定方案，带领民生公司和3000多工人，凭着24艘轮船、2000多只木船，浴血奋战40昼夜，终使滞留宜昌的人员全部脱离险境，积压器材也抢运出2/3。① 这样，宜昌大撤退中最为壮观的一幕便降下帷幕。

宜昌沦陷（1940年6月）前后为第三阶段。武汉沦陷后，宜昌仍处于抢运的繁忙之中。民国二十八年（1939年）九月，日军分三路进犯长沙，湖南、广西局势告急。于是，湘桂兵工厂的第一、二、四十一厂的3.2万吨器材和兵工署的2000吨器材，紧急撤到宜昌，由民生公司的轮船抢运到大后方。民国二十九年（1940年）上半年，民生公司从宜昌抢运了1.6万吨器材到大后方。宜昌沦陷后，在接近日军的平善坝、南沱、三斗坪一带，仍有部分兵工器材待运。卢作孚冒险亲临现场指挥，将这批物资安全转移。② 此间，屯宜各类器材、油料、公物共13.62万吨，因日军突然到来，沦陷时只仓促运出4800吨，其余绝大部分为日军所掠夺。

据不完全统计，从民国二十六年（1937年）十一月至民国二十九年（1940年）六月，由宜昌转运东下军队110万人，西上入川的机关、学校、工厂内迁人员及难民达150万人，中转旅客29万人，上驶转入川江的轮船105艘，抢运至重庆的各类物资125万吨。此外，民生公司16艘轮船和招商局、三北公司部分轮船转运入川军工物资、迁建工厂器材和出川军粮、马匹、辎重物资等31.98万吨，民生公司船泊占总运量的95%。③ 这一切，凸显了宜昌作

---

① 宜昌市政协文史委编《宜昌抗战纪实》，宜昌市政协文史委，1995，第239-241页。
② 卢国纪：《我的父亲卢作孚》，四川人民出版社，2003，第244-245页。
③ 萧身材主编《宜昌市交通志》，宜昌市交通志编委会，1992，第62、107页。

为西迁人员和物资转运基地与中国军队后勤交通枢纽的地位和作用。

在恢弘悲壮的宜昌大撤退中，卢作孚的民生公司，以及招商、三北等公司，与英雄的宜昌乃至三峡人民一道，团结协作，共赴国难，做出了杰出贡献，彰显出救亡图存、舍身为国的民族浩气，成为中国人民民族独立斗争乃至世界反法西斯斗争中的不朽丰碑。民生公司在大撤退中有116人牺牲、61人致残、16艘船舶被炸毁击沉。①为此，受到国民政府嘉奖。

（二）枣宜会战中的"宜昌攻守战"

随着国民政府西迁重庆，宜昌作为中国军队的后勤交通枢纽和陪都重庆乃至西南大后方门户战略地位的凸显，引起日军极大关注。"枣宜会战"前日军就对宜昌城里实施了疯狂轰炸，自民国二十七年（1938年）一月至二十九年（1940年）六月，曾出现过三次轰炸高潮。民国二十七年（1938年）一月至六月，即国民政府部分机关在武汉停留后西迁重庆至武汉会战前夕，为第一次轰炸高潮；民国二十八年（1939年）一月至五月，为第二次轰炸高潮；民国二十九年（1940年）五月至六月，随着日军对宜昌的进攻，轰炸进入了第三次高潮。据统计，此次日机空袭宜昌达95次，投弹2031枚，炸死居民1863人，炸伤居民1967人，损毁房屋2870栋。②宜昌人民遭到空前的浩劫。

《民国大事日志》记载民国二十七年（1938年）一月二十四日："敌军二十四架初次袭宜昌。"③对此民国二十七年（1938年）一月二十五日的《大公报》做了报道："敌机十二架廿四日早十时二十分首次侵袭宜昌，江中落弹数枚，泊于江内船只仅受波动，其他无恙，敌机于郊外监狱附近投弹十余枚，死平民四十余人，震倒房屋数栋。"④《宜昌市文史资料》也记载这天上午10时，日机9架第一次飞临宜昌上空。直飞轰炸铁路坝机场，投弹数十枚，炸毁

---

① 宜昌市政协文史委编《宜昌市文史资料》（第7辑），宜昌市政协文史委，1987，第89页。
② 宜昌市政协文史委编《宜昌抗战纪实》，宜昌市政协文史委，1995，第167页。
③ 刘绍唐主编《民国大事日志》（第一册第三分册），台湾传记文学出版社，1973，第582页。
④ 中国第二历史档案馆《湖北旧影》，湖北教育出版社，2001，第173页。

国民党军队停在铁路坝的飞机6架，炸死炸伤修飞机场的民工200余人。① 此后，日机又多次以机场为目标，空袭宜昌。4月5日和6月21日，日机20多架袭击宜昌。尤其是6月21日下午，日机投下的大批硫黄弹除将大公路和四道巷子完全烧毁外，还焚掉邻近江边的几十条船，200余人同时丧命。②

民国二十八年（1939年）一月至五月，宜昌在军事和交通方面的作用凸显。因此，自民国二十七年（1938年）十二月轰炸后，局势日益紧张。民国二十八年（1939年）二月二十一日清晨，9架日机轰炸宜昌，环城东路至新街，献福路至北正街一带的民房全被炸毁。3月8日、9日，63架日机轰炸宜昌。其中3月8日36架日机4次轮番轰炸，大北门、东正街、璞宝街、二架牌坊、学院街、环城南路、通惠路、中山路等一带大片房屋被炸毁，死伤市民无数。③这阶段日机轰炸宜昌达13次之多。为此，在宜昌督练的国民政府军事委员会副委员长冯玉祥，特地在三游洞题记了"是谁杀了我们同胞的父母和兄弟"的石刻。

武汉失守后宜昌战略地位更显，致使宜昌成为日军与我军争夺的焦点。民国二十九年（1940年）四月三十日日军发动"宜昌作战"（中方称"枣宜会战"）。早在2月25日驻汉日军第11军就确定了《会战指导方针》④，接着在4月7日制定了《作战计划大纲》。⑤日军的"宜昌作战"分为两个阶段，第一阶段是以枣阳为中心的东线作战，第二阶段是以宜昌为中心的西线作战。此战日军是要通过声东，进攻枣阳；进而击西，占领宜昌。

民国二十九年（1940年）四月三日日军的"宜昌作战"打响。5月1日战役进入第一阶段，信阳、随县、钟祥等地日军6个师团20多万人，在飞机、火炮支持下，向中国军队第五战区发动猛攻。5月16日在宜城南瓜店与日军激战的张自忠将军中弹身亡。随即将军灵柩被护送到宜昌，宜昌军民举行隆

---

① 宜昌市政协文史委编《宜昌市文史资料》（第4辑），宜昌市政协文史委，1985，第119页。
② 宜昌市政协文史委编《宜昌抗战纪实》，宜昌市政协文史委，1995，第165-166页。
③ 宜昌市政协文史委编《宜昌市百年大事记》，中国三峡出版社，1994，第261页。
④ 宜昌市政协文史委编《宜昌市百年大事记》，中国三峡出版社，1994，第267页。
⑤ 宜昌市政协文史委编《宜昌市百年大事记》，中国三峡出版社，1994，第268页。

重的迎、送灵柩仪式，护送将军灵柩上船，至重庆安葬。①5月31日战役进入第二阶段，日军第3、39师团等部约万人，分别由欧庙、王家集、小河、明正铺强渡襄河，准备占领襄樊、南漳后，进攻沙市、宜昌。6月4日日军第13师团当晚、第6师团池田支队、汉水支队于次日，由荆门旧口、沙洋附近强渡襄河，与自宜城南下的日军配合，向中国江防部队郭忏部发动进攻。日军强渡襄河后，便向沙市、江陵、十里铺一带西进，企图南北两路围击第五战区襄西部队于宜昌以东地区。6月6日日军攻陷荆门，占观音寺，次日图攻远安。6月8日日军池田支队攻陷江陵、沙市，由江陵万山一带进至枝江；日军第13师团由荆门攻入当阳县境。次日日军陆空联合向董市、当阳、远安进攻，终日对宜昌市区近郊轰炸，"投弹多枚，我建筑物及平民死伤、被毁颇巨"。②6月10日日军第11军下达攻占宜昌命令。中国军队彭善第18军第18师、第199师自6月8日起由重庆、万县先后赶到宜昌。军部设在前坪，罗广文第18师守城，宋瑞珂第199师在城北郊外机动。罗广文师长到达宜昌城后，连夜勘察阵地，以53团防守市郊镇镜山到东山寺一线；52团沿东山寺以东及市东郊一线丘陵地带布防；54团固守宜昌市区；师部设在镇镜山。6月11日日军第13师团，在上百架飞机日夜轰炸下，向宜昌城郊守军第18师阵地发起全面进攻。在日机的分批轮炸中，城内二架牌坊、教军场及郊区杨岔路等十余处街道及建筑物横遭摧毁。当日《大阪朝日新闻》报道称，日军对"宜昌市街进行了猛爆"，"巨弹象暴雨降落"。③6月12日日军第13师团，在第39师团231联队配合下，向市区发起猛攻，遭我军顽强抵抗。当日10时日军骑兵由杨岔路突入城内，守城部队第18师一部给敌以袭击，另一部第54团退至宜昌城对岸。在敌众我寡态势下，日军进入城内，向周围猛攻。④

日军占领宜昌城内后，将城中仓库、商店和居民财物抢劫一空，连续5天

---

① 宜昌市政协文史委编《宜昌市百年大事记》，中国三峡出版社，1994，第269-270页。
② 宜昌市政协文史委编《宜昌市百年大事记》，中国三峡出版社，1994，第270-272页。
③ [日]梶浦银次郎：《藤第六八六四部队战记》，广岛市饭田印刷所，1974，第89页。
④ 宜昌市政协文史委编《宜昌市百年大事记》，中国三峡出版社，1994，第273页。

用 30 多辆大卡车、百余匹骡马，将抢掠财物运至大公路、杨岔路集中，①对带不走的生活用品一概砸碎。城内未及逃亡的上万难民遭此劫难。日军抢劫财物后，在宜昌城中焚烧房屋五天五夜。6月12日焚烧怀远路、和光里，延烧至园觉庵一带；13日焚烧滨江路、招商局及二马路和通惠路部分地段；14日焚烧环城东路、环城南路、大东门外正街、大北门正街及一马路江边一带；15日焚烧福绥路、东门及东门外一带；16日焚烧大东门及一马路上段。②"熊熊巨火，达三星期始息。"③"仅这五天，日寇就烧毁大小房屋六七千栋。"④"街道除划为难民区的天官牌坊、南正街、白衣庵、二架牌坊等房屋尚保存较多外，环城西路、鼓楼街、璞宝街、南门外正街仅有少数房屋，其余大街小巷房屋几乎全毁。"⑤

宜昌沦陷，震惊重庆。战后日方曾这样评论："中日战争八年中，蒋介石总统最感到危机的时刻，就是宜昌作战的时候。"蒋介石不容宜昌落入敌手，试图夺回宜昌，以解后顾之忧。于是调兵遣将，反攻宜昌。致使宜昌一度被中国军队夺回。但由于日本为了把宜昌作为轰炸重庆的"中继基地"；对"因击败企图夺回宜昌而聚集的敌人，组织有利的消耗战"；进而"切断内地和武汉周围与中原及长江南北交通"；引诱蒋介石投降，以"支援政治谋略的成功"，天皇裕仁在日军占领宜昌市区五天而撤出之后，又下达了"确保宜昌"的旨意，致使中日两军为争夺宜昌而较量，但在争夺战中，中国军队终未得手。⑥从此，宜昌便处于日军的铁蹄之下，长达5年多之久。

占领宜昌的日军凶狠残暴，乱杀无辜。仅在占领后的5天之中，被杀死的居民就达数百人。⑦民国三十年（1941年）10月8日日军血洗葛洲坝，死伤百

---

① 宜昌市政协文史委编《宜昌市百年大事记》，中国三峡出版社，1994，第273页。
② 宜昌市政协文史委编《宜昌抗战纪实》，宜昌市政协文史委，1995，第167-168页。
③ 宜昌县志编纂委员会编·宜昌县志，冶金工业出版社，1993，第633页。
④ 《中国城市百科丛书·宜昌市》编辑组编《峡口明珠——宜昌市》，宜昌市政府办公室，1987年，第40页。
⑤ 宜昌市政协文史委编《宜昌市文史资料》（第11辑），宜昌市政协文史委，1990，第74页。
⑥ 宜昌市政协文史委编《宜昌抗战纪实》，宜昌市政协文史委，1995，第10-13页。
⑦ 宜昌市政协文史委编《宜昌抗战纪实》，宜昌市政协文史委，1995，第168页。

姓100余人。① 尤其惨不忍睹的是，日军让狼狗咬人取乐；将儿童挑在刺刀上戏逛；魔鬼般地将人的心肝取出烹炒下酒。日军占领宜昌期间，不知有多少妇女同胞惨遭奸污，有的甚至被轮奸致死，就连十一二岁的少女和70多岁的老太婆都难以幸免。②

这一切，给宜昌造成了空前的毁灭性的破坏。据战后对宜昌全县的统计，日军在宜昌虐杀致死致伤187224人，损失农村私房51686间、公房316栋、耕牛12158头、粮食506785石、农具217931件。全县损失值现银2321亿元。尤其是宜昌这座边陲小镇遭受的破坏更为集中而又惨重。据《民国三十六年度武汉日报年鉴》记载："宜昌在战时城市被破坏十之八九，完整房屋尚不及十分之一，战前凡二万一千九百八十九户，十五万零六千二百零八人，全市房屋为九千七百余栋，战后仅存一千四百数十栋。光复之初，居民仅二千余人。"③民国三十五年（1946年）五月《湖北省临时参议会会议记录》称：宜昌从城市毁灭的程度讲，可谓"破坏之甚，为全国冠"。④ 就城市遭毁程度而言，宜昌超过了被原子弹炸毁的广岛和长崎。⑤

（三）鄂西会战中的"石牌保卫战"

为加强长江三峡的防护力量，阻止日军从水路向西入侵，以确保陪都重庆乃至西南大后方的安全，国民政府军事委员会自民国二十七年（1938年）十二月至次年十月，于长江三峡地区择险构建了要塞炮台。这些炮台及掩体均用钢筋水泥构筑，全部建在山洞里面，异常坚固；每座炮台上安装由军舰上拆卸下来的舰炮和野战炮；进出口、枪炮孔乃至通气孔都十分隐蔽。石牌

---

① 宜昌市政协文史委编《宜昌抗战纪实》，宜昌市政协文史委，1995，第73页。
② 宜昌县志编纂委员会编《宜昌县志》，冶金工业出版社，1993，第633页。
③ 武汉日报社编《民国三十六年度武汉日报年鉴》，武汉日报社，1947，第24页。
④ 《中国城市百科丛书·宜昌市》编辑组编《峡口明珠——宜昌市》，宜昌市政府办公室，1987年，第40页。
⑤ 笔者曾就城市遭毁程度问题，了解过广岛和长崎的情况。发现其尽管被原子弹所毁，但遭毁程度最甚的大致为55%。显然，这与被毁十之八九的宜昌相比，不可同日而语。

炮台，是构建在宜昌西陵峡口的第一炮台，其左右有第一、第二分台，安装大炮十尊，火力可控南津关以上江面。在长江三峡宜昌至万县间构建要塞炮台大小十余座，安装各种大炮102尊。同时，中国海军还配置烟幕队和漂雷队，协同要塞作战。驻守长江三峡要塞区各炮台的中国海军官兵有1200多人，其中驻石牌要塞的有100多人，为保卫石牌要塞，军委会另派重兵防守。驻守要塞的官兵，在大炮掩体壁上题书"铁血要塞"；在石牌要塞的大崖壁上刻着"石牌天险敌胆寒"，表现出高昂的抗战决心。①

　　日军攻占宜昌后，派参加过攻占南京的精锐兵团第十三师团坚守，另配置其他兵种加强之。同时，选择地形要点，构筑据点式工事，防我反击。我在长江两岸以三游洞为前沿阵地，以石牌为第一要塞区，长江左岸由第二十六集团军驻守，下辖三个军，部署在兴山、宜昌、远安一带；右岸由江防军驻守，下辖三个军，部署在石牌、长阳、宜都一带；往下为第十集团军，辖两个军，部署在宜都、松滋、公安一带。②这说明，在宜昌沦陷后，处于长江三峡西陵峡口的石牌，便成为拱卫陪都重庆的第一门户。占领宜昌后的日军，为扫清这一西进的重大障碍，频繁出动战机，对我要塞炮台和军舰实施轰炸，并于民国三十年（1941年）先后两次对石牌要塞发起进攻。但在我陆、海军协同作战下未能得手。民国三十二年（1943年）五月，日军组织10万兵力、上百架飞机，发动鄂西会战。此次会战，东起湘北华容，西止西陵峡口石牌，历时一个多月。这是中国全面抗战中发生在湖北境内的四大会战之一，是继枣宜会战之后中日军队在鄂西地区的又一大战，也是抗战期间全国四十几个著名战役之一。此战日军采取大兵团迂回与正面强攻的战术，企图消灭我江防军，夺取石牌要塞，直逼重庆。中国军队在第六战区司令长官陈诚和江防军总司令吴奇伟的指挥下，在绵亘千里的战场上，与日军展开了激战。

　　石牌保卫战是鄂西会战的关键。蒋介石对此极为关注，不止一次强调要确保石牌要塞，严令死守。5月26日又颁行手令，强调石牌乃中国的斯大林

---

① 宜昌市政协文史委编《宜昌抗战纪实》，宜昌市政协文史委，1995，第56、95页。
② 宜昌市政协文史委编《宜昌抗战纪实》，宜昌市政协文史委，1995，第65页。

格勒,是关系陪都安危之要地。严令守备石牌要塞的江防军十八军第十一师师长胡琏等将领,要英勇杀敌,坚守石牌要塞。胡琏当即立下遗嘱,决心与石牌共存亡,并把师指挥所推进火线,亲临指挥。在战斗最紧张的时刻,他激励官兵"积极报效祖国,死守阵地,战斗到最后一个人,流尽最后一滴血!"当陈诚问其"守住要塞有无把握"时,他斩钉截铁地回答:"成功虽无把握,成仁确有决心!"在石牌保卫战进入决战时刻,十一师全体官兵浴血奋战,以血肉之躯筑就抵御外敌的钢铁长城。守卫南林坡的十一师三十一团三营七连,在日日夜夜战斗中,英勇顽强,始终坚守阵地,没有后退一步。当奉命撤离时,全连仅剩下70多人,官兵伤亡达四分之三。守卫制高点天台观的十八军暂编第三十四师一排战士,临危不惧,死守阵地,顽强拼搏,予敌重大毙伤,最后全部壮烈牺牲。守卫曹家畈附近大、小高家岭上的十一师官兵,曾与日军扭作一团展开长达三小时的肉搏战。攻击三角岩、四方湾的日军,一度施放催泪瓦斯弹,我军在无防化设备情况下,用血肉之躯与敌相拼,竟奇迹般地将一千余敌人歼灭殆尽。八斗坊之争夺,是这次战斗最为激烈的场面。敌人每寸土地的进展,都须付出同等血肉的代价。两军在此弹丸之地反复冲杀,日月为之黯然失色。我军浴血奋战,击毙日军近2000人,阵地前沿敌军尸体呈金字塔形。①

与此同时,我空军和美国盟军战机频繁出动,为配合陆军作战,在战场或战场附近对日军进行攻击,断敌增援和补给,轰炸日军占领的宜昌城。5月31日,在石牌大战最后时刻,我空军与地面部队联合作战,同日机展开激烈空战,击落敌机6架,大振我军士气。石牌要塞海军官兵,除不断向长江江面布放漂流水雷,阻止日军舰船溯江西上与陆军协同外,坚守炮台战斗岗位,沉着应战,任凭日军飞机、大炮猛烈轰击,临危不惧,誓与炮台共存亡。②

在我陆、海、空三军密切配合和顽强抵抗下,石牌要塞固若金汤。进犯日军面对中国军队主动进击的态势,掉头东逃。此次石牌大战,毙伤日军

---

① 宜昌市政协文史委编《宜昌抗战纪实》,宜昌市政协文史委,1995,第56-59页。
② 宜昌市政协文史委编《宜昌抗战纪实》,宜昌市政协文史委,1995年,第59页。

7000人，[1] 我军也付出很大代价。

至此鄂西会战结束。此次会战，毙伤日军官兵25718人、军马1384匹，毁灭日机15架、汽车75辆、船舶122只、仓库5所，其他俘虏人马、械弹、器材、公文无算。[2] 尤其是日军第十三师团这支在南京大屠杀中沾满中国人民鲜血的所谓甲种精锐部队，经过鄂西会战元气大伤，不再具备机动作战能力，而被日本大本营取消其原调往太平洋战场对付美军的命令。至此，日军再无能力对鄂西及大西南发动如此规模的军事行动。

石牌保卫战后，曾参加过"血战台儿庄"的主力部队第三十军三十一师接管石牌防务，直至日军投降。三十一师驻防石牌与敌对峙期间，为激励士气，修建了"浴血池"，官兵滴血盟誓，以示同仇敌忾，与阵地共存亡的决心。直至今日，"浴血池"三个字在这里仍历历在目。为纪念抗战中为国捐躯的官兵，三十一师还修建了"陆军三十一师抗日阵亡将士纪念塔"，第六战区副司令长官孙连仲题词"浩气长存"。民国三十四年（1945年）七月七日，石牌要塞官兵为纪念抗战八周年，在这里立下石刻碑文：石牌峨峨，江水荡荡，英名不灭，地久天长，表达了对抗日英烈们的永恒奠祭之情。2000年8月15日时值日本投降55周年之际，宜昌市夷陵区人民政府在这里建立"石牌抗战纪念碑"，缅怀英烈，以慰忠魂。

综上所述，在伟大的抗日战争中，尽管日本侵略者不可一世，但终究还是逃不出失败的下场。英雄的中国人民最终赢得了抗日战争的胜利，为世界反法西斯战争的胜利做出了巨大贡献。在这场生死存亡的抗战中，宜昌付出了巨大的代价，高奏出史诗般的"三部曲"，为中国人民赢得抗日战争的胜利做出了贡献，也为世界反法西斯战争的胜利奉献了力量。在抗战烈火的锻造中，宜昌不愧为英雄的城市。

---

[1] 宜昌市政协文史委编《宜昌抗战纪实》，宜昌市政协文史委，1995年，第100页。
[2] 方庆秋、陈宝珠：陈诚私人回忆资料（下），民国档案，1987年第2期。

附录：文化研究与开发创意

四、展示三峡文化繁荣宜昌旅游

——宜昌市"三峡文化与旅游"研究报告[①]

长江三峡水利枢纽工程的兴建，使湖北宜昌崛起为中国的水电之都，也使宜昌开始向世界旅游名城的行列迈进。这对于宜昌乃至湖北全省的发展都是举足轻重的，一直受到中央以及省委、省政府的重视和关怀。为此，中共宜昌市委、宜昌市政府按照中央以及省委、省政府的要求，适时提出了在新世纪头20年全面建设小康社会中将宜昌建成世界水电旅游名城的发展目标。围绕这一战略目标，市委、市政府组织各县（市）区、市直各职能部门和研究机构，开展了广泛的调查研究，形成了一系列的研究成果，并在此基础上制定了明确的发展规划和相关政策，对推动宜昌世界水电旅游名城的建设，发挥了积极的作用，取得了可喜的进展。

当前，宜昌在建设水电旅游名城中，反映出不少值得研究的深层次的问题，如何充分发挥三峡文化的特色优势，大力提升宜昌旅游的文化品位，就是其中突出的问题。研究解决这些问题，对促进水电旅游名城的建设，具有至关重要的意义。为此，中共宜昌市委宣传部组成课题组，以"三峡文化与旅游"为题，在以往研究的基础上，试图从三峡文化研发与宜昌旅游发展的结合上，就如何进一步提高宜昌旅游发展的文化品位问题，展开深入的研究。课题从三峡文化与宜昌旅游的特质入手，阐述了三峡文化与宜昌旅游的依存关系，分析了三峡文化与宜昌旅游结合的现状，探讨了三峡文化与宜昌旅游

[①] 本文系笔者执笔完成的2006年度中共宜昌市委宣传部"三峡文化与旅游"课题研究报告。当年被湖北省委宣传部评为全省十大优秀课题研究报告，并被收入2007年5月省委宣传部理论处编辑的《2006基层热点难点问题百题调研优秀成果选编》。次年被收入北京日报报业集团同心出版社出版的《北京学研究文集（2008）》。本文在笔者撰写的相关文章中具有代表性，因此将它作为附录收入书中。

的发展规律、结合机制和运作模式，并就深化三峡文化与旅游结合、提升宜昌旅游文化品位的问题提出了相关建议。现将本课题的研究成果报告如下，供市委、市政府在决策中参考。

（一）

旅游业是一项系统工程，涉及诸多问题、诸多产业。但是旅游业最根本的问题还是与文化的关系问题。就宜昌旅游与三峡文化的关系而言，三峡文化的特质决定宜昌旅游的品位。宜昌地处长江三峡流域。宜昌文化属于三峡文化的范畴。作为三峡流域及其相关地域各个民族在各个不同历史时代所创造的各类文化的概括，三峡文化具有不同于其他地域文化的特质。三峡文化的特质可以用八个字来概括，这就是"山水相依，天人合璧"。我们伟大祖国不乏奇山秀水，但是山水相依却是难得。"山因水而奇，水因山更秀"。山水相依，风光无限。即使有的山水甲天下，但却难得人文景观佳。三峡文化所具有的"山水相依，天人合璧"的特质，实为中华文化之奇葩。

具体说来，宜昌是三峡文化富集的地方，三峡文化的特质在宜昌体现得很充分。宜昌地处长江三峡西陵峡。长江三峡气势磅礴，山水相依，景观独特，是中外闻名的旅游胜地。这里水能资源富集，已经建成和正在兴建的水利枢纽工程长江葛洲坝、清江隔河岩、高坝洲和长江三峡工程及其周围星罗棋布的小水电，把宜昌日益推上中国水电之都的宝座，使得宜昌为中国和世界所瞩目。尤其是"两坝一峡"的形成，使得"西陵山水天下佳"的自然风光与"高峡平湖世界殊"的人文景观协调和谐地融合在一起，更增添了长江三峡的品位和魅力。早在20世纪80年代，长江三峡就被列入"中国十大风景名胜"；20世纪90年代，在国家旅游局组织的主要由涉外游客投票参与的"中国旅游胜地40佳"评选中，长江三峡以77%的得票率位居榜首，葛洲坝工程也被选入40佳之中。

在漫长的地质演变、生态发展与历史变迁中，宜昌沉淀了丰厚的文化，在世界上享有盛誉的可以概括为三大类：一是自然生态方面的世界文化遗产。

附录：文化研究与开发创意

宜昌在自然生态方面有三大"活化石"，即地质力学构造形迹、鲟鱼类和植物类三大"活化石"。宜昌地质构造较为复杂。距今25亿年前的元古界到百万年前的新生界之间的各个地质时代的地层均有分布，且发育完整，出露齐全。世界著名的"李四光地质力学构造形迹"即发现于西陵峡境内，引起世界上地质学界的浓厚兴趣，被称为"天然地质博物馆"，人类地质力学构造形迹的"活化石"。坐落在宜昌夷陵区的中华鲟人工繁殖研究所繁殖的中华鲟，号称是"长江鱼王"，居世界上已为人知的鲟鱼类之首，是1亿多年前与恐龙并存的古生物物种，被称为世界鱼类的"活化石"。宜昌五峰后河560余亩原始森林中的珙桐等稀有珍贵树种，其中成片的原始珙桐树就多达上万株，是距今1亿多年前的第四纪冰川未被灭绝植物物种的幸存者，为北纬30度地球圈内所罕见，被称为世界植物的"活化石"。这些自然生态方面的"活化石"，是人类宝贵的文化遗产，深受中外专家、学者的关注。二是彪炳千秋的历史文化名人。宜昌地杰人灵，先贤英才层出不穷。其中影响深远的当数嫘祖、屈原、关公、昭君、郭璞以及欧阳修和杨守敬。司马迁所著《史记·五帝本纪》中载："黄帝居轩辕之丘，而娶于西陵之女，是为嫘祖。嫘祖为黄帝正妃，生二子，其后皆有天下。"这就是说，中华炎黄子孙的伟大母亲嫘祖是宜昌西陵之女。嫘祖善于养蚕缫丝，是中华民族教民养蚕缫丝的创始人，被称为早于中国"四大发明"的第一大发明，为解决人类的穿衣问题，促进社会的文明进化作出了杰出的贡献。宜昌是楚文化的摇篮。世界文化名人屈原便出生在宜昌秭归这片古老的土地上。他是中国文学史上第一位伟大诗人，创造了"楚辞"这一崭新的诗体，开拓了我国现实主义与浪漫主义的诗歌传统，在中国以至世界的影响源远流长。为纪念他的端午节，早已成为中华民族的传统节日；为纪念他的龙舟竞渡，也被列为国际性的体育竞赛项目。中国古典文学名著《三国演义》中，有40个故事发生在宜昌当阳，其中被尊为武圣的关公享誉海内外，其首就被葬在当阳。被周恩来总理誉为民族和亲使者的王昭君诞生在宜昌兴山。她是"为发展中华民族大家庭团结最有贡献的人物"。千百年中关于她的诗歌、散文、传说、故事、戏曲、画卷，为巾帼之最，影响遍誉中华。中国第一部训诂名著《尔雅》，其名注是东晋文学家、训诂学家郭璞流寓宜昌（时称夷陵）所著。他著的《尔雅注》《尔雅音》《尔雅图》《尔雅图赞》集《尔雅》学之大成，在中国训诂学上影响深远。我国"唐宋八大家"之一的北宋著名文学家、史学家欧阳修，曾任过夷陵（今宜昌）县令。他在夷陵上任时间虽然不长，但留下了100多篇诗文，被称为"庐陵事业起夷陵"。清末民初的历史地理学家杨守敬，是宜昌宜都人。他善书法，精舆地，通目录、版本之学，著有《历史舆地沿革险要图》《水经注疏》《楷法溯源》等几十种论著，闻名中外，影响至今。此外，历代迁客骚人多会宜昌，为宜昌留下了极其珍贵的文化宝藏。这一切都为宜昌增加了沉甸甸的文化底蕴，从而提高了三峡文化的魅力。三是影响国家统一进程的古代著名战役。宜昌地处三峡门户，川鄂咽喉，地势险要，是历代兵家必争之地，历史上这里曾经发生过诸多战事，史籍中有记载的多达数十次，仅三国时期所发生的战事就达十多起，从而形成了丰富的军事文化。在宜昌荆门山、虎牙关就曾发生过牵动中国统一的著名战役。其中三国时期的夷陵之战就发生在这里，火烧连营七百里，缩短了三国鼎立的时间，加速了中国的统一，作为以少胜多的典型战例而驰名中外。

以上所述灿烂文化，在中外文化史上都占有一席之地。正是这些独具特质的文化，为宜昌旅游发展提供了丰富的资源，形成了宜昌旅游的特色，决定了宜昌旅游的品位。总的来说宜昌旅游是以山水风光为载体，以水电工程为核心，以历史文化为底蕴，以民俗风情为情趣的，拥有各类旅游资源601处，其中世界级3处、国家级30处、省级40处。随着三峡工程建成和"高峡平湖"的出现，宜昌将形成一批世界级的旅游品牌。以长江三峡为代表的自然风光和以三峡水利枢纽工程为代表的人文景观，奠定了宜昌在全国和国际旅游中的重要地位。与之相配合，以诗人屈原、美人王昭君、圣人关羽、学人杨守敬等为代表的古代名人文化，以巴人遗风、土家风情为代表的民俗文化；以三国古战场、三游洞为代表的历史遗迹和以大老岭、柴埠溪国家森林公园为代表的生态旅游胜地，构成了"金色三峡，银色大坝，绿色宜昌"的旅游城市形象。其特色同样可以用八个字来概括，这就是"清新古朴、雄奇壮观"。这正是宜昌旅游赏心悦目、妙趣横生的魅力之所在。

由此可见，文化是宜昌旅游的内涵，展示三峡文化，宜昌旅游才有韵味。同样，宜昌旅游的发展推动三峡文化的研发。宜昌旅游展示三峡文化、品味三峡文化，是三峡文化的载体。发展宜昌旅游便是三峡文化研发的驱动力。大家知道，20世纪80年代中后期，随着改革开放和现代化建设的蓬勃发展，全国便出现了一股文化热。当时比较有名的城市文化活动有诸如四川自贡的灯会、山东潍坊的风筝、湖北宜昌的三峡艺术节等。但是这股文化热并非是独立的文化现象，而是作为"经济唱戏"的"文化搭台"而出现的。因此，作为对外开放和经济发展的氛围，它还处于表层状态，对地域文化的研发推动不大。这股文化热持续一阵后便逐渐趋于平缓，代之而起的则是文化产业更为广泛、更为持续的崛起，其中经久不息的则是旅游业的发展。于是，地域文化便开始由表层展示向深层挖掘转变，地域文化研发也应运而生。发展的标志表现为文化研究团体不断诞生；文化研究队伍不断壮大；文化研究成果不断涌现；研究成果转化为文化产品尤其是旅游产品不断增多。文化破天荒地作为经济增长点登上中国发展的舞台。尽管其间的地域文化研发尚处于资料挖掘整理阶段，研究成果转化为产品开发也处于初始阶段。但是文化产业尤其是旅游业的发展迫切要求地域文化研发向纵深发展。三峡文化研发正是在这样的背景下发展起来的。对于宜昌而言，长江三峡工程的兴建，在以其当代水电工程文化为宜昌旅游注入全新魅力的同时，为挖掘整理和研究开发三峡文化资源提供了千载难逢的机遇。在三峡工程兴建中，为抢救地面、地下文物，权威部门确定的文物点达1087处，其中地下文物723处、地面文物364处。经过十年紧锣密鼓的挖掘保护工作，到2005年底，共出土珍贵文物9000余件、一般文物17万余件，成为三峡文化研发的极其丰富而宝贵的资料。于是，运用多学科的理论对挖掘整理的历史文化资料进行多角度的综合交叉研究，并将研究的成果开发为独具三峡特色的文化产品尤其是旅游文化产品，使悠久的三峡历史文化资源转化为当代三峡旅游发展的独特优势，便成为当前三峡文化研发的紧迫任务。正是在适应宜昌旅游发展的背景下,在兴建三峡工程的推动下,三峡文化研发取得了长足的进展。当然,这也说明宜昌旅游对三峡文化研发的推动,归根结底是由宜昌旅游发展对三峡文化的内在需求决定的。

总而言之,三峡文化与宜昌旅游是相互依存、并行发展的。宜昌旅游发展依三峡文化研发而韵,托三峡文化研发而彩;三峡文化研发依宜昌旅游发展而兴,托宜昌旅游发展而旺。但是,在三峡文化与宜昌旅游的关系中,处于主导地位的始终是三峡文化。与三峡文化有机结合,着力提升旅游的文化品位,应该是宜昌旅游发展的真谛之所在。

(二)

旅游发展的过程就是不断把潜在的旅游资源优势转化为现实旅游产品优势的过程,也就是旅游不断与文化结合的过程。宜昌旅游的发展正说明了这一道理,其间既有辉煌,也有缺憾。

宜昌旅游发展以来的20年间,尤其是兴建三峡工程以来的十多年间,三峡文化与旅游的结合取得了长足的进展。目前,宜昌全市对外开放的重点景区已有49处,其中三峡大坝旅游区、三峡人家风景区、西陵峡口风景名胜区、三峡·车溪民俗风景区、柴埠溪大峡谷风景区和三峡观坝旅游区,已被评为国家4A级旅游区,而中华鲟园、屈原祠文化旅游区、昭君村古汉文化旅游区、情人泉·野人谷旅游区、玉泉山风景名胜区、古潮音洞度假山寨、奥陶纪石林、泗溪生态风景区、百宝寨风景区、宋山森林公园和鸣翠谷风景区,也被评为国家3A级旅游区。这些旅游景区的开发,是三峡文化与旅游结合的丰硕成果。

"三游洞"是闻名遐迩的风景名胜区,摩崖石刻文物十分丰富。但是到20世纪80年代中期,每年的旅游收入仍处在数十万元。后因他们致力于地域文化的开发,在不断兴建文化景点、充分展示三游洞文化底蕴的同时,先后增设了"三峡出土文物展""三峡名人蜡像馆"和"巴楚乐宫"等旅游新项目,从而把三游洞推上了一个新的文化层次。于是，旅游年收入成十倍地往上翻，经济效益显著上升，而由此所牵动的周围餐饮、商店、停车场等服务收入也与三游洞不相上下。这些年来，三游洞坚持深化景区的文化内涵，开发了"世界华人画家三峡刻石记游"项目，将吴作人、关山月、刘勃舒等一百多位海内外知名画家献出的书画作品，通过石雕变成摩崖石刻，并在三游洞景区内兴建了世界华人画家印章刻石园。同时，还展示了发生在三游洞的抗战文化，从而进一步提高了三游洞的文化品位。目前，三游洞被列为全国重点文物保护单位，成为宜昌旅游的品牌。

如果说三游洞靠的是历史文化的挖掘和展示而赢得旅游的发展，那么，作为开发时间不长的车溪，则是凭借民俗风情的旅游定位，使景区成为游客的梦里老家。车溪山灵水秀，民风古朴。为展示野趣横生的山水风光，领略古朴纯真的民俗风情，他们开发了三峡罕见的瀑布型峡谷景观石仙谷、中国最大的古作坊展示区巴楚故土园、全国唯一的土家民俗村三峡民俗村、全国第一家农家博物馆、中国首家水车博物馆、三峡地区最大的奇石山庄、三峡罕见的地质奇观天龙云窟和三峡地区第一家人民公社旧址馆，使车溪成为国家4A级的民俗旅游区。在这里，游客可以领略中国原生态的农耕文化、三峡原生态的土家风情和宜昌原生态的自然风光，享受返璞归真的民俗风情。特别是景区展示的土家族原生态音乐极富特色，在给游客带来原汁原味的土家乐美享受的同时，为传承原生态的土家文化也提供了有效的载体。这一切，使之成为目前宜昌极富卖点的旅游产品。

尤其值得一提的是长江三峡大坝。它是目前世界上最大的水利枢纽工程。国家建设三峡大坝，实际上也是为宜昌兴建了一座极富文化品位的人文景观。三峡工程建设过程中，在坝区制高点、大坝起点以及泄洪坝段，开发了坛子岭观景区、185观景区和近坝观景区；在大坝下游1000米处的长江南岸，开发了三峡观坝旅游区，为多角度领略三峡大坝的风采提供了平台。同时，在大坝右岸，还开发了截流纪念园，通过工程遗迹展示、场景演出、幻影成像等多种手段和史实史料，全面展示长江截流的壮美场景，生动再现截流成功的历史时刻，揭示截流壮举的文化内涵。三峡大坝以及相关旅游区的开发，是三峡工程文化与旅游结合的壮举，成为国家4A级旅游区。它的开发，奠定了宜昌在长江三峡旅游中的地位，为宜昌旅游打造了最富魅力的品牌。

总之，三峡文化与旅游的结合，推动宜昌旅游资源的潜在优势迅速向旅游产品的现实优势转化，从而促进了宜昌旅游文化品位的提高，加速了宜昌旅游跨越式的发展。1996年至2005年间，全市旅游业接待国内外游客总数、旅游总收入及其占GDP的比重分别由301.90万人次、19.35亿元和6.76%，增加到878万人次、57亿元和9.38%，十年间，分别增长1.91倍、1.95倍和2.62%。

但是，三峡文化与旅游结合的问题，仍然是目前制约宜昌旅游发展的薄弱环节，主要表现在三个方面：一是就结合程度而言，三峡文化与旅游的结合乏力。三峡文化与旅游结合的广度与宜昌旅游发展的需要还不适应。宜昌建设世界水电旅游名城中，将高品位的旅游资源优势转化为极富竞争力的旅游产品优势的任务相当繁重。随着三峡工程蓄水，高峡平湖呈现，三峡旅游的模式势必转变。平湖涌现诸多新的峡谷、湖泊、漂流河段、岛屿、洞穴等景观，旅游核心通过蓄水向四周延伸，增加了三峡旅游的景深，使三峡旅游更具风味。相应地，三峡旅游的方式势必也将由以往单一的观光游变为观光游、度假游和特种游并举的局面。这样，以往船上住、水上看、岸上游的形式将变为陆上游和水上游相结合。于是，三峡旅游将由"一线游""乘船游"等传统模式，向"一片游""复合游"等新的模式转变。三峡旅游模式的创新，无疑会使三峡旅游前景更加辉煌。但是，要适应"一片游"和"复合游"的要求，形成诸如徒步走三峡、陆上看三峡、驾车游三峡以及水上定点休闲、峡中体验民风、野外狩猎旅行和三峡雪原滑雪等特色旅游，增加了开发的压力。尽管在这方面宜昌初步着手开发，但是无论是产品开发的力度，还是文化品位的精度，都与发展的要求尚不适应。二是就结合水平而言，三峡文化与旅游的结合粗放。三峡文化与旅游结合的深度与宜昌旅游发展的品位还不相称。具体表现可以用六个字来概括，这就是"粗糙、浅薄、单一"。宜昌旅游设施，从总体来看档次不高，粗制滥造，小家子气，缺乏大气的形象、厚重的文化和典雅的审美，有的甚至假造文物。这样的产品在游客中难以产生流连忘返的向往力，在旅游市场中难以形成竞争力，在旅游可持续发展中难以传承于世。尽管宜昌旅游不乏精品名牌，但是从世界水电旅游名城的定位来看，宜昌旅游产品的文化品位普遍不高，景点的文化底蕴挖掘不深，缺乏提练，有的荒诞无稽，甚至人为拔高，影响旅游知识性、趣味性、审美性功能的发挥。目前，宜昌旅游产品结构单一。即使是精品名牌，开发也大多停留在观光层面，缺乏应有的文化展示，至于休闲度假等参与型的产品开发更是深度欠缺。旅游产品的单一结构与游客日益多元的旅游需求之间形成错位，致使宜昌高品位的旅游资源优势尚未转化为具有竞争力的旅游产品优势。三是就结合布局而言，三峡文化与旅游结合有死角。三峡文化与旅游结合的功能与宜昌旅游发展的地位还不匹配。这在两个方面表现得尤为突出：第一，宜昌中心市区的旅游日益边缘化。长期以来，宜昌旅游处于过境式的状态。随着长江三峡工程的兴建，区域旅游一体化的格局开始形成。在以宜昌的三峡观光旅游产品、湖南张家界的观光旅游产品、重庆市的都市观光旅游产品构成的区域旅游节，宜昌以其资源丰富、文化内涵浓厚的特点，将具有国际服务标准、景区景点的可达性通畅、制度完善的旅游集散中心和服务中心，而成为区域旅游地的增长辐射中心和区域联动的主导城市。但是目前宜昌中心市区的旅游却表现出日益边缘化的状态。表面看来是因为宜昌市周边的旅游资源相对中心市区较为丰富，因此游客往往直接去往外围县市，而不在中心市区停留、消费。同时，宜昌的都市旅游在产品生命周期表中处于初期发展阶段，使得中心市区的旅游服务功能显得不足。其实，根本原因在于宜昌中心市区三峡文化与旅游脱节的问题尚未改变。宜昌中心市区的历史文化和人文景观同样是十分丰厚的，只是长期以来在城市变迁中遭到毁灭性的破坏，而在建设世界水电旅游名城中未能挖掘整理、规划开发，使得市中心区至今尚无具有魅力的旅游产品，难以形成核心吸引力，以至成为旅游"空心区"。由此可见，解决宜昌中心市区旅游边缘化的问题，根本出路在于改变中心市区三峡文化与旅游脱节的状态,开发展示中心市区古城文化和名人文化方面的旅游产品,推动中心市区旅游目的地的形成。第二,体现三峡特色的文化产品至今尚未转化为旅游产品。宜昌研究和开发三峡文化时日已久,其间不乏文化精品。早在20世纪90年代初就创作出《土里巴人》,并获得了国家文化奖项的最高奖。但是文化与旅游的脱节致使文化精品未能转化为旅游文化产品。最近,宜昌又涌现出《梦·三峡》《盛世峡江》《楚水巴山》和《列牙-比兹卡》等品位较高的文化产品,这说明开发体现三峡特色的文化产品,使之成为宜昌旅游文化的品牌,已经成为宜昌文化界和旅游界的共识。但是,要像云南丽江培育《丽水金沙》旅游文化品牌一样,使这些创作的三峡文化产品转化为宜昌旅游文化品牌,宜昌还有相当的路要走。

宜昌在三峡文化与旅游的结合上存在的这些问题,究其原因是多方面的,其中主要表现:一是宜昌旅游处于后发态势,在跨越式发展的情况下,快速提升旅游产品的文化品位,难度大是显而易见的。二是宜昌旅游是在依靠诸多方面的积极性起步的。因此,目前宜昌旅游总体来说,力量分散,规模不大,在现有条件下创造与世界水电旅游名城相匹配的旅游品牌力不从心。三是宜昌旅游缺乏按照抓工业项目的思路、作法抓旅游项目的理念,政府主导的力度难以到位。这一切归根到底在于宜昌旅游改革的力度仍不适应世界水电旅游名城建设的要求,尚未形成旅游与文化的结合机制和运行模式。从这个意义上讲,要推动三峡文化与旅游的结合,打造、提升宜昌旅游的文化品牌和文化品位,促进宜昌旅游的超前发展,实现宜昌建设世界水电旅游名城的战略目标,根本出路在于深化改革。

(三)

三峡文化与旅游的结合不仅是旅游活动自身的本质要求,宜昌旅游发展的现实需要,而且是现代旅游发展的必然趋势。

随着社会经济的发展、科学技术的进步和生活水平的提高,现代旅游需求日益显现出个性化、多样化的特征。正是旅游需求的这种变化,促使现代旅游呈现出一系列新的发展趋势，推动旅游产品结构由传统观光型的单一结构向现代观光型、休闲度假型与专项特种型的综合结构转变。面对旅游发展方向的变化，现代旅游产品开发出现了一系列新的特征：一是注重旅游产品的特色性。针对旅游需求个性化的特点，现代旅游在产品开发上注重特色服务，包括特定的旅游目的地或旅游点、特定的旅游方式、旅游内容和接待设施等，以满足游客特定的兴趣和目的。二是讲究旅游产品的综合性。针对游客在选择旅游目的地和景点中，在讲究独特、奇异、新颖的同时，更加看好综合效应的特点，现代旅游在产品开发上讲究综合服务，使游客在旅游中获得集知识性、娱乐性、体验性、享受性于一体的多重满足。三是追求旅游产品的自然性。目前旅游的主要群体仍然是城市居民。因此，游客偏爱的仍然是那些具有"自然"和"本色"特征的旅游产品，并且社会越发展，城市化程度越高，游客对"回归自然"的追求越强烈。为此，现代旅游在产品开发上追求自然性，以适应游客"回归自然"的心理需要。这里所谓的自然性，主要表现在两个方面：第一，是对奇异自然景观和自然生态环境的强烈兴趣。城市居民常年生活在拥挤、嘈杂的环境里，心理压力很大，希望能使过于紧张的心理得以缓解。而大自然能使人们融入其中，在与天地的结合中给视觉、听觉和心理带来舒展开放的感觉。于是自然性的产品便为游客所青睐。第二，是对人文景观的"本色"追求。诸如古人类文化遗址、历史园林、古代建筑以及纯朴、自然的民风、民俗、传统工艺等富有特色的、有丰富文化底蕴的历史文化资源，一经开发便深受游客欢迎。现代旅游中"回归自然"在游客中已经成为一种时尚。四是强化旅游产品的参与性。现代最受欢迎的休闲、娱乐和旅游方式已经不再是传统的旁观方式，而是时尚的参与方式。于是，诸如游泳（无论是天然水域还是池泳都是一样）、登山、散步、网球、划船、健身、交谊舞、骑马、钓鱼等便应运而生。这在发达国家或地区，早已成为休闲旅游的主导，在我国旅游中也日益流行。尤其是以群体形式参与的项目，能给人以强烈的震撼，使人情绪高涨、热情奔放，诸如狂欢节、泼水节、火把节等少数民族节日，重大节日喜庆活动，以及某些专门设计的集体性娱乐节目,都能迅速调动人的参与热情。因此,在现代旅游中深受游客,特别是青年游客的青睐而日益盛行。

现代旅游发展的大趋势,给旅游发展带来一系列革命性的变革,要求旅游产品突出得天独厚的自然景观,展示古老文明的文化特征和民族风格,使自然风光与休闲度假有机地结合,让文学旅游、风情旅游成为品牌;要求旅游设施突出民族风格,购物产品体现地方特色;要求旅游服务展示民族特色鲜明、乡土气息浓郁、餐饮质地独特、制作工艺精湛的本国风格,使游客领略古老民族精神、品尝地方风味佳肴。由此可见,现代旅游发展的大趋势,呼唤旅游文化含量的提高,旅游文化品位的提升,旅游文化品牌的创新,决定着旅游与文化更加紧密地结合。从这个意义上讲,旅游与文化的结合,是现代旅游发展的必然趋势。

随着生活水平的不断提高,人们休闲时间的不断增多,我国旅游进入了黄金发展周期,旅游方式由以往观光型向现代休闲度假型转变。现代旅游发展的大趋势,对我国旅游发展的影响同样具有革命性的意义。休闲旅游时代的到来,对富有休闲度假旅游资源和产品的宜昌提供了良好的发展机遇,与此同时,对宜昌旅游文化品位的提升也提出了挑战。为此,创新三峡文化与旅游的结合机制,形成优化宜昌旅游产品结构、提升宜昌旅游文化品位的运行模式,成为适应现代旅游趋势、促进宜昌旅游发展的关键之所在。

三峡文化与旅游结合机制,简言之就是指三峡文化与旅游相互联系与作用的过程和方式。就宜昌旅游而言,创新三峡文化与旅游的结合机制,就是要形成提升宜昌旅游文化品位的运行模式,包括三峡文化与旅游结合的目标、原则、途径和保障。

创新三峡文化与旅游的结合机制,形成提升宜昌旅游文化品位的运行模式,要明确目标。三峡文化与宜昌旅游,无论是就产业之间,还是就产业内部而言,彼此都是互相依存的。因此,三峡文化研发与宜昌旅游发展要互动并进,共促繁荣。宜昌旅游发展要以三峡文化研发为条件,支持三峡文化研发的进展,促进三峡文化研发的繁荣,运用三峡文化研发的成果,加快自身的发展，创造自身的辉煌。三峡文化研发要以宜昌旅游发展为动力，适应宜昌旅游发展的要求，促进宜昌旅游发展的昌盛，通过宜昌旅游发展的成就，展示自身的魅力，显示自身的前景。由此可见，创新三峡文化与旅游的结合机制，形成提升宜昌旅游文化品位的运行模式，表现在目标上应该是"相依互动，并进共荣"。三峡文化应宜昌旅游而研，为宜昌旅游而创；宜昌旅游展三峡文化而创，唯三峡文化而尊。

创新三峡文化与旅游的结合机制，形成提升宜昌旅游文化品位的运行模式，要把握原则。这就是注重前瞻性、强化创造性和突出标志性。从根本上讲，旅游与文化结合就是要适应旅游发展的趋势，提升旅游的文化品位，打造旅游发展的品牌。要实现这一结合，首先取决于旅游理念的创新和发展思路的主导。只有注重前瞻性，不断关注旅游市场的行情，把握旅游态势的走向，才能适应旅游发展的要求，更新理念，调整思路。从这个意义上讲，注重前瞻性，是三峡文化与旅游结合的前提。在现代旅游发展中，创新具有决定的意义，成为旅游与文化结合的动力。要优化旅游结构，提升旅游品位，关键在于增强自主创新能力。因此，强化创造性，便成为三峡文化与旅游结合的关键。只有强化创造性，旅游文化研发才能适应现代旅游发展的趋势，体现特色性与综合性的要求，收到自然性与参与性的效果。这样，宜昌旅游的竞争力才有不竭的源泉。旅游与文化结合的标志在于品牌。这是旅游文化品位的集中体现。旅游的魅力说到底就是品牌的知名度。宜昌建设世界水电旅游名城，要突出标志性，在提高旅游品牌的知名度上狠下功夫。只有依托宜昌旅游文化资源的优势，打造独具特色的旅游品牌，并在推介营销中成为驰名中外的精品名牌，这样才能使宜昌旅游产品的文化品位与世界水电旅游名城的要求相匹配。因此，突出标志性，是三峡文化与旅游结合的实质所在。

创新三峡文化与旅游的结合机制，形成提升宜昌旅游文化品位的运行模式，要拓展途径。主要包括收集整理信息、调整结构布局、挖掘观光底蕴、开发休闲产品、推介经销品牌。通过这些途径的拓展，在市场运作的条件下，整合旅游市场调整、发展思路构建、三峡文化研发、旅游品牌打造、旅游推介营销诸环节，形成三峡文化与旅游结合的运行模式。这里着重要提的是关于三峡文化研发机构建设的问题。面对现代旅游发展全球化、旅游需求个性化、旅游结构休闲化的大趋势，宜昌旅游要转变增长方式，提高旅游产品的文化含量，增强旅游品牌的竞争力。为此，旅游企业应该建立健全自主创新的三峡旅游文化研发机构，并采取开放的方式，与三峡文化研发相关的社会机构和专家学者合作，形成三峡旅游文化研发的强势阵容，提高宜昌旅游产品自主创新的能力。这样，就能为提升宜昌旅游文化品位，打造宜昌旅游精品名牌，提供强有力的三峡文化研发支撑。

创新三峡文化与旅游的结合机制，形成提升宜昌旅游文化品位的运行模式，要强化保障。这就是深化旅游改革和加强政府主导。首先，要深化旅游体制改革。旅游与文化结合，提升宜昌旅游的文化品位，要靠深化改革。为此，要在三个方面狠下功夫：一是要加强旅游区域化合作。现代旅游，无论是资源开发、景区布局，还是品牌打造、推介营销，都离不开区域合作。宜昌既处于西至重庆、东达武汉的"长江黄金水道旅游带"，又处于长江三峡、湖南张家界与重庆都市的旅游节覆盖区。这一区域建立联动制度，形成区域旅游一体化格局，对协调旅游布局、优化旅游结构、促进优势互补、提升区域旅游竞争力，都会产生重要影响。因此，应按照市场运行的规则，本着互惠双赢的精神，加强这一区域的旅游合作，以形成资源共享、品牌共创、推介互动、营销互赢的局面。二是要推动旅游规模化整合。旅游是项系统工程，离不开规模化，只有具备一定规模，才能统一规划、合理布局、协作经营、获取效益，而过于分散、零打碎敲，是难以成气候的。因此，应按照市场经济优胜劣汰的原则，采取支持与引进结合的方式，推动旅游企业规模化整合，使那些具有相当实力与发展前景的公司脱颖而出，成为旅游市场的主体。三是要促进旅游多元化投资。旅游既是文化密集性行业，也是资本密集性行业。尤其是现代旅游个性化的需求与休闲式的发展，不仅形成了文化展示的多样性，而且增添了资本投入的艰巨性。如果离开资本的大量投入，那么高品位的旅游文化精品是难以打造出来的。因此，应按照市场运行的规则，促进旅游多元化投资。采取股份经营的形式，吸收投资者入股，使多元化的资本向实力雄厚的公司集中。这样，长期困扰旅游发展的矛盾便可迎刃而解了。其次，要加强政府主导旅游。旅游与文化结合，提升宜昌旅游的文化品位，在以市场为基础的同时，要充分发挥政府对旅游发展的主导职能。一是要强化发展旅游的理念。要坚持"四个一样"的发展旅游理念，这就是像重视工业发展一样地重视旅游发展，像支持工业项目一样地支持旅游项目，象加强工业投入一样地加强旅游投入，向组织工业招商一样地组织旅游招商。二是要营造旅游发展的环境。围绕建设世界水电旅游名城，加强城市环境、人才环境、投资环境、设施环境、服务环境和风尚环境等方面的建设，使之与世界水电旅游名城的要求相匹配。三是要协调旅游发展的关系。采取多种形式，加强区域旅游合作，形成区域旅游均衡发展和协调发展的格局。运用多种手段，加强相关部门和行业与旅游的配合，形成注重全局观念、把握相关意识、讲究协调思考的"开放思维"方式，为发展宜昌旅游、建设世界水电旅游名城齐心协力、共创辉煌。四是要组织旅游发展的宣传。深入开展中国宜昌三峡国际旅游节和境内外宣传促销活动，为推介宜昌旅游提供平台，充分展示宜昌旅游的总体形象，使宜昌旅游的品牌享誉国内外。

（四）

深化三峡文化与旅游的结合，提升宜昌旅游的文化品位，当务之急在于挖掘三峡风光的文化底蕴，展示三峡工程的文化内涵，重塑宜昌古城的文化风采，打造宜昌旅游的文化品牌。

1. 大力挖掘三峡风光的文化底蕴

长江三峡自然风光雄奇险秀，人文景观远古深幽，是中外闻名的风景名胜区。然而，长江三峡却是部读之不尽、悟之不绝的"天书"，其文化底蕴挖之不尽、掘之不绝。不断挖掘长江三峡的文化底蕴，三峡风光就会常游常新，其味无穷。宜昌所处的西陵峡不仅风光秀丽"天下佳"，而且文化深厚"世界殊"。如前所述，这里拥有地质力学构造形迹、鲟鱼类和植物类三大"活化石",是自然生态方面的世界文化遗产。2000年在全国国家森林公园工作会议上,北京有关专家出示其撰写的《中国植物"大熊猫"》,呼吁将珙桐等稀有珍贵植物作为世界文化遗产项目,向联合国申报,并表示愿意就此帮助做工作。实施西部开发战略后,恩施自治州曾向媒体表示要将此项申报工作列入其开发旅游资源的新举措。事实上,整个长江三峡大峡谷在自然生态上不乏世界文化遗产。因此,挖掘三峡风光的文化底蕴,申报自然生态方面的世界文化遗产项目,实为深化三峡文化与旅游结合、提升宜昌旅游文化品位的重大举措,对提高长江三峡旅游品牌的国内外竞争力,无疑具有举足轻重的意义。

为此,建议市委、市政府把申报长江三峡西陵峡自然生态方面的世界文化遗产项目,作为宜昌建设世界水电旅游名城的一项重大举措,列入议事日程,分工领导负责,并以市政府名义,组织工作专班,抽调有关人员,划拨经费,具体承办申报事宜。在对外考察、掌握申报程序的基础上,加强调查研究、咨询论证,制定宜昌市自然生态方面的世界文化遗产的保护规划和申报报告。然后由市分管领导带队,赴汉向省委、省政府汇报,申请立项,并进京落实申报的各项具体工作。

在以上工作的基础上,拟进一步联络重庆与恩施,合作推进整个长江三峡自然生态方面的世界文化遗产项目的申报工作,若能如愿,对推动区域旅游的发展无疑将会产生重大影响。

2. 着力展示三峡工程的文化内涵

如前所述,三峡大坝是国家建设水利枢纽工程的同时,为宜昌兴建的一座极富文化品位的人文景观,并在工程建设过程中,开发了一系列观坝景区,兴建了截流纪念园,为多角度领略三峡大坝的风采提供了平台,使三峡大坝成为国家4A级旅游区,奠定了宜昌在长江三峡旅游中的地位,为宜昌旅游打造了最富魅力的品牌。但是,应该看到,目前三峡大坝旅游区主要是围绕领略大坝景观的思路开发的,充分展示三峡工程的文化内涵方面仍还任重道远。

长江三峡工程是当今世界最大的水利枢纽工程。为了兴建这项当代中国的"长城工程",几代中国人梦想近百年,进行勘察设计和科学研究也是五十春秋。三峡工程从论证设计到开工建设，每项重大决策的背后都离不开大量科学实验的支撑。被毛泽东同志誉为"长江王"的林一山同志，为实现"高峡平湖"的伟大梦想，率领万余名工程师呕心沥血、勘测规划五十载，形成的图纸资料可谓汗牛充栋，重数百吨。1986年7月至1988年11月加拿大国际项目管理集团长江联营公司编制的《中华人民共和国三峡水利枢纽可行性研究》，就长达11卷16册，700多万字。三峡工程被称为是考验中国工程师智慧的工程。无论是建设规模还是技术难度均居世界前列。三峡工程建设十多年来，建设者以严谨的科学精神和崇高的创新胆识，运用国内外科技成果，成功攻克了一项又一项世界水利水电建设史上未有的难题，实现了一次又一次的技术创新。据不完全统计，三峡工程建设已有十多项科研项目荣获国家级科技成果奖，200多项科研项目荣获省部级科技成果奖，各种发明专利达700多项。这些科技创新，成为三峡工程的先导和基础，使中国的水电建设不论在质量上还是在技术上都居世界前列。因此，三峡工程是当代中国高科技的结晶。它的建设不仅为我国带来巨大的经济效益和社会效益，而且极大地丰富了世界坝工史的内容，为世界水利水电技术和科技发展做出了有益的贡献。由此可见，三峡工程不仅是当代中国最具代表性的水电工程，而且是当代中国最具代表性的文化工程。它凝聚着中华民族的情结，聚集着中华民族的智慧，展示着中华民族的风采。三峡工程以其雄伟的坝姿、高峡的湖景，所形成的自然风光与人文景观相结合的壮丽美，使人们在赏心悦目中，领略工程蕴含的崇尚科学的时代精神，移山造海的拼搏气概，开拓进取的创新胆略和造福人民的奉献品格，民族自信心、自豪感油然而生。因此，三峡工程以其深厚的文化内涵，成为当代中华民族凝聚力的象征。

正因为如此，对三峡工程在领略风采的同时，需要品味底蕴。为此，建议兴建长江三峡工程建设博物馆，运用现代影视、声像、实物结合的手段，展示三峡工程从梦想到勘测、从设计到论证、从立项到施工的漫漫历程，展示三峡工程科技创新的时代精神，展示三峡工程建设者拼搏的精神风貌，展示全国支援、百万移民的三峡情怀，展示三峡工程对世界坝工史的杰出贡献。

长江三峡工程建设博物馆建议兴建在宜昌中心市区，这不仅对三峡工程文化内涵的展示，而且对中心市区旅游文化品位的提升，都将产生积极的影响。

3. 努力重塑宜昌古城的文化风采

在现代旅游发展中，宜昌市区处于区域旅游的中心地位，但是宜昌中心市区的旅游却日益边缘化。解决这一错位问题，根本在于加大中心市区历史文化资源的开发力度，使中心市区成为区域旅游的目的地。

宜昌中心市区古称夷陵，是千年沧桑的历史文化名城。地域虽说不大，又处边陲，但区位优势独特，因此为历代县、郡、州、府、路、道的治所，历史上诸多重大事件与这里关联，诸多重要人物与这里结缘，文人墨客也多会于此，留下诸多诗文。这一切使宜昌中心市区沉淀了丰厚的历史文化。尽管目前四条环城路中的夷陵古城古代建筑荡然无存，但是古城地望，即四条环城路和古城中的"三横三纵"主要街道，都被保存下来。这意味着已有600多年历史的夷陵古城的遗址完整无缺地保留至今。这在城市变迁中也是难能可贵的。同时，规划部门控制了古城中的部分地段，作为仿古重建时所用。为此，建议把重塑宜昌古城的文化风采，作为中心市区旅游目的地建设的基本对策。

第一，把宜昌古城遗址纳入文物来管理。以法规的形式，责成文物管理部门管理和保护古城遗址。今后不论怎样建设，不能再破坏古城的地望，包括四条环城路和古城中的"三横"（南正街、包括尔雅街、南正上街和南正下街，目前只剩下南正下街；民主路，包括北正街、新民街和璞宝街；墨池巷，包括中书街和杨柳树巷）"三纵"（鼓楼街，包括中营街和东正街，都已并入西陵一路；献福路和学院街）主要街道。

第二，在古城建牌坊、立石碑。一是在四条环城路中间的通往古城的路口各建一座明清风格的牌坊，在牌坊的两侧刻石立碑，一侧为夷陵古城图，一侧为夷陵古城简介。二是在古城城门与"三横三纵"的主要街道处立城门名与街名石碑。三是在宜昌府、东湖县治所处立碑刻石，介绍府、县沿革。四是在诸如尔雅台、六一书院、墨池书院、四贤堂、镇江阁等重要古建筑处刻石立碑。

第三，在古城部分地段规划兴建仿古建筑区。在学院街与环城南路之间的古城地段有西平巷、杨柳一巷、杨柳二巷、璞宝街和南正下街。建议将此地段整体列入中心市区旅游项目，规划兴建仿古建筑区。在西平巷兴建文化街，更名为尔雅街；在杨柳一巷兴建古玩收藏街；在杨柳二巷兴建风味小吃街；在璞宝街兴建土特产街；在南正下街兴建奇石街，使这一带成为中心市区的历史文化旅游区。

在中心市区古城地段兴建历史文化旅游区，要以仿古建筑区为载体，以展示中心市区历史文化的方式，重塑宜昌古城的文化风采。具体来说，一是采用装点展示的方式，在五条街道构建以反映民俗风情为题材，以石雕为形式，塑造诸如划龙船、划采莲船、舞狮子、舞龙灯以及炸萝卜饺子、卖顶顶糕等内容的街景，增加仿古建筑区的文化氛围，营造仿古建筑区的休闲情趣。二是采用重仿展示的方式，对诸如尔雅台、六一书院、四贤堂等文化古迹，有选择地仿原貌重建，使之风采永存，以提高中心市区历史文化的可视性和沉淀感。三是采用开发展示的方式，将诸如历史文化园等项目布局在文化街，并以此为载体，构建反映中心市区历史文化的旅游品牌，使之成为文化精品，以提高中心市区的文化品位。总之，通过诸多方式的展示，宜昌古城的文化风采便会得以凸显。

4. 全力打造宜昌旅游的文化品牌

旅游的核心竞争力，在于品牌的知名度。因此，三峡文化与旅游结合、提升宜昌旅游文化品位的落脚点，就在于全力打造宜昌旅游的文化品牌。打造旅游品牌，要综观旅游文化现象，整合旅游文化资源，创新品牌构建思路，形成文化内涵挖掘深刻、展示载体构思新颖、旅游产品制作精湛、环境氛围营造协调的精品名牌，使宜昌的旅游品牌与世界水电旅游名城的要求相匹配。宜昌市区是区域旅游的中心城市，打造旅游品牌对全市乃至区域旅游都具有牵动效应。为此，就打造宜昌市区旅游文化品牌的问题提出如下建议。

根据旅游文化资源的分布情况，宜昌市区打造旅游品牌可以从四个方面着手：

第一，"两坝一峡"风景区的旅游品牌打造。长江葛洲坝与三峡大坝两坝一峡的旅游文化资源，集中体现在西陵峡的自然风光和三峡工程的人文景观上。"西陵山水天下佳"，这是宋代我国著名文学家、史学家欧阳修贬任夷陵县令时对西陵风光的评估；而"高峡平湖世界殊"则是缔造中华人民共和国的伟大领袖毛泽东同志对长江三峡工程效应的预测。毫无疑问，"西陵山水天下佳"与"高峡平湖世界殊"的有机结合，应该成为"两坝一峡"风景区旅游文化资源的优势。因此，该区旅游品牌构建的思路应该是领略西陵形胜，展示三峡工程。按照这一思路，可在这里构建三大品牌：一是"黄牛瞰坝"。在三峡大坝周围最佳处，兴建观坝平台，从不同角度领略三峡大坝的风采。这一品牌取名为"黄牛瞰坝"，把传说中的神牛助禹治水与当今的建坝治水结合起来，丰富了旅游品牌的历史底蕴和文化内涵，是该景区价值连城的无形资产。二是"高峡平湖"。在三峡大坝左岸最佳处，兴建观坝览湖平台，使船舶过闸，大坝泄洪，平湖壮观尽收眼底。同时，在平湖规划兴建水上游乐设施，使游人陶醉于浩瀚的人造湖海之中。这同样是展示世界一流水电工程、领略高峡平湖风光的最佳品牌。这一品牌取名为"高峡平湖"，既体现了毛泽东同志改天换地的雄才伟略，又展示了当今建设者移山造海的豪迈气概，同样是价值连城的无形资产。在具体规划时，可突出休闲娱乐性，为游客提供一个集观赏、休闲、娱乐于一体的最佳场所。三是"西陵形胜"。本来"西陵形胜"就是"古夷陵八景"中名列榜首的精品名牌。它主要反映的是站在西陵山领略峡口风光的意境。由于葛洲坝的兴建，此地风景失去了原汁原味。现在使用这一品牌，是想以此来反映"两坝一峡"之间"一线穿珠"的意境。这就是用西陵山水的自然风光之线穿极富魅力的人文景观之珠，形成登坛子岭、瞻黄陵庙、赏西陵景、缅石牌情、品刻石韵、咏三游诗、观中华鲟这一自然风光和人文景观协调融合的意境。这一品牌取名为"西陵形胜"，就是要重塑"西陵山水天下佳"的风采，增加品牌的文化底蕴。

第二，宜昌中心市区的旅游品牌打造。宜昌中心市区的旅游文化资源集中体现在夷陵古城的历史变迁和文化名人的千古绝唱上。"夷陵沧桑韵千古","名人荟萃竞风流",正是对此生动的写照。毫无疑问,这二者的有机结合,应该成为宜昌中心市区旅游文化资源的优势。因此,该区旅游品牌构建的思路应该是展示夷陵沧桑,领略名人风采。按照这一思路,可在这里构建二大品牌:一是"人类自然生态'活化石'"。为保护和展示宜昌自然生态方面的人类"活化石",在向联合国申报自然生态方面的世界文化遗产项目的基础上,规划兴建"宜昌世界文化遗产博物馆"展示工程,构建"人类自然生态'活化石'"品牌。这将成为宜昌建设世界水电旅游名城的金质招牌,对提升宜昌旅游文化品位,具有极为重要的意义。二是"夷陵沧桑"和"夷陵文苑"。为展示宜昌2000多年城市变迁的历史以及灿烂的历史名人文化,兴建"宜昌历史文化园"展示工程,构建"夷陵沧桑"和"夷陵文苑"品牌。所谓"夷陵沧桑"品牌,就是采用图片展览、文物陈列、模型展示、腊塑造型与现代声光结合的方式,设计《远古西陵》《楚之西塞》《夷陵古城》《宜昌商埠》《峡口明珠》《水电之都》等展馆,展示拥有2000多年历史的夷陵城古往今来的历史变迁。所谓"夷陵文苑"品牌,就是将以往诸如尔雅台、六一书院、四贤堂以及崇圣宫、文昌宫等夷陵城的古代建筑,有选择地按原貌设计布局在历史文化园中,采用书法、雕刻与现代手段结合的方式,展示夷陵古城的名人文化。

　　第三,虎牙关风景区的旅游品牌打造。虎牙关风景区包括猇亭区的虎牙山与隔江相望的点军区荆门山。宜昌长江大桥这座钢铁般的纽带把虎牙、荆门二山联结起来。这里山势险峻,江水湍急,历史上被称为"全楚西塞第一关"。在虎牙山江边的绝壁上古人凿有纤道,方便过往舟船拉纤、商贾运货进滩以及战时运送辎重粮草。如今这里还留有古纤道遗址和清朝同治年间重修虎牙滩纤道后立下的石碑。在荆门山曾建有楚塞楼,被誉为"西塞晚霞",与"黄鹤楼""岳阳楼"齐名。历代文人墨客望而兴叹,感慨万千,留下诸多动人诗句。正因为虎牙关是古代的江关,因此同时也成为历代兵家必争之地的古战场,如前所述,三国时期的夷陵之战就发生在这里。正因为如此,虎牙关风景区的旅游文化资源，集中体现在川鄂咽喉的水陆要冲和古代战役的人文景观上。"千古纤道存遗风"，真实反映了虎牙关险峻的气势；"夷陵之战传天下"，记录了中外历史上以少胜多的典型战例。毫无疑问，这二者的有机结合，应该成为虎牙关风景区的旅游文化资源优势。因此，该区旅游品牌构建的思路应该是领略纤道遗风，展示夷陵之战。按照这一思路，可在这里构建三大品牌：一是"楚塞楼韵"。荆门山风景秀丽，文化丰厚。在荆门山重建楚塞楼，采用现代手段，展示古代文人咏荆门的山水文化，营造休闲环境。二是"古道遗风"。在古纤道附近兴建"'荆蜀咽喉'展示园"，采用现代手段，重现当年虎牙滩水陆要冲的险象，展示宜昌作为古代、近代商埠之城的帆船文化。三是"夷陵之战"。采用现代手段，兴建"'夷陵之战'展示园"，重现当年夷陵之战的壮观场景，展示宜昌作为兵家必争之地的古代军事文化。

第四，宜昌市区江南的旅游品牌打造。江南是宜昌市区文化的摇篮。李家河、紫阳河一带发掘出来的新石器时代的遗址和陶片、石器等，说明市区先民早在这片土地上繁衍生息。江南风光秀丽、风情古朴、风韵犹存。江南多名山。荆门山风景如画，文化凝重，是极富开发的旅游胜地。磨基山是北岸临江闹市区的制高点。这里曾是东晋时期葛洪炼丹、郭璞结庐、袁崧览胜之处。作为"古夷陵八景"中的"五龙烟收"曾在这里尽收眼底，如今峡口明珠宜昌城的风光也在这里一饱眼福。江南多秀谷。干溪、车溪谷地，山势雄浑，绿水潺流，群峰丛青，鸟语花香。南江多奇洞。干溪的石门洞，幽深高旷，奇石叫绝，诗情画意，妙趣横生；车溪的天龙云窟，洞体雄奇，钟乳纷呈，构造奇妙，玄奥无穷。江南多文化。尤其是宗教文化年久蕴长。石门洞灵洞仙湫，佛道圣地，碑刻珍贵，称得上是市区宗教文化的宝库，至今已有800多年的历史，曾为"古夷陵八景"的重要一景；文佛山色彩神秘，趣事横生，完整无损保存至今的简记康熙年间建成殿宇的石碑，记录了这座近300年的寺庙佛事兴衰的变迁历史。由此可见，宜昌市区江南的旅游文化资源，集中体现在列岫丛青的自然风光和佛道古刹的人文景观上。"列岫丛青风情朴"，"灵洞仙湫文佛寺"，正是这生动的写照。毫无疑问，这二者的有机结合,应该成为宜昌市区江南的旅游文化资源优势。因此,该区旅游品牌构建的思路应该是展示佛道文化,领略风光风情。按照这一思路,除在虎牙关风景区旅游品牌构建中已经提到的在荆门山构建"楚塞楼韵"品牌之外,可在这里再构建三大品牌:一是"峡口明珠"。在磨基山森林公园最佳处兴建"三贤亭",设计观景台,构建"峡口明珠"品牌,展示东晋时期葛洪、郭璞、袁崧留驻于此的历史文化,鸟瞰宜昌城市风光,领略水电旅游城的风采。二是"灵佛丛青"。将石门洞、文佛山以及楠木溪水库上游、文佛山之下的干溪峡谷地带,整体规划为石门洞风景区。开发"干溪峡谷"景区,重塑"灵洞仙湫""文佛寺庙"景观,构建"灵佛丛青"品牌。展示江南古朴的自然风光与丰厚的宗教文化。三是"车溪风情"。目前车溪风景区开发建设初建成效。要立足返归自然、休闲游乐的理念,构建"车溪风情"品牌,展示野趣横生的山水风光,领略古朴纯真的民俗风情,使车溪旅游的文化品位提档升级。

以上是打造宜昌市区旅游品牌的建议。宜昌各县(市)在打造旅游品牌中,也要综观旅游文化现象,整合旅游文化资源,创新品牌构建思路,形成各具特色的旅游精品。随着宜昌旅游文化品牌的精心构建,全市旅游文化品位定会迅速提升,宜昌建设世界水电旅游名城前程似锦。

五、对宜昌市区两大旅游项目建设的构想[①]

作为全国旅游城市,宜昌正在努力构建旅游品牌,强化旅游目的地建设。在南门片区改造中重塑宜昌古城风采,在楚之西塞荆门虎牙处打造旅游胜地,应该是其题中之义。为此,笔者写作本文试图就这两大旅游项目建设提出自己的构想。

---

① 本文前部分是就市区南门片区改造中重塑宜昌古城风采问题,对有关单位所提创意设想建议中的核心内容;后部分是就《三峡晚报·旅游周刊》之约为"风暴眼"栏目所写的评论。本文主要观点在"风暴眼"栏目中发表。文中对重塑宜昌古城风采和打造西塞旅游胜地的构想,较笔者十多年来构建市区旅游品牌的创意更为完善,对市区旅游目的地建设有一定的参考价值,因此将它作为附录收入书中。

（一）重塑宜昌古城风采

强化宜昌旅游目的地建设，应该着力扭转宜昌市区旅游边缘化问题。在现代旅游发展格局中，宜昌市区处于区域旅游的中心地位，但是其旅游边缘化的问题却仍然困惑着我们。要解决这一错位问题，根本在于加大市区历史文化资源的开发力度。这样不仅可以推动市区旅游目的地建设，而且可以凸显市区在区域旅游中的中心地位。重塑宜昌古城风采无疑是上佳选择。

1. 重塑宜昌古城风采适逢机缘

十多年来，笔者一直期待能够在市区重塑夷陵古城（宜昌古城）的风采，以此构建市区知名度高、吸引力强的旅游品牌，以推动市区旅游目的地建设，扭转市区旅游边缘化问题。但却因机会缺乏，致使期待难以如愿。而现在倒是重塑宜昌古城风采的期待适逢机缘。因为目前宜昌古城南门片区改造在即。应该看到，这并非是单纯的棚户区改造项目，而是集改善居民居住条件、保护宜昌古城历史文化、推动宜昌市区旅游经济繁荣、促进承建企业转型发展于一体的城市建设极其重要的工程。

宜昌市区古称夷陵，是全国著名的古代历史文化名城，有文字可考的历史长达2000多年，被载入北京中华世纪坛青铜甬道的铭文之中。尽管经历历史沧桑变迁之后，目前市区的夷陵古城早已荡然无存。但是古城的地望，即四条环城路和古城中的"三横三纵"主要街道，都被保存下来。这意味着已有600多年砖砌建城史的夷陵古城遗址，被整体保留至今。如果能够把古城南门片区改造与重塑宜昌古城风采结合起来，将改造工程整体纳入市区旅游项目，规划兴建仿古建筑区，赋予学院街、环城南路、环城西路（沿江大道学院街街口至环城南路路口段）以及片区中的西平巷、杨柳一巷、杨柳二巷、杨柳三巷、璞宝街和南正下街等街巷旅游服务功能，使之成为市区的历史文化旅游区。这样，古城南门片区改造就能成为宜昌市区新的发展增长点，宜昌市区旅游"空心化""边缘化"的问题也可迎刃而解。

作为承担古城南门片区改造的企业，也认为这项改造工程是企业转型发展的机遇，有意通过改造能够使古城南门片区成为文化经营区。这便为古城南门片区改造注入了强烈的文化自觉，也为重塑宜昌古城风采提供了机遇。

加之古城南门片区改造工程本身就地处在古城原址。这更为重塑宜昌古城风采、保护千年历史文化名城提供了机遇。因为根据目前国家出台的原址复建一定街区可申报历史文化名城的政策，只要在南门片区改造中，将创新发展增长点与申报国家历史文化名城相结合，不仅可以重塑宜昌古城风采，从而有效保护古城历史文化街区，推动国家历史文化名城申报，而且可以从国家历史文化名城的高度，打造市区旅游文化产业的精品名牌，以推动市区旅游目的地建设，创造市区旅游发展新的增长点，从而有效地摆脱市区旅游边缘化的困境。

由此可见，正是这项集民生事业、文化保护、旅游发展与企业升级于一体的南门片区改造工程，为重塑宜昌古城风采提供了千载难逢的机缘。因此，我们应该十分珍惜这一机缘，牢固抓住这一机缘，在实施南门片区改造工程中重塑宜昌古城风采。

2. 重塑宜昌古城风采的创意理念

要将南门片区改造与重塑宜昌古城风采、建设市区旅游目的地有机结合，就要注重肌理保护、讲究建设风格、把握景观架构。

（1）注重肌理保护。在片区改造中重塑宜昌古城风采，要不损害片区街巷肌理。这就是说，改造中不能增减片区街巷数量，不能增减片区街巷长短，不能改变片区街巷方位，不能改变片区街巷称谓。当然，片区中街巷过于窄狭的，适当加宽一点是可以的，掌握的"度"在于不改变片区街巷的古朴感，切不要使片区街巷呈现现代感。至于街巷中所兴建筑之间预留必要的往来通道、地下设施按照现代社会生活要求布局施工，这不仅是允许的，而且是应该的。只是其中的"度"仍在于不损害肌理。

（2）讲究建设风格。在片区改造中重塑宜昌古城风采，要不损害片区传统风格。这就是说，不能改变片区建筑的明清风格、不能改变片区建筑的明清色调、不能改变片区建筑的楼层规范、不能改变片区建筑的传统布局。当然，片区建筑的楼层过低影响实用，而用传统一楼一阁做法适当增加层次，不仅是允许的，而且是应该的。但要按照传统建筑楼层规范把握好"度"。如果这样会影响建筑物的数量，给片区搬迁户置房安排带来困难，给承担改造企业经济效益造成损害，可采取如下办法予以平衡：一是采取异地置换方法安排片区搬迁户；二是在片区不影响古城观感的地段（如沿江大道学院街街口至环城南路路口段）开发片区搬迁户安置房和商品房；三是在片区纵深地带适当放宽传统建筑楼层规范要求（按一楼一阁复式结构不超过四层为限）适量开发仿古商品房（所谓仿古主要指外形，以与整个片区风格、色调协调为度）；四是片区改造承担企业由房地产经营向古城文化经营转变，片区改造不以经营商品房为主，而以恢复古城建设、经营古城文化为主，这是产业经营方式上的深刻转变。在适应这一转变中，遇到矛盾和问题，可以通过深化改革来化解。

（3）把握景观架构。在片区改造中重塑宜昌古城风采，要恢复、兴建片区中的古代景观。具体来说，片区古代景观架构，包括环境、复建、纪念、街市四类。总的要求应该是，恢复性的景观要是处于片区范围内的原有景观。这类景观可按原有风格、样式、景址、称谓设计复建，原有景观无存、景址被占的可按原有风格、款式、就近、原称的原则设计复建。如无必要，所复建的环境景观也可不用原有称谓。切不要将片区原无的古城景观搬进堆砌在一起，而形成整个古城景观的集景。这样会失去复建意义。如片区之外古城景观重要，可以纪念景观形式在片区改造中兴建。纪念景观可按与纪念对象相关的古城原有景观风格、样式创意兴建，但称谓应因纪念对象情况重新命名，不能仍沿袭原景观称谓。街市景观主要指片区内的商业活动、居民居住和公共管理等建筑设施所形成的景观。这类景观可按古城总的建筑风格、结合具体使用功能设计兴建，不需顾及片区内原来是否有过，原有过的可用原名，否则不必沿用原名而重新命名。总之，按照这一理念，片区改造就能与古城重塑、旅游目的地建设有机统一

3. 重塑宜昌古城风采的景观构建

在南门片区改造中重塑宜昌古城风采，打造市区旅游产品，要在片区中恢复、兴建古代景观。

（1）环境景观。这里的环境景观包括牌坊、街景和露天戏台等三个方面。

首先是牌坊。片区范围内有记载的牌坊有四处：一是砖四牌，在片区文昌门（小南门）内的小十字街（与民主路、璞宝街垂直相交的今学院街），为时任合郡县的官员赵勉等人所立；二是节妇牟世节妻杨氏，于清乾隆十二年（1747年）在南门外所建之坊；三是登云坊，在片区小南门内，明弘治时就已无存；四是及第坊，在片区大南门外，明弘治时也已无存。片区改造可酌情在原址或易地复建，也可采用天官牌坊和中书坊款式设计复建，但不必沿袭原名而重新命名，也可不命名，起到烘托环境效果即可。

其次是街景。采用装点展示的方式，在片区改造的相关街道路旁，以反映民俗风情为题材，以石雕为形式，塑造诸如划龙船、划采莲船、舞狮子、舞龙灯以及炸萝卜饺子、卖顶顶糕等相关内容的街景，以烘托片区古城的文化氛围，营造片区相关街道的休闲情趣。所以强调以民俗风情为题材，是因其最富宜昌地域文化风味；所以强调以石雕为形式，是因其最具宜昌地域历史底蕴。切不要用时代观感强烈的装点，也不要用青铜、红铜方面的展示质料。因为青铜体现的是上古，红铜反映的是近代都市，而宜昌古城代表的则是远古神韵，非石料莫属。

再次是露天戏台。可不顾及片区内原来是否有过，而按古城其他片区同类建筑风格、结合使用功能设计兴建，重新命名，不必沿用原名。

（2）复建景观。片区范围内有记载的景观有"东岳庙"和"府学宫""关圣楼""文星阁"和"贡院"，湘鄂边地下党和中国人民解放军江南游击队"秘密联络站"等四处。

首先是"东岳庙"和"府学宫"。东岳庙处片区古城内东岳庙街（今南正下街），与处片区古城内文昌门内（今学院街）的"府学宫"隔街相望。东岳庙修建于明代，寺庙基地二亩、基地一亩；府学宫于清乾隆初建，四十八年

（1783年）修戟门，五十八年（1793年）知府王春熙修明伦堂，嘉庆二十四年（1819年）知府纪树馨、孙仲清修启圣祠、外泮池，同治二年（1863年）知府聂光銮率郡人复修，增高大成殿基。

其次是"关圣楼"。处片区古城内大南门城楼，楼基面积一亩，于清康熙三十一年（1692年）修建。

再次是"文星阁"和"贡院"。"文星阁"与"贡院"相邻，是文人汇聚、贡生应试之地，处片区古城内学院街与今环城东路、解放路相邻地带，清嘉庆年间修建，文星阁外有附属基地十方丈。

最后是湘鄂边地下党和中国人民解放军江南游击队"秘密联络站"，处片区古城内杨柳树一巷附2号，1945年设立，至1948年初转移。

这四处景观既有文圣、武帝的祭祀之堂，又有文人相聚、贡试之所，还有红色记忆之地，在宜昌古城中颇具代表性，应该在片区改造中列入景观复建之列。

（3）纪念景观。在宜昌古城发展历史中，有两位名人影响非同寻常。这就是晋代的郭璞和宋代的欧阳修。郭璞寓居夷陵所注《尔雅》被列入《十三经》，欧阳修贬令夷陵成就一代宗师。尽管纪念他们的设施地望都在改造片区之外的古城之中，但是这些地带已被永久建筑所占，原地复建无望。因此可在片区改造中以纪念形式设计兴建相关景观，也就是"郭公台"和"欧阳公祠"。

一是郭公台。以《东湖县志》中绘制的"雅台明月"的风格、样式为主要蓝本，结合使用功能设计兴建纪念景观。景观不沿用原名，而命名为"郭公台"，以纪念郭璞寓居夷陵注《尔雅》的事迹。

二是欧阳公祠。以《东湖县志》中绘制的"东湖县署"的风格、样式为主要蓝本，结合使用功能设计兴建纪念景观。景观不沿用原名，而命名为"欧阳公台"，以纪念欧阳修贬令夷陵的作为。

（4）街市景观。片区改造中的街市既是古城功能建设的重要内容，也是古城景观建设的组成部分。街市类别依经营功能设置，包括特色餐饮、特色小吃、特色土杂、特色收藏、特色曲艺以及文化创意、品牌设计、产品营销等。街市景观按古城原有风格、样式，结合经营功能类别设计兴建。

总之，通过这些景观的构建，就能在片区改造中营造出浓郁的古城环境氛围。

4. 重塑宜昌古城风采的品牌打造

在南门片区改造中重塑宜昌古城风采，关键在于打造市区旅游文化品牌。这样才能培育出有品位、有竞争力的旅游产品，使市区旅游目的地建设收到显著成效。但是重塑宜昌古城风采的品牌打造，要适应多功能发展的需要。因为古城南门片区改造的功能是多样化的，并非仅仅是要通过打造品牌推动古城旅游经济的发展，还要通过安排改善搬迁户的居住条件，通过兴建、复建保护古城中的历史文化。因此南门片区改造具有文化保护、城市发展与社会生活等多重功能。正因为如此，在南门片区改造重塑宜昌古城风采时，就应遵循三位一体的功能要求打造品牌，以适应多方面发展的需要。所要打造的品牌，包括"夷陵沧桑""古城文苑""祭山朝圣""武圣关公""科教文宫"和"红色家园"等六个方面：

（1）"夷陵沧桑"。拟在"欧阳公祠"中，除介绍欧阳修贬令夷陵作为的事迹之外，打造"夷陵沧桑"品牌，采用图片展览、模型展示、文物陈列、蜡塑造型以及现代灯光、影视诸多方式相结合，创意兴建《远古宜昌》《楚之西塞》《夷陵古城》《近代商埠》《今日宜昌》《宜昌水电旅游城》等展馆，展示拥有2000多年历史的宜昌古城古往今来沧桑变迁的发展过程，使宜昌古城沧桑变迁的历史记忆永世传承。

（2）"古城文苑"。拟在"郭公馆"，除介绍郭璞寓居夷陵注《尔雅》的事迹之外，打造"古城文苑"品牌，采用书法、雕刻与现代诸多手段相结合的方式，展示宜昌古城的名人文化。使历代古城贤人名士的辉煌人生，鲜活地呈现在市民、游客的面前，成为世人见贤思齐的永恒记忆。

（3）"祭山朝圣"。以"东岳庙"和"府学宫"为平台，打造"祭山朝圣"品牌。这样既可为市民领略宜昌古城历史文化还原场景，又可向游客展示宜昌古城历史文化提供产品。在实际运作中，可以整合来宜昌市区旅游的所有团队,每日定点定时,采用实景演绎的形式,再现历史上宜昌古城官府、百姓祭祀东岳泰山、朝拜文圣孔子的景观,以供游人长景观赏、拍照留念。

(4)"武圣关公"。以"关圣楼"为平台,打造"武圣关公"品牌,为市民、信众、游客瞻仰武圣、祭祀关公提供场所。

(5)"科教文宫"。以"文星阁"和"贡院"为平台,打造"科教文宫"品牌,这样,既可以吸引全市广大青少年到这里开展科普活动,又可以为全市广大科教文界的同仁广泛交流提供场所,还可以为中外科教文化交流合作提供平台。

(6)"红色家园"。以湘鄂边地下党和中国人民解放军江南游击队"秘密联络站"为平台,打造"红色家园"品牌,除介绍当年"秘密联络站"的工作场景外,以文字、图片与现代影像诸多手段相结合的方式,展示宜昌红色历史,打造宜昌市区红色文化教育基地,使之成为市民寻觅红色记忆、承传红色文化的精神家园。

(二)打造西塞旅游胜地

在荆门虎牙打造西塞旅游胜地,根本在于这里是旅游资源的"富矿"地带。在这里打造西塞旅游胜地对宜昌市区旅游目的地建设至关重要。

1. 西塞旅游胜地资源富集

荆门虎牙一带不仅山清水秀风光壮美,而且历史文化底蕴丰厚。其中历史文化资源,集中体现在宜昌古城的起肇祖山、古代战事的人文底蕴和川鄂咽喉的水陆要冲上。

(1)荆门虎牙是宜昌古城第一铲土所在地。宜昌市区从自然聚落到城邑起肇在于战事。具体来说,宜昌古城城邑的兴建与"楚之西塞"有关。本书第四章"宜昌古城城邑起肇"对此做了具体叙述。讲最早的"楚之西塞"在沮漳河流域。随着楚武王五十年(公元前691年)灭掉罗国,便将其遗民迁至今宜昌枝江,从此楚国势力南扩至长江一带。于是楚之西塞便向荆门虎牙一带延伸。这样,荆门虎牙一带便建起了城邑。这是宜昌古城最早的城邑。从一个意义上说,作为宜昌古城的起肇地,荆门虎牙是宜昌古城的"祖山"。

(2)荆门虎牙是古代兵家必争的著名战场。历史上,荆门虎牙二山,夹江相对,雄踞峡口,虎牙险滩,横流湍急,是入峡江关。近代诗人易顺鼎的"自昔称西塞,荆门对虎牙。山形原护楚,江势渐迷巴。怪石临滩正,崩崖压树斜。承平浑失险,吊古一长嗟",正是对荆门虎牙江关的真实写照。正因为如此,这里不仅曾经是楚之西塞,而且其他诸多古代战事也曾发生在这里,其中诸如岑彭烧浮桥破西蜀、刘备败北夷陵之战、王濬伐吴拔荆门城等影响中国历史发展进程的战事就发生在这一带。本书第七章"宜昌古城战事钩沉"对此做了具体叙述。这一切表明荆门虎牙这一带不愧是冷兵器时代宜昌古城军事文化的富集之地。

(3)荆门虎牙犹存清代川盐济楚纤道遗址。在晚清宜昌发展中,川盐济楚是一大机缘。本书第八章"古城帆船文化再度繁荣"对此做了具体叙述。说明川盐济楚促进了两湖、江浙与四川间的物资交流,使宜昌古城被冠以"过载码头"头衔,再度给工厂带来繁荣。但在川盐济楚中曾在虎牙滩遇到运输瓶颈。这里水流湍急,怪石嶙峋,百姓跋涉艰难,南来北往的船只、商贾要过虎牙滩也只能是铤而走险。"寒气逼征裘,滩喧万壑流,狂风吞渴日,急浪卷孤舟。"清代诗人罗嬴的《虎牙滩》,形象地描述了虎牙滩的险恶难行。当时,平常船只上行宜昌古城只得在下溪口码头云集,等待南风大起,方才升帆渡江到南岸荆门十二碚,然后再架橹摇到北岸磨盘溪。一旦货运急迫,天又没有刮起南风,船工就只得撑篙摇橹,在与激浪漩涡的搏斗中上滩。其险境正如民谣所传:"虎牙滩,狼尾滩,上滩前要把命算,一篙不稳船底穿,人见龙王船沉翻。"千百年来,在虎牙滩遇险触礁沉没的船只不可胜数。为解除百姓往来的疾苦,很早以前古人就在虎牙山江边的绝壁上凿有纤道,方便过往舟船拉纤,商贾运货进滩,战时运送辎重粮草。但历史上记载虎牙滩纤道开凿的年代却是在清康熙五十三年(1714年),迄今已有300多年历史。纤道长达1500多米,东起下溪口,西至"狮子头",仿佛巨蟒般地横卧在峭壁之间,以接纳行来过往的纤夫、商贾。

此间的开凿和后来的续修，都还仅是纤道的雏形。面对川盐济楚对虎牙滩纤道的需要，同治十一年（1872年）秋，兵部尚书、湖广总督李瀚章与荆南兵备道孙家谷等巡视宜昌古城时，在实际察看虎牙滩纤道状况后，决定对纤道进行重修。经费从盐税中开支，督工由都司周福胜、守备许裕清担任，工地勘测、施工方案由管带健捷、水师贺协戎和罗缙绅负责，重修工程由宜昌府主办、东湖县承修。当年冬天开工，次年四月完工。为此，宜昌知府和东湖县令特在虎牙滩螺蛳山下立碑，刻《重修宜昌府虎牙滩碑记》以作纪念。《碑记》详细记录了同治十二年重修虎牙滩纤道的缘由、经过及其对纤道使用和管理的规定。虎牙滩纤道的重修使川盐济楚的瓶颈得以缓解，开辟了宜昌古城上下的发展通道。

新中国成立后，1964年又对纤道进行了扩修。这次扩修基本上是沿着古纤道劈宽凿平，以保纤夫过滩安全。扩修中炸掉了水里的7处礁石，扩修了1195米纤道，最宽路面4.6米，安装了600米铁栏杆，还将历史上的古纤道保存下来。

虎牙滩古纤道，见证了宜昌古城人民征服险山恶水的历史场景，谱写了宜昌古城人民征服险山恶水的丰功伟绩，凸显了宜昌古城人民征服险山恶水的顽强意志和奋斗精神。它是宜昌古城人民留给后人的宝贵文化遗产。

2. 西塞旅游胜地品牌构建

既然荆门虎牙山清水秀风光壮美，历史文化底蕴丰厚，处于宜昌旅游资源的"富矿"地带，打造西塞旅游胜地，同样是市区构建旅游品牌、强化旅游目的建设的上佳选择。

综观荆门虎牙地带的旅游文化资源，这里是宜昌古城第一铲土的珍贵出处，是古代兵家必争的著名战场，至今还犹存着清代川盐济楚的纤道遗址。此外，在位于桥边艾家乡的荆门山上，历史上还曾建有"楚塞楼"，又称"楚西塞"，作为宜昌古城的风景名胜，曾以"西塞晚霞"著称。历代文人墨客对此望而兴叹，感慨万千，留下诸多动人诗句。因此整合荆门虎牙地带的旅游文化资源，就不难看出"古城祖山荆门韵"，真实反映了宜昌古城的起肇文化；"夷陵之战传天下"，生动记录了中外历史的典型战例；"千古纤道存遗风"，鲜活显现了虎牙险滩的磅礴气势。毫无疑问，这三者的有机结合，便构成了荆门虎牙地带旅游文化资源的优势。

立足如此优势的旅游文化资源，把握荆门虎牙地带的旅游文化创意思路，应该是"瞻仰祖山风采，展示夷陵之战，领略纤道遗风"。按照这一思路，可在荆门虎牙地带，构建四大旅游文化品牌：

一是"祖山荆门"。荆门山与虎牙山同为宜昌古城起肇之地，是宜昌古城的祖山。古城起肇是宜昌市区城市变迁由自然聚落向军事城垒转变的标志。因此起肇文化是宜昌古城的根脉文化。构建"祖山荆门"旅游文化品牌，不仅对打造荆门虎牙旅游胜地至关重要，而且对强化宜昌市区精神家园建设更是意义非凡。因此，这一品牌打造到位，将会成为宜昌市区旅游文化中的精品。目前虎牙山麓空间有限，而荆门山麓却空间辽阔，加之这一带风景秀丽，文化极为丰厚。因此，拟在这里兴建"荆门山森林公园"。大力开展植树造林活动，强化相关基础设施建设，营造良好的生态环境和休闲环境。在此基础上，规划兴建宜昌古城祖山祭祀平台，举办祭祀祖山活动，展示宜昌古城祖山文化。为市民承传古城起肇文化，为游客瞻仰古城祖山风采提供载体。

二是"西塞晚霞"。这是荆门虎牙旅游胜地最富文化风韵的品牌。拟在"荆门山森林公园"临江处，规划复建楚塞楼。采用现代手段，展示古代文人咏荆门虎牙的山水文化，重塑"西塞晚霞"文韵。同时，营造娱乐设施，为游客提供休闲载体。

三是"夷陵之战"。对虎牙山现有旅游景区进行规划改造、创意设计，采用现代手段，兴建"'夷陵之战'展示园"，重现当年夷陵之战的壮观场景，展示宜昌古城作为兵家必争之地的古代军事文化。

四是"古道遗风"。在虎牙滩古纤道遗存附近，规划兴建"'荆蜀咽喉'展示园"，采用现代手段，重现当年虎牙滩水陆要冲险象，展示宜昌古城作为古代过载码头、近代商埠之城的帆船文化。

综上所述，只要整合好优势旅游文化资源，把握好旅游文化创意思路，构建好旅游文化精品名牌，打造西塞旅游胜地的目标一定会实现。

参考文献

[1] 刘开美. 地域文化与地方学研究 [M]. 北京：学苑出版社，2015.

[2] 恩格斯.《路德维希·费尔巴哈和德国古典哲学的终结》. 马克思 恩格斯. 马克思恩格斯选集（第四卷）[M]. 北京：人民出版社，2005.

[3] 宜昌市档案局档案馆，宜昌市地方志办公室，编.（清朝同治三年编纂）宜昌府志 [M]. 宜昌：宜昌市档案局，2002.

[4] 郦道元. 水经注·江水 [M]. 长沙：岳麓书社，1995.

[5] 司马光编纂. 资治通鉴（一）[M]. 长沙：岳麓书社，1990.

[6] 司马光编纂. 资治通鉴（二）[M]. 长沙：岳麓书社，1990.

[7] 刘禹锡. 西塞山怀古 [M]// 萧涤非等，编. 唐诗鉴赏辞典. 上海：上海辞书出版社，1983.

[8] 湖北省长阳土家族自治县地方志编纂委员会，编. 长阳县志 [M]. 北京：中国城市出版社，1992.

[9] 湖北省枝城市地方志编纂委员会，编. 宜都县志 [M]. 武汉：湖北人民出版社，1990.

[10] 二十四史 [M]. 北京：中华书局，1997.

[11] 湖北省宜昌县志编纂委员会，编. 宜昌县志 [M]. 北京：冶金工业出版社，1992.

[12] 唐贵智. 长江三峡地区新构造 地质灾害和第四纪冰川作用与三峡形成图集 [M]. 武汉：湖北科学技术出版社，2001.

[13] 湖北省宜昌市地名委员会，编. 湖北省宜昌市地名志 [M]. 宜昌：宜昌市地名普查领导小组，1984.

[14]《中国城市百科丛书·宜昌市》编辑组，编. 峡口明珠——宜昌市 [M]. 宜昌：宜昌市政府办公室，1987.

[15] 宜昌市档案馆，编.（清朝同治三年续修）东湖县志 [M]. 宜昌：宜昌市政府档案局，1992.

[16] 宜昌市建筑学会，编. 夷陵地名掌故 [M]. 宜昌：宜昌市地名普查领导小组，1982.

[17] 国家文物局，编. 中国文物地图集·湖北分册（上）[M]. 西安：西安地图出版

社，2002.

[18] 国家文物局，编.中国文物地图集·湖北分册（下）[M].西安：西安地图出版社，2002.

[19] 龚发达.历史的尊重——记长阳人化石的发现[M]//王子君 陈洪 郑子华主编.巴土研究.长阳：长阳民族宗教事务委员会，长阳民族文化研究会，1999.

[20] 李天元.古人类研究[M].武汉：武汉大学出版社，1990.

[21] 刘开美，等，主编.宜昌历史述要[M].武汉：湖北人民出版社，2005.

[22] 湖北省宜昌地区文物办公室，编.宜昌地区历史文物资料汇编[M].宜昌：湖北省宜昌地区文物办公室，1979.

[23] 来层林.磨基山下有古村[J].宜昌社会科学，2001（2）.

[24] 湖北省宜昌市地方志编委会，编.宜昌市志[M].合肥：黄山书社，1999.

[25] 国家文物局三峡工程文物保护领导小组湖北工作站.三峡考古之发现[M].武汉：湖北科学技术出版社，1998.

[26] 李德明，郑明强.宜昌发现东周时期古遗址——古夷陵城很可能在前坪一带[N].三峡商报，2001-9-28（1—2）.

[27] 冯万林，主编.宜昌文化志[M].武汉：湖北人民出版社，2009.

[28] 管维良.巴族史[M].成都：天地出版社，1996.

[29] 张正明.楚史[M].武汉：湖北教育出版社，1995.

[30] 宜昌市地方志办公室，宜昌市夷陵区委史志办公室，整理校勘.（明弘治九年刻本）夷陵州志[M].宜昌：夷陵州志整理校勘委员会，2008.

[31] 曾继全.黄帝正妃西陵之女嫘祖考析[M]//鲁谆，等，主编.中华民族之母嫘祖.北京：中国三峡出版社，1995.

[32] 乐史.太平寰宇记[M].北京：中华书局，2007.

[33] 潘新藻.湖北省建制沿革[M].武汉：湖北人民出版社，1987.

[34] 张传玺，杨济安.中国古代史教学参考地图集[M].北京：北京大学出版社，1982.

[35] 白寿彝，总主编.中国通史[M].上海：上海人民出版社，1999.

[36] 湖北省秭归县地方志编纂委员会，编纂.秭归县志[M].北京：中国大百科全书出版社，1991.

[37] 湖北省五峰土家族自治县地方志编纂委员会，编纂.五峰县志[M].北京：中国城市出版社，1994.

[38] 陆游.入蜀记[M]//符号，主编.宜昌文化揽粹.武汉：湖北人民出版社，2005.

[39] 刘开美.宜昌荆门相关地名考[M]//王新,主编.寻访荆门山.宜昌:三峡电子音像出版社,2016.

[40] 辞源(一)[M].北京:商务印书馆,1979.

[41] 辞源(二)[M].北京:商务印书馆,1979.

[42] 辞源(三)[M].北京:商务印书馆,1979.

[43] 辞源(四)[M].北京:商务印书馆,1979.

[44] 高应勤.楚文化考古论文集[M].武汉:武汉大学出版社,1992.

[45] 国语·战国策[M].长沙:岳麓书社,1988.

[46] 宜昌地区地方志编委会,编.宜昌地区简志[M].宜昌:宜昌地区地方志编委会,1986.

[47] 杨冬,主编.中华典籍精荟·史部·战国策[M].呼和浩特:远方出版社,1998.

[48] 宜昌市史志办,夷陵区史志办,西陵区地志办,校勘整理.(清同治三年续修)东湖县志[M].宜昌:宜昌市委党史(地方志)办公室,2012.

[49] 王建辉,易学金,主编.中国文化知识精华[M].武汉:湖北人民出版社,2004.

[50] 杨君,主编.西塞烽火[M].北京:北京燕山出版社,1993.

[51] 乔铎,主编.宜昌港史[M].武汉:武汉出版社,1990.

[52] 宜昌市政协文史委,编.宜昌百年大事记[M].北京:年中国三峡出版社,1994.

[53] 许涤新,等,主编.中国资本主义发展史(第一卷)[M].北京:人民出版社,2005.

[54] 萧身材,主编.宜昌市交通志[M].宜昌:宜昌市交通志编委会,1992页.

[55] 宜昌海关简志编纂组,编.宜昌海关简志[M].宜昌:宜昌海关简志编纂组,1988.

[56] 宜昌市政协文史委,编.宜昌市文史资料(第1辑)[M].宜昌:宜昌市政协文史委,1982.

[57] 宜昌市政协文史委,编.宜昌市文史资料(第2辑)[M].宜昌:宜昌市政协文史委,1984.

[58] 宜昌市政协文史委,编.宜昌市文史资料(第3辑)[M].宜昌:宜昌市政协文史委,1984.

[59] 宜昌市政协文史委,编.宜昌市文史资料(第4辑)[M].宜昌:宜昌市政协文史委,1985.

[60] 宜昌市政协文史委编.宜昌市文史资料(第7辑)[M].宜昌:宜昌市政协文史委,1987.

[61] 宜昌市政协文史委，编.宜昌市文史资料（第 8 辑）[M].宜昌：宜昌市政协文史委，1987.

[62] 宜昌市政协文史委，编.宜昌市文史资料（第 9 辑）[M].宜昌：宜昌市政协文史委，1988.

[63] 宜昌市政协文史委编.宜昌市文史资料（第 10 辑）[M].宜昌：宜昌市政协文史委，1989.

[64] 宜昌市政协文史委，编.宜昌市文史资料（第 11 辑）[M].宜昌：宜昌市政协文史委，1990.

[65] 宜昌市政协文史委，编.宜昌市文史资料（第 12 辑）[M].宜昌：宜昌市政协文史委，1991.

[66] 宜昌市政协文史委，编.宜昌市文史资料（第 13 辑）[M].宜昌：宜昌市政协文史委，1992.

[67] 宜昌市政协文史委，编.宜昌市文史资料（第 17 辑）[M].宜昌：宜昌市政协文史委，1996.

[68] 宜昌地区水运志编纂委员会，编.宜昌地区水运志[M].北京：人民交通出版社，1994.

[69] 章开沅，等，主编.湖北通史（晚清卷）[M].武汉：华中师范大学出版社，1999.

[70] 中共宜昌市委统战部，党史办，编.中国资本主义工商业社会主义改造·湖北宜昌市卷[M].武汉：武汉出版社，1990.

[71] 宜昌市城乡建设志编纂委员会，编.宜昌市城乡建设志[M].宜昌：宜昌市城乡建设志编纂委员会，2009.

[72] 宜昌县志局，编.宜昌县志初稿[M].宜昌：宜昌县志局，1936.

[73] 宜昌市政协文史委，编.三峡文史纵横（第四辑）[M].宜昌：宜昌市政协文史委，2008.

[74] 宜昌市金融志编辑室，编.宜昌市金融志（1840—1985）[M].宜昌：宜昌市金融志编辑室，1989.

[75] 陈子展.楚辞直解[M].南京：江苏古籍出版社，1988.

[76] 左传（宣公十二年）[M].长沙：岳麓书社，1988.

[77] 林永仁.昭君和亲源流考[M].宜昌：宜昌市炎黄文化研究会，2002.

[78] 宜昌市政协文史委，编.宜昌旅游史话（第 22 辑）[M].宜昌：宜昌市政协文史委，2001.

[79] 欧阳修全集 [M]. 北京：北京市中国书店，1986.

[80] 张忠民，主编. 欧阳修夷陵诗文译注 [M]. 宜昌：湖北人民出版社，2007.

[81] 关永礼，主编. 唐宋八大家鉴赏辞典 [M]. 太原：北岳文艺出版社 1989.

[82] 胡德才，主编. 三峡文学史 [M]. 成都：四川出版集团巴蜀书社，2011.

[83] 余学新，注评. 三峡诗词选 [M]. 武汉：武汉出版社，2006.

[84] 颜其麟，编注. 三峡诗汇 [M]. 重庆：西南师范大学出版社，1989.

[85] 罗贯中. 三国演义（前言）[M]. 北京：人民出版社，1973。

[86] 北大中国语言文学系中国古典文学教研室，编. 中国文学史纲要 [M]. 北京：北京大学出版社，1984.

[87] 屈鹏，主编. 走进宜昌游览新三峡导游词 [M]. 北京：中国三峡出版社，2003.

[88] 宜昌市旅游局，编. 宜昌旅游导游词 [M]. 北京：旅游教育出版社，2011 年 1 月.

[89] 张忠民，主编. 郭璞与夷陵 [M]. 宜昌：宜昌市炎黄文化研究会，2003.

[90] 古代散文鉴赏辞典 [M]. 北京：农村读物出版社，1987.

[91] 张忠民，冯万林，主编. 三游洞史话 [M]. 北京：中国三峡出版社，2004.

[92] 石文，编. 石门洞诗文抄 [M]. 武汉：长江文艺出版社，1997.

[93] 百子全书（一）[M]. 长沙：岳麓书社，1993.

[94] 百子全书（二）[M]. 长沙：岳麓书社，1993.

[95] 映泉. 沮出荆山·远安说 [M]. 北京：中央文献出版社，2001.

[96] [美] 威廉. 埃德加. 盖洛. 扬子江上的美国人——从上海经华中到缅甸的旅行记录（1903）[M]. 济南：山东画报出版社，2008. 孙根浩，主编. 三峡集邮 [J].2013（3）.

[97] 刘思华. 百年前宜昌火车站老照片浮出水面 [N]. 三峡晚报，2011—7—19.

[98] 中华世纪坛组织委员会，编. 中华世纪坛青铜甬道铭文 [M]. 北京：中国财政经济出版社，2000.

[99] 吴承喜，主编. 时代追踪——宜昌市伍家岗区文史资料（第 1 辑）[M]. 宜昌：宜昌市伍家岗区政协文史资料委员会，2010.

[100] 吴承喜，主编. 实业追溯——宜昌市伍家岗区文史资料（第 2 辑）[M]. 宜昌：宜昌市伍家岗区政协文史资料委员会，2011.

[101] 孙健. 中国经济通史（中卷.1840 年—1949 年）[M]. 北京：中国人民大学出版社，2000.

[102] 魏宏达. 契斋文录 [M]. 北京：中华书局，2002.

[103] 中国第二历史档案馆，编. 抗战时期工厂内迁史料选辑（1—3）[J]. 民国档案，

1987（2—4）.

[104] 卢国纪.我的父亲卢作孚[M].成都：四川人民出版，2003.

[105] 湖北省社科院历史研究所，编.湖北简史[M].武汉：湖北教育出版社，1994.

[106] 宜昌市政协文史委，编.宜昌抗战纪实[M].宜昌：宜昌市政协文史委，1995.

[107] 刘绍唐，主编.民国大事日志（第一册第三分册）[M].台北：台湾传记文学出版社，1973.

[108] 中国第二历史档案馆编.湖北旧影[M].武汉：湖北教育出版社，2001.

[109] [日]梶浦银次郎.藤第六八六四部队战记[M].广岛：广岛市饭田印刷所，1974.

[110] 武汉日报社，编.民国三十六年度武汉日报年鉴[M].武汉：武汉日报社，1947.

[111] 方庆秋，陈宝珠.陈诚私人回忆资料（下）[J].民国档案，1987（2）

[112] 北京大学城市规划设计中心，编制.宜昌市旅游业发展总体规划[M].宜昌：宜昌市旅游局，2005.

[113] 刘开美.关于宜昌文化定位问题的思考[N].三峡晚报，2002-4-11（7）.

[114] 刘开美，等，编.《三峡·宜昌》[M].宜昌：中共宜昌市委宣传部，宜昌市社科联，1994.

[115] 周进步，等.现代中国旅游地理学[M].青岛：青岛出版社出版，2000.

[116] 王顺克.三峡库区旅游资源及开发研究[M].重庆：重庆出版社，2002.

[117] 陈少岚，主编.三峡文化研究丛书[M].武汉：武汉出版社，2003.

[118] 胡绍华，主编.中国三峡文化教程[M].武汉：武汉出版社，2004.

[119] 张立先.神奇三峡[M].武汉：长江出版社 2005.

[120] 刘开美.试论宜昌市区旅游文化的定位与品牌构建[M]//湖北省三峡文化研究会.三峡文化研究丛刊武汉：武汉出版社，2003.

[121] 刘开美.论地方学的构建[M]//张妙弟，主编.北京市哲学社会科学研究基地报告北京学研究报告（2007）北京：同心出版社，2006.

[122] 湖北省社科院.江汉论坛[J].1997（10）.

[123] 马波.现代旅游文化学[M].青岛：青岛出版社，1998.

[124] 孙文昌，等.现代旅游学[M].青岛：青岛出版社，2000.

[125] 王德刚，等.领导干部旅游知识读本[M].青岛：青岛出版社，2001.

[126] 刘开美.略谈世界水电旅游名城建设的"开放思维"[M]//李敏昌，等主编."三个代表"重要思想与三峡区域经济社会发展研究.北京：中国财政经济出版社，

2004.

[127] 刘开美.宜昌的世界文化遗产应抓紧申报[N].三峡晚报,2002-3-28(7).

[128] 中国长江三峡工程开发总公司.中国三峡建设[J],2003(7).

[129] 加拿大国际开发署资助,加拿大国际项目管理集团长江联营公司,编制.中华人民共和国三峡水利枢纽可行性研究[M].加拿大：加拿大国际项目管理集团长江联营公司,1988.

[130] 刘开美.谈三峡工程的人文性[J].宜昌社会科学,2003(6).

[131] 刘开美.夷陵古城变迁中的步阐垒考[M]//湖北省高等院校人文社会科学重点研究基地,三峡大学三峡文化与经济社会发展研究中心,湖北省三峡文化研究会,编.三峡文化研究（第七辑）.武汉：武汉出版社,2007.

[132] 刘开美.注重文化展示[N].宜昌日报,2001-10-22.

[133] 刘开美.谈谈宜昌市区历史文化品牌的构建[N].三峡晚报,2002-2-21.